TODOS OS DIÁRIOS
VOLUME 1

LÚCIO CARDOSO

Todos os diários

Volume 1

*Organização, estabelecimento
de texto, notas, apresentação,
cronologia e índice remissivo*
Ésio Macedo Ribeiro

Copyright © 2023 by Rafael Cardoso Denis
Copyright de organização © 2023 by Ésio Macedo Ribeiro

*Grafia atualizada segundo o Acordo Ortográfico da Língua Portuguesa de 1990,
que entrou em vigor no Brasil em 2009.*

Capa
Guilherme Xavier

Foto de capa
Fotógrafo não identificado/ Acervo Otto Lara Resende/ Instituto Moreira Salles

Preparação
Leny Cordeiro

Índice remissivo
Ésio Macedo Ribeiro

Revisão
Luís Eduardo Gonçalves
Huendel Viana

Dados Internacionais de Catalogação na Publicação (CIP)
(Câmara Brasileira do Livro, SP, Brasil)

Cardoso, Lúcio
    Todos os diários : volume 1 / Lúcio Cardoso ; organização, estabe-
lecimento de texto, notas, apresentação, cronologia e índice remissivo Ésio
Macedo Ribeiro. — 1ª ed. — São Paulo : Companhia das Letras, 2023.

    Bibliografia.
    ISBN 978-65-5921-376-4

    1. Cardoso, Lúcio, 1913-1968 – Crítica e interpretação 2. Diários
brasileiros (Literatura) I. Ribeiro, Ésio Macedo. II. Título.

23-145108   CDD-B869.35

Índice para catálogo sistemático:
1. Diários : Literatura brasileira   B869.35
Aline Graziele Benitez – Bibliotecária – CRB-1/3129

Todos os direitos desta edição reservados à
EDITORA SCHWARCZ S.A.
Rua Bandeira Paulista, 702, cj. 32
04532-002 — São Paulo — SP
Telefone: (11) 3707-3500
www.companhiadasletras.com.br
www.blogdacompanhia.com.br
facebook.com/companhiadasletras
instagram.com/companhiadasletras
twitter.com/cialetras

Sumário

Apresentação — Ésio Macedo Ribeiro, 7
Cronologia de Lúcio Cardoso (1912-2022) — Ésio Macedo Ribeiro, 25

PARTE 1

DIÁRIO 0 (1942-1947), 63
Nota introdutória, 65
PARTE I (NOV. 1942-MAR. 1944), 69

    1942, 71
    1943, 76
    1944, 143

PARTE II (MAR. 1944-NOV. 1947), 145

    [1944], 147
    1945, 160
    1946, 184
    1947, 199

DIÁRIO I (1949-1951), 205
Prefácio, 207
    1949, 213
    [1950], 265
    1951, 354

Bibliografia, 401
Índice remissivo, 421

Apresentação

Ésio Macedo Ribeiro

Depois de pouco mais de dez anos da primeira publicação dos *Diários* de Lúcio Cardoso (1912-1968), é publicada pela Companhia das Letras, agora sob o título de *Todos os diários*, a coleção de textos desse gênero legada a nós por ele, reformulada, aumentada, revista e corrigida.

Considerando que as duas edições dos *Diários*, publicadas em 2012 e 2013, estão esgotadas há anos, é de suma importância ter de volta o livro disponível. Para mim, que editei as edições anteriores, é uma grande satisfação estar novamente à frente deste — para dizer o mínimo — relevante projeto. Ainda mais por — pois acredito que tudo pode ser melhorado — ter a possibilidade de entregar aos leitores uma edição livre de todas as impurezas que lamentavelmente se fizeram presentes na anterior. Assim, ao devolver esta obra aos "cardosianos de plantão" e aos novos leitores do autor, numa edição mais bem organizada, didática e informativamente falando, terei a plena certeza de que o trabalho foi exitoso.

Ao reler os diários para esta nova publicação, percebi a importância — mais do que sempre — de ela estar nas prateleiras das livrarias e nas estantes das casas. *Todos os diários* é, ao lado da *Crônica da casa assassinada*, outra obra-prima excelsa de Lúcio Cardoso. Eles são um MUNDO. O leitor que adentrar suas páginas vai encontrar uma VIDA, o grande ROMANCE de sua vida, formado por fragmentos que, reunidos, formam um manancial pronto a assustar o leitor desavisado, ou não, porque não há meio-termo para quem se aventurar na obra dele. Quem a ela se submete ou a ama ou a odeia.

A vasta e densa obra que Lúcio produziu é impressionante. Ainda mais se levarmos em conta sua biografia. Como pôde alguém que não chegou a concluir nenhum estudo formal e que era conhecido boêmio e alcoólatra produzir desse modo? A explicação pode estar no seu esforço, e não se pode esquecer que, além do fato de que escrever era uma questão vital para ele, também era a atividade de onde tirava seu sustento. Lúcio era um ser esforçado e um profundo estudioso da melhor palavra, da melhor frase, da melhor descrição dos cenários onde iria inserir seus personagens, empregando vocabulário incrivelmente rebuscado, desenhando momentos imensamente bem escritos, como aquele de *O viajante*, quando Zeca percebe o que está prestes a lhe acontecer. O autor, num monólogo interior, e em um único parágrafo, mostra o transcorrer de todo o filme da vida do filho de Donana de Lara — um dos momentos mais altos da sua produção.

Por sorte, o autor vem sendo redescoberto pelas novas gerações, haja vista a quantidade de trabalhos acadêmicos e publicações sobre sua obra que têm vindo à luz após sua morte — e realizados por pessoas, em sua maioria, jovens. Somente dissertações de mestrado e teses de doutorado já ultrapassam a casa da centena. Isso não é pouco para um autor que até o ano de 1998 esteve por longo período no ostracismo do cenário literário brasileiro, para ficar numa só das atividades que desenvolveu.

Lúcio era leitor de diários e sempre reclamava que, no Brasil de então (e, devo acrescentar, ainda hoje), esse gênero fosse tão pouco explorado. Nestes diários ficamos sabendo de alguns dos que ele leu, como os de Bernanos, Dostoiévski, Anne Frank, Delacroix, André Gide, Julien Green, Virginia Woolf, Henry James, Ernst Jünger, Kierkegaard, Franz Kafka e Paul Léautaud.

Nos diários que nos legou, Lúcio discorre diretamente sobre si próprio ou revela, umas vezes direta e outras indiretamente, aspectos íntimos de sua personalidade, das viagens que fez, das festas e encontros com amigos, que, em sua imensa maioria, eram a nata da intelectualidade brasileira — para ficar num só exemplo, Carlos Drummond de Andrade —; da vida (amores, solidão, tristeza, saudade, mortes, alegrias); de suas preferências musicais (Mozart, Schubert, Beethoven, La Niña de los Peines); de literatura (leituras, pesquisas, descobertas, estudos, projetos); suas alegrias e dissabores com o cinema e o teatro; e das leituras que fez, entre elas, a Bíblia, Dostoiévski, Balzac, Faulkner, Nietzsche, Baudelaire, Rimbaud, Guimarães Rosa, Clarice Lispector, Freud.

Para Lúcio, os diários são o "Itinerário de um Escritor". E esse era, inclusive, o título que ele pretendia utilizar na publicação que contemplaria a coleção de todos os seus diários. Vislumbramos, ainda, nestes textos, o quão antenado ele era; por exemplo, quando comenta o poema "O formigueiro", do amigo Ferreira Gullar. Lúcio foi, provavelmente, o primeiro a ver o poema ainda nos pôsteres criados pelo poeta maranhense, e que seriam expostos na i Exposição Nacional de Arte Concreta, ocorrida no Museu de Arte Moderna de São Paulo, em 1956, e repetida no Ministério da Educação e Saúde, no Rio de Janeiro, em 1957. Lúcio não só menciona o surgimento do poema como também do concretismo, frisando o impacto que o movimento nele provocou. Tanto assim que produziu três poemas nos moldes da vertente literária vanguardista, os quais podem ser apreciados na edição crítica de sua *Poesia completa*, volume também organizado por mim, em poemas como "À maneira de Ferreira Gullar", "À maneira de Décio Pignatari" e "À maneira de Haroldo de Campos".

Outro momento da nossa literatura que o impacta e que ele registra nestes diários, mais de uma vez, foi seu encontro com o colossal *Grande sertão: veredas*, de João Guimarães Rosa. Dele, diz Lúcio:

> *Grande sertão: veredas* é um enigma. Imagino tudo o que gosto, e tudo o que gostei até agora em nossa literatura. Nada me agrada mais do que o livro de Guimarães Rosa. Seu impulso, seu movimento coordenado e profundo, tão absoluto, tão sedutor, tão cheio de "charme" como não existe [em] nenhum outro livro brasileiro...

Era realmente um crítico fino, Lúcio. Estudava profundamente os autores que ia descobrindo e, sobretudo, aqueles que passavam a ser de sua predileção, como Balzac, que em dado momento suplanta Dostoiévski, o autor preferido de sua mocidade: "Leio e releio interminavelmente Balzac, imaginando o plano de meu caudaloso romance". Para Lúcio, literatura não era fábula; era, como ele próprio dizia, "uma condição de vida".

Em *Todos os diários* está a totalidade dos diários éditos e inéditos de Lúcio a que tive acesso. Pode haver mais? Pode. É impressionante o quanto Lúcio publicou na imprensa. Só na nova pesquisa para a organização desta edição, descobri em torno de cem referências das quais eu não tinha conhecimento. E não deixo de acreditar que possa haver algum manuscrito perdido nos guardados de algum descendente de amigo dele. Lúcio sempre pediu a amigos seletos que lessem e comentassem o que produzia, e muitos não devolviam os originais. Ao que parece, ele tampouco se preocupava em pedi-los de volta.

Do corpus fazem parte o único diário que Lúcio publicou em vida (*Diário I*, Elos, 1960)[1] e o póstumo (*Diário completo*, José Olympio/INL, 1970), em que o primeiro foi incluído. Também estão coligidos os dispersos que circularam em periódicos e em livros, como "Lúcio Cardoso (patético): 'Ergo meu livro como um punhal contra Minas'"; "Diário proibido — páginas secretas de um diário e de uma vida"; "Diário de terror"; "Pontuação e prece"; "Confissões de um homem fora do tempo"; os inéditos "No meu tempo de estudante…" e "[Há muitos anos]", publicados somente em periódicos e que aparecem aqui pela primeira vez; o "Livro de bordo", que, até a publicação nos *Diários*, também era inédito; e a coluna do jornal *A Noite*, "Diário não íntimo".

Os manuscritos autógrafos e datiloscritos dos diários estão preservados no Arquivo Lúcio Cardoso (ALC) do Arquivo-Museu de Literatura Brasileira (AMLB) da Fundação Casa de Rui Barbosa (FCRB), no Rio de Janeiro, totalizando 932 páginas. O número pode parecer grande, mas alguns documentos têm mais de uma versão.

Entre os manuscritos e datiloscritos guardados na FCRB, localizei, na ocasião da pesquisa e do levantamento do material existente para a organização dos *Diários*, um diário anterior ao publicado em 1960,[2] que traz textos escritos entre novembro de 1942 e novembro de 1947, que nomeei de "Diário 0", o qual abre o presente volume.

E aqui está um exemplo do que disse antes, a respeito de ele pedir aos amigos opinião sobre seus escritos antes de os publicar. Ao que tudo indica, este diário

---

1. Distinguirei deste modo o *Diário I* (em itálico) — publicado — do "Diário I" (entre aspas) — que faz parte desta nova edição.

2. O *Diário I* foi, seguramente, publicado no ano de 1960 e não em 1961 como sempre se mencionou. Sobre essa questão, ver o ensaio de Cássia dos Santos, "Vicissitudes de uma obra: O caso do *Diário* de Lúcio Cardoso". *Revista do Centro de Estudos Portugueses*, Belo Horizonte, Fale/UFMG, Dossiê Lúcio Cardoso, v. 28, n. 39, pp. 53-6, jan.-jun. 2008 e também a "Cronologia de Lúcio Cardoso (1912-2022)" presente ao início desta edição.

ficou perdido por muitos anos nas mãos de um deles, e só depois de sua morte voltou às mãos da família, no caso, da irmã, amiga e fiel depositária de Lúcio, Maria Helena Cardoso, carinhosamente chamada por todos de Lelena. As várias mudanças de endereço de Lúcio ao longo da vida também podem ter contribuído para o extravio desses manuscritos. Uma pista sobre o paradeiro de seus primeiros cadernos com anotações diárias é dada pelo próprio Lúcio, em texto no qual ainda explicita o porquê de querer publicar seus diários:

> Há muitos anos, desde que empunhei a pena pela primeira vez, que anoto impressões sobre o que sinto e o que acontece comigo e em torno de mim. Esses primeiros cadernos, vazados numa linguagem exaltada e romântica, o destino encarregou-se deles, pela mão de um ladrão que, supondo existirem joias na caixa onde os guardava, deve ter tido o desprazer de só encontrar papéis — e papéis que não serviam para nada. Só a partir de 1949, quando aos poucos meti-me numa crise que ameaçou abalar toda a minha vida e meu destino de escritor, comecei a anotar com mais cuidado o que via e o que sentia, no mesmo esforço de quem se agarra a uma tábua de salvação para não naufragar. [...]
>
> Alguns leitores fortuitos aconselharam-me a que não publicasse isto, tendo em vista a má-fé geral com que se acolhe publicação desta espécie. Concordei, e retive os cadernos algum tempo em mãos. Não os retenho mais, exatamente porque me julgo longe da crise que me afetou. Estou longe demais, hoje em dia, para reter-me a esses escolhos que só representam um instante da minha vida.[3]

Pelo teor desse texto, deduz-se que tenha sido escrito às vésperas da publicação do *Diário I*. E, se Lúcio diz que só a partir de 1949 começou a escrever diários de modo mais sistemático, é bem provável que um desses, com data anterior, seja o que denominei "Diário 0".

Os textos do "Diário 0" estavam organizados, datilografados, sugerindo que tenham sido preparados para publicação, o que me leva a crer que Lúcio recuperou os primeiros cadernos antes da impressão do *Diário I*. Por que não os publicou, jamais saberemos. Digo isso pelo fato de o texto introdutório preparado por Lúcio, nesses "originais", vir com a seguinte informação de local e ano: "Rio de Janeiro, 1957".

---

3. Trechos do depoimento inédito de Lúcio, "[Há muitos anos]", inserido na Parte 2 deste livro.

Para que o leitor possa acompanhar o itinerário da vida de Lúcio, bem como as alterações ocorridas em seus pensamentos, ideias e projetos desde que tinha trinta anos até completar cinquenta (período em que inicia e conclui a escrita destes diários), apresento-os em ordem cronológica.

O "Diário 0" foi dividido por Lúcio em duas partes: Parte I (nov. 1942 - mar. 1944) e Parte II (mar. 1944-nov. 1947). Depois, há um hiato na sequência dos diários, entre 1947 e 1949. O "Diário I", que se inicia em 14 de agosto de 1949 (dia em que completou 37 anos), é concluído em 17 de março de 1951; e o "Diário II", que se inicia em 19 de março de 1951, é concluído em 17 de outubro de 1962. Desses, corrigi, principalmente, o "Diário II", que, por não ter tido a mão de Lúcio em sua organização e, sobretudo, por não haver nenhuma evidência quanto a quem o organizou, apresentava muitos equívocos. Esses abarcam a inserção de trechos em duplicidade — majoritariamente nos anos de 1951 a 1956 —, e leitura errônea de letras e vocábulos na transcrição dos manuscritos, sem mencionar as gralhas, também numerosas na edição do *Diário completo* (1970), que corrigi na edição dos *Diários* e que, agora, revejo com a devida atenção, para que nada fique por corrigir.

Embora o "Diário 0" destoe do conjunto, por nele Lúcio falar mais de leituras que da vida pessoal, julguei conveniente trazê-lo a público, já que por meio de sua leitura compreenderemos melhor as influências sofridas pelo autor e como elas aparecem e/ou desaparecem em sua obra. Mais do que isso, nos ajudará a entender a literatura que Lúcio produziu entre 1934 (*Maleita*) e 1959 (*Crônica da casa assassinada*). Poderemos também perceber naquelas anotações o crítico latente no leitor voraz que ele foi. A reforçar minha decisão de inserir esses primeiros textos, escudo-me nas palavras do próprio Lúcio a propósito deles:

> Nada renego do que aqui disse, se bem que me ache hoje colocado num ponto diferente. Nada renego, e se lanço à publicidade essas pobres folhas, é que imagino que elas tenham sido escritas exatamente para serem publicadas, e não para testemunhar de uma experiência que devesse ficar comigo apenas.[4]

E, ainda, nas de Antonio Carlos Secchin, quando diz: "Todo documento que

---

4. Trecho do depoimento inédito de Lúcio, "[Há muitos anos]", inserido na Parte 2 deste livro.

provém de um grande artista não deixa de ser manancial de informação — se não estética, ao menos histórica".[5]

Por volta de 1960, quando está prestes a publicar o primeiro volume de seus diários, Lúcio parece exultante e assinala seu contentamento: "Por enquanto, é com alegria que me lanço ao pasto: não consigo conter nem a fúria, nem o sentimento de poder que me leva a publicar estas páginas".[6]

Provavelmente, o organizador do *Diário completo* não teve acesso ao "Diário 0", escrito quando Lúcio estava na casa dos trinta anos. Em reforço a esse argumento concorre o fato de que Maria Helena Cardoso só começou a doar o acervo de Lúcio à FCRB em 1972, efetivando a doação com o auxílio do amigo de Lúcio, e seu próprio, Walmir Ayala, em várias etapas. O ALC só foi catalogado e aberto à consulta pública em 1986, quando foi publicado o inventário dele pela FCRB.

Os diários de Lúcio são dos mais pungentes já escritos em nossas letras, não só pela elegância e pela erudição, mas pelo conhecimento intrínseco da alma humana e, sobretudo, por desvelar elementos essenciais para a compreensão dos desdobramentos da vida e da literatura que ele produziu, bem como das suas outras atividades artísticas, como o cinema e o teatro. São 28 anos de produção literária, teatral e cinematográfica ininterrupta e mais seis em que, hemiplégico e afásico, se dedicou às artes plásticas.

Podemos vislumbrar, nestes diários, sua crítica mordaz a certos escritores e personalidades de sua época, algumas apenas referidas por letras, como "X." — a mais mencionada nos diários —, numa tentativa de velar o nome da pessoa.[7] Em muitos casos, nem são as iniciais verdadeiras. Mas, ao lermos a biografia de Lúcio e a de alguns de seus retratados — e sobretudo as rasuras nos manuscritos e datiloscritos dos diários —, descobrimos a quem se reportam algumas daquelas iniciais, o que, na presente edição, revelo em nota de rodapé.

5. Antonio Carlos Secchin, "A história de um livro", p. 34.

6. "[Ha muitos anos]", op. cit..

7. Sobre esta questão recomendo a leitura da ainda inédita dissertação de mestrado de Egon de Oliveira Rangel, *Sexualidade e discurso: O verbo feito carne* (Campinas: IEL/Unicamp, 1994); e dois trabalhos de Odirlei Costa dos Santos: *Retratos do mal(-)estar no Diário completo, de Lúcio Cardoso*, também inédita dissertação de mestrado (Juiz de Fora: ICHL/UFJF, 2005), e "Imagens do amante/amador em *Diário completo*, de Lúcio Cardoso", ensaio publicado no número 15 da revista *Ipotesi — Revista de Estudos Literários*, pp. 113-22.

Esta nova edição, como eu disse ao início desta apresentação, foi reformulada, aumentada, revista e corrigida — não só os textos que se apresentavam fora de lugar, como também os erros ortográficos, as gralhas e a atualização da ortografia para a atualmente vigente —, mas respeitando a pontuação originalmente utilizada pelo escritor. Pretendo, assim, devolver ao público leitor todos os registros de diários deixados por Lúcio como ele o determinou, ou seja, segundo a sua vontade.

Um fator que me incitou a querer reunir e rever os diários é que eles — principalmente o *Diário completo* — apresentam, como já expus, problemas graves de organização e de edição e, ainda, porque os *Diários* também apresentam problemas parecidos, como gralhas e incompletude nos textos — como os daquelas lacunas que ficaram em alguns textos da Parte 3 ("Diário não íntimo") — o que explicarei mais para a frente; e mesmo problemas na edição, como textos fora da ordem cronológica de escrita, entre outros.

Nesse sentido, me ajudou sobremaneira o excelente trabalho da professora e pesquisadora Cássia dos Santos, "Vicissitudes de uma obra: O caso do *Diário de Lúcio Cardoso*",[8] em que ela aborda, com minúcias, as falhas encontradas no *Diário completo*, exemplificando-as, inclusive, com imagens. A ela recorri inúmeras vezes, para sanar dúvidas e obter opinião sobre decisões tomadas na preparação dos *Diários* (2012) e, mais e principalmente agora, em *Todos os diários*.

Quando Lúcio lançou o *Diário I*, tencionava, a partir dali, lançar mais quatro volumes de diários, como podemos ler em muitas de suas anotações, entrevistas e até mesmo no verso de páginas de guarda de algumas das suas publicações. Infelizmente, ele só viu o primeiro deles publicado. Uma das funções desta nova edição, portanto, é cumprir, mais uma vez, a vontade de Lúcio, reunindo — não em cinco volumes como ele pretendia, mas em dois — todos os textos de diários que ele nos legou.

Por isso, eu não poderia deixar de fora o "Diário não íntimo", coluna que ele manteve por 77 dias, de 30 de agosto de 1956 a 14 de fevereiro de 1957 (que se pretendia diária, mas, como se poderá ler, apresenta alternância nas datas). Nela, Lúcio tratava de literatura, teatro, música, artes plásticas, boemia, bem como de assuntos comezinhos. Como não poderia faltar, algumas das polêmicas e controvérsias[9] de Lúcio também estão presentes. Nas partes antes "censuradas" — leia-se,

8. Cássia dos Santos, op. cit.

9. Para quem deseja se aprofundar nesse aspecto polêmico e controverso de Lúcio, há dois estudos:

suprimidas — e que agora, nesta edição, são devidamente publicadas, isso pode ser mais bem detectado.

Lúcio Cardoso não media palavras para falar de seus sentimentos e visões de mundo, entregando ao leitor, de forma aberta, seu pensamento e sua leitura da vida — em toda sua magnitude — nestes diários. Como bem notou seu amigo Manuel Bandeira, após a leitura do *Diário I*, neles estão as páginas de um filósofo brilhante:

> Aqui temos Lúcio contando na sua própria voz o seu próprio romance. E as confidências de Lúcio interessam a gente, sacodem a gente por aquele mesmo misterioso toque de inquietação — a apreensão "do que pode acontecer". Vemos nestas páginas um homem em luta consigo mesmo, com o seu destino, com o seu Deus. E como esse homem é rico de sensibilidade, de inteligência, fundamentalmente nobre e bom e corajoso, o seu "Diário" empolga-nos desde as primeiras linhas e, terminado o volume, fica-se ansioso pela continuação prometida. No meu caso de amigo e admirador de Lúcio, faço votos para que o romance tenha um fim não do gosto do romancista para os romances que inventa — um *happy end*.[10]

Esse resgate revelará, seguramente, a excelência destes textos, cujos assuntos ultrapassam a forma do diário comum, permitindo ao leitor vislumbrar não só o documento do relato dos acontecimentos cotidianos do autor, bem como de sua visão da literatura, das artes plásticas, da religião, da ciência, das viagens, passando pela dor de existir, pelos problemas decorrentes de sua profissão de escritor, sem falar nos que surgiram quando incursionou pelo cinema e teatro, por exemplo, e mesmo por sua homossexualidade e relações amorosas.

Infelizmente, Lúcio não conseguiu completar a série de diários pretendida. O fato de ter sofrido, na madrugada de 7 de dezembro de 1962, o segundo acidente vascular cerebral daquele ano, que provocou paralisia parcial do lado direito do corpo e a perda da fala, foi o intransponível obstáculo que o fez abandonar, como um todo, uma obra calcada nas cores sombrias do expressionismo. Mas o

---

o de seu principal biógrafo, Mário Carelli, publicado no livro *Corcel de fogo: Vida e obra de Lúcio Cardoso (1912-1968)*, em 1988; e o de Cássia dos Santos, publicado em *Polêmica e controvérsia em Lúcio Cardoso*, em 2001, trabalho cujo título já demonstra a abrangência do estudo.

10. Manuel Bandeira, "Lúcio Cardoso", p. 2.

tanto que produziu e nos legou é de uma intensidade e densidade raras vezes vista em tal gênero de texto.

Acredito que, com a reedição de todos os seus diários, pouco estudados pela academia e desconhecidos do público em geral, eles não passarão despercebidos, seja pela pungência e pela erudição com que Lúcio apresenta sua relação com o mundo e com o homem e, mais que tudo, consigo mesmo; seja pelo fato de serem documento importante de uma época riquíssima da literatura brasileira. Este volume, *Todos os diários*, não só traz à tona a vida de um dos mais brilhantes e inventivos escritores da língua portuguesa do século xx, mas também destaca sua importância como relevante escritor de diários e não somente como o romancista da sua mais conhecida obra, que é, sem dúvida, a *Crônica da casa assassinada*.

Optei por fazer uma edição anotada e não uma edição crítica. Entretanto, os textos foram organizados com base nos princípios da crítica textual, linha de trabalho que permite verificar com precisão, tanto quanto possível, o que um autor de fato escreveu ou o que desejava que fosse a versão final de cada texto seu. O procedimento adotado permite cotejar os textos publicados de uma obra junto com os manuscritos e datiloscritos que sobreviveram, no sentido de encontrar as mudanças realizadas pelo autor nos vários estágios de escritura, para identificar e corrigir as fontes erradas, visando estabelecer o texto segundo a última versão de quem os concebeu.

Esse método de investigação nos fornece subsídios para uma melhor organização do trabalho. Entretanto, devo acrescentar que, embora esse processo requeira registro e transcrição meticulosa das variantes dos textos, segmentos e palavras, o que constituiria extraordinário e copioso material para o estudo da ação de Lúcio em seu processo criador, não o fiz dessa forma. Afinal, uma edição crítica demandaria um tempo apreciável de elaboração e não seria interessante para o leitor "não iniciado" a leitura de um texto recheado de variantes e notas, além do quê, se estamos tratando de textos de diários, o número de páginas seria elevado ao dobro. Desse modo, me restringi a inserir apenas notas de rodapé, que não atravancarão a fluência da leitura, e, ao final do volume, um índice remissivo — o que enriquecerá a presente edição ao facilitar a consulta dos leitores, que poderão, facilmente, localizar nomes próprios e títulos de obras literárias, teatrais e cinematográficas.

Logo após esta Apresentação, vem a Cronologia de Lúcio Cardoso, que abrange, desta vez, os anos de 1912 a 2022, totalmente revista, corrigida, atualizada e, sobretudo, ampliada. Para elaborá-la, verifiquei as informações sobre a vida e a obra de Lúcio e a de sua família em mais de uma fonte. Contei inclusive com a generosíssima colaboração da sobrinha-neta do autor, a professora e estudiosa da obra pictórica do tio-avô, Andréa de Paula Xavier Vilela, mais conhecida como Andréa Vilela, na elucidação de muitos dos nomes e biografias dos familiares que são mencionados por Lúcio.

A seguir, vêm apresentados os diários, que desmembrei em três partes. Na Parte 1, apresento o "Diário 0", o "Diário i" e o "Diário ii"; na Parte 2, os diários dispersos publicados em periódicos, como "No meu tempo de estudante..." e "[Há muitos anos]" (inéditos em livro), "Lúcio Cardoso (patético): 'Ergo meu livro como um punhal contra Minas'" e "Diário proibido — páginas secretas de um livro e de uma vida"), assim como em livros ("Diário de terror", "Pontuação e prece", "Confissões de um homem fora do tempo" e "Livro de bordo") — alguns deles, como se vê, tinham título diverso de simplesmente "diário"; e, na Parte 3, a coluna "Diário não íntimo", publicada no jornal *A Noite*.

Na Parte 1, mais uma vez, dei especial atenção aos diários, não só aos publicados, mas também e principalmente aos manuscritos autógrafos e datiloscritos que compõem aquelas já mencionadas 932 páginas. Essa tarefa foi, provavelmente, a mais complexa do projeto, já que o autor nem sempre numerava, datava e/ou assinava seus textos. Por outro lado, os manuscritos autógrafos existentes não oferecem dificuldades de leitura, uma vez que Lúcio tinha uma grafia muito legível. Nessa parte, no início do "Diário i", inseri um "Prefácio" inédito, escrito pelo próprio Lúcio, ausente da edição do *Diário I*. Embora o texto tenha ficado incompleto, é aqui inserido a título de curiosidade, pois, estranhamente, Lúcio começa discorrendo sobre este primeiro diário para em seguida desviar-se do assunto. Neste, além da inserção desse prefácio, somente corrigi as gralhas editoriais e atualizei a ortografia.

Durante a leitura dos textos, constatei que muitas páginas dos datiloscritos trazem trechos suprimidos e com anotações marginais, como esta: "retirar". Mas nenhuma dessas marcas foi efetuada por Lúcio, a grafia não é dele. Provavelmente foram inseridas por pessoas próximas, como sua irmã, Maria Helena Cardoso, a Lelena, com quem ele morava. André Seffrin, que teve contato estreito com ela e conhece sua grafia, reconhece serem dela algumas das anotações nas páginas dos datiloscritos que lhe forneci. Tudo leva a crer, e André corrobora a ideia, que tenha sido ela, com a ajuda do grande amigo Walmir Ayala, a organizadora do *Diário completo*. Digo isso porque, infelizmente, não há nenhuma menção na capa ou nas páginas do *Diário completo* sobre quem teria sido seu organizador. Até onde pesquisei, somente Rosângela Florido Rangel e Eliane Vasconcellos Leitão atribuem a Octavio de Faria responsabilidade pela organização da obra, embora não revelem a fonte dessa informação.[11] A única evidência da participação de Octavio foi o fato de ter feito, a pedido de Lúcio — através de Lelena —, uma leitura dos originais datiloscritos do "Diário II", devolvendo-os, em seguida, acompanhados de uma carta de quatro páginas, datada de 13 de abril de 1967,[12] na qual dava sua opinião sobre os textos, sugeria alterações e pedia explicação a respeito de algumas passagens. Octavio menciona, ainda, que nada assinalou nos datiloscritos e pergunta, mais de uma vez, de quem são as anotações, o que deixa claro que Lúcio/Lelena enviaram os originais já anotados. Mario Carelli, em *Corcel de fogo*, atribui a Walmir Ayala essa responsabilidade, o que reforça minha suspeita de que tenha havido a mão de Walmir na organização: "Essa parte do diário [*Diário I*] está integrada no *Diário completo*, editado em 1970 por José Olympio graças aos bons cuidados de Walmir Ayala. Ela é completada pelo 'Diário II' (1952-1962)".[13] De modo que, reitero, o mais provável é que ele tenha sido organizado por Lelena com a ajuda de Walmir. Diante desse impasse, ignorei todas essas marcas e anotações marginais.

Na Parte 2, será a vez de reunir os diários inéditos e dispersos. Nesses também mantive, quando possível, sua identificação e a sequência cronológica de escrita e/ou de publicação. Dos textos, "No meu tempo de estudante..." e "[Há muitos anos]" são inéditos em livro. Dos dispersos, dois foram publicados em vida pelo autor: "Lúcio Cardoso (patético): 'Ergo meu livro como um punhal contra Minas'" e "Diário proibido — páginas secretas de um livro e de uma vida"; e outros, postumamente: "Diário de terror", "Pontuação e prece", "Confissões de um homem fora do tempo" e "Livro de bordo". Ao final de cada um dos textos

---

11. Rosângela Florido Rangel; Eliane Vasconcellos Leitão (Orgs.), *Inventário do arquivo Lúcio Cardoso*. Rio de Janeiro: Fundação Casa de Rui Barbosa, 1989, p. 14.

12. Octavio de Faria, "Carta a Lúcio Cardoso".

13. Mario Carelli, *Corcel de fogo: Vida e obra de Lúcio Cardoso (1912-1968)*. Rio de Janeiro: Guanabara, p. 112.

que compõem essa parte, inseri, entre colchetes, o nome do periódico e/ou livro e a data da sua publicação.

Como o teor dos textos não difere do que já mencionei a respeito dos diários como um todo, vou me ater a comentar o depoimento de Lúcio concedido a Fausto Cunha, em 1960. Esse texto não causou dificuldade de transcrição, mas tive algumas dúvidas sobre qual das duas versões adotar para esta edição. Explico. O texto se tornou mais conhecido quando foi publicado como inédito, sob o título "Depoimento", em *Ficção* (Rio de Janeiro, v. II, n. 2, pp. 71-2, fev. 1976). Como muitas pessoas não tiveram conhecimento de sua publicação anterior à de *Ficção*, esta foi sempre tida como a primeira e única vez que o "depoimento" foi dado ao público. Mas o texto já havia sido publicado no *Jornal do Brasil*, em 25 de novembro de 1960, na coluna "Vida Literária", assinada por Mauritônio Meira, que neste dia foi substituído por um "INTERINO",[14] com título diferente: "Lúcio Cardoso (patético): 'Ergo meu livro como um punhal contra Minas'". A revista *Ficção* publicou, portanto, erroneamente como inédito o "depoimento", e sem reproduzir as questões e os comentários feitos pelo entrevistado, amplificando as palavras do autor e inserindo trechos inexistentes na primeira publicação, expandindo o teor do "depoimento", sobretudo nas questões relativas ao estado de Minas Gerais.[15] Posteriormente, esse texto, com apenas o título alterado para "Depoimento de Lúcio Cardoso a Fausto Cunha", foi publicado na edição crítica da *Crônica da casa assassinada*.[16] Aqui optei por inserir no corpo do livro o texto da primeira publicação, e o da segunda, em nota de rodapé. Nos *Diários*, abri uma parte (IV) somente para ele, a que encerra aquele volume. Aqui o juntei aos textos da Parte 2, onde, além dele, inseri mais dois depoimentos de Lúcio, que são os inéditos "No meu tempo de estudante..." e "[Há muitos anos]", fazendo com que os três ficassem reunidos aos outros textos dispersos.

Na Parte 3, apresento a coluna "Diário não íntimo", espécie de "coluna social" da época, onde Lúcio publicava notícias sobre lançamentos de livros; exposições

14. No *Jornal do Brasil* do dia 6 dez. 1960, a coluna "Vida Literária", de Mauritônio Meira, traz a informação de que o INTERINO é Fausto Cunha.

15. Sobre esta questão e outras mais relacionadas a esse texto, sugiro a leitura do livro *Um punhal contra Minas*, de Cássia dos Santos, principalmente o cap. 2 e, sobretudo, as pp. 77-80, em que ela esclarece esta história.

16. Para o cotejo dos textos da Parte 2 publicados neste livro, utilizei a segunda edição revista, de 1996.

de pintura; comentários sobre literatura, teatro, cinema, dança; necrológios e anotações, frases e variações sobre romances, já publicados ou em gestação. Numerei-as, no alto da página, à esquerda, desse modo: 1., 2., 3., 4., 5. até 77. E, ainda, como na Parte 2, ao final de cada uma inseri, entre colchetes, o nome do periódico e a data da publicação de cada uma delas.

Para a organização dos *Diários*, conheci todo o espólio e fiz minuciosa triagem do material, para que se pudessem detectar possíveis textos não pertencentes a Lúcio, como ocorreu com a edição crítica da *Poesia completa* do autor, de onde pude eliminar quatro poemas a ele erroneamente atribuídos. Feita a seleção, comparei todos os documentos variantes de cada texto, ordenei-os cronologicamente e estabeleci sua gênese, identificando, assim, sempre a última vontade do escritor. Em função dela, pude corrigir as edições anteriores. Para *Todos os diários*, revi tudo a partir do que já conhecia, sem a necessidade de executar os mesmos procedimentos da organização dos *Diários*.

Dos textos, o que apresentou maior dificuldade de transcrição e/ou de ordenação foi o "Diário ii", pois há nessa parte publicada no *Diário completo* trechos retirados por Lúcio quando da preparação do *Diário I*, e que foram "equivocadamente" inseridos no "Diário ii", com datas divergentes. Afora isso, foram inseridos também, no "Diário ii", trechos repetidos do "Diário i", que tinham sido revistos e reescritos por Lúcio para a publicação no *Diário I*. Embora transgredindo uma regra da crítica textual, que determina, como já disse, respeitar a última versão do autor, não tive opção além de ser arbitrário ao inserir os trechos expurgados por Lúcio. Um dos principais fatores que me levaram a tomar tal decisão foi o fato de os textos já terem sido publicados. Assim, inseri essas partes no local determinado por Lúcio nos manuscritos e datiloscritos, ou seja, nas datas exatas de sua fatura, retirei os trechos repetidos e atualizei, como já mencionado, a ortografia. Também corrigi, no "Diário ii", as palavras e frases que foram lidas equivocadamente pela pessoa que organizou o *Diário completo*. Tudo isso foi revisto para a edição de 2012 dos *Diários*, e, para esta nova edição, não foi diferente. Os textos foram mais uma vez revistos, corrigindo-se sobretudo os erros tipográficos da publicação anterior; e as palavras suprimidas — provavelmente por erro de leitura na transcrição — foram reinseridas nos lugares determinados por Lúcio.

Na Parte 2, o único texto que apresentou alguma dificuldade de transcrição foi o "Livro de bordo". Trata-se de texto que Lúcio dedica ao amigo pintor, desenhista, gravador, escritor, poeta e contista Rodrigo de Haro. Pelo fato de o "Livro de bordo" ter sido escrito em um papel bobina verde, que, com o passar do tempo, se tornou acinzentado, e a lápis preto, tive de executar um verdadeiro trabalho detetivesco, e o resgate do texto exigiu de mim vários dias inteiros na FCRB. Mas tudo foi compensado pelo êxito obtido ao transcrevê-lo, sem deixar nenhuma lacuna.

O mesmo se deu, na Parte 3, com os textos da coluna "Diário não íntimo", já que alguns exemplares do jornal *A Noite*, pertencentes à hemeroteca da Biblioteca Nacional — única coleção a que tive acesso na ocasião da organização dos *Diários* —, estavam em péssimo estado de conservação. A coleção encontra-se microfilmada, existem até duas cópias de alguns números do periódico, mas a qualidade geral deixa a desejar, pois há páginas que, além das falhas provocadas por quebras, ocorridas pela má qualidade do papel-jornal, apresentam trechos completamente apagados, dada a má qualidade da tinta utilizada na impressão. Encontrei, é verdade, no ALC alguns recortes das colunas. Das 77 publicadas, Lúcio conservou 63. Mas mesmo isso não ajudou muito, em razão do que já mencionei, e ainda por causa da quantidade de gralhas encontradas naquele periódico — o que não é culpa de Lúcio —, como repetição de texto, material incompleto e nomes incorretos. O mesmo se dá com algumas das páginas conservadas por Lúcio, que apresentam, sobretudo, desbotamento das letras, o que impede a leitura. E repito: a má qualidade da tinta utilizada na impressão daquela época é responsável pelo contratempo. Como não consegui localizar nenhuma outra coleção desse jornal no país, fui obrigado a deixar, lamentavelmente, algumas lacunas naquela edição. As colunas de número 36., 37., 40., 49., 59., 74. e 76. são as sete, dentre todas as 77, que foram de quase impossível leitura, o que, naquele momento, muito me entristeceu.

Por sorte, no ano de 2014, travei contato com o pesquisador Willian Pinheiro Galvão, que, até o final de 2015, conseguiu para mim uma coleção completa do "Diário não íntimo", e em muito bom estado de conservação. Mas foi uma alegria momentânea, pois agora eu tinha o que precisava, mas não sabia quando poderia corrigir aquelas lacunas dos *Diários*. Precisei esperar dez anos e alguns meses, até esta publicação de *Todos os diários*.

Aqui, apenas as colunas 21. e 57. permanecem incompletas, pois apresentam problemas causados pelo impressor, que, durante a montagem da placa com todos os caracteres para a impressão, se esqueceu de colocar alguns e repetiu outros, deixando que estes dois textos apresentassem duplicidade e incompletude, o que explico detalhadamente nas notas de rodapé que acompanham ambos. As outras 75 colunas ficaram completas. Logo depois da Parte 3, vem a Bibliografia, ampliada e totalmente revista para esta edição, distribuída do seguinte modo: "Diários de Lúcio Cardoso", "Obras sobre os diários de Lúcio Cardoso", "Outras obras de Lúcio Cardoso", "Obras sobre a vida e a obra de Lúcio Cardoso", "Obras de referência", "Obras gerais" e "Obras de crítica textual". Encerrando o volume, há o Índice remissivo, que desta vez foi feito por mim. Nele, procurei contemplar todos os nomes próprios e títulos de obras artísticas que aparecem em *Todos os diários*.

Em relação aos nomes estrangeiros mencionados por Lúcio, principalmente os de autores russos, fiz pequenas modificações para atualizá-los, me valendo da transliteração comumente utilizada no Brasil atualmente.

Quanto às palavras e frases em língua estrangeira (francês, inglês, espanhol, latim etc.) que aparecem ao longo do livro, forneço uma tradução livre em nota de rodapé.

Utilizei, na presente edição, algumas convenções nas transcrições dos textos. São elas:

[ ]: letra ou palavra entre colchetes, acrescentada por mim ao original por parecer omissão involuntária do autor;
[?]: sem informação;
[(?)]: texto incompleto.

E ainda uma lista de abreviaturas e siglas:

ALC: Arquivo Lúcio Cardoso;
AMLB: Arquivo-Museu de Literatura Brasileira;
ampl.: ampliada;
Apres.: Apresentação;
atual.: atualizada;
aum.: aumentada;
c.: *circa*;
Colab.: Colaboração;
Coord.: Coordenação/Coordenado(a);
Dir.: Direção;

ed.: edição;
Ed.: Editora;
fl(s).: folha(s);
FCRB: Fundação Casa de Rui Barbosa;
Il.: Ilustração/Ilustrada;
Intr.: Introdução;
LC: Lúcio Cardoso;
n.: número;
n.: nascimento;
Org.: Organização/Organizado(a);
Orgs.: Organizadores;
p.(pp.): página(s);
Posf.: Posfácio;
Pref.: Prefácio;
Prep.: Preparação;
reimpr.: reimpressão;
rev.: revista;
Sel.: Seleção;
s/d: sem data;
S.I.: sem identificação do periódico, local, data e/ou página(s);
Superv.: Supervisão;
Trad.: Tradução;
v.: volume(s).

Finalmente, minha gratidão aos sobrinhos-netos de Lúcio: Rafael Cardoso, pela generosidade e pela confiança em me permitir realizar mais este importante trabalho, e a Andréa Vilela, que, por dias e dias, com imenso amor, me transmitiu todo o seu conhecimento sobre as famílias Cardoso e Souza Netto.

Gratidão, sobremaneira, a Cássia dos Santos, que, mesmo assoberbada com as atividades diárias e, ainda por cima, convalescendo de covid-19, não mediu esforços em me transmitir seus conhecimentos — além de me animar com seu "Tudo pelo Lúcio!" quando eu lhe dizia estar exausto —, com a generosidade, o desprendimento e a humildade que, penso eu, só encontramos nos querubins.

Gratidão, ainda, a André Seffrin, pela amizade, pela presteza, pela generosidade, pelo savoir-faire e pela inestimável ajuda na elucidação — dentro da imensa rede de mistérios cardosianos — de várias dúvidas surgidas durante o processo de organização deste livro e, ainda e principalmente, por seu nome ser referência quando pensamos no nome e no legado de Lúcio.

Agradecimentos especiais à Companhia das Letras, nas pessoas de Antonio Xerxenesky, Leny Cordeiro e Willian Vieira, que me permitiu dar vida a este projeto que tanto prazer e dor me provocou; e à Fundação Casa de Rui Barbosa, na pessoa de Rosângela Florido Rangel, sempre solícita em fornecer-me documentos e informações do Arquivo Lúcio Cardoso.

E, pelo disponível ombro amigo, pelas palavras de sabedoria e informações, meus sinceros agradecimentos aos amigos Ângelo Pereira da Fonseca Neto, Antonio Carlos Secchin, Fábio Figueiredo Camargo, Gilvaldo dos Santos, Humberto Werneck, Iacyr Anderson Freitas, Jerónimo Pizarro, Lucas Figueiredo Silveira, Luiz Fernando Medeiros de Carvalho, Luiz Carlos Lacerda, Luiz Ruffato, Newton Vieira, Nicolas Behr e Willian Pinheiro Galvão.

Devo acrescentar que, sem a ajuda de todas essas pessoas, nada disso teria a forma que ora aqui é apresentada.

Brasília, 24 de janeiro de 2023

Cronologia de Lúcio Cardoso

Ésio Macedo Ribeiro

1912

14 de agosto — Nasce Joaquim Lúcio Cardoso Filho na rua Nova da Grota (atual rua Joaquim Felício) — que era a mais antiga da cidade e a única com calçamento — em Curvelo, Minas Gerais, filho de Joaquim Lúcio Cardoso e Maria Wenceslina Cardoso. Lúcio era o caçula de cinco irmãos (Regina Cardoso de Paula Xavier, Fausto Cardoso, Maria Helena Cardoso, Adaucto Lúcio Cardoso e Maria de Lourdes Cardoso de Barros) e teve por padrinhos de batismo Pedro de Souza Netto e Alzira de Souza Netto, seus tios maternos.

1914

A família Cardoso muda-se para Belo Horizonte, onde Lúcio faz seus primeiros estudos no Jardim de Infância Bueno Brandão e no Grupo Escolar Barão do Rio Branco.

1923

No início do ano, a família Cardoso transfere-se para o Rio de Janeiro, indo morar no bairro não oficial Aldeia Campista, hoje um sub-bairro de Vila Isabel e Andaraí.

1924

Lúcio volta sozinho para Belo Horizonte, onde continua os estudos como interno no Colégio Arnaldo, do qual será convidado a se retirar no final do ano por insubordinação. Lúcio é um aluno rebelde e avesso aos estudos. Instigado por uma imaginação fértil e já em busca de um estilo, o garoto só se sai bem nas disciplinas em que é preciso discorrer sobre algum assunto.

1929

Regressa ao Rio de Janeiro e realiza as primeiras tentativas literárias, aos dezessete anos.

Escreve a peça *Reduto dos deuses*, que não é publicada.

Matricula-se no Instituto Superior de Preparatórios e Faculdade de Commercio, onde faz o curso seriado — mais um que Lúcio não concluirá. Essas constantes desistências não lhe permitem receber o diploma de bacharel, nem qualquer outro diploma, uma vez que, desde muito jovem — dizia ter começado a escrever aos onze anos —, resolve definir-se pela profissão de escritor.

Funda, com Nássara e José Sanz, colegas no Instituto Superior de Preparatórios, o jornal *A Bruxa*, para o qual escreve textos policiais.

Começa a ler autores como Dostoiévski, Tolstói, Lesage e Oscar Wilde.

1930

Passa a trabalhar, com Augusto Frederico Schmidt, na Companhia Equitativa de Seguros, instalada no mesmo prédio da Livraria Schmidt — fica no emprego até 1933; ao mesmo tempo, passa a colaborar na imprensa.

1932

Conhece Santa Rosa, com quem funda *Sua Revista*, que apresenta traduções de Ibsen, Pirandello e Dostoiévski; não passa do primeiro número.

Sai da Companhia Equitativa de Seguros e passa a trabalhar na Companhia Metrópole de Seguros, fundada por Augusto Frederico Schmidt e Oscar de Souza Netto, seu tio.

1933

Mostra a Augusto Frederico Schmidt seus poemas e seu romance *Maleita*. Deixa de trabalhar na Companhia Metrópole de Seguros.

1934

Publica o romance *Maleita* pela Schmidt Editora. O livro é saudado pelos melhores escritores e críticos.

1935

Publica, pela José Olympio, *Salgueiro*, romance bastante discutido pela crítica.

1936

A luz no subsolo é publicado pela José Olympio. Nesse romance já não se contesta o talento romanesco de Lúcio.

1938

Publica a novela *Mãos vazias*, pela José Olympio.

Em 8 de setembro morre seu pai, Joaquim Lúcio Cardoso, desbravador que, no final do século XIX, saiu de Curvelo para fundar, junto a choupanas miseráveis à beira do rio São Francisco, a cidade de Pirapora, fazendo dela paragem de navios-gaiola e entreposto comercial.

1939

Por não gostar da festividade, Lúcio passa o Carnaval numa fazenda no estado do Rio de Janeiro.

Publica o livro de contos infantis *Histórias da lagoa grande*, com ilustrações de Edgar Koetz, na Coleção Burrinho Azul, dirigida por Erico Verissimo, pela Livraria do Globo, de Porto Alegre, com tiragem de 5 mil exemplares.

Publica sua primeira antologia poética na revista *Cadernos da Hora Presente*, na parte intitulada "10 poemas de Lúcio Cardoso".

É publicada, na Argentina, a tradução de *Salgueiro*, com o título *Morro de Salgueiro*, pela Editorial Claridad.

1940

Publica as novelas *O desconhecido*, pela José Olympio, e *Céu escuro*, separata publicada de forma seriada e encartada na revista *Vamos Lêr!/A Noite*.

Traduz *Orgulho e preconceito*, de Jane Austen, e *Fuga*, de Ethel Vance, para a José Olympio.

Volta pela primeira e única vez a Curvelo, para rememorar onde nasceu e por onde seu pai andou. Pouco notado e incompreendido na província, chora por causa da ingratidão.

1941

Trabalha como redator do Departamento de Imprensa e Propaganda (DIP) — Agência Nacional, ao lado de Clarice Lispector, que se tornará uma de suas melhores amigas.

Publica seu primeiro livro de poemas, *Poesias*, pela José Olympio.

Traduz *O fim do mundo*, de Upton Sinclair, para a José Olympio.

1943

Publica o romance de cunho autobiográfico *Dias perdidos*, pela José Olympio.

Nos dias 10, 11 e 12 de dezembro, a peça *O escravo* é encenada pela companhia de teatro Os Comediantes no Teatro Ginástico, no Rio de Janeiro. É dirigida por Adaucto Filho e tem cenários criados por Santa Rosa. No elenco, estão Luíza Barreto Leite, Nadyr Braga, Maria Barreto Leite, Walter Amendola e Lisette Buono. É o terceiro espetáculo da temporada anual do grupo.

Escreve a peça *O filho pródigo* para o Teatro Experimental do Negro.

Recebe o prêmio Felipe d'Oliveira, pelo conjunto da obra, no valor de 10 mil cruzeiros.

Traduz *Ana Karenina*, de Léon Tolstoi,[17] *As confissões de Moll Flanders*, de Daniel Defoë, e *O livro de Job*, para a José Olympio; e *Drácula: O homem da noite*, de Brahm Stoker, para as Edições O Cruzeiro.

1944

São publicadas as *Novas poesias*, pela José Olympio, e a novela *Inácio*, pela Ocidente.

---

17. Mantenho o nome do autor russo, aqui e na referência desse livro, como foi publicado na ocasião. Nas outras menções a seu nome, utilizo a transliteração mais atual: Liev Tolstói. O mesmo vale para o nome do autor de *Drácula: O homem da noite*.

Em fevereiro, inicia colaboração no jornal A Manhã, escrevendo para o Suplemento Literário Letras e Artes.

Traduz *O fantasma da ópera*, de Gaston Leroux, para as Edições O Cruzeiro; *A ronda das estações*, de Kâlidâsa, e *O vento da noite* (poemas), de Emily Brontë, para a José Olympio; e o conto "A caverna", de Eugênio Zamiátin, para a antologia *O livro de ouro dos contos russos*, organizada por Rubem Braga e publicada pela Companhia Editora Leitura.

1945

Encenada dois anos antes, a peça *O escravo* é publicada pela Zélio Valverde.

Traduz *Os segredos de Lady Roxana*, de Daniel Defoë, para a Pongetti, e *O assassino*, de Liam O'Flaherty, para as Edições O Cruzeiro.

1946

Publica as novelas *A professora Hilda*, pela José Olympio, e *O anfiteatro*, pela Agir.

Traduz *A princesa branca*, de Maurice Baring, para a José Olympio.

Participa, com Amando Fontes, Cornélio Penna, Erico Verissimo, Graciliano Ramos, Jorge Amado, José Geraldo Vieira, José Lins do Rêgo, Octavio de Faria e Rachel de Queiroz, do livro *10 romancistas falam de seus personagens*, organizado por João Condé e publicado pelas Edições Condé. A tiragem é de 220 exemplares. Lúcio escreve sobre Inácio, personagem de sua novela homônima.

1947

Começa a trabalhar profissionalmente como jornalista no periódico *A Noite*.

Dedica-se intensamente ao gênero teatral, produzindo e levando à cena as peças *O filho pródigo*, apresentada pelo Teatro Experimental do Negro — para o qual foi especialmente escrita —, no Teatro Ginástico, e *A corda de prata*, fundando, para esta peça, junto com Agostinho Olavo e Gustavo Dória, o Teatro de Câmera, sediado na Tijuca, bairro do Rio de Janeiro.

Traduz *3 novelas russas* ("A primavera da vida", de Gárin; "Ivan, o imbecil", de Tolstói, e "A mulher do outro", de Dostoiévski), para a editora A Noite.

1948

Traduz *Memórias I: Poesia e verdade*, de Johann Wolfgang von Goethe, para a José Olympio.

1949

Em janeiro, viaja ao Nordeste: para Salvador, onde fica encantado com as praias de Itapuã, do Porto da Barra e da Pituba, e Aracaju, onde se deslumbra com as praias de Atalaia Velha e Atalaia Nova.

É encenada a peça *O coração delator*, adaptação do conto "The Tell-Tale Heart", de Edgar Allan Poe, pelo Teatro de Câmera.

Escreve o roteiro e produz — juntamente com João Tinoco de Freitas, Newton Paiva e o próprio diretor — o filme longa-metragem *Almas adversas* (Brasil, P&B, 1949, 85'), dirigido por Leo Marten, com atuação de Bibi Ferreira, Lúcia Lopes, Fregolente, David Conde, Labanca, Nelson Dantas, Graça Mello e Rosita Gay.

Cria, roteiriza, dirige e produz *A mulher de longe*, longa-metragem que deixará inacabado. O filme começa a ser produzido por João Tinoco de Freitas e pela empresa Tapuia Cinematográfica e tem fotografia de Ruy Santos, assistência de direção de Fernando Torres, Nelson Dantas (também atua) e Paulo Brandão e atuação de Iracema Vitória, Orlando Guy, Fregolente, Maria Fernanda, Rosita Gay.

Publica a peça *O filho pródigo* no número 5 da *Colégio — Revista de Cultura e Arte*.

1950

É encenada sua peça *Angélica*, pelo Teatro de Bolso.

Em outubro, encerra colaboração no jornal *A Manhã*, onde vem escrevendo para o Suplemento Literário Letras e Artes.

1951

Torna-se redator do Instituto de Aposentadoria e Pensões dos Comerciários (IAPC).

Começa a elaborar o romance *O viajante*.

1952

Trabalha como secretário da revista *Quinta-Feira*, pertencente à Ed. Todo Dia.

Em 2 de abril, inicia colaboração no jornal *A Noite*, escrevendo contos policiais na coluna "O Crime do Dia", da seção "Risos e Lágrimas da Cidade".

Em 29 de setembro e nos primeiros dias de outubro, viaja para a praia de Ibicuí, em Mangaratiba, e para a ilha de Paquetá, procurando uma casa para comprar. Tem a intenção de passar o resto de seus dias numa dessas localidades de que tanto gosta, dedicando-se totalmente aos projetos literários que tem em mente. Depois de muito procurar, percebe que suas condições financeiras não alcançam seu sonho.

Realiza um velho sonho: compra uma fazenda próxima a Rio Bonito, em Silva Jardim, interior do estado do Rio de Janeiro, com o dinheiro de um empréstimo feito junto ao Instituto de Aposentadoria e Pensões dos Comerciários (IAPC).

Em 7 de dezembro, viaja a Pernambuco: Recife e Limoeiro.

1953

Em 24 de julho, termina a colaboração no jornal *A Noite*, escrevendo, pela última vez, a coluna "O Crime do Dia", da seção "Risos e Lágrimas da Cidade".

É publicada a segunda edição do romance *Maleita*, pelas Edições O Cruzeiro.

Lúcio passa bastante tempo em sua fazenda e volta a fazer planos para ela.

É encenada, em São Paulo, a peça *O filho pródigo*, pelo Teatro Experimental do Negro, dirigida por Abdias do Nascimento, com cenários de Anísio Medeiros.

É encenada, em Porto Alegre, a peça *A corda de prata*, pela Companhia de Maria Della Costa, com a atuação de Edmundo Lopes, Alma Flora e Maria Sampaio.

1954

É publicada a novela *O enfeitiçado*, que dá continuidade a *Inácio* e à qual deverá se seguir *Baltazar* — novela que no entanto ficará inacabada. Esses livros são parte da trilogia inconclusa *O mundo sem Deus*.

Assume o cargo de secretário da *Revista da Semana* e passa a ser seu colaborador.

Em 27 de março, inicia, em parceria com Renato de Alencar, a tradução do romance *Maria*, do escritor colombiano Jorge Isaacs, para a *Revista da Semana*.

Em 8 de maio, estreia como repórter da *Revista da Semana*.

De 9 a 14 de agosto, participa, como repórter, do I Congresso Internacional de Escritores, em São Paulo. Nessa ocasião, não só conhece como entrevista (em francês), para a *Revista da Semana*, um de seus autores prediletos, William Faulkner. Lúcio é acompanhado pelo fotógrafo Jack Pires.

Em outubro, assume o cargo de diretor da *Revista da Semana*.

Ministra um curso de extensão cultural, em cinco aulas, sobre o escritor Manuel Antônio de Almeida, autor de *Memórias de um sargento de Milícias*, livro que está completando cem anos, na Biblioteca Municipal da Secretaria Geral de Educação e Cultura, do então Distrito Federal.

1955

Em 22 de janeiro, conclui, em parceria com Renato de Alencar, a tradução do romance *Maria*, do escritor colombiano Jorge Isaacs, para a *Revista da Semana*.

Em 18 de julho, por ocasião do Congresso Eucarístico Internacional, é encenada, em única apresentação, no Teatro Carlos Gomes, no Rio de Janeiro, a peça *O filho pródigo*, pelo Teatro Experimental do Negro, dirigida por Abdias do Nascimento, com cenários e figurinos de Anísio Medeiros e a atuação de Léa Garcia, Claudiano Filho, Ely Raymond, Marcílio Faria, Frediman Ribeiro, Paulo Matosinho, Durval Tupinambá e Anadélis.

1956

Em 30 de agosto, escreve a primeira coluna do "Diário não íntimo", iniciando nova colaboração no jornal *A Noite*.

Encerra a colaboração na *Revista da Semana*.

Escreve o prefácio do livro *Círculo de giz*, de Léo Vítor, publicado pela Lia, Editor.

1957

Em janeiro, viaja ao Nordeste.

Lúcio pretende abandonar o jornalismo. Faz uma entrevista e testes para trabalhar numa agência de publicidade americana, mas não é admitido e se sente decepcionado.

Em 14 de fevereiro, publica a última coluna do "Diário não íntimo", encerrando a colaboração no jornal *A Noite*.

Em 9 de maio, inicia nova colaboração no jornal *A Noite*, escrevendo a coluna "Novelinha do Dia a Dia", com novelas policiais curtas.

Em 27 de julho, entrega ao editor os originais de *Crônica da casa assassinada*.

Em 13 de dezembro, escreve a última coluna de "Novelinha do Dia a Dia", encerrando a colaboração no jornal *A Noite*.

1958

Conclui, em junho, o texto para o documentário de longa-metragem sobre a história da cidade de Belo Horizonte, *Despertar de um horizonte* (Libertas Filme, Brasil, p&b, c. 1960, 35 mm, 80'), que será dirigido por Igino Bonfioli, com narração de José Américo, e lançado na capital mineira no início dos anos 1960.

Em 5 de julho, morre seu grande amigo, Vito Pentagna, para quem Lúcio dedicará *Crônica da casa assassinada*.

Em 29 de julho, morre no Rio de Janeiro sua mãe, Maria Wenceslina Cardoso, a querida Nhanhá, em companhia de todos os seis filhos.

Em 30 de julho ocorre a exumação dos ossos de Joaquim Lúcio Cardoso, seu pai. Lúcio comparece ao cemitério acompanhado dos irmãos Adaucto Lúcio Cardoso, Fausto Cardoso, Maria Helena Cardoso e do amigo Augusto de Rezende Rocha.

1959

Publica, pela José Olympio, *Crônica da casa assassinada*, romance que marca sua maturidade literária e o consagra no campo da ficção. O livro faz tanto sucesso que a primeira edição se esgota em dois meses.

Escreve a apresentação do catálogo da exposição de pintura de Ione Saldanha para o Museu de Arte Moderna do Rio de Janeiro.

1960

Entrega, em maio, os originais do *Diário I* ao editor.

Escreve a apresentação do catálogo da exposição de desenhos de Nolasco para a Galeria Módulo Arquitetura e Decoração, no Rio de Janeiro. O vernissage acontece em 10 de maio.

Em julho, participa, com outros 149 escritores de todo o país, do Festival do Livro Brasileiro, no shopping center da rua Figueiredo Magalhães, em Copacabana, no Rio de Janeiro. A abertura do evento acontece no dia 25 de julho, às oito da noite.

Em 28 de julho ocorre a abertura da exposição Escritores-Pintores, realizada na Galeria Macunaíma, no Rio de Janeiro, da qual Lúcio é um dos artistas participantes.

Lúcio funda e dirige a instituição cultural Casa de Proteção e Assistência ao Artista Provinciano. Trata-se de um projeto de Vito Pentagna, que morreu dois anos antes, a quem Lúcio presta homenagem concretizando o sonho do amigo. Propõe realizar a publicação de obras de difícil aceitação pública ou de autores ainda desconhecidos e, ainda, entre outras atividades, exposições e audições de música. Lúcio cuidava da parte cultural, Hugo Tavares, da administrativa, e Rosário Fusco, da jurídica. Recebem uma doação em dinheiro e um carro para o começo das atividades que, a princípio, funcionam no apartamento de Lúcio. A instituição, no entanto, segundo os registros que deixará, não vai avante.

Escreve a apresentação do catálogo da exposição de pintura de Zélia Salgado para o Museu de Arte Moderna do Rio de Janeiro.

Escreve a apresentação do catálogo da exposição de Ricardo Guida, para a Galeria da Casa de Decorações "Adorno", no Rio de Janeiro. A inauguração acontece em 29 de abril.

Recusa o prêmio conferido a *Crônica da casa assassinada* pelo Instituto Nacional do Livro, por entender que a comissão julgadora errou ao concedê-lo, também, a um estreante, Santos Moraes, autor do livro *Menino João*, publicado pela Ed. Livraria São José, no mesmo ano do romance de Lúcio. O prêmio para cada um seria de 50 mil cruzeiros.

Publica o *Diário I* pela Ed. Elos. Lúcio pretende publicar seus diários em cinco volumes, mas só terá tempo de ver publicado o primeiro.

Em 28 de novembro ocorre a noite de autógrafos do *Diário I* na Livraria Eldorado, em Copacabana, no Rio de Janeiro, com a presença de muitos notáveis como Clarice Lispector, Eneida e Manuel Bandeira.

Em 15 de dezembro é a vez da tarde de autógrafos — segundo os jornais, concorridíssima — do *Diário I*, na Livraria São José, na região central do Rio de Janeiro. O evento começa às 17h30. Comparecem, entre outros, Elba Sette Câmara, Aníbal M. Machado e Manuel Bandeira.

1961

Em janeiro, é encenada a peça *Os desaparecidos* no *Teatro na TV* da TV Continental, canal 9, produzida e dirigida por Fábio Sabag.

Em agosto, Lúcio passa seu 49º aniversário com amigos em Mangaratiba (RJ).

Publica a peça *O filho pródigo* no livro *Dramas para negros e prólogo para brancos: Antologia do teatro negro brasileiro* (Teatro Experimental do Negro), organizado por Abdias do Nascimento.

Publica, entre 1961 e 1962, dezoito opúsculos sobre as figuras de destaque, as riquezas e a história do Brasil, além de duas adaptações literárias, para a Campanha de Educação de Adolescentes e Adultos do Departamento Nacional de Educação do Ministério de Educação e Cultura. São eles: *A descoberta de Minas — Borba Gato*; *Álvares de Azevedo — Gonçalves Dias*; *Dois sábios (padre Bartolomeu de Gusmão e Osvaldo Cruz) — Ana Neri*; *Fernão Dias Pais — Heroínas brasileiras*; *I-Juca-Pirama*; *Índios e negros do Brasil*; *Iracema*; *Joaquim Nabuco — José do Patrocínio*; *Machado de Assis — Castro Alves*; *Mauá*; *O Aleijadinho — Tiradentes*; *O descobrimento — Os jesuítas*; *O Grito do Ipiranga*; *O ouro*; *O Quilombo dos Palmares — Guerra dos Mascates*; *O vaqueiro nordestino — Jangadeiros do Nordeste*; *Rosa da Fonseca — A Preta Ana e Jovita*; e *Vieira — Anchieta*.

É lançado o filme longa-metragem *Porto das Caixas* (Brasil, 1961, P&B, 80'), baseado em um argumento de Lúcio, com produção, roteiro e direção de Paulo César Saraceni, música de Antonio Carlos Jobim e atuação de Irma Alvarez, Paulo Padilha, Reginaldo Faria, Sérgio Sanz, Margarida Rey, Joseph Guerreiro.

Escreve a apresentação do catálogo da exposição de pintura de Toni Fertonani para a Galeria Penguin, do Rio de Janeiro.

1962

É publicado o romance *O mistério dos MMM*, coordenado por José Condé e escrito a vinte mãos. Além de Lúcio, participam do livro Rachel de Queiroz, Jorge Amado, João Guimarães Rosa, Herberto Sales, Viriato Corrêa, Dinah Silveira de Queiroz, José Condé, Antônio Callado e Orígenes Lessa.

Escreve a apresentação do catálogo da exposição de pintura de Ione

Saldanha para a Galeria Relevo, em Copacabana, no Rio de Janeiro. A inauguração acontece em 30 de outubro, às nove da noite.

Em maio, sofre um acidente vascular cerebral muito leve, mas que já é o prenúncio do que virá a acontecer no segundo semestre.

Em 14 de agosto Lúcio completa cinquenta anos. Para comemorar a data, a irmã mais velha, Regina Cardoso de Paula Xavier, a Zizina, realiza uma festa em sua casa, convidando parentes e amigos.

Na madrugada de 7 de dezembro, sofre um segundo acidente vascular cerebral, que provoca paralisia parcial do lado direito do corpo. É operado pelo irmão, Fausto Cardoso, e fica internado trinta dias. Privado, pela hemiplegia — que o deixa com o lado direito do corpo paralisado —, do uso da palavra e da faculdade de escrever, assume definitivamente a pintura como forma de expressão. Autodidata, recria, em seus desenhos e telas, um clima de paixão e tormento análogo ao de seus romances e poemas.

1963

É lançada a segunda edição de *Crônica da casa assassinada* pela Letras e Artes.

1965

Em maio, expõe 39 obras na Galeria Goeldi, no Rio de Janeiro. O vernissage acontece em 19 de maio.

Faz a capa da antologia *Novíssima poesia brasileira II*, organizada por Walmir Ayala, dos livros de poesia *O muro amarelo*, de Marcos Konder Reis, e *Absalão (1959-1962)*, de Júlio José de Oliveira, e do número 3 da revista *Cadernos Brasileiros*.

1966

Recebe o prêmio Machado de Assis, concedido pela Academia Brasileira de Letras, pelo conjunto da obra, no valor de 200 mil cruzeiros.

Faz a capa do romance *A sombra de Deus*, de Octavio de Faria, e do livro de poesia *Jogo fixo*, de Lúcia Ribeiro da Silva.

É publicado o livro de poemas *Cantata*, de Walmir Ayala, com prefácio — escrito, provavelmente, no final dos anos 1950 — de Lúcio.

Em junho, expõe trinta obras na Galeria Atrium, em São Paulo. O vernissage acontece em 16 de junho.

De 24 de setembro a 2 de outubro, expõe 26 obras no Automóvel Clube de Belo Horizonte. O vernissage acontece em 23 de setembro.

1968

Faz a capa da segunda edição do livro *Por onde andou meu coração*, de Maria Helena Cardoso, para a José Olympio.

Em agosto, expõe 23 obras na Galeria Décor, no Rio de Janeiro. O vernissage acontece em 6 de agosto. Muito embora tenha abandonado o consumo de bebida alcoólica depois do acidente vascular cerebral sofrido em dezembro de 1962, Lúcio é internado, no início desse mês, para tratar uma antiga cirrose que havia se descompensado. Permanece oito dias hospitalizado, motivo pelo qual não consegue participar do vernissage de sua quarta exposição individual de pintura.

Em 12 de setembro, sofre outro acidente vascular cerebral e é internado na Casa de Saúde Dr. Eiras, em Botafogo.

Em 24 de setembro, depois de passar doze dias internado na Casa de Saúde Dr. Eiras, e os últimos sete deles em estado de coma, em consequência de uma trombose cerebral, morre, no Rio de Janeiro, Lúcio Cardoso. O sepultamento acontece na tarde do mesmo dia, no Cemitério São João Batista.

É apresentado, no dia de sua morte, no IV Festival de Brasília do Cinema Brasileiro, o documentário de curta-metragem *O enfeitiçado: Vida e obra de Lúcio Cardoso* (Brasil, 1968, P&B, 16 e 35 mm, 11'), com roteiro, produção e direção de Luiz Carlos Lacerda. Além do próprio Lúcio, participam do filme Walmir Ayala e Octavio de Faria.

É publicada a terceira edição de *Crônica da casa assassinada*, pela Bruguera.

1969

São publicados, pela Bloch Editores, dois volumes de novelas: *Três histórias da cidade* (*Inácio*, *O anfiteatro* e *O enfeitiçado*), com prefácio de Marcos Konder Reis, e *Três histórias da província* (*Mãos vazias*, *O desconhecido* e *A professora Hilda*), com prefácio de Maria Alice Barroso.

1970

É publicado, pela José Olympio, o *Diário completo*, reunindo o *Diário I* (1949 a 1951), já publicado, e o "Diário II" (1952 a 1962), inédito.

1971

Em 27 de fevereiro, morre seu irmão, o médico Fausto Cardoso, fundador e diretor do Hospital Samaritano do Rio de Janeiro. Era casado com Olga de Cavalcanti Cardoso, com quem teve dois filhos.

Em 2 de junho, o art. 1º do decreto nº 9.856, de Paulo Egydio Martins, governador do estado de São Paulo, decreta que a partir desta data a Escola Estadual de 1º Grau do Parque Erasmo Assunção, situada à rua Saquarema, 145, no bairro Jardim Alzira Franco, em Santo André, passará a denominar-se Escola Estadual de 1º Grau Joaquim Lúcio Cardoso Filho

É lançado o filme longa-metragem *Mãos vazias* (Brasil, 1971, P&B, 89'), baseado na novela homônima de Lúcio, com roteiro e direção de Luiz Carlos Lacerda, com produção de Jece Valadão, música de Jaceguay Lins e atuação de Leila Diniz, José Kleber, Ana Maria Magalhães, Arduino Colasanti, Ana Maria Miranda, Irene Estefânia, Manfredo Colasanti, Hélio Fernando, Gabriel Archanjo, Márcio de Castro, José Roberto Orosco, Dora Ribeiro, Shirlei Rocha, Eunice Espíndola e as crianças Sérgio, Daniella e Murilinho, além das participações especiais de Nildo Parente e Thamar.

É publicada a segunda edição de *A luz no subsolo* pela Expressão e Cultura em coedição com o Instituto Nacional do Livro.

É lançado o filme longa-metragem *A casa assassinada* (Brasil, 1971, colorido,

103'), baseado no romance *Crônica da casa assassinada*, com roteiro, produção — juntamente com Sérgio Saraceni, Mário Carneiro e Planiscope — e direção de Paulo César Saraceni, música de Antonio Carlos Jobim e atuação de Norma Benguel, Carlos Kroeber, Tetê Medina, Nelson Dantas, Augusto Lourenço, Rubens Araújo, Leina Krespi, Joseph Guerreiro e Nuno Veloso.

1972

É defendida, por Guilherme Ferreira Silva, na Faculdade de Filosofia, Letras e Ciências Humanas da Universidade de São Paulo, a dissertação de mestrado em sociologia intitulada *Formas de evasão em Lúcio Cardoso* — primeiro de mais de uma centena de trabalhos acadêmicos, entre monografias, dissertações de mestrado e teses de doutorado sobre a vida e a obra de Lúcio Cardoso defendidos até o ano de 2022.

1973

O romance póstumo inacabado *O viajante*, organizado por Octavio de Faria, é publicado pela José Olympio.

1974

São lançadas duas reedições do romance *Maleita*, uma pela Editorial Presença (3. ed.) e outra pela Edições de Ouro.

Em 20 de julho, morre, no Rio de Janeiro, seu irmão Adaucto Lúcio Cardoso. Magistrado, foi vereador do estado da Guanabara (1947), deputado federal do Distrito Federal (1955-1960) e do estado da Guanabara (1960-1967), ministro do Supremo Tribunal Federal (1967-1971) e membro do conselho seccional e do conselho federal da Ordem dos Advogados do Brasil (OAB). Era casado com Helena Paladini Cardoso, com quem teve três filhos.

É publicada a segunda edição de *Histórias da lagoa grande*, com ilustrações de Gian Calvi, pela Presença, em coedição com o Instituto Nacional do Livro.

Esta edição sai em dois volumes (I e II) e com o título alterado para *História da lagoa grande*, diferentemente da primeira edição e das subsequentes.

1975

Em 27 de outubro, morre sua irmã, Regina Cardoso de Paula Xavier, formada em farmácia e dona de casa. Era casada com José Felicíssimo de Paula Xavier, com quem teve quatro filhos.

1978

É lançado o filme longa-metragem *O desconhecido* (Brasil, 1978, colorido, 130'), de Ruy Santos, baseado na novela homônima de Lúcio, com roteiro de Marcos Konder Reis, música de Ayrto Barbosa e atuação de Luiz Linhares, Ruy Resende, Marcos Alvisi, Ângela Valério, Isolda Cresta e Manfredo Colasanti.

1979

Crônica da casa assassinada é relançado por duas editoras. Sai, em brochura, pela Nova Fronteira (4. ed.) e, em capa dura, pela Círculo do Livro (5. ed.).

1981

De 7 a 23 de abril ocorre a exposição Retrospectiva de Lúcio Cardoso — Pintura — Literatura — Fotos — Projeção de Filmes, organizada por Luiz Carlos Lacerda, na Galeria Rodrigo M. F. de Andrade — Funarte, no Rio de Janeiro.

1982

O livro *Poemas inéditos*, organizado por Octavio de Faria, é publicado pela Nova Fronteira.

1983

É publicada a segunda edição do livro de poemas *Praia brava*, de Marcos Konder Reis, com prefácio de Lúcio, intitulado "Marcos Konder Reis: A poesia" — texto publicado anteriormente no *Diario Carioca*, em 1950.

1984

A Nova Fronteira lança a sexta edição de *Crônica da casa assassinada*, correspondendo à segunda edição (constante na capa) que esta editora publica.

São publicadas as terceira e quarta edições de *Histórias da lagoa grande*, com ilustrações de Marco Cena, na Série Pé de Moleque, pela Mercado Aberto, de Porto Alegre.

1985

É publicado o ensaio póstumo "A voz de um profeta" em *Três poetas brasileiros apaixonados por Fernando Pessoa: Cecília Meireles, Murilo Mendes e Lúcio Cardoso*, organizado por Edson Nery da Fonseca para a Fundação Joaquim Nabuco/Massangana.

É publicada, na França, a tradução de *Crônica da casa assassinada*: *Chronique de la maison assassinée*, por Mario Carelli — que também escreve o posfácio —, pela editora A. M. Metalié em coedição com a Mazarine.

É publicada a quinta edição de *Histórias da lagoa grande*, com ilustrações de Marco Cena, na Série Pé de Moleque, pela Mercado Aberto, de Porto Alegre.

1987

É publicada sua primeira biografia: *Lúcio Cardoso: Nem leviano nem grave*, de Hamilton dos Santos, na Coleção Encanto Radical, pela Brasiliense.

É publicada, na Itália, a tradução de Giancarlo Simoncelli do romance *O mistério dos MMM: Il mistero delle tre M*, pela Edizioni Theoria.

Em 11 de dezembro, ocorre a abertura da exposição A Tinta das Letras — 30 Escritores nas Artes Plásticas, com curadoria de Júlio Castañon Guimarães e Marco Paulo Alvim, na Fundação Casa de Rui Barbosa, no Rio de Janeiro. A mostra reúne desenhos e pinturas de, entre outros, Castro Alves, Cornélio Penna, Monteiro Lobato, Menotti del Picchia, Ribeiro Couto, Manuel Bandeira, Dante Milano, Pagu, Oswald de Andrade, Mário de Andrade, Carlos Drummond de Andrade, Emílio Moura, Jorge de Lima, Cecília Meireles, Sérgio Milliet, Clarice Lispector e Guimarães Rosa. Onze obras de Lúcio são expostas.

1988

É publicada a biobibliografia de Lúcio, *Corcel de fogo: Vida e obra de Lúcio Cardoso (1912-1968)*, de Mario Carelli, com tradução de Júlio Castañon Guimarães, pela Guanabara.

É publicado o catálogo da exposição de Ione Saldanha, *Resumo de 45 anos de pintura*, com "Apresentação" de Lúcio, para as galerias Anna Maria Niemeyer Galeria de Arte, Galeria Paulo Klabin e Galeria Saramenha. O texto dele é o mesmo utilizado no catálogo da exposição de 1962 da pintora.

1989

De 20 de setembro a 1º de outubro, Lúcio representa o Brasil com sete obras na exposição internacional de artistas deficientes físicos Planète Couleur — Peintres d'Exceptions, organizada pela Association Internationale des Arts (Aida), no primeiro andar da Torre Eiffel, em Paris.

É publicada a edição de bolso de *Crônica da casa assassinada*, com prefácio de Walmir Ayala, pela Ediouro.

1991

É publicada a edição crítica de *Crônica da casa assassinada*, coordenada por Mario Carelli, com texto estabelecido por Júlio Castañon Guimarães, pela Coleção Archivos, da Unesco.

É publicada, na França, a tradução de Mario Carelli de *Inácio: Inacio*, pela A. M. Metalié.

De 21 de junho a 27 de julho, Lúcio representa o Brasil com sete obras na exposição internacional de artistas deficientes físicos Planète Couleur — Peintres d'Exceptions, organizada pela Association Internationale des Arts (Aida), na Hathaus Wedding, em Berlim.

1993

Em junho, é lançado o documentário de curta-metragem *Lúcio Cardoso* (Brasil, 1993, P&B e colorido, 19'), sobre a vida e a obra do escritor, com roteiro, produção e direção de Eliane Terra e Karla Holanda. A consultoria literária é de André Seffrin, que, juntamente com as diretoras e Fátima Leal, também produz o filme; a música é de Antonio Carlos Jobim e Wagner Tiso; os depoimentos, de Antônio Carlos Villaça, Lêdo Ivo, Maria de Lourdes Cardoso de Barros, João Tinoco de Freitas, Luiz Carlos Lacerda, Maria Alice Barroso, Maria Helena Cardoso, Paulo César Saraceni e Rachel de Queiroz; e a atuação de Buza Ferraz — que dramatiza textos do *Diário completo* — e Nelson Dantas. O filme tem o apoio da Fundação Casa de Rui Barbosa.

É lançado o livro *Mulher ao pé da letra: A personagem feminina na literatura*, de Ruth Silviano Brandão, pela Ed. UFMG em coedição com a Secretaria Municipal de Cultura, em Belo Horizonte, trazendo um capítulo sobre a obra de Lúcio: "O discurso da morte encenada".

1995

É lançado o livro *A alegoria da ruína: Uma análise da Crônica da casa assassinada*, de Enaura Quixabeira Rosa e Silva, pela HD Livros, de Curitiba.

1997

Em 14 de março, falece, no Rio de Janeiro, aquela que foi uma das pessoas mais importantes na vida de Lúcio, sua irmã Maria Helena Cardoso, a Lelena, que era formada em farmácia e autora de dois livros de memórias: *Por onde andou meu coração* e *Vida-vida* — relato pungente dos últimos seis anos de vida de Lúcio —, e do romance *Sonata perdida*.

É lançado o livro *Prazer mortal: Lições de literatura brasileira*, de Enaura Quixabeira Rosa e Silva, pela Edufal, que traz o capítulo "Prazer mortal: Tensão erótica na narrativa de Lúcio Cardoso".

1998

É lançado, para lembrar a passagem dos trinta anos da morte de Lúcio, o longa-metragem *O viajante* (Brasil, 1998, colorido, 117'), adaptado, roteirizado e dirigido por Paulo César Saraceni, que conclui sua trilogia baseada na obra de Lúcio. O filme tem por base o romance homônimo póstumo inacabado organizado por Octavio de Faria. A produção é de Anna Maria Nascimento Silva e Shater Produções Artísticas Ltda.; a direção musical, de Túlio Mourão, Paulo Jobim e Sérgio Saraceni; a atuação, de Marília Pêra, Jairo Mattos, Leandra Leal, Nelson Dantas, Myriam Pérsia, Ricardo Graça Mello; e tem participação especial de Milton Nascimento.

É publicado, também em lembrança pela passagem dos trinta anos da morte de Lúcio, pela Ed. UFMG, o livro *Lúcio Cardoso: A travessia da escrita* — conjunto de textos críticos e depoimentos sobre o autor e sua obra —, organizado por Ruth Silviano Brandão. Além do texto da própria organizadora, o livro traz ensaios de Andréa Vilela, Ângela Maria Bedran, Antonia Cristina de Alencar Pires, Carlos Alberto Khouri Rossi, Daisy Turrer, José Eduardo Marco Pessoa, Lúcio Emílio do Espírito Santo Júnior e Maria Flávia Drummond Dantas.

É publicada, novamente pela Nova Fronteira, em coedição com o então Ministério da Educação e Cultura (MEC) e o Fundo Nacional de Desenvolvimento da Educação (FNDE), a oitava edição — reimpressão da edição de 1979 da mesma editora — de *Crônica da casa assassinada*.

1999

É lançada a edição comemorativa de quarenta anos de *Crônica da casa assassinada*, com prefácio de André Seffrin, pela Civilização Brasileira.

A nona edição de *Crônica da casa assassinada* sai, em capa dura, pela Record em coedição com a Altaya, para ser vendida somente em bancas de revistas. Os direitos foram cedidos pela Nova Fronteira, que lhes fornece a mesma diagramação da edição de 1979.

Em 24 de novembro, o governador de São Paulo, Mário Covas, por meio do decreto nº 44.449, altera o nome da escola estadual de 1º Grau Joaquim Lúcio Cardoso Filho, situada à rua Saquarema, 145, no bairro Jardim Alzira Franco, em Santo André, para Escola Estadual Joaquim Lúcio Cardoso Filho.

2000

São publicados, em um único volume, os livros *O desconhecido* e *Mãos vazias*, a terceira edição de ambos, com seleção de André Seffrin, pela Civilização Brasileira.

2001

É publicado o livro *Polêmica e controvérsia em Lúcio Cardoso*, de Cássia dos Santos, pela Mercado de Letras em coedição com a Fapesp.

É lançado o livro *La Condition humaine dans l'oeuvre de Lúcio Cardoso: Entre Éros et Thanatos, l'allégorie baroque brésilienne*, de Enaura Quixabeira Rosa e Silva, pela Diffusion Septentrion Presses Universitaires — Thèse à la carte, de Paris.

2002

São publicadas, em um único volume, as novelas que compõem a trilogia *O mundo sem Deus — Inácio, O enfeitiçado e Baltazar* (póstuma inacabada) —, idealizado por Lúcio, organizado e apresentado por André Seffrin, pela Civilização Brasileira.

É lançado o livro *Espaços de memória: Uma leitura de Crônica da casa assassinada, de Lúcio Cardoso*, de Marta Cavalcante de Barros, pela Nova Alexandria.

2003

É publicada a terceira edição do romance *A luz no subsolo*, com apresentação de Luiz Ruffato, pela Civilização Brasileira.

É lançado o documentário de curta-metragem *A morte de Narciso* (Brasil, 2003, colorido, 44'), com pesquisa, roteiro, produção e direção de Luiz Carlos Lacerda, sobre o fotógrafo, professor e crítico de arte e cultura Alair Gomes (1921-1992), com a atuação de Rodney Pereira, Fabrício Valverde e Frank Borges; e os depoimentos do embaixador Paulo Franco e do artista plástico Maurício Bentes. Além dos poemas de outros autores, de Lúcio são declamados "Antinous", "Paisagem", "Janela", "Em tom de carne" e "Invocação".

2004

É lançado o livro *Dramaturgia e teatro*, organizado por Ricardo Bigi Aquino e Sheila Diab Maluf, pela Edufal, que traz o ensaio "Angélica: Uma personagem fáustica na dramaturgia de Lúcio Cardoso", de Enaura Quixabeira Rosa e Silva.

É lançado o livro *Lúcio Cardoso: Paixão e morte na literatura brasileira*, de Enaura Quixabeira Rosa e Silva, pela Edufal.

2005

É publicada a oitava edição do romance *Maleita*, com apresentação de Luiz Carlos Lacerda, pela Civilização Brasileira.

Em 2 de fevereiro, morre, no Rio de Janeiro, a última de suas irmãs, Maria de Lourdes Cardoso de Barros, dona de casa. Era casada com Walter de Barros, com quem teve três filhos.

É publicada, na França, a segunda edição da tradução de Mario Carelli de *Crônica da casa assassinada*: *Chronique de la maison assassinée*, pela A. M. Metalié.

2006

É lançado o *Teatro reunido* de Lúcio Cardoso, organizado por Antonio Arnoni Prado, pela Ed. UFPR, de Curitiba.

É publicado o primeiro estudo sobre sua poesia, *O riso escuro ou o pavão de luto: Um percurso pela poesia de Lúcio Cardoso*, de Ésio Macedo Ribeiro, pela Edusp em coedição com a Nankin Editorial. Acompanha o volume uma bibliografia de e sobre Lúcio anotada, revista e ampliada, abrangendo os anos de 1934 a 2005.

É publicada a terceira edição do romance *Dias perdidos*, com apresentação de Antonio Arnoni Prado, pela Civilização Brasileira.

2007

É publicada a terceira edição do romance *Salgueiro*, com apresentação de Milton Hatoum, pela Civilização Brasileira.

2008

Para lembrar a passagem dos quarenta anos da morte do autor, é dedicado a ele o número 39 da *Revista do Centro de Estudos Portugueses* da Faculdade de Letras da UFMG, volume organizado por Ésio Macedo Ribeiro, Silvana Maria Pessôa de Oliveira e Viviane Cunha, com doze ensaios e artigos que compõem o "Dossiê Lúcio Cardoso", escritos por Adriana Saldanha Guimarães, André Seffrin, Andréa Vilela, Cássia dos Santos, Emil de Castro, Ésio Macedo Ribeiro, Fernando Monteiro de Barros Júnior, Maria Lucilene da Silva, Odirlei Costa dos Santos, Ruth Silviano Brandão, Teresa de Almeida e Walmir Ayala.

De 3 de setembro a 20 de outubro ocorre a exposição retrospectiva Lúcio Cardoso: 40 Anos de Saudade, no Centro Cultural de Curvelo, organizada por

Newton Vieira e montada por Mara Penna, com patrocínio da Prefeitura Municipal e apoio da Academia Curvelana de Letras. Além de expor fotos, artigos de periódicos, livros e quadros, a exposição exibe filmes e documentários de e sobre Lúcio.

2009

É lançada a edição comemorativa de cinquenta anos de *Crônica da casa assassinada*, com prefácio de André Seffrin e apresentação de Fausto Wolff, pela Civilização Brasileira.

É lançado o livro *Do traje ao ultraje: Uma análise da indumentária e do sistema de objetos em Crônica da casa assassinada*, de Enaura Quixabeira Rosa e Silva, pela Edufal em coedição com a Cesmac.

É lançado o livro *Lúcio Cardoso e Julien Green: Transgressão e culpa*, de Teresa de Almeida, pela Edusp.

2011

Em 3 de junho estreia, no Teatro Maison de France, no Rio de Janeiro, a versão teatral de *Crônica da casa assassinada*, adaptada do romance de Lúcio por Dib Carneiro Neto e dirigida por Gabriel Villela. No elenco estão Xuxa Lopes, Cacá Toledo, Flávio Tolezani, Helio Souto Jr., Letícia Teixeira, Marco Furlan, Maria do Carmo Soares, Pedro Henrique Moutinho, Rogério Romera e Sérgio Rufino. Fica em cartaz de 8 a 17 de julho. O espetáculo é a largada para as comemorações do centenário de nascimento de Lúcio, que ocorrerá no ano seguinte. A temporada de sucesso do espetáculo resulta em quatro indicações ao prêmio Shell de 2011: melhor direção e figurino (Gabriel Villela), melhor cenografia (Marcio Vinicius), melhor iluminação (Domingos Quintiliano). Gabriel Villela recebe o prêmio de figurino.

Em 16 de setembro estreia, no Teatro Sesc Vila Mariana, em São Paulo, a versão teatral de *Crônica da casa assassinada*, adaptada do romance de Lúcio por Dib Carneiro Neto e dirigida por Gabriel Villela, com o mesmo elenco que se apresentou no Rio de Janeiro. Fica em cartaz de 17 de setembro a 16 de outubro.

Em novembro é lançada a *Poesia completa* de Lúcio, edição crítica de Ésio Macedo Ribeiro, pela Edusp. Acompanham o livro, além dos poemas, dois apêndices, sendo o primeiro uma bibliografia de e sobre Lúcio, anotada, revista e ampliada, abrangendo os anos de 1934 a 2010, enquanto o segundo contém oito fac-símiles de seis poemas do autor.

Em 5 de dezembro ocorre o lançamento nacional da *Poesia completa* de Lúcio, com a presença do organizador, Ésio Macedo Ribeiro, e do editor, Plínio Martins Filho, na Livraria da Vila da alameda Lorena, em São Paulo. O então prefeito de Curvelo (MG), Maurílio Guimarães, envia uma comitiva para prestigiar o evento: Dalton Moreira Canabrava Filho, secretário de Assuntos Estratégicos; Newton Vieira, secretário especial de Governo; e Adriana Batista de Almeida, coordenadora do Programa de Educação Patrimonial.

2012

Em 23 de junho estreia, em homenagem ao centenário de Lúcio Cardoso, na Mostra de Cinema de Ouro Preto (CineOP), o documentário de longa-metragem *A mulher de longe* — reconstituição poética do filme homônimo inacabado dirigido por Lúcio, em 1949, na aldeia de pescadores da praia de Itaipu, em Niterói, a partir de cenas recuperadas e de trechos do diário das filmagens —, com roteiro e direção de Luiz Carlos Lacerda e narração de Ângelo Antonio. Posteriormente, é exibido no Festival do Rio, em 4 de outubro; no Vitória Cine Vídeo, em Vitória, em 10 de novembro; na Academia Brasileira de Letras, em 21 de novembro; e no Museu de Arte Contemporânea de Niterói, em 27 de novembro.

Em 16 de agosto vai ao ar o Programa Imagem da Palavra, da Rede Minas, totalmente dedicado ao centenário de Lúcio Cardoso, com participação de Andréa Vilela, Luiz Carlos Lacerda e Ruth Silviano Brandão, e apresentação de Guga Barros.

Em 17 de agosto, a atriz Camila Morgado lê trechos de *Crônica da casa assassinada* durante a XV Bienal do Livro do Rio de Janeiro, em homenagem ao centenário de Lúcio Cardoso.

Em 27 de agosto, em sua Série Arquivos Pessoais, a Fundação Casa de Rui

Barbosa — por intermédio do Arquivo-Museu de Literatura Brasileira —, e a Civilização Brasileira apresentam o evento "Centenário de Lúcio Cardoso (1912--1968)". Após a abertura da exposição do poema de Carlos Drummond de Andrade doado ao Arquivo Lúcio Cardoso, mantido pela FCRB, são iniciadas as duas mesas-redondas. A primeira versa sobre o tema "Um artista múltiplo e singular", com Andréa Vilela, Ésio Macedo Ribeiro e Luiz Carlos Lacerda, com mediação de Hugo Sukman; e a segunda, "Lúcio, o enfeitiçado e desconhecido", traz as falas de Beatriz Damasceno, Marília Rothier Cardoso e Valéria Lamego, com mediação de Frederico Coelho. No encerramento, é exibido o documentário *O enfeitiçado: Vida e obra de Lúcio Cardoso*, de Luiz Carlos Lacerda.

Em 9 de outubro é lançado o livro *Lúcio Cardoso em corpo e escrita*, de Beatriz Damasceno, pela Eduerj, na Moviola Livraria e Bistrô, no Rio de Janeiro.

De 6 a 8 de novembro ocorre o IV Seminário de Crítica e Criação Literária — "Convergências Mineiras e Espaços Plurais — Homenagem a Darcy Ribeiro e Lúcio Cardoso" —, realizado pelo Programa de Pós-Graduação em Letras/Estudos Literários da Universidade Estadual de Montes Claros (Unimontes), em Minas Gerais, coordenado por Ivana Ferrante Rebello. Palestraram sobre Lúcio: Ésio Macedo Ribeiro, Fábio Figueiredo Camargo, Ruth Silviano Brandão e Telma Borges. No encerramento do evento é exibido o documentário *O enfeitiçado: Vida e obra de Lúcio Cardoso*, de Luiz Carlos Lacerda.

De 8 a 10 de novembro ocorre o "Seminário Lúcio Cardoso: Tempo de Lembrar e Tempo de Entender", em homenagem ao centenário do autor, organizado pelo Programa de Mestrado em Letras: Literatura Brasileira, da UFMG, e pelo Centro de Ensino Superior de Juiz de Fora; o evento tem lugar no Museu de Arte Murilo Mendes (MAMM), em Juiz de Fora, com participação de Anderson Pires da Silva, Beatriz Damasceno, Cínthia Lopes de Oliveira, Ésio Macedo Ribeiro, Luiz Fernando Medeiros de Carvalho, Marcos Vinícius Ferreira de Oliveira, Maria Aparecida Nogueira Schmidt, Marília Rothier Cardoso, Moema Rodrigues B. Mendes, Nícea Helena Nogueira, Ruth Silviano Brandão, Verônica Lucy Coutinho Lage e William Valentine Redmond.

Em 10 de novembro, ocorre o lançamento nacional dos *Diários* de Lúcio Cardoso, editados por Ésio Macedo Ribeiro e publicados pela Civilização Brasileira, no Museu de Arte Murilo Mendes (MAMM), em Juiz de Fora, durante o encerramento do "Seminário Lúcio Cardoso: Tempo de Lembrar e Tempo de

Entender". O livro faz tanto sucesso que a primeira edição se esgota em quatro dias e a segunda sai um mês depois.

Em 29 de novembro vai ao ar o programa *De Lá pra Cá*, da TV Brasil, totalmente dedicado aos "Cem anos de nascimento de Lúcio Cardoso", com participação da professora e autora do livro *Lúcio Cardoso em corpo e escrita*, Beatriz Damasceno; do escritor e editor da *Poesia completa* e dos *Diários* de Lúcio Cardoso, Ésio Macedo Ribeiro; do cineasta Luiz Carlos Lacerda; e da jornalista e organizadora do livro de Lúcio, *Contos da ilha e do continente*, Valéria Lamego, com apresentação de Vera Barroso e Ancelmo Gois.

Em 17 de dezembro é lançada a primeira antologia de contos de Lúcio para o público adulto, *Contos da ilha e do continente*, organizada por Valéria Lamego, pela Civilização Brasileira, no Bar Lagoa — um dos bares preferidos do escritor, que fica no térreo do Edifício Ligúria, onde ele também residiu —, no Rio de Janeiro. Na ocasião, com a presença das sobrinhas de Lúcio, Cleo, Gilda e Margarida, de Luiz Carlos Lacerda, Valéria Lamego, Ana Pessoa — diretora do Arquivo-Museu de Literatura Brasileira da Fundação Casa de Rui Barbosa — e do garçom mais antigo do bar, Alfredo, é afixada e inaugurada uma placa em homenagem ao escritor. Coroando a noite, o poeta Ramon Mello sobe numa cadeira e lê um poema escrito por Lúcio, em 1961, no mesmo local.

Em 28 de dezembro, a Câmara Municipal de Curvelo decreta e sanciona a lei nº 2769, que passa a denominar o loteamento São Geraldo II, daquele município, como Bairro Lúcio Cardoso, compreendendo quinze ruas e uma praça.

É lançada a 13ª edição de *Crônica da casa assassinada*, com prefácio de André Seffrin, pela Civilização Brasileira.

É publicada, virtualmente, *Araticum — Revista do Programa de Pós-Graduação em Letras/Estudos Literários da Unimontes* (v. 6, n. 2, 2012), número dedicado ao centenário de Lúcio Cardoso, organizado por Ivana Ferrante Rebello e Almeida e Fábio Figueiredo Camargo, com textos de Andréa Vilela, Beatriz Damasceno, Cássia dos Santos, Elizabeth Cardoso, Ésio Macedo Ribeiro, Fábio Figueiredo Camargo, Odirlei Costa dos Santos, Ruth Silviano Brandão e Telma Borges.

2013

Em 28 de janeiro é lançada a segunda edição dos *Diários* de Lúcio Cardoso, com a presença do organizador, Ésio Macedo Ribeiro, na Livraria Cultura, em São Paulo.

Em 31 de janeiro é apresentado, na Cinemateca Brasileira, em São Paulo, o documentário de longa-metragem *A mulher de longe*, baseado no filme homônimo inacabado de Lúcio, com roteiro e direção de Luiz Carlos Lacerda e narração de Ângelo Antonio. O filme também é exibido na Fundação Casa de Rui Barbosa, no Rio de Janeiro — com debate com o diretor após a sessão —, em 21 de março; na Sala Humberto Mauro do Palácio das Artes, em Belo Horizonte, em 14 de setembro; e ainda na Fundação Biblioteca Nacional, no Rio de Janeiro, no Museu da Imagem e do Som do Paraná, em Curitiba, na Universidade Federal de Santa Catarina, em Florianópolis, e no Departamento de Letras da PUC-Rio.

É lançada a edição eletrônica da revista *7faces — Revista de Poesia* (Natal, ano 4, n. 7, jan./jul. 2013); o número, em homenagem a Lúcio Cardoso, é organizado por Pedro Fernandes de Oliveira Neto e Cesar Kiraly, e apresenta poemas de Lúcio e textos de Alexandra Vieira de Almeida, Ana Romano, Casé Lontra Marques, Ésio Macedo Ribeiro, Gabriel Resende Santos, Jairo Macedo, Homero Gomes, Lara Amaral, Leonardo Chioda, Mariano Tavares, Marília Rothier Cardoso, Mario Filipe Cavalcanti, Odirlei Costa dos Santos, Rosana Banharoli e Thiago Souza. Encartado à edição, está o e-book do ensaio "Metafísicas do olho — variações III", de Cesar Kiraly.

É lançada a segunda edição da tradução de Lúcio de *Drácula: O homem da noite*, de Bram Stoker, pela Civilização Brasileira.

Em 21 de abril, o Canal Brasil exibe *A mulher de longe*.

Em 13 de maio vai ao ar o programa *Ciência & Letras*, do Canal Saúde, da Fiocruz, totalmente dedicado a Lúcio Cardoso, roteirizado e apresentado por Renato Farias, com a presença de Beatriz Damasceno e Valéria Lamego.

Em 30 de outubro é lançado o livro de Elizabeth Cardoso, *Feminilidade e transgressão: Uma leitura da prosa de Lúcio Cardoso*, pela Humanitas, na Livraria da Vila da rua Fradique Coutinho, em São Paulo.

É lançado o livro *Crônica da casa assassinada & Depois daquela viagem*, adaptação das peças inspiradas, respectivamente, no romance de Lúcio e no romance autobiográfico de Valéria Piassa Polizzi, por Dib Carneiro Neto, pela Giostri.

2015

Estreia, em 8 de agosto, o filme *Introdução à música do sangue*, de Luiz Carlos Lacerda, inspirado no argumento deixado ao diretor por Lúcio, com Ney Latorraca, Bete Mendes, Armando Babaioff, Greta Antoine, Tarcísio Vória Carvalho e Carlos Tavares Filho Marak, no Festival de Cinema de Gramado.

Em 13 de outubro, *Introdução à música do sangue* é exibido no Festival do Rio.

Em 4 de dezembro é lançado, na França, o livro *Lucio Cardoso, Maleita et Pirapora: Historicité et culture populaire traditionnelle dans l'oeuvre de Lucio Cardoso*, de Zanoni Neves, pela Éditions Universitaires Européennes.

É apresentada, na Fundação Frederico Ozanan, em Itaúna (MG), a peça de Lúcio *Prometeu libertado*, pela Instável, Companhia de Teatro, sob a direção de Marco Antônio Lara. No elenco, estão Marco Túlio Parreiras e Elimar Alves.

2016

Em 30 de janeiro, *Introdução à música do sangue* é exibido na Mostra de Cinema de Tiradentes.

É lançada a segunda edição, agora bilíngue, da tradução de Lúcio de *O vento da noite*, de Emily Brontë, pela Civilização Brasileira, organizada e apresentada por Ésio Macedo Ribeiro.

Em 10 de outubro estreia, no Festival Internacional de Cinema do Rio, o longa-metragem *O que seria deste mundo sem paixão?*, de Luiz Carlos Lacerda, que mostra um encontro fictício entre Murilo Mendes e Lúcio Cardoso, que eram amigos e da mesma geração, em que ambos interagem com as personagens de seus livros. No elenco, entre outros, estão Armando Babaioff, Saulo Arcoverde, Tonico Pereira, Paula Burlamaqui e Eriberto Leão.

É lançado o livro *Lúcio Cardoso: A escrita sem limites*, organizado por José Alberto Pinho Neves, Juliana Gervason Defilippo, Moema Rodrigues B. Mendes e William Valentine Redmond; e editado pelo Museu de Arte Murilo Mendes e pela EDUFJF. Além dos organizadores, participam do livro Beatriz Damasceno, Cinthia Lopes de Oliveira, Ésio Macedo Ribeiro, Luiz Fernando Medeiros de Carvalho, Fabio Marchon Coube, Marília Rothier Cardoso, Nícea Helena Nogueira e Ruth Silviano Brandão.

Em 30 de novembro, a BBC de Londres indica, entre os dez livros para serem lidos em dezembro, a tradução da obra-prima de Lúcio para o inglês: *Chronicle of the Murdered House*, traduzido por Margaret Jull Costa e Robin Patterson, com introdução de Benjamin Moser. A matéria "Ten Books You Should Read in December" é assinada pela crítica Jane Ciabattari.

Em 13 de dezembro é lançada *Chronicle of the Murdered House*, tradução norte-americana de *Crônica da casa assassinada*, de Margaret Jull Costa e Robin Patterson, com introdução de Benjamin Moser, pela Open Letter. A tradução é agraciada, no mesmo ano, com o Best Translated Book Award for Fiction.

2018

É lançada *Crónica da casa assassinada*, edição portuguesa de *Crônica da casa assassinada*, pela Compasso dos Ventos, de Lisboa.

Em 14 de setembro ocorre o "Colóquio Lúcio Cardoso — 50 Anos Depois", na Faculdade de Letras da UFMG, organizado por Leandro Garcia Rodrigues e com a participação de Andréa Vilela, Ésio Macedo Ribeiro, Gustavo Silveira Ribeiro, Leandro Garcia Rodrigues, Luiz Carlos Lacerda, Marília Rothier Cardoso, Ruth Silviano Brandão, Wander Melo Miranda e Valéria Lamego. No encerramento, é exibido *Introdução à música do sangue*.

Em 28 de setembro, o programa *Universo Literário*, da Rádio UFMG Educativa (104,5), rememora os "50 anos de morte de Lúcio Cardoso", com uma entrevista concedida por Ruth Silviano Brandão a Michelle Bruck.

2019

Em 8 de março, a Câmara Municipal de Curvelo decreta e sanciona a lei nº 3292, denominando de Escola Municipal Lúcio Cardoso o prédio situado à rua Elisa Octaviano de Alvarenga, 164, esquina com a rua Elza de Oliveira, no bairro Lúcio Cardoso do município.

Em 21 de outubro, a mesma Câmara decreta e sanciona a lei nº 3331, denominando os três prédios da antiga praça da Estação, hoje praça Central do Brasil Engenheiro Eliseu Resende, n. 50, de Guimarães Rosa (prédio 1), n. 94, de Lúcio

Cardoso (prédio 2) e n. 100, de Alceu Penna (prédio 3). O conjunto arquitetônico (remanescente da Rede Ferroviária Federal, desativada e adquirida pelo município) é preservado, restaurado e adaptado para abrigar o Museu Municipal, a Biblioteca Infantil e também exposições e eventos.

Em 8 e 22 de novembro é realizado o "Colóquio Elegia Mineira: 60 Anos da *Crônica da casa assassinada*", no Auditório Ismael Coutinho, da Universidade Federal Fluminense (UFF) e no Auditório do prédio das Ciências Sociais e Filosofia, da Universidade de São Paulo (USP), respectivamente. Além dos organizadores (Ana Maria Amorim Correia, Eduardo Marinho da Silva, Érica Ignácio da Costa, Frederico Cabala e Lívia de Azevedo Lima), participam do evento: Beatriz Damasceno, Bruna Freitas Figueiredo, Cássia dos Santos, Cleber Dungue, Diogo Andrade de Lima, Elizabeth Cardoso, Erica Ingrid Florentino Gaião, Fernando Monteiro de Barros Júnior, Gilberto Figueiredo Martins, Helena de Barros Binoto, Júlio Machado, Laís da Conceição Santos Belarmino, Leonardo Ramos Botelho Gomes, Ludimila Moreira Menezes, Luiz Antônio da Cruz Júnior, Luís Bueno, Ney Costa Santos, Romildo Biar Monteiro, Rafael Batista de Sousa, Sandro Adriano da Silva, Simone Rossinetti Rufinoni, Valéria Lamego e Victor Hugo Adler Pereira.

2020

É lançado o livro *Literatura mineira: trezentos anos*, pela BDMG Cultural, organizado por Jacyntho Lins Brandão e com apresentação de Antonio Carlos Secchin. O volume traz um capítulo sobre Lúcio: "Lúcio Cardoso: Um andarilho à beira do abismo", escrito pela sobrinha-neta do escritor, Andréa Vilela.

Em 30 de dezembro é inaugurada, em Curvelo, a Escola Municipal Lúcio Cardoso.

É lançado o livro *Lúcio Cardoso: 50 anos depois*, organizado por Leandro Garcia Rodrigues, pela Relicário. Além dele, participam do volume Andréa Vilela, Beatriz Damasceno, Denilson Lopes, Elizabeth Cardoso, Ésio Macedo Ribeiro, Fernando Monteiro de Barros, Gustavo Silveira Ribeiro, Luiz Carlos Lacerda, Marília Rothier Cardoso, Rafael Cardoso, Rodrigo Coppe Caldeira, Ruth Silviano Brandão, Valéria Lamego e Walmir Ayala.

É lançada a edição eletrônica da *Opiniães — Revista dos Alunos de Literatura Brasileira* São Paulo, FFLCH-USP, (ano 9, n. 17, jul.-dez. 2020), que traz o dossiê

"60 anos da *Crônica da casa assassinada*", editada por Ana Maria Amorim Correia, Eduardo Marinho da Silva, Érica Ignácio da Costa, Frederico van Erven Cabala e Livia Azevedo Lima, com textos de Beatriz Damasceno, Bruna Freitas Figueiredo, Diogo Andrade de Lima, Elizabeth Cardoso, Ésio Macedo Ribeiro, Erica Ingrid Florentino Gaião, Ernani Terra, Leandro Garcia Rodrigues, Leonardo Ramos Botelho Gomes, Leo Stephen Merlin Temple, Luís Bueno, Rafael Batista de Sousa, Romildo Biar Monteiro, Sandro Adriano da Silva, Valéria Lamego e Victor Hugo Adler Pereira. O dossiê é complementado com a seção "Depoimentos", com textos de Alexandre Siqueira, Amara Moira, Andréa Vilela, André Seffrin, Denilson Lopes, Dib Carneiro Neto, George Moura, Harrie Lemmens, Júlio Castañon Guimarães, Júlio Cesar Machado de Paula, Leandro Garcia Rodrigues, Luís Bueno, Luiz Carlos Lacerda, Marcos Antonio de Moraes, Margaret Jull Costa, Milton Hatoum, Nádia Degrazia, Newton Vieira, Ney Costa Santos, Robin Patterson, Simone Rossinetti Rufinoni, Thaís Gomes e Xikito Affonso Ferreira.

2021

Em 7 de abril é lançada uma nova edição — totalmente revista — de *Crônica da casa assassinada*, com prefácio de Chico Felitti e textos sobre Lúcio por Clarice Lispector e Ésio Macedo Ribeiro, pela Companhia das Letras.

São lançados os livros *Litania dos transgressores: Desígnios da provocação em Lúcio Cardoso*, de Odirlei Costa dos Santos; *Lúcio Cardoso, Cornélio Penna e a retórica do Brasil profundo*, de Franklin Morais, ambos pela Dialética, e *Escrever o pai é escrever-se*, de Fábio Figueiredo Camargo, pelo Selo Editorial Vórtex.

2022

São lançados os livros *Clarice Lispector entre cartas: Sua correspondência com Lúcio Cardoso, Fernando Sabino e outros*, de Mariana Miranda, pela Dialética; *O espaço da casa e as configurações do feminino: Uma leitura de Lúcio Cardoso*, de Carla Costa, em edição da autora; *Um punhal contra Minas* (versão reduzida e atualizada da tese de doutorado sobre a elaboração do romance

Crônica da casa assassinada), de Cássia dos Santos, pela Mercado de Letras; e *A estetização da doença na ficção de Lúcio Cardoso*, de Carlos Roberto da Silva, pela Lisbon Press.

São relançadas, em homenagem aos noventa anos da José Olympio, edições fac-símiles da Coleção Rubáiyát, das seguintes traduções de Lúcio: *O vento da noite*, de Emily Brontë, *O livro de Job* e *A ronda das estações*, de Kâlidâsa.

É lançada *Kroniek van het vermoorde huis*, tradução para o holandês de *Crônica da casa assassinada*, realizada por Harrie Lemmens, pela De Arbeiderspers.

É lançada a segunda edição do livro *Ana Karenina*, de Liev Tolstói, traduzido por Lúcio Cardoso — a primeira tradução completa desse romance no Brasil —, pela José Olympio. A preparação de texto, o posfácio e a cronologia da vida e da época de Tolstói são de Ésio Macedo Ribeiro.

É recuperado, no Acervo Arquivo Nacional/Fundo Agência Nacional, um filme de 1"01': (Lúcio Cardoso — Exposição de quadros do pintor e romancista), *Cinejornal Informativo*, n. 108, com data atribuída de [1968], BR RJANRIO EH.0. FIL, CJI.333. Disponível em: <https://www.facebook.com/watch/?v=1146899 252729041>. Acesso em: 4 ago. 2022.

PARTE 1

DIÁRIO 0
(1942-1947)

Nota introdutória

Lúcio Cardoso

Quando estas anotações foram primeiro tomadas, havia a intenção firme de uma publicação posterior integral e sem qualquer retoque na sua redação instantânea, quase sempre propositadamente bárbara. Mas o tempo passou desde então, e percebeu-se ser insustentável aquela pretensão: as anotações eram desnecessariamente volumosas, e muitas vezes — quer por deliberada selvageria, quer por inépcia — tão mal escritas que seria simplesmente estupidez publicá-las assim. Era preciso um corte que lhe[s] reduzisse o volume pelo menos a uma quarta parte do total primitivo, e uma refusão também, ainda mesmo quando se adotava o propósito de não se alterar de qualquer maneira mais significativa o estilo e a capacidade intelectual originais. Além disso, as anotações expressavam frequentemente uma ligação religiosa que foi depois desfeita, e transformada mesmo, em alguns pontos, em oposição. Da expressão dessa ligação foi excluído o que era meramente exclamatório, e o que era incisivo mas sem conexões mais realistas com caminhos ou processos que, de uma forma ou de outra, foram depois conservados.

Rio de Janeiro, 1957

Aos homens de boa vontade

PARTE I
(NOV. 1942-MAR. 1944)

1942

Sobre os Karamázov:[1] Dostoiévski não devia crer em Deus. Também eu penso que não creio mais. "Creio, mas ignoro em quê" (Zossima, ou seja, Dostoiévski). Perder a fé no sentido mais avançado da expressão é coisa que me parece impossível. O nosso ser está intimamente ligado à crença em alguma coisa. Quando não existe fé no absoluto, ou em qualquer coisa que seja, não se tem sensação de ser, de existir.

Creio, logo sou.

Impressiono-me demais com Aliocha,[2] quando diz, acerca de Ivan,[3] que ele busca o sofrimento, que ele é dos que tem necessidade de resolver um problema; e ainda com Aliocha, quando roga: "Senhor, perdoa todos, protege os desditados e os rebeldes, guia-os e dirige-os ao bom caminho!". Creio nisso, mas não deixo de me perguntar para que essa crença. Estarei demasiadamente impressionado

1. *Os irmãos Karamázov*, de Fiódor Dostoiévski (1821-1881), escrito em 1879, é uma das mais importantes obras da literatura russa e mundial. Lúcio sofreu grande influência de Dostoiévski em sua própria obra, a tal ponto que a crítica especializada o define como o "Dostoiévski brasileiro".
2. Terceiro filho Karamázov.
3. Segundo filho Karamázov.

com a inação do HOMEM SUBTERRÂNEO?[4] Assim essa fé não serve, não me adianta de nada (Eu precisaria mesmo, antes de tudo, crer na utilidade...). Creio, mas não sei em quê.

Às vezes, a percepção disso traz muito sofrimento e torna a vida insustentável.

Outras vezes, imagino loucamente que poderia sair desse estado com um esforço sistemático, com a ajuda da leitura de Léon Bloy,[5] por exemplo. Sei bem que já não espero salvação ou resolução de problemas por meio da leitura, mas Léon Bloy tem um tal atrativo sobre mim! Seu *Diário* é a obra que talvez pudesse me "positivar".

*

Hoje, pela manhã visita de A.M.F. Lancei-lhe o "tudo é permitido". Houve repulsão a princípio, mas a pílula acabou por ser engolida. Exatamente quando eu acabava de lhe dar de presente esse "tudo é permitido", entraram pessoas de casa na sala e falou-se sobre a grandeza moral de meu tio falecido há alguns meses (tão viva, tão livre de qualquer consciência em vaidade, tão bem camuflada!). A situação tornou-se delicada. A.M.F. deve ter se sentido perturbado, mas mostrou-se sempre natural. Saiu sem que eu pudesse continuar a conversa, mas foi intenso em mim o desejo de arrebatar-lhe o pensamento, de dar-lhe ideias grandes. Quis salvá-lo da mediocridade. Como acontece outras vezes, sem que eu cresse em outras coisas, fiquei crendo (negativamente) na mediocridade, e tentando tirar alguém de seu generoso seio. Frequentemente isso torna-se um desejo verdadeiro em mim. Não o compreendo bem, entretanto. Pois se eu não tenho fé, segurança, estabilidade, como é que posso crer na burrice, ou melhor?...

Ah! Beethoven!

Estou certo de que amo a beleza ("Ah! se pudésseis suportar de minha parte...") e agora confessarei um absurdo: às vezes sinto um elemento estético, uma beleza que me satisfaz nestes problemas torturantes que surgem em mim e em

4. Trata-se da personagem do romance *Notas do subterrâneo*, também traduzido como *Memórias do subsolo* ou *Notas do subsolo*, de Dostoiévski. Apresenta-se como um excerto das memórias de um empregado civil aposentado que vive em São Petersburgo; um homem amargo, isolado, sem nome, geralmente chamado de Homem Subterrâneo.
5. Léon Bloy (1846-1917), romancista, ensaísta, panfletário e poeta francês.

tantos outros. Entretanto, tal como confessa Papini,[6] preferiria ser limpador de latrinas a ator de problemas filosóficos. Sei que muitas vezes represento, mas...

Confessarei também agora por que me vêm à mente todas essas questões: pelo fato de estar escrevendo, de estar fixando em papel meus pensamentos. Sempre olhei tal coisa com desconfiança desde que, pela primeira vez, julguei que eu também pudesse escrever. Agora que de fato começo, sinto certo pudor. Entretanto, ah!, que alívio, que purgação!...

*

Aliocha nas *Bodas de Caná*,[7] ele, sim, pode ser a minha salvação, e não o terrível Bloy.

*

Apanha-me agora a sensação de vazio que costumo sentir e que certamente não é a nostalgia de qualquer das certezas perdidas. É impossível viver assim. Solto-me, largo as amarras e vou; não há nada que me prenda. Há horas em que verdadeiramente saio do mundo. Quem sabe mesmo se não me dissolverei? Pouco a pouco os pensamentos, as ideias, a consciência vão fugindo, fugindo, e assim talvez eu acabe por acabar de todo alguma vez.

Apavoro-me com isso.

*

Falei com Marcos[8] sobre as *Bodas de Caná* e perguntei-lhe: — Que significa tudo isso?

Então eu mesmo me respondi:

— É a aceitação da criação pelo homem.

Quando saíamos do concerto (aula de interpretação da Tagliaferro),[9] Marcos [Konder Reis] me disse:

— Nós acreditamos na beleza.

Ela é de fato uma categoria de minha vida. Mas, então, por que as minhas "saídas do mundo"?

*

---

6. Giovanni Papini (1881-1956), jornalista, crítico, poeta e romancista italiano.

7. *Bodas de Caná* é o nome de uma perícope bíblica narrada exclusivamente no Evangelho de João (João 2,1-11).

8. Marcos Konder Reis (1922-2001), poeta brasileiro, pertencente à Geração de 45, ao lado de Paulo Mendes Campos, Lêdo Ivo e João Cabral de Melo Neto. Foi grande amigo de Lúcio.

9. Magda Tagliaferro (1893-1986), pianista brasileira, considerada uma das grandes do século XX.

Dostoiévski começa aonde Tolstói chega ao fim. Em Tolstói, em *Ivan Ilitch*[10] e no *Padre Sérgio*, há a negação do mundo racional, "uma solidão que não poderia ser mais completa". Dostoiévski, porém, já aceita para fundo de seu pensamento essa falência do universo comum. Dostoiévski ou é satânico ou divino, mas é sempre angélico. Na confissão de Dmitri[11] há o completo caos, no sentido da "omnitude" de Chestov,[12] mas há também a alegria, o sol, o hino: *AN DIE FREUDE!*[13]

*

Quando Kiríllov[14] percebeu a lógica total dentro da pura liberdade — na ciência em bloco — foi como se ele tivesse anulado em si o pecado original, a ciência (raciocínio) dentro da liberdade. Isso deveria acarretar uma transformação total nele; porém essa transformação não ocorreu, e surgiu então o drama inevitável, o suicídio.

Do ponto de vista do Homem Subterrâneo, da liberdade irracional, não haveria necessidade de suicídio, diz Chestov.

*

Antes do pecado original o homem deveria ser mera liberdade. Adão, comendo o fruto, ficou sabendo o que era o bem e o mal. Antes ele usava sua liberdade (de escolher entre o bem e o mal sem o saber) como em puro jogo, como em jogo completamente livre, cujo único determinante era sua vontade, e não a ciência, não a razão, Deus determinou que ele fizesse jogo de tal maneira (isso é, que não…, Gen. 2,17), mas sabia que se ele quisesse poderia jogar o jogo proibido, como de fato jogou. O ato de Adão foi completamente livre, sem qualquer influência da noção de bem e de mal — ato puro de vontade, ato apenas desejável. A razão e a ciência só surgiriam com esse primeiro pecado, com sua desobediência inicial ao conselho de Deus. O homem ficou então sabendo o bem e o mal;

---

10. Título completo: *A morte de Ivan Ilitch*.
11. Primogênito dos irmãos Karamázov.
12. Liev Chestov (1866-1938), filósofo existencialista judeu-russo.
13. Em alemão: "Para alegrar". Trata-se da ode "An die Freude", escrita em 1785 pelo poeta alemão Friedrich Schiller, na qual exalta a juventude. A ode é mais conhecida por ter sido musicada pelo também alemão Ludwig van Beethoven e incluída no quarto movimento da sua *Nona sinfonia* (1824).
14. Personagem de *Os demônios*, de Dostoiévski.

sua vontade subsistiu com certa liberdade ainda, e o castigo da corrupção foi-lhe imposto.

Em Deus a ciência é única, indivisa, em bloco, sem raciocínio e coincidente com a verdade. Comendo o fruto proibido, o homem passou a ter ciência, mas de forma fragmentária (*Chercher en gemissant*).[15]

15. Em francês: Procurar gemendo.

1943

Pecado original como tragédia. Existência de um estado anterior sem falhas, sem corrupção. Queda. Não estamos em nosso lugar.

Tudo isso na frase de Rimbaud: *"horreur de ma bêtise!".*[1]

*

Quando digo razão como pecado original, não penso que ela possa ser aposta aos mitos dos povos primitivos. Não escaparíamos à razão, na forma da corrupção em que eu a compreendo, simplesmente crendo em muitos absurdos. Chestov percebeu isso bem melhor que Benjamin Fondane[2] quando diz, por exemplo, que é ainda a razão que comanda os mitos da Igreja. A fé na infalibilidade da Igreja é um ato racional, um apoio, uma renúncia à liberdade. Razão não é apenas silogismo ou ciência exata, pesquisa científica. Os mitos dos povos primitivos ou dos povos civilizados caem dentro de sua esfera ainda.

Os primitivos estão apenas "atrasados". Mas, tal como *nosotros*, o que eles procuram é o apoio.

---

1. Em francês: horror da minha estupidez.
2. Benjamin Fondane (1898-1944), poeta, dramaturgo, ensaísta, crítico literário, cineasta e tradutor judeu romeno, principalmente de língua francesa, naturalizado francês em 1938 e morto em uma câmara de gás no campo de extermínio de Auschwitz-Birkenau.

*

Cambalhota: pus-me ao lado dos "progressistas" e dos "racionalistas". A "luz" da razão jamais se deixará extinguir na sociedade em que foi acesa.

Qualquer fuga à razão será simplesmente individual, nunca fenômeno social.

Uma sociedade pode apenas se desagradar, e um grande retorno à religião não significaria fuga à razão, mas apenas uma virada na razão; as leis da História presidiriam ainda ao processo.

*

Algumas vezes a lógica é desnecessária. Essa falta de necessidade de lógica é, porém, bem lógica ainda.

*

Não confundir a corrente racionalista da filosofia (*cette petite chose*)[3] com tudo aquilo que se baseia ainda na razão. É Chestov que tem a pedra do toque.

*

Fondane combate a razão com a razão. Mas, meu problema não é o antirracionalismo...

Só acredito em saídas da razão como a de Dmítri Karamázov.

*

A razão pura é também a ausência de substância. O problema não é propriamente ir contra a razão, mas ir contra as evidências do sentido comum (Chestov). Só interessa ir contra a razão enquanto ela pertence ao "sentido comum".

*

A "omnitude" elege a razão em Deus, dá-lhe infalibilidade, e arranja-se como pode, mesmo na maior confusão. Isso não tem importância. O que importa é a admissão tácita da infalibilidade, a ciência, a segurança, o apoio. Realmente não importa que a infalibilidade seja irracional; para a "omnitude" ela é a própria razão. O desejo de segurança faz com que, dentro do sentido comum, sejam esquecidos os sentimentos mais vivos e íntimos do homem, a maior alegria e a maior infelicidade.

O sentimento da morte, por exemplo, é insuportável, então ele é tratado superficialmente; então acredita-se em outra vida, em religião etc., busca-se a superficialidade e admite-se assim, caladamente, aquilo que era insuportável.

---

3. Em francês: essa coisinha.

O medo da morte traz uma antecipação da morte, o fim prematuro da luta. É-se tanto mais vivo, porém, quanto mais se luta contra a morte.

A salvação é um absurdo.

Santa Teresa: *muero porque no muero.*[4]

*

Penso que agora só me resta viver aos trambolhões. Precisaria de casos e acontecimentos para me distrair um pouco, para fazer com que eu fosse como qualquer um que nunca viu o que eu vi.

*

Pensar sobre a santidade, indagar se de fato ela foge em parte ao sentido comum. Indagar isso em Santa Teresa, em São João da Cruz.[5]

*

O *"hors de raison"* nem sempre é falência e horror. Aliocha em *Bodas de Caná*, inteiramente *"hors de raison"*, inteiramente livre. Aliocha, entretanto, volta à moral, renuncia à liberdade.

Um estado contínuo semelhante às *Bodas de Caná* seria a suspensão do pecado original, a maior graça. Será isso a santidade?

*

Os dois polos "éticos" […] do *"hors de raison"*: Aliocha nas *Bodas de Caná*; o Homem Subterrâneo bebendo seu chá enquanto o mundo se desmorona.

*

O super-homem de Nietzsche como o homem liberto do pecado original. Nietzsche define uma separação nítida entre o super-homem e o homem mais perfeito dentro da moral.

*

O desespero de Nietzsche parece espiritual demais, ou melhor, vazio. Nós, sensuais, ao contrário, desesperados pela carne, atormentados e miseráveis, sentimos ainda, embora sem consciência direta, sem consolo explícito, que cometemos um ato vivo; sentimo-nos esvaziados, cair de um estado mais vital. Nietzsche, porém, era virtuoso; enlouqueceu.

---

4. Em espanhol: "morro porque não morro". Verso do poema "Vivo sin vivir en mí", de Santa Teresa de Ávila ou Teresa de Jesus (1515-1582), religiosa e escritora espanhola, famosa pela reforma que realizou na Ordem dos Carmelitas e por suas obras místicas.
5. São João da Cruz (1542-1591), frade carmelita espanhol, conhecido por suas poesias místicas.

*

Nietzsche fala de uma ascensão ao super-homem quando toda a tragédia que habita o homem aponta, ao contrário, para uma Queda. Se Nietzsche tivesse vivo dentro de si o drama carnal talvez tivesse percebido aquele processo em outra direção.

*

Nietzsche: o homem livre deve livrar-se da dor. Muito certo. Mas eu exijo que seja o motivo da dor que acabe, e não que se fique insensível a ele.

*

O tipo de homem religioso que Nietzsche combatia é exatamente aquele que o Grande Inquisidor pretendia moldar ou conservar.

*

A razão plenamente consciente de si mesma é... louca.

*

Vontade de poder é a vontade natural do homem depois da queda.

*

A vontade moral está contida na vontade de poder. Mas, ao invés de esmiuçar essa questão, Nietzsche passa a falar do problema dos fracos e dos fortes. Ora, afinal de contas, ambos estão no mesmo terreno. Se os fortes são capazes de quebrar ídolos, comumente constroem outros ídolos e se ajoelham diante deles.

*

Na puberdade, o homem, encontrando no mundo exterior correspondência com o que sente e satisfação para os seus desejos, rompe com a moral estreita e adota a liberdade do sexo. Mas embora natural, no melhor sentido, essa aceitação é também um ato de mediocridade, porque, comumente, outras liberdades falsas e sem força — truques baixos e mesquinharias — são niveladas a ela. Podemos ficar cheios de admiração diante da atitude sã e natural com que um adolescente aceita o desafio da vida, mas que decepção virá se o analisarmos mais de perto! Em vez de um herói ele parecerá um "tchandala",[6] e a própria potência sexual liberta se assemelhará a uma castração de vida.

*

Os homens da Renascença que Nietzsche tanto admira foram certamente alegres animais, e alegra-me mesmo, muitas vezes, ver os homens assim. Entre-

6. Em alemão: pária.

tanto, nossa natureza é outra. Se, como Nietzsche, eu os admiro, não deixo entretanto de admirar bem mais a ele, Nietzsche, pobre e triste criatura.

*

A fé só pode existir em "instantes" e em virtude de um absurdo. É uma falta de sinceridade, uma renúncia, uma falência ante o *potestas clavium* qualquer pretensão de fé contínua e permanente.

*

A consciência do valor moral é quase uma função "fisiológica"; é vontade de poder, apoio, pecado original.

*

Os homens fortes e audaciosos podem ser muito atraentes em seu comportamento, no espetáculo que nos oferecem; mas não são super-homens. Comumente são simples imoralistas, ao invés de serem amoralistas.

*

Nietzsche deseja que a vida se torne perfeição fisiológica.

*

O que Nietzsche chama de vontade de poder é uma vontade de se ter os pés seguramente apoiados sobre base firme, uma vontade de crença em Razão ou Religião, ou em qualquer distração como o heroísmo, as artes, a política — uma vontade de se estar inteiro dentro do mundo do sentido comum, uma vontade de segurança.

Os animais de rebanho apoiam-se nos primeiros valores que encontram, conformam-se logo com eles. Os mais fortes, porém, divertem-se antes em criar novos apoios, são mais difíceis de se contentar; outras vezes, ao invés de inventar novos valores, gastam suas forças sobre si mesmos, domando-se, lutando para aceitar a carga, espremendo-se para dentro dos velhos valores. Os santos foram tão fortes quanto os homens da Renascença; e tanto uns como outros exerceram e consumiram suas forças na abdicação da liberdade diante de determinados valores.

Tem-se tanta sensação de poder quando se rompe com a moral predominante como quando se arma uma luta interior e se vence "os instintos e as sensações". Em ambos os casos, sente-se apoio firme sob os pés.

Na adolescência, por exemplo, temos a ampla oportunidade de nos exercitar [em] um daqueles processos: ou rompemos com a antiga moral e passamos a acreditar em sexo livre, ou deixamos que o conflito entre o desejo renascente e a moral cega atinja tal intensidade que a vitória sobre ele nos dá sensação de poder, à qual vem juntar-se ainda o bem-estar pela conformidade com a moral comumente admitida. Essa última sensação pode mesmo ser predominante, pode nos deixar impressionados demais. A conformidade seria perfeita se nenhum desejo mais nos perturbasse, se atingíssemos o Nirvana... O Nirvana é a mais alta aceitação da moral, a grande renúncia.

Os criadores de novos valores parecem ter mais vida, oferecem um espetáculo mais interessante talvez, são mais animais (no melhor sentido da palavra), mais brutos, menos contagiados pela civilização. Mas uma admiração maior por eles é tão somente questão de gosto. Eles apenas demoram mais a se identificar com o rebanho. Não há senão uma diferença quantitativa entre eles (ou os santos) e as ovelhinhas plácidas. De fato, habita-lhes um desejo louco, uma atividade que parece realmente viva enquanto é destrutiva de velhos ídolos, mas, afinal de contas, que é que eles desejam? Apenas criar novos valores e se ajoelhar também diante deles, dar demonstração inicial do poderio, garantir situação firme e estável, ter em que acreditar, finalmente. Eles em nada se parecem com o Homem Subterrâneo. Teriam eles por acaso coragem de ficar diante do puro nada, para sentir a pura liberdade? Os homens fortes bem cedo vêm a se castrar também, a renunciar.

No Homem Subterrâneo é todo nosso mundo que morre; mas é justamente nessa morte que não há morte; é nela que há rebeldia de vida.

*

Há uma lenda que descreve o estado atual do mundo, chama esse mundo de mundo da ciência (razão) do bem e do mal (moral), que diz estar o homem sob o jugo dessa ciência, que chama esse estado do homem de "pecado original", que se refere à queda de um estado sem esse pecado. Essa lenda é uma explicação do mundo, porque o mundo, tal como está agora, necessita de explicação; ela sendo do mundo, ainda que explique o mundo, possui a feição desse mundo, e é assim apenas uma explicação, apenas uma coisa ineficiente.

Então...?

Acredito nessa lenda!

Sobre meu caso: acreditando nessa lenda e aceitando-a, formo com ela um ciclo fechado, encerro-me, tal como todos os outros crentes em qualquer crença. Fico mesmo satisfeito porque achei uma crença, achei um apoio. Empoleiro-me no ciclo como uma arara. Mas, oh! não! pobres araras! Esse meu ciclo é tão incômodo! É tão apertado e balança tanto! Os poleiros dos outros homens devem ser mais cômodos. O meu ciclo é o ciclo dos ciclos, e dele vislumbro o ciclo dos outros, os ciclos que os outros não enxergam. Mas não deixo de estar num ciclo também.

Algumas vezes, entretanto...

*

Título provável para esses fragmentos:
"O ciclo dos ciclos"
Ensaio de uma destruição de todos os valores.

*

Maleabilidade da razão: ela nos conduz onde quisermos.

*

Nietzsche: "Não há causas nem efeitos". Sim. A razão pura é a morte. O silogismo é tautológico. A causa é igual ao efeito. Causa e efeito são conceitos de que o sentido comum necessita para subsistir, uma ilusão de liberdade, uma das manifestações da vontade de poder.

A razão quando é muito razão torna-se louca, acaba por destruir os conceitos da causa e efeito. A razão total é exatamente aquilo que não existe.

Foi Nietzsche quem fez a verdadeira crítica da razão pura.

*

Nietzsche *m'effraye comme "le silence des espaces infinis"*.[7] Por que está tão longe a vida? Por que não é ao menos como Dostoiévski? Não deve ter havido criatura tão sofredora.

*

Bem-aventurados os que choram porque eles serão consolados.

Bem-aventurados os mansos, os que têm fome e sede de justiça, os misericordiosos, os limpos de coração.

Para eles a moral não é a moral. É desejo de amor.

*

Eu posso ter compaixão, desejar o consolo dos que sofrem, mas somente odiando a moral.

*

A crítica de Nietzsche sobre causa e efeito coincide extensa e profundamente com minhas ideias acerca de um mundo completamente racional e determinado.

---

7. Em francês: "me assusta como 'o silêncio dos espaços infinitos'". *Pensées*, de Blaise Pascal (1623-1662), físico, matemático, filósofo moralista e teólogo francês.

Ele seria uma coisa acabada, fechada, morta, existente já para sempre, onde não existiria mesmo o movimento, onde tudo seria reduzido a uma igualdade. Não haveria um jogo de causa e efeito, ou entre causas e efeitos, mas sim uma única identidade: Causa = efeito.

Nietzsche afasta-se cada vez mais do sentido comum, chegando às últimas consequências das ideias que o sentido comum imagina admitir. Assim, torna-se cada vez mais louco.

*

DESPEDIDA DE BARBACENA

No campo de futebol plantado no topo aplainado de uma colina, meu lugar predileto: tempo nublado, relva coberta de orvalho ainda. Barulho de vento nos eucaliptos, gritaria de pássaros, mugidos de gado e, vindos de longe, latidos de cães.

Queria meus pensamentos límpidos, fluentes e livres. Ó ar que circula aqui! O vento soprando em mim insufla todos os sonhos de grandeza.

*

Não posso de maneira alguma acreditar em soluções advindas de sofrimentos e privações. Não sei jamais distinguir como uma solução se definiria de uma tragédia. Qualquer moral de fábula, qualquer adesão a uma solução brotada de uma tragédia bem viva seria renúncia e morte. Preferiria simplesmente amar a tragédia, tal como os gregos, viver o alto pessimismo que Nietzsche preconizava.

Dos *Irmãos Karamázov* não me vem solução alguma, para coisa alguma. As *Bodas de Caná*, por exemplo, são a antissolução. Seria impossível tentar viver seguindo aquilo, tirar uma fórmula dali. Tudo funcionou num momento, mas não solucionou o resto da vida.

SOUVENIRS DE BARBACENA.[8]

Visão do problema do pecado original e de sua significação para o homem. Tudo que eu vier a escrever depois sobre o assunto já deve estar contido no que percebi então.

Experiência da vida natural, boa camaradagem, boemia, contemplação da

8. Negrito de Lúcio Cardoso.

natureza — coisa que me é tão grata: da janela de meu quarto a paisagem verde, extensa, livre, arejada e humana; eu, mais alto que toda a paisagem; os eucaliptos do campo de futebol; os crepúsculos vistos do "Aprendizado".

Compreensão do povo, compreensão de todos os homens. Até parece que a raiva é coisa que não poderei mais sentir, porque compreendo tanto... Afasto-me assim do espírito exigente de Branco (Octavio de Faria),[9] chego a acreditar que por simples força de hábito seria capaz de me acostumar a fazer tudo que os homens do povo fazem (isso é, bem entendido: as coisas "imorais" — jamais a prática da crença na sociedade que entretanto compreendo e perdoo também).

Sensação de ter atingido uma grande universalidade. O "tudo é permitido" muito bem "assimilado" [...]. Só pode me restar mesmo amor e compreensão. Apenas leve nostalgia de meus antigos desejos de melhorar o mundo, de minha vontade de ser como Branco. Esses desejos ainda queimam dentro de mim, mas... Amo loucamente a salvação, entretanto.

Je ne [puis] peux approuver que ceux qui cherchent en gémissant. Non!, cela est passé, je sais aujourd'hui...[10] Não adiantaria mesmo pregar Pascal aos meus alegres e irresponsáveis colegas. Ainda que eu acreditasse na pregação, ainda que eu quisesse fazê-la, seria inútil. E não fiz mesmo; percebi que eles sabiam viver, cheguei a desconfiar que eles tinham uma "irresponsabilidade" parecida com aquela que Nietzsche amava...

Bernanos: fui depressa a ele: "*je suis un admirateur de votre journal d'un curé de campagne*"; cheio de muletas, aparelhos e tiras, andando a cavalo ainda; explodindo em perdigotos para vociferar. *Sa fille aux cheveux de lin Botequim.*[11]

*

9. Octavio de Faria (1908-1980), jornalista, ensaísta e escritor brasileiro. Foi um dos maiores amigos de Lúcio e um dos que mais o ajudaram a divulgar sua obra. Lúcio dedica a ele o "Diário II". Octavio organizou o romance póstumo inacabado *O viajante* (1973) e os *Poemas inéditos* (1982) de Lúcio. Em muitos momentos, nos *Diários*, Lúcio o trata por "O." ou "Octavio".

10. Em francês: "Não posso aprovar senão aqueles que buscam gemendo. Não! Isso é passado, hoje sei". Pascal, *Pensées*.

11. Georges Bernanos (1888-1948), escritor e jornalista francês, vinculado a uma visão trágica e pessimista do cristianismo. Lúcio sofreu influência dele em sua obra. Em francês: "Sou um admirador de seu diário de um pároco de aldeia". E depois: "A moça dos cabelos de linho". *Diário de um pároco de aldeia (Journal d'un curé de campagne)* foi publicado por Bernanos em 1936. "La Fille aux cheveux de lin" é uma composição musical de Claude Debussy.

Uma vida bem material e saudável em que pelo menos os fenômenos fisiológicos permanecem plenos e sem defeitos. A força orgânica dá tanta impressão de vida!

Não faríamos senão degenerar os homens saudáveis se tentássemos injetar neles problemas, escrúpulos e tragediazinhas.

*

A supressão dos defeitos que Pascal aponta para o homem caído definiria de certo modo o super-homem de Nietzsche.

*

Copacabana: amor meu maior pela perfeição corporal, pelas coisas fúteis, pela vida do homem quase nu com pele queimada do sol, batida por ondas, atritadas em areia; pela matéria do corpo vivo, insofismavelmente vivo; pelo cheiro das podridões desinfetadas vindo do mar.

*

Terrível sonho de morte com os sentimentos mais intensos das "revelações" chestovianas; exatamente na noite anterior ao meu hino a Copacabana.

*

Um alto e total materialismo onde não haja luta contra as evidências. Um grande mundo sem liberdade, um grande encadeamento que já terminou ao principiar, um eterno retorno já realizado. O tempo é uma ilusão: ele supõe movimento e liberdade inexistentes no grande mundo material.

*

Chateação universal, chateação de tudo que existe ou não existe, mas pode existir. Obrigação de ser, de querer ou não querer, de poder ou não poder etc. etc. etc.

*

O mundo não pode subsistir sem "instituições" e a abolição de umas acarreta sempre o crescimento de outras, dentro de uma sucessão mais ou menos natural e de acordo com um esquema de "evolução", que garante a estabilidade social. Assim, o mundo de hoje não caminha para uma destruição por decadência moral. O "meio" força a adaptação do homem às novas condições e os "adaptados" modernos têm mesmo um certo aspecto agradável. As crises podem sempre ser superadas e novos costumes e novas "liberdadezinhas" vão sendo adquiridas, e assimiladas e, quando necessário, renovados.

Toda essa evolução, todo esse recebimento da influência do meio é tão natural e automático que se de fato algum dia houver um Juízo Final, o ponto onde ele se der não deverá ter qualquer significação maior. O século xx deve ser equivalente à Idade Média, e ao século xl, se se chegar até lá.

O livre-arbítrio que resta ao homem poderá plasmar fenômenos ou aspectos particulares apenas, mas não pode influir de maneira decisiva na grande e triunfante evolução do meio.

*

O sentimento: eis aquilo a que renunciarei. Um Deus vivo só pode estar além dele e no caminho dele.

Seremos julgados pelos nossos sentimentos?

A salvação vem pelo sentimento?

*

Dar importância às coisas que sabemos mortas e que, entretanto, nos fazem sentir bastante. Representar dramas e comédias em torno dessas coisas; representar com toda a intensidade para que se consiga ter o sentimento da vida. Deixar a representação nos levar a qualquer ponto, a qualquer choque, a qualquer absurdo. Subitamente havemos de nos lembrar de que, todavia, estamos esperando...

*

Não adianta ser diferente (?) dos outros e saber o que sei.

Se escapo de um lado sou apanhado de outro.

Tenho uma vaga "ideia" do que quero; mas não sei dizer.

O PENTATEUCO

Gên. 29,1-3. Os pastores do rebanho levantam as grandes pedras dos poços para dar de beber às ovelhinhas.

*

Inutilidade do dilúvio. E o próprio Deus acaba compreendendo. (Gn. 8,21)

*

Êxodo 19 e 21

Arbitrariedade espantosa no estabelecimento oficial da moral. Tudo torna-se mais estranho ainda com a demora desse ato. Há muito tempo Deus já andava às voltas com os judeus e ainda não tinha lhes presenteado com nenhum código moral. Eles já se moviam sob a influência da ciência do bem e do mal, mas essa ciência ainda não tinha chegado à sistematização que, com Moisés, subitamente atinge. Deus deve ter ponderado sobre o estado de queda dos homens e esse estado deve ter-lhe "pesado no coração"; agiu então como o "Grande Inquisidor": deu-lhes as tábuas dos mandamentos, declarou que se elas fossem obedecidas etc. Os homens iam saber ao certo agora o que deviam ou não fazer para ser recompensados.

Há uma arbitrariedade patente na oficialização das leis morais. Elas não parecem "derivadas" do sentimento moral anterior. Ainda mais: elas irão ter uma aplicação imediata, bem plástica e extravagante. Os "mais altos" sentimentos éticos são nivelados a ritos secundários[,] a bobagenzinhas, e a falta de lógica na passagem dos mandamentos gerais para as leis derivadas é tal que chego a ter a impressão de que foi deixada aberta aí uma pequena brecha para a liberdade.

Existe também imoralidade óbvia nas regras derivadas. Veja-se por exemplo Êx. 21,21.

*

Êx. 23,1-9.

Espírito de justiça bem avançado já. Passagens como estas não nos deixam crer que os autores do Êxodo fossem ignorantes ou rudes em matéria de moral e justiça; elas tomam mais escândalos e ainda, por contraste, o que está dito no Êx. 21,21.

*

Êx. 25-26.

Reconhecimento da beleza.

Já que devem existir "valores", criemos então valores belos.

Ausência do espírito do negador de valores, do "tchandala".

*

A adoração do bezerro de ouro foi o auge da degradação do povo. O Deus de Israel chega a ganhar aqui a nossa "irrestrita solidariedade".

*

Êx. 32,20.

O povo judeu bebeu a água onde foi espargido o pó de ouro do bezerro ídolo.

*

Êx. 32,25-29.

Mas que é isso?

Onde está o "não matarás"? Onde a amizade? Onde a fraternidade? Onde o amor ao próximo?

Por que exige tanto o senhor? Será que uma volta a ele depois da adoração ao bezerro precisa realmente de tudo isso?

*

Levítico 4 — Estamos longe já da matança provocada pelo caso do bezerro de ouro, e os sacrifícios feitos em expiação são estabelecidos como uma renovação do apoio dado pelas leis, como um meio de se anular o sentimento de posição falsa dos pecadores e se produzir sensação de segurança outra vez. Caim mais se sentirá forçado a bradar que maior é a sua maldade do que a que pode ser perdoada. Pecados e regenerações são regulados, e um comércio instituído entre eles.

Não se deve procurar muito simbolismo nessas práticas de expiação. Ao contrário, o valor delas deve residir exatamente no que representam "ao pé da letra". Consideradas e acreditadas como tais é que elas podem ser eficientes, porque então ocupam e divertem tanto quem as pratica…

Algumas vezes parece mesmo que Deus quer se burlar dos homens.

*

Levítico 5,17.

Que escândalo! Que barbaridade! Ah! Que horrível!… "Se alguém peca, fazendo sem saber uma das coisas que o Senhor proibiu, será culpado e carregará sua iniquidade."

Não convém, pois, tranquilizar demais a consciência do povo. A expiação existe, mas, por outro lado…

*

Parece-me bem cômica e estúpida a pretensão dos "teólogos profundos" de apontar símbolos e desvendar uma ciência de Deus nas prescrições do Levítico. Qualquer tentativa de interpretação dessas regras afigura-se imediatamente fadada ao ridículo.

*

Levítico 9,24.

O povo não procurou símbolos enquanto os sacrifícios eram executados, e esperou que, como em um passe de magia, o fogo divino aparecesse. Quando ele surgiu, o povo se espantou e se rejubilou.

Tudo isso é pelo menos bem mais vivo e sincero que as pesquisas dos "teólogos profundos".

*

Não há dúvida de que a instituição da liturgia (no Levítico) tem, apesar de tudo, um caráter trágico e pesado. Deus é terrível e amedrontador. Mas, como é possível deixar de se ver o ridículo que existe em todo esse episódio? O elemento de comicidade nessa história torna-se mais acentuado ainda quando se pensa na reação que ele viria a provocar (e de fato provoca) entre os "homens civilizados".

*

Lev. 10,1-3.

Por uma coisinha à toa Deus consumiu três pobres cidadãos diante do povo embasbacado. A vida humana fica valendo muito pouco e o Senhor age em fria conformidade com o estado de degradação dos homens, procura os métodos mais eficientes de convicção e submissão. O grande Inquisidor era mais compassivo.

*

Lev. 11.

Bela paixão pelo detalhe. Valorização das coisas terrenas. Chego a desconfiar que por trás de tudo isso...

Se, afinal de contas, eu também sou teólogo, tenho direito de pelo menos insinuar minhas interpretações.

*

Lev. 11,43.

Triste condição da alma! Quando o corpo come um réptil ela se torna imunda.

*

Lev. 11,44.

A santidade moral, a santidade pelo não-comer-o-réptil. Suprema humilhação para o homem.

*

Mas quando o Senhor lembra a Israel que foi Ele que o livrou da perseguição dos egípcios "os mais nobres sentimentos" entram em jogo com a moral-segundo-os-répteis. A confusão é total.

Pobre criatura, o homem.

*

Lev. 13.

A imundície do parto.

Isso é higiene apenas ou alguma coisa mais "profunda"?…

*

É bonito, entretanto, quando depois de uma porção de recomendações, Deus exclama: "Eu sou o Senhor vosso Deus".

*

Lev. 18.

Meu problema não é saber se o sexo é um mal que nós praticamos mais ou menos livremente, mas sim se o sexo é um mal que nos é imposto, ou se ele não é apenas uma atividade orgânica que, tão somente por convenção social, pode se nos afigurar um mal. (Quando me refiro a sexo compreendo-o, naturalmente, em várias expansões e variantes, e não apenas etc.)

*

O mal é uma coisa ativa ou é somente uma contrariedade à evolução do meio, provocando em nós algo como o "desprazer" nietzschiano?

*

Se o mundo inteiro é unicamente uma construção material, racional, fechada, então tudo é determinado pela evolução natural do meio, e o problema do "além do bem e do mal" não tem realidade alguma.

*

Números 5,2-3.

Os sujos são sujos porque são sujos. Eles simplesmente não deverão contaminar os arraiais onde o Senhor habita. Nada de sutilezas ou compaixões. O Deus de Israel torna-se cada vez mais estranho e mais diferente do Grande Inquisidor. Seu objetivo parece antes de tudo a sociedade pela sociedade. O número de reprovados aumenta sempre. Os idólatras são passados à espada por seus irmãos, os que apenas se enganam em um detalhe do ritual são consumidos a fogo *tout de suite*,[12] os leprosos são para sempre imundos e afastados da comunidade etc.

Com tanta intransigência é bem necessário então que, em certos setores pelo menos, a expiação repare tudo. O ritual é que importa e a expiação é ritual. Sem ele a organização social falha.

12. Em francês: imediatamente.

Humilhação suprema para o homem. Nem mesmo "os mais nobres e elevados" valores que subsistiam dentro do mundo caído são levados em conta. E não é por causa de "revelações da morte" que eles são afastados; simplesmente porque...

*

Números 5,11-30.
Ciúme que se abranda com um rito oficial...

*

Números 6,6-11 (e várias outras passagens, veja-se Nm. 19,14-22 etc.)

A morte é simplesmente "coisa imunda". Nenhum pascalianismo, nenhuma "revelação chestoviana" e nem mesmo nenhuma preocupação com os que já morreram. Apenas uma regra fria de higiene e de ritual.

O Antigo Testamento vem falando apenas de recompensas terrenas, vem construindo apenas uma existência terrena, e quando a morte tem de ser encarada é bem prático que ela o seja como coisa imunda *tout court*.[13] É muito perigoso pensar-se sobre a morte, considerá-la como um problema.

A Grande Evidência, a "Verdade", o próprio Deus falava a seu povo; bania o problema da morte, inculcava uma conformidade, lançando assim as "pedras fundamentais" de uma sociedade. Afinal de contas, uma sociedade não se constrói de outra maneira e, portanto, "era preciso" que a própria Verdade falasse mentiras.

O povo judeu ainda não estava bastante civilizado, e a época era própria, então, para que as mentiras necessárias fossem pregadas, e a lei "solidamente" instituída. Entretanto, não era apenas o povo judeu que recebia a lei oficialmente, mas, com ele, toda a humanidade, para todo o futuro. Não importava que as leis fossem sofrer evoluções e adaptações posteriores, que se "civilizassem" com a sociedade, que se cristianizassem, ou se racionalizassem; em essência, elas seriam ainda as mesmas.

Nosotros,[14] os homens civilizados de hoje, podemos nos rir muito das leis dos livros do Êxodo, do Levítico e dos Números; podemos achá-las bárbaras e selvagens, mais estranhas que as leis de fetiche da África; mas, ainda continuando a rir delas, deveríamos perceber que aquelas leis são o retrato da Humanidade

---

13. Em francês: simplesmente.
14. Em espanhol: Nós.

— agora e por todos os séculos. A civilização, a ciência, a filosofia e a religião podem ir tão longe quanto lhes for possível; o retrato da Humanidade permanecerá inalterável. Se nos parece hoje caricatura ou fantasia, ele nos revela, ainda assim, o essencial.

O homem deve se conformar e obedecer às leis: aí está a História. O senhor Deus de Israel prepara seu povo e a humanidade para a História, fá-los esquecer o problema perturbador da morte. O problema que mais tarde será capital para a religião trazida pelo próprio filho do Deus de Israel, o problema que é centro de outras religiões e filosofias, o problema capital do homem é afastado sem a menor cerimônia: a morte é coisa imunda; quem a tocar fica contaminado e não pode *aparecer diante de Deus*. Porque Deus é aqui a Suprema Lei, e a morte pode fazer com que o homem duvide das leis. Deus não é aqui um Redentor ou um Deus de liberdade. É a lei pura. E se a lei for abalada pelas "revelações da morte", então adeus leis.

Os homens acolhem a lei mas pecam muito contra ela porque são fracos. Mas se o pecado é só fraqueza diante da lei, a lei ainda está segura e é isso o que mais importa. Algumas transgressõezinhas podem se arranjar: afinal de contas, há o arrependimento, a indulgência, a expiação, aqueles ritos todos… As transgressões ficam sendo apenas os pecados e tudo permanece então mais ou menos firme.

A Grande Evidência impôs-se ao seu povo e depois que sua marca já estava bem gravada retirou-se, tornou-se abscôndita. Hoje os homens civilizados se riem dela, acusam de irrealidade ou de estupidez a história de sua manifestação na terra. As evidências, entretanto, permanecem, embora se transformando e sofrendo metamorfoses. A evolução do meio trabalha sobre elas e algumas vezes chega mesmo a invertê-las inteiramente. O valor absoluto de qualquer evidência passa com o tempo, mas em qualquer época da História a humanidade terá uma evidência para adorar.

*

O Deus vivo que uma vez aceitara luta com Jacob converte-se depois na Grande Evidência.

*

Números 10,9.

Ele é um Deus que se chama por trombetas e não por pensamentos. Acho que isso é, pelo menos, mais "bonito" e mais "vivo".

*

Números 11.

A terrível corrupção do povo. Já não lhe bastam mesmo a Evidência de Deus e o maná que ele envia com o orvalho. Quer também carne, cebola e alho. A matéria derrota o espírito ainda quando este está amparado e "fortalecido" pela maior das evidências!

*

Números 14,26-45.

Os valores apenas terrenos permanecem ainda. O que Deus deseja é simplesmente preparar para seu povo a moradia terrena. Não se trata absolutamente de Salvação. Até mesmo o temor diante de Deus se subordina a esse fim ([Núm.] 15,30-31).

*

Tarefa ingrata esta crítica à Bíblia, pois tento fazê-la segundo um ponto de vista que, vulgarizado, fatalmente se negaria a si mesmo e se tornaria bem ridículo.

*

Não pretendo decidir da realidade ou falsidade da Bíblia; apenas tento mostrar um estado de coisas que existe entre os homens.

*

Números 22,18-35.

O Deus que se contradiz e a "salvação-pela-jumenta" (se bem que seja apenas uma "salvação", não ainda a Salvação...).

Deus escandaloso que se burla do pobre Balaão: dá-lhe uma ordem, depois envia um anjo para matá-lo porque ele cumpriu a ordem; e é a jumenta apenas que vê o anjo e que, por três vezes, livra Balaão da morte. Balaão não via o anjo. Balaão palhaço.

*

A liturgia instituída por Deus não deve ter qualquer valor para a Salvação. De um ponto de vista racional, ela nos parece inteiramente absurda e é inadmissível que possa influenciar a Salvação. De um ponto de vista antirracional e contra as evidências, ela nos parece igualmente inaceitável, pois, se existe um absurdo salvador, ele não há de ser tão bem definido e regulamentado com o ritual descrito na Bíblia, nem tão estúpido. Se a moral, o bom comportamento e a virtude são coisas sem real valor para decidir da Salvação, também o são quaisquer absurdos daquela natureza. Afinal de contas, o mundo não é simplesmente um grande hospício.

O valor da liturgia só pode ser terreno; na melhor das hipóteses, uma preparação para o advento do cristianismo histórico — mas nem mesmo uma preparação para o Cristo Salvador individual.

*

Números 31,13-24.

Realmente espantoso! A matança de mulheres e crianças é ordenada por Deus, e depois a "purificação" durante sete dias, recomendada ainda por ele! É assim que o Senhor usa os homens para organizar a sociedade; eles são simples bonecos em suas mãos, seres completamente sem liberdade; matam para obedecer a ordens e depois se purificam para entrar no templo de novo!

Será tudo isso necessário para preparar o terreno ao cristianismo? Será esse o preço a se pagar para que a figura do Cristo individual possa permanecer no futuro sempre acessível à humanidade? O próprio Cristo se preocupou muito com a organização sólida de instituições.

Se o Cristo é o libertador, certamente não o é quando organiza a Igreja e o cristianismo. Sua grande função só pode ter sido um *affaire des Dieux*[15] totalmente ignorado por nós.

*

Deuteronômio 4,24 — "Teu Deus é um fogo devorador, um Deus ciumento" — *pas le Dieu des philosophes.*[16]

*

Deut. 4,29-30.

O Deus que não é agora o organizador de sociedade.

*

No Deuteronômio, o papel persuasivo de Moisés junto ao povo já parece mais importante que a fala direta de Deus. Os tempos de peregrinação pelo deserto vão se acabar e a Grande Evidência vai se retirar. Moisés, como homem de consciência superior, deverá então orientar o povo na conservação das leis que foram dadas diretamente por Deus. Tudo torna-se mais humano agora: um homem trabalha sobre o povo, afirma-se como guia e, tal como os fundadores de religiões, prega uma doutrina.

15. Em francês: questão dos Deuses.
16. Em francês: não o Deus dos filósofos.

Às vezes Moisés leva tão longe a importância de seu papel que parece esquecer-se de quem na realidade é, e fala como se fosse Deus ([Deut.] 11,13-15 etc.). Será isso a genialidade?

*

Moisés não aparece de maneira alguma como um simples instrumento de Deus, um simples intermediário, um repetidor desinteressado e puro, Moisés fala, ao contrário, egoisticamente, por instintos que lhe são próprios, por vontade de poder.

Se Moisés falava com Deus, por dias e noites durante anos seguidos, apoiando-se de maneira tão segura em verdades e evidências indiscutíveis, era natural então que sentisse em si a maior capacidade para governar o povo, que se sentisse forte interiormente, que não sofresse o *craint et tremblement*.[17] A nenhum outro mortal tinha sido garantido tão estupendo *potestas clavium*.[18]

Sua atitude servia da melhor maneira aos desígnios divinos, pois Deus havia de perceber que o caminho a ser seguido então por Moisés, de acordo com a evolução natural das coisas, só podia ser mesmo o caminho por ele desejado.

*

Deut. 17.

O "espírito das leis". Negação de um lugar para o homem livre, negação de espaço para a genialidade. Ausência até de heroísmo. O juiz é a autoridade suprema, o rei um simples governador.

*

Deut. 20,12-18.

Num sentido moral do bem e do mal, sem libertação de espécie alguma. Simplesmente lei pura e absurda.

Israel, tão escandalosamente protegido sobre os hebreus e os cananeus, parece apenas a negação da liberdade humana e encarna, assim, o rebaixamento de nossa condição.

*

Deut. 26.

Beleza e poesia da vida num tempo em que a terra manava leite e mel, e em

---

17. Em francês: medo e temor.

18. Em latim: "o poder das chaves". Referência a Mateus 16,19: "Eu te darei as chaves do Reino dos Céus e o que ligares na terra será ligado nos céus, e o que desligares na terra, será desligado nos céus".

que as consciências tinham sido tranquilizadas pelas evidências, apesar de todos os pesares. Ilusão de plenitude de vida.

Israel era uma "ofensa à dignidade humana", mas naqueles tempos essa dignidade devia ser quase imperceptível, e permitia a ilusão de perfeição e plenitude de vida.

*

Deut. 30,11-12.

Deus confessa que os mandamentos não estão no céu.

A lei é, pois, terrena. Deus pouquíssimo se refere a uma vida de após-morte em toda a sua fala com o povo (exceção quase somente em relação a Moisés, "que seria recolhido aos seus povos"). A morte é comumente considerada como um simples fim (coisa imunda), ou como um castigo ao homem que desobedeceu à lei para o povo. Talvez não houvesse mesmo sentido em qualquer referência a uma vida de após-morte, quando essa referência implicava um problema de salvação ou não, e esse problema dependia da vinda futura de Cristo.

Cristo, quando veio, pregou também uma lei para a Salvação. Mas ainda essa lei parece que não era "do céu". Não vejo nenhuma ligação entre a existência do Cristo como um mistério da salvação e a lei cristã anunciada pelo próprio Cristo. A lei do Cristo não é em essência diferente da lei do Antigo Testamento; se esta não importava para a Salvação eterna, também aquela não importa. As diferenças entre as leis do Velho e do Novo Testamento dizem respeito apenas à parte degenerada do homem ou às influências do meio (de ordem histórica principalmente).

Fala-se no Novo Testamento, entretanto, que a lei governa também a Salvação. Há razões bem lógicas para que se fale isso. O Novo Testamento foi estabelecido em época de desenvolvimento intelectual muito maior que o dos tempos do êxodo dos judeus para a Palestina. Os gregos já tinham existido e a filosofia se propagava em formas racionais. Uma nova religião não podia fundar suas leis morais, tal como em Israel, na simples necessidade de organização de um povo e de sua futura prosperidade terrena. A filosofia tornara-se "sutil" e exigia mais. A melhor base para o estabelecimento de novas leis morais era então a crença na influência dessas leis sobre o destino eterno dos homens. A nova religião deveria mesmo universalizar-se, abandonar os estreitos limites de Israel, que ainda sonhava obstinadamente com um Messias que lhe desse glória e poder temporais. A nova religião deveria subsistir através dos séculos. Suportar os desenvolvimentos futuros da filosofia, defender-se perante um mundo que acreditaria sempre no racionalismo, e somente o argumento de que a vida eterna era, pelo menos parcialmente, decidida de acordo com as leis cristãs poderia dar apoio racional permanente ao cristianismo.

*

Deut. 32,15.

Triste homem que a gordura governa, animaliza, faz perder a dignidade humana.

Pascal estará certo? A "dignidade" do homem é mesmo o pensamento, a não animalização? Talvez aquela dignidade seja o sentimento.

Mas, somos livres para sentir? Parece que nossa "constituição orgânica" é também responsável por nossos sentimentos.

*

Deut. 32,31.

A Rocha de Israel não é como as outras rochas. Isso é bem verdade; as evidências dos outros povos nunca foram tão poderosas. Tão belas e tão verdadeiras quanto a Grande Evidência de Israel, a Rocha que permanece através dos séculos como um escândalo de grandeza.

Tudo isso é vontade de poder. Mas, que importa? Pelo menos o apelo de grandeza que existe sempre no homem encontra alguma resposta diante de tal espetáculo. O poder nos embriaga e nos convida a abandonar a crítica e a exigência.

*

Logo após a Queda a sensibilidade do homem ainda era aguda. Caim exclamava: "maior é a minha maldade que a que possa ser perdoada"; mas, em consequência da Queda, a sensibilidade humana deve ter decaído muito. Circunstâncias especiais, porém, ocasionaram uma reversão do processo. Nietzsche tem sua teoria a respeito da "gênesis" da moral; Freud sustenta que os irmãos assassinos do Pai tiveram de estabelecer um conluio entre si, em face da situação perigosa que passaram a enfrentar.

Pensar em repressão até um nível mínimo após a Queda parece sobremodo fantástico; mas as teorias científicas que pretendem explicar a evolução progressista a partir daquele ponto baixo não se mostram absolutamente mais sólidas do que minha suposição inicial. Além do mais, creio que o começo sobrenatural que admito está bem de acordo com certos fatos fundamentais acerca da natureza do homem; creio que ele é, portanto, "um forte argumento científico" também.

*

O que Freud ("Moisés e a religião monoteísta") vê como um simples fator para formação das religiões eu vejo como uma necessidade permanente e mais geral de apoio; a única objeção que faço ao processo de formação apontado por Freud é que ele não deve ter sido o único.

Uma trajetória de evolução não tem para mim qualquer importância maior. Desde que vejo de início um sinal da lei sobre a humanidade qualquer caminho me parece indiferente.

Assim, compreendo coisas que usualmente são tidas como extremos opostos — ciência e religião; vejo como ambas são equivalentes no papel de apoio que representam para o homem. A evolução histórica entre a crendice religiosa generalizada dos tempos antigos e a moderna idolatria da ciência não me revela novidade alguma que mereça maior atenção. A ciência me parece apenas substituta da religião, e não reveladora da verdade.

Creio, entretanto, que, devido ao "sentimento trágico da vida", a substituição da religião pela ciência nunca será total. Os Estados Unidos jamais apagarão inteiramente a Europa.

*

Creio que o povo judeu se acha sujeito às leis da evolução histórica da mesma maneira que os outros povos; apenas creio, além disso, que uma evolução natural como a daquele povo possa sofrer "enxertos" divinos. Já notei mesmo como esses enxertos foram feitos, no caso dos judeus, segundo um sentido perfeitamente natural e "psicológico". As intervenções divinas podem apenas introduzir certas modificações no rumo da evolução, mas deixam as leis inalteradas e onipotentes ainda. O vencedor continua sendo o regime natural.

Creio sobrenaturalmente na onipotência da natureza. Apenas vejo além dessa natureza. Mas, por ver além não me livro do jugo. Tanto quanto os outros homens necessito de apoio. Não posso viver no ar e, ainda que o pudesse, acho que isso seria pouco, que isso seria nada; preferiria apoiar-me também, achar uma "ordem racional" para o meu conhecimento do mundo. Minha interpretação tão esdrúxula da sobrenaturalidade da natureza é pois um apoio também.

*

O que eu tenho feito até aqui não é um estudo de homem, mas da prisão onde o homem está encarcerado. Creio na realidade dos problemas postos pelo homem, creio no direito do homem à liberdade que não possui, creio na vida após-morte; e observo as diferenças de sentimento entre os homens porque acho que elas podem explicar algo sobre a prisão; elas revelam a maneira segundo a qual os meios externo e interno (orgânico) governam o homem e o prendem. Para estudar essa prisão caminho com a ciência; mas caminho com ela assim tão à vontade porque a desprezo, porque me rio dela, porque me rio das "verdades", das evidências.

*

Inúmeros fatos dos quais não posso duvidar me fazem acreditar numa trama de influências entre a alma do homem e o meio; em parte a ciência é capaz de explicá-las.

Mas, se tenho uma interpretação mais geral para o científico, não posso crer totalmente nas interpretações mais gerais da ciência.

*

O "Grande meio" evolucionando com todos os seus processos simultâneos compreende o que cada indivíduo em sua evolução lança sobre ele.

Por sua vez, o "meio" não é apenas o meio exterior, mas o conjunto de todas as circunstâncias e leis que influenciam a "alma" do homem, que influenciam os atos, os pensamentos e o modo de ser do homem.

*

As "diferenças" entre os homens são devidas à influência do meio. Uma neurose ou uma doença qualquer provocada pelo meio pode romper a casca do próprio meio em torno da alma e, em certo sentido, libertá-la um pouco, deixá-la experimentar conscientemente seus sentimentos e expressá-los. Mas a alma que pode sentir e se expressar então é ainda a alma caída. Ela apenas coloca os problemas e os sentimentos reais a que não podemos renunciar.

*

Os cientistas não me perdoarão jamais por fazer a crítica da Bíblia acreditando nela, de início.

Quando entro um pouco mais fundo na ciência sou também coberto por uma nuvem de "falta de fé" e tenho vontade de fazer exegese racional e civilizada, ou mesmo de mudar o assunto. Entretanto, minha fé retorna. Ela me permite maiores evidências e "interpretações" mais interessantes.

*

Uma conformação é sempre uma conformação com uma lei. Os primitivos se conformam com a religião e os civilizados com a ciência; uma e outra são leis. Os revoltosos acabam por se conformar com leis intermediárias, com leis de conciliação.

O amor e a alegria nem sempre são conformações; eles podem nascer e crescer exatamente quando se percebe o contraste entre eles e a lei. Entretanto, a "lembrança dos bons momentos" pode atenuar o contraste, pode despertar em nós a conformação com as leis da vida, pois a vida ainda é capaz de nos proporcionar outros "bons momentos". Ficamos com o "amor contínuo"... Mas ele vale sacrifícios, porque existem momentos de vitória e, se desesperarmos e recusarmos a conformação, desesperamos precisamente porque a lei ainda nos prende; continuamos a não ser livres.

*

A maior felicidade "estabelecida" dentro da conformação seria, de qualquer jeito, insuportável na eternidade.

*

Não tenho autoridade para escrever e escrevo sobre coisas a respeito das quais não se escreve. Quando se quer ir muito longe no pensamento fica-se impossibilitado de escrever. Entretanto, se teimo em escrever sobre isso, que importa? Estarei cometendo uma falta de sinceridade? Mas que importa ainda? Afinal, quero escrever, quero publicar; e não posso escrever coisas absolutamente sinceras assim como fazem os inocentes (Dostoiévski, por exemplo...)[.]

Meus assuntos não são úteis nem divertidos, mas se quiser publicar, publico; mostro a qualquer um as minhas maiores intimidades. Desnudo-me. E então... oh meu Deus!... que deserto seria eu, que coisa árida! — com todos os meus mais "verdadeiros problemas" e "mais profundos sentimentos", com todas as minhas fixações e todos os meus "momentos"! Que coisa nua! Que sobraria disso tudo? Chego a desconfiar que um homem (no caso eu) é algo que pode ser esvaziado até o fim.

*

Conheço perfeitamente a "sinceridade". Que nome darei a ela?
Haverá um nome?
Para que arranjar nome?

*

Haverá regras, haverá nomes, haverá leis dentro das quais eu...?

*

Se escrevo e publico é com desejo de glória. O que publico torna-se público e pode ser que alguém descubra algo.

Pode ser também que senhores mui conscienzudos queiram deduzir ensinamentos morais de minha "experiência" e encontrar justificativas... Que "boa vontade"!

*

Sou eu também um homem de boa vontade?

Se há qualquer coisa em mim (parece que há), os Deuses descobrirão. Oh! os Deuses!...

Acudam!

Acudam!

Ou demos gargalhadas?

*

Os estados de abatimentos e recusa do mundo são estados mórbidos.

Tristeza por quê? Porque os problemas não foram resolvidos? Isso pode ser anemia.

*

Allons!

Allons enfants de la patrie![19]

*

Por que esta mania de pecado original? Deve a vida ser passada inteira em discussões sobre problemas?

É preciso ficar sem pensar.

*

Por que viver tragicamente? Creio mesmo que é possível continuar a viver ainda com muito mais calma do que antes. Há certas coisas que fazem esquecer. Escrever, por exemplo; podemos fazer alusões, mas sempre com o "espírito criador" — o que representa um grande alívio.

Torna-se pacatamente um escritor. Algum dia, se me arrepender e ainda tiver forças, então farei qualquer outra coisa.

*

Até o *"dieu Baudelaire"*[20] fica antipático quando quer definir a "maldita raça de Caim" e elegantemente se incluir nela com versinhos bem construídos.

---

19. Em francês: "Vamos!/ Vamos, filhos da pátria!". Primeiro verso de *La Marseillaise*, hino nacional da França.

20. Em francês: "deus Baudelaire". Charles Baudelaire (1821-1867), poeta, tradutor e crítico de arte francês. É considerado um dos precursores do simbolismo e um dos fundadores da tradição moderna em poesia. Sua obra teórica teve profunda influência para as artes plásticas do século XIX.

Por que não tentar viver com mais saúde, ou então tentar qualquer coisa mais bruta, mais rápida e mais definitiva? (Por exemplo:...)

*

Penso que esta minha experiência acabou. Passei. E é prodigioso que tenha passado. Pode ser também completamente natural e sem prodígios. Mas penso que passei. Perdi alguma coisa de mim? Posso ter perdido tudo, mas continuo igual. (Sim, porque antes já não tinha coisa alguma...) Sinto até um desejo de me oferecer assim inteiro e nu à Divindade, sem crença e sem moral nenhuma para atrapalhar mais ainda, fazendo o que quero, sem mandamentos, numa inteira libertação dentro do pequenino livre arbítrio. Sinto até um grande amor em tudo isso (Oh Deus! recolhei-me!)[.]

*

— Desespero?
— Não.
— Tensão?
— Não[.]

"Você não sabe como é bom viver
Numa casinha branca de sapé
Com uma mulher para fazer carinho...
Ô vida danada,
Num dianta fazer nada..."

*

(*Oh! Messieurs de la culture!*
Oh! Messieurs de la morale!
Oh! Messieurs!...)[21]

*

Quem sabe se eu não terei no futuro um Mr. Berdiáiev...[22]
Um M. Paterne Berrichon!!![23] Mas isso já seria demais...

*

---

21. Em francês: Oh! Senhores da cultura!/ Oh! Senhores da moral!/ Oh! Senhores!...
22. Nikolai Berdiáiev (1874-1948), filósofo e teólogo russo.
23. Pseudônimo de Pierre-Eugène Dufour (1855-1922), poeta, pintor e escultor francês. Famoso, principalmente, por ser cunhado e editor de Rimbaud.

Minha vida: acabou ou ainda não começou?

*

Quereria ser sincero e puro como Pascal ou Rimbaud.
Creio numa salvação pela sinceridade. Fora dela não creio em nada.

*

Viver no "tudo é permitido".
Mas, se eu ficar apenas imoral vulgar, um niilista?
Tudo é permitido, mas nem tudo é permitido.

*

Na [A] *Vontade de poder*, Nietzsche vai muito além de Chestov ou Fondane.
Esse é sem dúvida o livro mais terrível jamais escrito.
Não havia pois saída para Nietzsche senão a loucura.
A tragédia é tão trágica na [A] *Vontade de poder* que passa da categoria de
tragédia, ou mesmo de loucura, para a categoria de morte integral.

*

A vontade de poder é o muro contra o qual se bate o Homem Subterrâneo.

*

Há uma glória sincera que eu não conheço?

*

Há alguma vantagem na vantagem? Há alguma vantagem em não se ficar
louco? Vantagem tem algum sentido? Qual? Por quê?
Instinto de conservação?
Vontade de poder?

*

Entretanto…
Nesse "entretanto"…
É a única coisa que posso dizer; talvez nem isso.

*

Dedicatória (como nota cômica) para o "Ciclo dos ciclos":
A Friedrich Nietzsche, no seu primeiro centenário (o próximo ano de 1944)

*

Compaixão que é queda, compaixão que é aceitação do sentido comum,
compaixão que é doença no mundo da vontade de poder, compaixão, compaixão,
compaixão…

*

Hora [em] que tudo falha como valor, mas hora também em que tudo tem valor, até mesmo as coisas mais insignificantes.

Tudo que existe reclama uma grande reivindicação.

*

Deus será também julgado por nós? Terá também o seu Juízo Final?

Será esse o novo livre-arbítrio: perdoar Deus?

*

A única lei (Lei?…), a coisa que importa: ser sincero.

*

Mas há um domínio onde a sinceridade ela mesma…?

Sim.

O que resta então em nós só Deus poderá descobrir. Nada sei sobre isso.

*

Fico quieto, pronto para tudo, espero os sentimentos; deixarei que eles me levem a qualquer coisa, se eles vierem. Serei eu mesmo.

*

Quero um Deus que seja como uma pessoa com quem "eu inteiro" possa "conversar".

É possível que eu (ou alguém) "inteiro" possa ser compreendido por outro?

*

Devemos deixar o ridículo invadir tudo. Onde ele puder ir que vá e tome posse. Se sobrar algo, então…

… não pode opor barreiras à ameaça do ridículo, à análise. A oposição à influência do meio é ainda manifestação da influência do meio. Não é oposição real, mas reação do meio a algo julgado perturbador. Nesse processo tudo acaba por se acomodar, por continuar igual, por não mais que evoluir.

"*Laisser-faire*"?

Niilismo?

Se alguém quiser compreender assim que compreenda; terá "razão".

(Justamente eu não quero ter "razão". Mas se eu ficar ao meio do caminho? Que poderei fazer? Se me perder para sempre?)

*

Deve-se ceder o máximo de terreno ao inimigo.

*

Existem no mundo verdadeiro Bem e verdadeiro Mal ou apenas ciência do Bem e do Mal?

Ou será o Mal o estar na ciência do Bem e do Mal? E será o Bem o estar "mais além"?

*

O que acabou para mim foi o *"chercher en gemissant"*, a procura trágica ou intensa de uma "solução". Não "procurarei" mais. Se a "solução" não é encontrada pouco depois de iniciada a busca, então o melhor é mesmo desistir. Procuramos para viver, e haveríamos então de gastar nosso tempo finito de vida procurando? (*Pas de haïr!...*)[24]

Meu caso foi, porém, muito interessante. Não precisei prestar obediência a esse belo princípio que acabo de anunciar, porque exatamente minha conclusão coincidiu com ele. Ele já é o fruto de minha procura.

Que fazer então com minha vida? Justamente não fazer nada. A vida não é uma coisa com a qual se "façam" coisas. Pode ser que seja; entretanto, eu nada quero "fazer" com a minha. Deixo-a ir indo, ir indo, ir indo. O meio irá influenciá-la ao longo do caminhãozinho; eu reagirei "adequadamente", esperarei certos acontecimentos insignificantes...

Perdi completamente a "inocência" e a fé; tornei-me muito crítico, muito cínico. Além do mais, sou brasileiro e o clima aqui é tão quente...

Por que tragédia? Ela existe, sim, mas é preciso abandoná-la. A vida é vida mesmo, ainda que seja morte.

Em minha vida poderei encontrar várias "verdades" verdadeiras e muito interessantes, mas continuarei para frente ainda.

*

Foram em mim resultado de uma luta contra as evidências; tornaram-se já quase evidências. Que importa? Sempre haverá "além".

*

Percebo agora tudo como um todo; esse todo (ou esse nada) absorve tudo, nós inclusive. Os acontecimentos, tragédias e festas da humanidade são como pequenas erupções de vulcõezinhos do tamanho de saídas de formigueiros; arrebentam na vasta planície da terra árida e morta, fracamente iluminada por uma

---

24. Em francês: Sem ódio!...

luz interior. O fumo que se solta de cada bolha estourada esvoaça um pouco e bem cedo acaba por se dissipar na "atmosfera".

Tudo que existe não pode deixar de ser como um vulcãozinho. O mundo é grande, grande, grande, grande, e as coisas pequenas, pequenas, pequenas.

Faço brururururum com a boca e me pergunto se isso foi alguma grande erupção. Nego. Faço brururururum outra vez; digo que tudo é apenas brururururum de boca, brururururum, brururururum…

*

Quando nós sentimos, que importam todas as descobertas, todas as verdades? Podemos ter construído um mundo de verdade, ou pelo menos de descrenças e de dúvidas, mas ele não é o mundo dos nossos sentimentos.

Nenhum desaparecerá por causa do outro.

*

A maior ilusão do homem é crer na ciência. Entretanto, essa ilusão não pode ser destruída.

*

E portanto a inocência é a vida. Agora a volta é impossível; desintegrei-me. Era um domínio mais ou menos trágico, mas sempre era alguma coisa. O puro sentir, o exclusivo sentir acaba se tornando mesquinho.

O processo que sofri pode ter-me imbecilizado. Gostaria tanto de ter escrito alguma coisa antes, para poder comparar e julgar agora! Sei que estou me tornando estúpido; sei que isso tudo não é absolutamente uma grandeza demasiadamente grande que se expressa de maneira sofisticada. Ah! Já nem deveria mesmo falar de grandeza! Um desespero enorme que não sinto, me embrutece. Estou de fato impossibilitado. Não posso. Vou viver no mundo, mas minha vida não volta. Conformo-me outra vez, e isso pode ser o meu maior pecado.

*

A ação?
Mas basta pensar que quero "construir" algo para que…

*

A tragédia grega, segundo Nietzsche a descreve, parece-me a salvação desesperada perfeita — o abismar-se totalmente dentro da vida. Ela é uma forma de vida sem razão, sem análise e sem moral, uma coisa que é porque é, completamente acabada e determinada, livre de apêndices inúteis, autossatisfeita e não corrompida. Investe direta e brutalmente sobre o objetivo, renunciando de golpe ao mundo racional e moral. Ela é assim a culminância da evolução histórica do homem; é mais plena de vida e mais intensa que os melhores momentos históricos dos outros povos — os momentos de prosperidade terrena e de visão de Deus em Israel. Nenhum teocentrismo a corrompe; nenhum humanismo sistematizado, nenhum cientificismo, nenhuma moral.

*

O erro de interpretação que Nietzsche cometeu [em *A*] *Origem da tragédia* — e que acabou por abandonar [em *A*] *Vontade de poder* — foi o de ter feito um ataque à moral de maneira muito entusiasmada e moral ainda. Mas [*A*] *Origem da tragédia* já lhe cerra todos os caminhos exceto aquele que o levaria à [*A*] *Vontade de poder*.

Quando escrevia [*A*] *Origem* [*da tragédia*], Nietzsche deveria estar cheio de esperanças ainda, acreditando ter conseguido continuar na vida inteiramente segundo a maneira da tragédia grega. A tragédia porém se realizou, provando exatamente que seu clima era então impossível: Nietzsche compôs [*A*] Vontade [*de poder*], levando enfim seu determinismo às últimas consequências — e enlouqueceu.

*

No estado da tragédia grega, talvez seja a arte a grande força coercitiva que "determina" o homem. Ela é elevada a um grau máximo e ocupa toda a consciência, sem deixar que ela se distraia com outras coisas. É a vida como arte, a vida se preenchendo a si mesma. Todos os instintos estão satisfeitos, inclusive os de destruição. A consciência filosófica desaparece totalmente e só resta a consciência que exige, sem perturbações, ação forte e imediata: Quando essa consciência se ocupa da morte ou de problemas insolúveis, ela o faz como transbordamento de força apenas, como autoexaltação, como um agir, nunca como uma "preocupação" ou uma análise.

Mas no determinismo puro da vontade de poder, sem orientação estética, o homem enlouquece antes mesmo talvez de viver sua grande exaltação destruidora.

*

Nietzsche, descrevendo o momento que antecede o nascimento da tragédia grega, fala em revelações da morte quase tão explicitamente quanto Chestov. Mas, nesse mesmo instante, apresenta certa forma de arte que parece "solucionadora". Há uma entrega completa a ela e chegamos quase a uma "salvação pela arte". Se apenas ela não fosse destruição, seria salvação.

*

É, pois, Eurípides que representa a degradação da tragédia grega (Nietzsche).

Mas com Eurípides ou com outro, essa degradação era inevitável. E como ela era também um problema de inocência perdida, não podia haver reversão.

*

Nietzsche erra e exagera outra vez atribuindo um papel demasiadamente importante a Sócrates. O que Sócrates fez, porém, não podia deixar de ser feito e quem agiu foi antes a natureza humana imutável que o indivíduo Sócrates livre. Não se deve compreender a tragédia grega como um estado de permanência contínua possível, que pereceu ocasionalmente pela influência maléfica de Sócrates; porque a tragédia grega é uma exceção, um milagre, e a evolução histórica natural faz-se sempre segundo Sócrates, que é a regra. Apenas Sócrates encarnou repentinamente e sistematizou algo cuja essência já existia antes e já dominava a humanidade.

OS LIVROS HISTÓRICOS DA BÍBLIA

Sobre o que tenho feito em minha crítica da Bíblia: seria preferível que eu rejeitasse "cientificamente" os fatos narrados, ou que os aceitasse para apreciar e sentir a vida que existe neles. Um esforço de destruição sistemática é tão estúpido quanto uma construção teológica. Permanecer numa atitude neutra de crítica "original" é péssimo. ("Dize tua palavra e rompe-te", assim falava Zaratustra.)[25]

Sumário de "conclusões positivas" em minha crítica anterior da Bíblia: que a Salvação não pode ser regulada por leis nem por moral, ainda quando a moral é dada por um Deus verdadeiro; que nossa libertação está além das instituições racionais do mundo; que nós, e tudo que é do mundo, estamos corrompidos pelo pecado original; que algumas vezes é possível lutar contra as evidências e vislumbrar a libertação; que há uma evolução natural na História e em cada homem determinando coisas que em aparência têm importância absoluta para a Salvação, mas que na realidade a influenciam; que os sentimentos reais e vivos dos homens podem ser despertos por influência do meio, por fatores independentes da

---

25. *Assim falava Zaratustra*, livro que influenciou significativamente o mundo moderno. Foi escrito entre 1883 e 1885 por Friedrich Nietzsche (1844-1900).

vontade; que não existe um grande livre-arbítrio; que Deus pode intervir na História, mas que o faz de acordo com a natureza corrompida do homem, abusando mesmo, às vezes, do seu estado de degradação; que há drama em nossa existência; que há também grandeza etc[.]

Estando tudo suficientemente demonstrado para mim, ponto-final. E apenas que eu não me impressione demais com as demonstrações, amém.

*

Livro de Ruth. — A beleza simples da vida, sem grandes evidências e espalhafatos, já tinha sido descrita aos Patriarcas antes da partida para o Egito; ela reaparece no livro de Ruth com toda a poesia, toda a humilde alegria de um coração vivo.

Os poetas compreenderão tudo isso, porque, melhor que ninguém, eles sentem as realidades da vida.

*

i Samuel 12.

É assim que os homens continuam: pecando, arrependendo-se, pecando de novo, tocando para frente, enquanto Deus castiga, perdoa, castiga de novo.

O ideal nunca é atingido, e acordos medianos são feitos entre o povo de Deus. Assim, o Senhor deve ter percebido quão difícil era a Israel ter um rei apenas no céu, depois que ele mesmo, o Grande Senhor, já se tinha recolhido da visão do povo.

*

ii Samuel 7,14-15.

A justiça do Senhor é muito relativa e arbitrária, e não deve ajudar muito ao povo, como exemplo para uma observância fiel e eficiente das leis morais que lhe foram dadas.

*

A rigidez com que as leis foram apresentadas e impostas no Pentateuco relaxa-se gradativamente e os ritos de expiação tornam-se menos artificiais. Rasgar as vestes e rolar no chão em prantos torna-se a moda, em substituição aos ritos fetichistas de antes.

O importante é que as leis mantenham certo estado de espírito. Se ele é guardado, as leis podem ser transgredidas, e a própria liturgia é parcialmente mudada, então, em gestos individuais e de maior efeito, talvez.

O povo começa a ficar penetrado do "espírito das leis" e, à medida que essa penetração for mais funda e permanente, as leis e os rituais que lhes acompanham "civilizam-se" também.

Hoje em dia, imbuídos como estamos do espírito das leis, devemos estar mais próximos do ideal procurado no tempo do Pentateuco que o povo bárbaro daquela época. Em nada importa a rejeição superficial que fazemos daqueles ritos absurdos. Somos ainda os mesmos homens.

*

II Samuel 21,1-14.

Subitamente um povo estrangeiro passa a ser defendido pelo Senhor contra o seu povo eleito.

Nunca se pode seguir uma atitude com firmeza ao longo da Bíblia. De um momento para outro ela é invertida. Tudo isso estabelece uma confusão que parece às vezes um esboço de fuga ao mundo da lei; mas que não o é, entretanto.

*

Vício em minha crítica da Bíblia: tornar em chave geral, em conceito, o que deveria tomar como simples narrativa de fatos isolados e individuais — quando justamente baseio a crítica numa revolta contra a generalização, contra a conceitualização.

*

I Reis 11,11-13.

A imensa sabedoria de Salomão não o preservou do maior dos pecados: a idolatria.

*

II Reis 4,8-37 e 8,16.

Histórias como essa deixam patente a grande conformidade do cristianismo (no caso um pré-cristianismo) com o mistério e os sentimentos mais vivos da vida do homem. Mas quanto mais clara é a conformidade mais ela parece existir em torno de um "desconhecido". Há conformidade, mas não há solução alguma.

*

II Crônicas 6,1-14.

Clima de poesia, de riqueza, de valor de coisas terrenas; clima dos mais altos e salutares que podem existir sobre a terra, clima de júbilo. Nada pode nos levar tão próximo da crença na vida e no mundo.

Pergunto-me então quão "mau" eu sou quando faço investidas contra esse clima, quando insisto que a Salvação é independente dele. Aflijo-me de quando em vez um tanto com minha atitude e depois tranquilizo-me. Percebo que sou apenas filósofo, que os filósofos só têm força para convencer os que já estão convencidos ou os que já estão em caminho disso. Para esses, e somente para esses, minha atitude pode ser uma nova dor, tal como qualquer descoberta feita nesse domínio. Mas para esses ainda uma nova dor apenas não é coisa que pese demais. Toda essa gente é muito corajosa, ainda quando morre de desespero e medo ao meio do caminho; e se novas dores são trocadas a troca funciona também como uma mensagem de amor, como uma consolação, como um abraço fraternal.

*

II Crônicas 18.
O coração endurecido, a obstinação vencendo a evidência.
Também, se o Deus *"selon Pascal"* cega para não deixar ver...

*

Neemias 4.
Não importa em nada o meu chestovianismo para que eu deixe de amar um tal estado de coisas em que a vida parece tão plena e tão atingida. Apenas sei que ele não deve resolver da Salvação. Uma vida dentro desse estado é uma solução ou uma "verdade" somente no sentido em que todas as soluções e "verdades" o são; isto é: sem correspondência "verdadeira".

DIÁRIO

Sinto-me perfeitamente calmo e bem estabelecido dentro do mundo, consigo fugir à tragédia e viver satisfeito. Tudo isso devo às minhas descobertas sobre a necessidade de apoio etc. Cheguei assim à conclusão (ou "quase" cheguei) de que o homem mesmo [é] que muitas vezes se atormenta e busca o sofrimento. Os "grandes" deste mundo não conseguem logo de saída se apoiar tão tranquilamente como os outros, e então começam a procurar insatisfeitos, acabando por se contentar intimamente com a própria procura. E como a procura nunca chega a uma conclusão oficial, resolvem ficar trágicos, mas já estão apoiados na procura, no "sentimento trágico", que nada tem a ver nem mesmo com aquele sentimento de "tragédia grega". Ora, como sei de tudo isso, e conheço todas as impossibilidades de uma solução que realmente valha a pena, agarro-me aos apoios mais cômodos e divertidos logo de saída, rejeito os apoios "trágicos", "sérios", e complicados, da mesma maneira que rejeito os apoios científicos ou intelectuais, de qualquer espécie. O que procuro então é o "esquecimento". Mas, por favor, não pensem que é o esquecimento dramático, prenhe de desilusões e desespero, o esquecimento de quem bateu com a cabeça na pedra e nenhuma das duas se partiu. Afirmo que é simplesmente um esquecimento para maior comodidade.

Sei muito bem que os "momentos trágicos" às vezes pegam qualquer um desprevenido, inclusive eu, mas enquanto posso escapulir... Se algum dia eu ficar mesmo enredado em insolúveis trapalhadas, então, que fazer?

Dá-se porém que vivo em um país privilegiado, onde é muito fácil seguir o meu novo "ideal". O povo brasileiro é bom, não tem sentimentos de honra e perfeição lá muito exagerados, e há uma certa anarquia instalada no fundo de sua alma. E, além do mais, "a terra é de tal maneira graciosa...". Tudo isso ajuda a vencer as dificuldades.

Abaixo as "profundidades"!

*

Uma coisa antipática: o Deus trágico de certos escritores, ainda mesmo quando forem Bloy, Kierkegaard[26] ou Octavio de Faria. Porque pelo caminho desse "Deus trágico" podemos chegar ao "Deus ridículo" do sr. Jacques Rivière,[27] por exemplo. Explicações invertidas e demonstrações dramáticas já me são quase tão antipáticas quanto a teologia. Abomino as sutilezas, os subentendidos, os suspiros, os gemidos na noite escura e profunda, os olhares lânguidos, as esperanças castradas etc. Sei perfeitamente que há dramas enormes na alma de certas criaturas, mas se essas criaturas sofrem muito que se arranjem como puderem, por favor, que armem catástrofes, se suicidem, representem qualquer coisa espetacular ou simplesmente sofram caladas e sozinhas, o que eu não suporto é a "associação das congregações para os pensadores trágicos e os pesquisadores do Deus Vivo", a gente que em tudo vê tragédia e vive procurando companheiros compreensivos com quem entra em acordos tácitos para condenar

---

26. Søren Kierkegaard (1813-1855), filósofo, teólogo e poeta dinamarquês, considerado pai da filosofia existencialista.

27. Jacques Rivière (1886-1925), escritor, crítico e editor francês. Foi prisioneiro de guerra na Alemanha entre 1914-1918. Editou *La Nouvelle Revue Française* de 1919 até sua morte.

a "burguesia" etc. (Deixemos a burguesia em paz com toda a sua burrice!) Admito inteiramente que alguém se revolte, que brade a sua indignação em plena rua, que se torne louco furioso, que fuja para longe, que vá caçar elefantes na África, diante de alguém assim eu me espanto e me rendo todo. Mas, positivamente, não aguento o clima de suspiros queixosos daqueles que se fazem de senhoras espirituais, lançando olhares dúbios em direção ao Deus que entretanto confessam abscôndito.

Se, por momentos, parece que a possibilidade da tranquilidade vai para sempre se afastar de nós, ainda somos, graças a Deus, suficientemente vivos e fortes para esquecer e para retomar um caminho qualquer. Para quem procura Deus e não o acha, existem algumas soluções bem interessantes (vejam-se as propostas por Dostoiévski, por exemplo); o que é ridículo é passar-se a vida toda a ter encontros secretos e furtivos com o Senhor Deus abscôndito.

Pascal está certo ao falar que o Deus vivo não é o Deus dos filósofos, mas esse Deus não é também o dos que fingem gastar suas vidas em procura e em drama. Eu preferiria mesmo a estupidez da teologia, do racionalismo ou do cientificismo; abraçaria antes a "Suma" que os mandamentos trágicos e ridículos da "*recherche du Dieu vivant*".

É verdade que essa "*recherche*" é mesmo atirada às vezes sobre algumas pessoas; mas então ela vem de fora e não tem mandamentos, ela não é escolhida com o restinho do livre-arbítrio que nos ficou; e tudo que devemos fazer nessa circunstância é justamente levar a busca a um termo, qualquer que seja ele — o mais rapidamente possível. Não mais que um período limitado de nossa vida pode ser dedicado a essa procura, e não são muitos mesmo os que de fato precisam passar por esse "intermezzo".

Também creio em casos humanos que acarretam ineludivelmente todo um resto de vida dentro de um terrível drama. Repito que o que me revolta é a busca voluntária de mais sofrimento para servir de assunto a um livro ou de senha a uma irmandade. Penso que só têm "direito" de escrever tragicamente as criaturas sãs e conformadas como Dostoiévski (...?), os que são suficientemente inocentes (num bom sentido), ou os que não acreditam absolutamente em moral alguma. Mas os escritores da "*recherche*" são insuportáveis. Eles deveriam ter sempre diante de si os casos tão opostos de Rimbaud ou Dostoiévski, ou mesmo o de Pascal — que não pretendia compor uma coletânea de pensamentos "*à la recherche*", mas sim fazer uma sólida *apologia* do cristianismo. Quando a "*recherche*" permanece além de certo tempo, há indícios de imperfeição fisiológica desagradáveis demais.

*

Desejaria outra vez aconselhar o exemplo de Dostoiévski. Quem apresentou maiores problemas que ele? Quem os propôs mais trágicos e insolúveis (Nietzsche talvez)? Entretanto, quem o lê respira outro ar. Há algo de saudável, ou pelo menos de atraente em sua própria morbidez. E no *Diário de um escritor* nós o vemos amando o povo com toda simplicidade, aceitando-o mais ou menos como ele é, sem achar ruim porque ele não procura o Deus vivo com agonia, gemendo nas trevas noturnas. Ele ama seu povo e chama sua terra de Grande e Santa Rússia etc.

*

A explicação religiosa do problema do mal é sempre péssima, seja ela em teologia escolástica ou no sutil conhecimento do "Deus vivo". Aquele é um problema que quanto mais mexido mais fede.

*

O melhor é não falar muito acerca de Deus. Acaba-se sempre mal: ou na *Suma teológica*[28] ou na *À la [R]echerche du Dieu vivant.*[29] Nunca se conseguirá aquele salutar tom de escândalo que a Bíblia mantém e que nos incita espontaneamente à aceitação ou à revolta.

*

O problema da sinceridade é talvez o ponto mais alto que admito para nosso livre-arbítrio. Seremos suficientemente livres para ele?

*

Autores que constroem um desespero vazio para proveito próprio.

O maior dos pecados será uma falta de sinceridade em relação ao desejo de Salvação?

*

Há uma dualidade entre nosso pensamento oficial, principalmente aquele que escrevemos, e a nossa vida. Agora, porém, que renunciei de todo ao "heroico" para me identificar com a variedade e a bagunça da vida, poderei talvez diminuir bastante essa dualidade.

---

28. Livro escrito por São Tomás de Aquino (1225-1274), entre os anos de 1265 e 1273.
29. *À la Recherche du Dieu vivant* (Em busca do Deus vivo), de Vincent Morch.

*

Há tanta coisa boa na vida, tanta diversão! Estou ficando um mestre em escolhas.

Como me sinto "brasileiro" e como gosto de toda a nossa bagunça!

*

Tenho uma imensa fé e tenho grandes esperanças. O desespero passou mesmo. Algumas vezes sinto-me eufórico.

*

Alguém compreende minha nova "ciência" de vida? Quem a atribuir a um desespero disfarçado ou a uma desilusão não a terá percebido; terá sido apenas um homem de boa vontade (talvez)…

*

Falta qualquer coisa muito importante em mim e há um fator excessivamente corrosivo na minha maneira de conhecimento. É natural e louvável que a corrosão se estenda às coisas que combato e nas quais desacreditei; mas não às coisas que eu gosto; entretanto, elas também desaparecem ou tornam-se apenas umas cascas ocas. Os sentimentos se esvaziam. Tudo aquilo que me levou à revolta e à destruição desaparece ou se atenua também com a revolução.

Animalizo-me demais e, ao mesmo tempo, preciso de inocência.

Há um domínio imenso que eu perdi.

*

O materialismo exclui o conhecimento — o que para mim não importaria muito, diga-se de passagem —, e os senhores materialistas deviam perceber que aquilo que admitem como conhecimento torna-se simplesmente uma parte do "todo" em um mundo apenas material. Assim, nosso conhecimento tem de ser igual por natureza ao nosso dedo, à nossa dor ou à estrela Vênus. Tudo é uma coisa só, e se supusermos que podemos constatar certas diferenças, essa suposição será simplesmente mais um elemento do "todo" igual aos outros.

Assim, como por princípio não sou materialista, se algum dia me provassem a verdade do materialismo e se essa prova fosse mesmo "irrefutável", eu acreditaria logo nela, mas começaria a rir e diria: "Vejam só em que estado estou. Sou obrigado a acreditar nisso porque isso é verdade. E vejam só que coisa é a verdade! Há algo por detrás dos bastidores que ela ignora. Esse algo pode ser sua própria imagem, sua própria ideia, assim como é uma força "exterior" que me obriga a aceitar aquela verdade como verdade. Que estado realmente indecoroso!".

Os materialistas não deveriam acreditar no conhecimento e são justamente eles os que não poderiam mesmo colocar o problema. Os "espiritualistas", ao contrário, estariam mais à vontade para inventar negações e não seriam tão incoerentes. Por fim, os que são simplesmente amalucados, como eu, esses ficam de todo sem obrigações.

O único materialista coerente foi Nietzsche: negou o "mundo-verdade" e acabou enlouquecendo.

*

Quando um materialista nega, também nega a sua negação, a sua crítica, o seu conhecimento.

*

"A ciência deve abaixar a cabeça respeitosamente diante do espírito."
Pensam que é pilhéria?
Mas se a ciência, em seu ponto culminante e mais científico, precisa aceitar os "princípios eternos e imutáveis", as leis que regulam a matéria, os conceitos etc. — e se tudo isso é tão "espiritual"! Cientistas e espiritualistas deveriam andar sempre fraternalmente abraçados. Até mesmo eu seria capaz de descer de minha "alta" posição (ou seja, sair de minha maluquice) para entrar também na irmandade.

*

Tenho aprendido a não mentir mais a mim mesmo. Desvendo-me todo e não faço isso por "probidade de espírito", mas por pura sem-vergonhice — e porque tenho força para tanto. É verdade que às vezes percebo com inquietude quanto isso representa de perda de inocência e sou levado quase ao desespero ou à nostalgia. Mas me acostumo depressa às autoconfissões e fico fiel ao meu "solene voto" de apresentar-me nu e tal como sou diante de Deus.

*

Eu me humilho muito diante de Deus, me humilho demais — e acho que o amor é tudo.

*

Não importa que eu saiba o que a ciência pode explicar a meu respeito.

*

Fujo à ciência porque acho que ela vem de fora e, em última análise, não se aplica ao homem; mas sirvo-me das descobertas da ciência para compreender certas coisas acerca do estado do homem. Assim formo um ciclo nesse movimento de fuga e aceitação. Esse ciclo deve ser a melhor representação da realidade; ele próprio já é mesmo a realidade, e não importa que de mistura haja também o sobrenatural.

*

Todo mecanismo da ciência não é mais que aparente e o desenvolvimento lógico que ela nos apresenta é apenas ilusão.

*

Vai-se andando por certo caminho até que se chega a um ponto onde se pode fazer uma escolha, mas onde não existem mais argumentos pelo sim ou pelo não, e onde tudo é, pois, puro jogo. Fica-se com um livre-arbítrio inútil.

*

Existem inúmeras "verdades" e várias delas parecem se contradizer mutuamente. Mas isso é também uma ilusão. O verdadeiro mundo abrange todas as "verdades", estando além delas.

O homem não pode renunciar a uma só das verdades que o sentimento lhe apresenta.

As verdades do sentimento não são menos importantes que as verdades da ciência. Nem umas nem outras podem ser rejeitadas, apesar de não serem ainda o mundo além.

*

Será que eu sou "verdadeiramente" eu mesmo, em toda a minha "integridade", quando estou filosofando seriamente?

*

Tornei-me tão objetivo, tão imparcial, e deixei a filosofia tomar conta de mim tão inteiramente que acho agora que nada é certo, assim como também nada é errado. Perdi totalmente a "fé" em qualquer coisa que seja apenas "uma certa" coisa.

*

Mas uma fé renasce: creio no "fundo comum" dos sentimentos dos homens...

*

Veja o mal absurdo, a falsidade, o erro na vida de qualquer gênio, na minha vida. E vejo o Cristo como diferente, como novo.

*

— *Devant Dieu? Dieu? Oh! mais pas "Dieu"...*

— *Dieu…*

— *Dieu?*

— *Ils jouent une comédie. Ils sont des "innocents".*

— *Peut-être vous, qui n'êtes pas un "innocent", seriez plus qu'un châtré.*

— *Cepandant…*

— *Cepandant…*

— *Cepandant…*

— *Cepandant…*

— *Cepandant…*

— *Cepandant…*

……

……

……

……

Tout se dissipe.[30]

*

Se eu continuo é por fraqueza e por falta de vergonha, mas essa falta de vergonha é uma *aquisição* minha; e agora, quando tenho vontade de me desembaraçar dela, não o consigo.

*

Sofrer, sofrer, sofrer; e depois ir ao cinema.

*

Eu mereço um estudo filosófico muito detalhado e, mesmo que os moralistas venham a me justificar ou glorificar, esse estudo deve ser feito. Existem muitas causas e o mundo dentro do qual estou é tão complexo…

Ciência…

*

O marasmo da moral tenta me agarrar outra vez. Mas não! Não quero! Já sei bem, não vale a pena.

É preciso ser bem sem-vergonha, bem ladino: alto ou baixo é questão de

---

30. Em francês: Diante de Deus? Deus? Oh! mas não "Deus"…/ — Deus…/ — Deus?/ — Eles estão apresentando uma comédia. Eles são "inocentes". / — Talvez você, que não é um "inocente", estaria mais do que castrado./ — No entanto…/ — No entanto…/ — No entanto…/ — No entanto…/ — No entanto…/ — No entanto…/ ……/ ……/ ……/ ……/ Tudo se dissipe.

ocasião, e a justificativa moral que às vezes procuro por vias indiretas não vale coisa alguma.

Ultimamente tenho pensado até em santidade. Mas não, ela também...

A categoria de moral pela metade, desejada mas não vivida, essa categoria já tão usada e gasta pelos grandes homens, decididamente não me serve. Cansa! Chateia.

Os ensinamentos podem ser grandes, profundos, emocionantes, mas não me servem.

*

Deus perdoa nossa grande culpa no pecado original, que nos faz sofrer, construir tudo em que acreditamos e morrer em vida, da mesma maneira que eu, no "momento", o perdoo e aceito a existência no estado de pecado e de bem e mal.

*

Quando se é sincero em toda nossa pequena vida humana, é-se também bruto e animal. Quando se quer guardar fidelidade às regras do sentimento que se sabe sagrado, é-se então muitas vezes fingido.

São os desequilíbrios da natureza humana. Mas que importam eles?

*

Tenho medo, mas permanece em mim essa zombaria geral, esse desdém. São dois mundos; eles não se excluem.

Dos meus dois mundos, porém, desço à banalidade, onde não há nada abscôndito ou subterrâneo; banalidade pura.

*

Não tenho inocência para ser patético.

Minha baixeza não é dramática, não é de enredo; é apenas "científica".

Minha baixeza inclui o cabotinismo e a esterilidade.

Fui sincero e sinto que serei repugnante.

*

Somente um poeta pode ser um grande homem.

*

Há no mundo uma única criatura a quem eu me renderia totalmente, a quem eu dirigiria minha súplica mais total — e refiro-me à criatura com sua vida antes que ao gênio com sua obra: Rimbaud.

*

A santidade será a sinceridade total, em todos os atos, em todos os momentos — mais o amor?

*

O clima quente destrói tudo, apodrece tudo.

*

Com um costume que, à força inicial de representação, se acaba por adquirir, pode-se continuar vivendo com grande intensidade, com grande poesia e mesmo com sinceridade.

Entretanto, é apenas quando, ainda antes de se assimilar o hábito, a estreia na vida nos leva ao aniquilamento, que se atinge um verdadeiro clímax. É só aí que a vida é realmente vivida como uma coisa que existe, como uma coisa em que acreditamos, ainda que seja exatamente pela falta de crença.

Isso é maior que a santidade. Mas se tudo continua, tudo será reposto em algum lugar. O drama prossegue e pode haver, no máximo, uma repetição. Repetição é representação, ainda que inconsciente. Representação é arte. Entra-se no domínio da arte.

(Esse é meu pensamento de "filósofo".)

Meu desejo é escarrar sobre a arte.

*

A história já estava definitivamente encerrada. A continuação não é nada mais que um hábito adquirido.

Pode ser que tudo seja em vão até a estreia; entretanto essa vez é a única possibilidade.

Infelizes os que não tombam da primeira vez.

Infelizes mesmo? Isso é uma "regra"?

*

Sou exatamente um filósofo, um "desbravador". Esse é o meu lugar. Qualquer tentativa minha para fugir a ele e para tornar-me um escritor "vital" é um fracasso.

E sou tão filósofo mesmo que algumas vezes penso até na ciência do céu, acho que o céu deve ter a sua ciência também, que ela me seria absolutamente necessária etc.

*

A moderna filosofia do subconsciente parece-me às vezes o "verdadeiro modo de pensar-se". Por mais que esteja imbuída de conceitos, ela não é certamente uma filosofia de conceitos. Daí sua grande atração.

*

Renunciar porque não renunciar é pecado; só por isso, nada mais.

*

Que ninguém espere força moral de mim. Minha falta de vergonha não é descrer na moral, mas justamente crer ainda nela, guardando uma certa atitude.

Talvez que a "causa" de tudo isso seja a minha total impossibilidade de fé, ainda mesmo que seja fé na falta de fé.

Quando estou cá estou lá, quando estou lá estou cá.

Minha ciência e minha razão aguçaram-se tanto que cheguei à conclusão de que tudo pertence à fé.

*

Sou perito em fazer construções trágicas disfarçadas em comédia, com todo o aspecto de "desinteresse" e "superficialidade". Um ar de "desilusão", de tristeza, de bondade que não encontra correspondência, passa a vagar em torno de mim; fico muito "espiritual", fico um pobre anjo perseguido por Deus... Os inocentes cairão facilmente.

Mas não pensem também que estou me condenando com esta confissão. Não, senhores! Nada disso serve para diminuir minha autoadmiração, minha "crença inabalável" de que existe "uma coisa em mim". Sei tão bem que ela existe! E quem poderia duvidar disso?

*

Eu teria um belo lugar na *La Conscience malheureuse* de M. Benjamin Fondane.[31] Calculem só quanto *"malheur"*[32] ele haveria de encontrar na minha consciência. Todos nós ficaríamos muito contentes e emocionados com as verdades que ele diria sobre mim, não é mesmo?...

Ah!...

*

Os tambores rufam. Os soldados passam cantando em coro a marcha patriótica. Gente exaltada vem à rua para espiar e aplaudir. E lá vamos nós.

*

---

31. *La Conscience malheureuse* (1936), livro de ensaios consagrados a Chestov, Husserl, Heidegger, Bergson, Gide e Kierkegaard, escrito por Benjamin Fondane.
32. Em francês: infortúnio.

Desde que meu possível futuro público ficou já alertado sobre minhas habilidades na arte das misturas tragicômicas, posso continuar à vontade as minhas improvisações. Fica assim a salvo a minha "probidade de espírito".

*

O Dilúvio. Também os homens podem sofrer um dilúvio: nascem e, em determinado momento, quando o estado de coisas já se torna mesmo insuportável, as águas crescem furiosamente, cobrem tudo, matam quase tudo. Depois as águas baixam outra vez e tudo recomeça como era antes.

O dilúvio é a história natural. Mas tenho vontade, apesar de tudo, de fazer as considerações mais espirituais sobre a arca flutuante, sobre o que sobrou nela...

*

O caminho da arte é um belo caminho. O homem pode seguir muito longe por ele, sentir muito e muito mesmo, e acabar se comprometendo de uma maneira fatal. Mas, como pode esse ser o caminho de quem já se comprometeu previamente?

*

A vida exige de nós uma coisa que não damos, mesmo nos casos mais extremos. Pelo menos não temos consciência de dar.

*

Il n'y a qu'une tristesse. C'est de n'être pas Rimbaud.[33]

Não se pode, entretanto, ter o desejo ou a esperança de se vir a ser como Rimbaud, assim como se poderia desejar ou esperar a santidade. O estado Rimbaud é uma fase em um destino; só podemos sentir tristeza de não ter sido, e não desejo de vir a ser.

*

Racionalmente, a atitude a ser tomada diante do sofrimento é a negação de Deus ou a revolta contra ele. O pecado original é uma ideia que pode explicar muita coisa, mas não pode justificar o que nos revolta, não pode aliviar em nada a nossa fome e sede de justiça.

A aceitação de Deus só pode se dar por via inteiramente diversa, nunca pelo argumento racional (ainda que no seu melhor sentido) que pretende "justificar".

É por isso que o "Deus vivo" de Pascal e Octavio de Faria, mesmo quando

---

33. Em francês: "Há apenas uma tristeza. É não ser Rimbaud". Lúcio faz um jogo com a frase de Léon Bloy, que é: "*Il n'y a qu'une tristesse, c'est de n'être pas des saints*".

considerado sem o ranço que escritores "menores" lhe arranjam, não parece muito diferente do Deus dos filósofos.

*

Que a filosofia corresponde à "verdade" muito mais que o sentimento, está fora de dúvida.

Se quiser que faça como eu: a cada hora se agarre a uma coisa, tanto quanto puder.

*

Sem qualquer segundo sentido: a medicina e a psicologia poderão dizer muito sobre mim, poderão fornecer esplêndidas chaves decifradoras para minhas ideias e meus sentimentos.

Isso é apenas um aviso e não mais uma tentativa de análise filosófica para o "meu caso".

Resta-me ainda uma experiência; se modificar muito minhas ideias e meus sentimentos, então é porque ela será mesmo terrivelmente importante.

*

Admiro bastante os homens que se atiram sobre o cristianismo quase selvagemente, como Bloy. Para eles não existe coisa alguma fora daí; e assim tornam-se Católicos, Apostólicos, Romanos, Desesperados, Desgraçados, cheios de fé, de Esperança, de Caridade, de Raiva, de Força, de Alegria e Vitória. Mas os que chegam ao cristianismo através de longos e sinuosos caminhos, cheios de dúvida ainda, têm sempre certa atitude de castrados e realmente não me agradam muito. Ainda quando vistos à luz da "caridade cristã", parecem-me apenas mortos que foram içados à força outra vez pelos misteriosos "cordões divinos". Não importa que a vida os tenha atormentado por sentimentos impossíveis, não importa que tenham percebido todas as dificuldades e sofrido as revoltas mais vivas; a conversão como estágio em um caminho é sempre suspeita, sempre rançosa, sempre castração.

Tenho vontade então de apagar o caminho, de destruir, de me aniquilar, de abraçar a humilhação e clamar com todo o escândalo, toda a brutalidade. Conheço minha fraqueza e talvez saiba rompê-la.

*

Tenho desejo de violentar, de fazer filosofia tão genialmente que depois de mim o pensamento só possa prosseguir capenga e castrado, se não quiser volver atrás.

Não importaria que, por uma fatalidade, eu ficasse preso ao meu processo e que assim ele me castrasse também, daí em diante; não importaria que depois a fraqueza tomasse conta de mim.

*

Se algum dia a loucura me pegar, se todo o sofrimento desabar sobre mim, se eu me tornar miserável até onde é possível, se tiver a pior das mortes — um fim que faça estremecer até os santos —, se a danação me possuir, se me afogar no desespero, ou simplesmente se cair na apatia, na mediocridade ou seja no que for, *não importa nada*. Que ninguém, pois, se impressione demais com o que acontecer comigo: será tudo apenas uma fatalidade humana. Já assegurei a minha Salvação e não sei onde parar agora de tanta alegria e tanto amor que sinto. Amém.

*

Creio em uma missão.
Minha autocrítica é a melhor jamais feita.

*

O inferno é impossível se a sua causa é uma falta cometida na terra. Dez milhões de anos das piores torturas já dariam para resgatar qualquer falta. Um tempo, mas nunca a eternidade.

*

A confissão de Léon Bloy sobre a "propagação" do ato livre (em *Le Désespéré*) é tão extrema e tão total que não pode ser atacada por argumentos. Ela é o polo oposto à atitude de Nietzsche (a minha). A escolha entre esses dois polos parece uma questão de jogo apenas e o chegar-se a um deles sem escolha é questão somente de tomada de posição inicial. Meu estudo do homem levou-me a uma posição "científica", analítica, onde relativizei, ou pelo menos embaralhei, as noções do bem e do mal. Cada valor e cada "verdade" que Bloy afirma foram estudados por mim e destruídos; mas sei muito bem compreender as "verdades" opostas às minhas, e do ponto de vista de uma "altíssima" filosofia, as duas "concepções" gerais não são tão diferentes.

*

Na ideia do simbolismo universal de Bloy, cada acontecimento do mundo-aparência é transfigurado por um sobrenaturalismo total, que deixa em extremo oposto a correspondência não transfiguradora que admiti entre a condição humana imutável e os acontecimentos "divinos" narrados no Êxodo e no Levítico, por exemplo. Para Bloy a "história natural" (ou "evolução do meio"), no mundo degenerado pelo pecado original ainda, simboliza em cada acontecimento uma história divina que ele tenta desvendar.

Espanto-me com sua imensa pretensão e jogo pela minha atitude ainda, analisando não sua ideia geral, mas o caminho que o levou a ela e as aplicações particulares que ele deduz. Bloy agarra-se demais a coisas do mundo, não as transfigura como anuncia, não tem fidelidade total à sua ideia mais louca (o que é tão "desculpável" porém...). A sua tentativa para o estabelecimento de um simbolismo da história deve ser assim um grande fracasso, por aplicação "inadequada" da ideia geral.

*

"*Quand la Providence prend tout*[,] *c'est pour se donner elle*[-]*même*."[34] Mas esse "*tout*"[35] pode ir bem mais longe, do ponto de vista "intelectual", d[o] que Bloy tenha talvez jamais suposto; ele pode abranger a própria fé em Deus ou, pelo menos, o seu aspecto de "Providência". Como pode haver um "*prend tout*"[36] sem essa falência também?

Mas, ainda assim, o caso de Bloy fica compreensível, pois ele caiu no cristianismo para desesperar-se mais que nunca e podia pensar mesmo, em seu terrível sofrimento, que tudo lhe tinha sido tomado. Ele é grande demais para se deixar prisioneiro das consequências racionais de sua ideia.

*

Existe em Bloy a mesma tendência geral de todos os grandes homens que filosofam. Ele explica o mundo por um "único gesto" que se refrata numa "diversidade aparente de símbolos", afirma que esse gesto pode se chamar "Amor", "Paternidade", ou qualquer outro nome sugestivo.

*

Há uma semelhança formal com a concepção de Nietzsche do mundo como vontade de poder; a semelhança é tão grande que o mundo de Bloy, como o gesto único e infinito de Deus, parece ficar determinado também.

Onde encontraremos então a liberdade? Entre esses dois polos? Parece que

---

34. Frase do capítulo xxxv, do livro *Le Désespéré*, de Léon Bloy. Em francês: "Quando a Providência toma tudo, é para se doar".
35. Em francês: tudo.
36. Em francês: toma tudo.

"nossos melhores sentimentos", quando se aliam a nosso pensamento, arranjam-nos uma armadilha onde a liberdade desaparece.

*

Tudo é apenas esperança no cristianismo, porque ele não transformou em nada a natureza do homem e a condição do pecado parece se agravar ainda com o aumento de sofrimento que ele exige.

*

Deve haver uma correspondência qualquer entre nossa ideia de Deus e Deus mesmo. Isso já é alguma coisa.

E por que mesmo teimar em pensar em correspondência apenas? Nossa ideia ou nosso sentimento já não serão suficientes?

*

Talvez toda a barafunda mental que armo em torno do pecado original com suas "terríveis consequências" seja apenas um reflexo de minha impossibilidade de compreender qualquer forma de eternidade.

*

Saber ter-se dentro de uma categoria; ser "genial" nela.

*

Se quisesse, poderia viver sem escrever, o que não seria nada demais. Mas acho mais divertido escrever; resolvo até fazer "obras", forçando coisa por coisa, imaginando página por página, sendo artificial ou "sincero" numa grande confusão. Escrever é bom para sentir e o que quero é sentir. Há também uma outra vontade que escrever pode ajudar: a de crescimento contínuo. (Se se crescer muito mesmo pode-se acabar esbarrando de cheio em qualquer coisa que seja realmente grande.)

*

Carrego sempre comigo certa dose de antipatia e fraqueza, que se desprendem "inevitavelmente" de minha atitude diante da vida e dos próprios assuntos sobre os quais escrevo. Sempre há qualquer coisa que há de causar um pouco de náusea ou repulsão em quem se aproxima de mim. Mas não me importo muito com isso porque sei que existem outras coisas para compensar... Sei também que minha antipatia tem "justificativas nobres e profundas", muito embora as coisas chatas continuem mesmo chatas depois das melhores justificativas e explicações.

Que ninguém — inclusive eu — faça cerimônias em admitir francamente essa antipatia; pois mesmo com ela a aceitação virá logo depois.

*

Um ideal seria, por exemplo, ser imbecil e tonto, mas genial para o sentimento.

Ser estúpido em meio do caos, mas estúpido com beleza e com requinte, estúpido com sentimento.

*

Não saber mais onde se está. Confundir tudo, não poder distinguir, entrelaçar os opostos.

Mas existe sempre uma coisa em meu íntimo que não quero confundir. Para que enganar a respeito disso então? Posso ser safado, cabotino e mentiroso, mas não quero enganar nesse ponto. Apenas não "quero", puro "querer".

É preciso fazer com que o pedido de perdão entre também na confusão geral?

*

À proporção que quero cada vez mais sentimentos variados vai se extinguindo em mim o sentimento da vida, onde ela é algo real e bem característico; resta apenas uma espécie de sombra desse sentimento perdido e tento me agarrar a ela às vezes, como a algo mais forte que os sentimentos diversos. Divido-me assim entre dois campos, ou entre muito mais que dois, se for o caso. E como poderia isso ser de outra forma, se não tenho moral nem vergonha, se sou todo consentimento para sentir, e se tantos aspectos variados e atrativos são vislumbrados? Como haveria de ficar sempre com um só deles? E a falta de vergonha é ativa também, creiam.

*

Minha história pode sempre ser contada assim: a vida de um "inocente", com muita "pureza" (apesar dos pesares...), que andou longe nos "caminhos do espírito", em busca da "solução do problema". Muita coisa aconteceu e os caminhos eram verdadeiramente sinuosos. A solução não foi encontrada em muito bom estado e isso acarretou uma série de consequências. O "inocente" tornou-se uma "vítima do mundo".

Eis uma bela história! Ela pode provocar lágrimas e emoções. Se alguém achá-la ridícula estará "errado"; a verdade estará sempre do lado sentimental e angelical da fábula — o que garantirá a minha boa reputação através dos tempos.

Mas, o "alto culto" que faço à verdade e "as atenções" que rendo à ciência obrigam-me também a alertar o respeitável público sobre os importantíssimos julgamentos que a psicologia aplicada é capaz de emitir a meu respeito. Não esqueçam, pois, que eles podem ser bem mais sérios do que se poderia supor...

Aos leitores mais refinados eu faço um apelo para que não torçam o nariz apenas com o perceber a interpretação sentimental; não lhes há de ser difícil — se forem de fato inteligentes — perceber quão além eu vou.

Existem várias interpretações.

*

Há uma coisa que nos encaminha para um estado sobrenatural de alegria, para o verdadeiro sentimento da vida que se aceita; essa coisa é o amor. Mas será sempre uma falência de amor a plenitude de alegria diante do sofrimento alheio. Assim, a solução inteiramente alegre — a única possível — não é possível enquanto existir sofrimento sobre a terra.

Falo "em teoria" e não estou dizendo, fingidamente, que amo tanto meus semelhantes que não conseguiria ser feliz e alegre por causa da tragédia alheia. Sei que, se chegasse para mim um contentamento pleno, eu seria alegre por ele sem pensar mesmo nos outros, ou melhor, me arranjaria uma "solução teórica", uma acomodação. Mas, como "filósofo", reconheceria o arranjo e o truque, a vontade de estabilidade e de "conforto".

Só pode ser *certo* quem sofre por todos. Tudo que se afastar disso pode ser grande e belo, mas o será apenas por instantes, ou estará fora da realidade viva, e será belo e grande quase em ilusão apenas.

*

Acredito que vários caminhos podem levar ao céu: caminhos humanos, caminhos da moral, caminhos da mentira etc.; e acho que os meios aqui realmente não importam. Só o fim conta e ele é o paraíso.

Quando analiso o gênio, porém, percebo que ele é o homem para [o] qual os meios importam. Ele não se contenta em atingir o céu por um caminho humano ou moral qualquer. Ele quer atingir o céu "abolindo o pecado original" desde já e toda sua luta orienta-se nesse sentido. O gênio é aquele que quer fugir ao pecado original; como essa fuga é impossível, ele só se aproxima de sua realização lutando para consegui-la. Sua luta é de inconformidade antes de mais nada, e nunca é tão luta e tão inconformada como quando ele aceita o partido de todos os que sofrem. Ora, aquele que sofre por todos é o santo e, assim, o santo é o maior gênio. Quando o amor escapa a esse processo, é descontínuo e corrompido.

O "além do bem e do mal" existe e o santo não está nele. Sei disso muito bem, mas nenhum outro homem sobre a terra também está ali; qualquer excursão àquela região tem volta rápida e inevitável, até mesmo para o santo. Mas no santo a revolta contra o pecado original com a aceitação do sofrimento por todos é maior. O santo tem consciência permanente disso e, portanto, é o homem total — tanto quanto pode existir "totalidade" para o homem dentro do pecado original.

Ao lado do santo só pode existir então o homem que, tal como Elias, por uma graça especial, é arrebatado diretamente ao céu.

Assim como o Cristo, o santo pode ter falhas humanas, pode passar ao plano do Grande Inquisidor. Existirão particularizações e calmantes para ele também, sua caridade será apenas fragmentária — e isso talvez seja mesmo condição para que ele possa obrar. Mas a sua aceitação o torna maior.

*

Em dois tempos:

1 — Tenho de vez em quando a impressão de que consegui falar em tom de verdade, que tudo mais que escrevi em tom diferente pode ser muito sentido, mas não corresponde à verdade.

2 — A blague é o estilo que se impõe quando se chega a certas regiões; e apenas o estilo de blague pode deixar entrevisto o que talvez haja além do que foi declarado.

*

Quando falo em "existência real", tenho direitos a isso apesar de Nietzsche, pois acredito absurdamente que aconteceram certas trapalhadas terríveis no mundo e que todo o arcabouço universal da vontade de poder que aniquila o conceito de "existência real" é fruto dessas trapalhadas. Ora, para que a vontade de poder seja "consequência" é preciso que tenha havido qualquer coisa anterior. Se acredito nessa "qualquer coisa anterior", posso me referir a uma "existência real" sem quebrar a coerência lógica do esquema de vontade de poder, no qual também acredito. É verdade que esse esquema destrói também toda a argumentação que apresentei, todos os conceitos que ela aceita, mas… Não faço oposição a essa destruição; recuo sempre e esse é o truque.

Poderia contar a mesma história deste outro jeito: andei até o fim no caminho crítico da vontade de poder; mas "Graças a Deus" não fiquei louco e pude me "proteger" sempre na descoberta da qualquer coisa anterior.

Toda a aparelhagem de que me sirvo para me explicar vai sendo destruída "ao longo do caminho", mas nem por isso...

*

Costumo pensar que estou embaraçado numa complicadíssima rede de chateação.

*

Qualquer descrição moral do mundo será limitada e estúpida. As descrições do mundo só são possíveis por meio de "concepções" generalíssimas que, explicando tudo, nivelam tudo, arrasam tudo.

*

Minha teologia é de morte. Sei que trabalho num domínio de morte; e o que construo nele é morto também.

*

"O mais alto sentimento", aquele que parece ser diferente por qualidade, está praticamente morto em mim, embora às vezes, em meio da multidão de outros sentimentos que subsistem "íntegros", ele pareça ressurgir.

Matei ou inutilizei o que já foi vivo em mim, mas tudo aconteceu como um "acontecimento" e não como um crime propriamente. As pessoas sentimentais poderiam até falar em holocausto.

E se eu bancar o Filho Pródigo não será pelas vias do intelecto. Sou muito exigente e vigilante. Não importa que eu saiba me enganar tão bem por tanto tempo; sei sempre perceber de antemão a hora definitiva que ameaça fugir e posso, assim, tomar as minhas providências a tempo.

Quem quiser se escandalizar que se escandalize. Eu também me escandalizo de vez em quando: tanta artificialidade, tanto teatro, tanto cabotinismo, tanto fingimento! Porra! Que coisa ridícula! Apenas...

*

O cristianismo como tentativa de destruição do domínio da lei, do mundo do pecado original: ele rompeu com o concerto "eterno" que tinha sido estabelecido no Antigo Testamento.

Mas foi tudo "simbólico" apenas. O cristianismo estabeleceu outras leis; ele é, pois, somente como a representação humana do desejo de vitória sobre a lei. Como representação humana, porém, continuou no plano humano, recaído. O cristianismo apresenta, assim, a esperança humana de liberdade, mas esperança esperada com todos os defeitos ainda, na única forma possível agora.

"Servir por servir...", diz Gide.[37] Sim. Poderia querer voltar, poderia querer me dedicar à Nova Lei; afinal de contas, ela permite uma esperança e, mesmo independente disso, pode ser às vezes tão sentida e tão plena de grandeza! "Servir por servir..." O gozo mais direto da vida, a maior "liberdade" de ação, por outro lado... E se tudo é servir por servir... Mas não! A maior "grandeza" ainda estaria mesmo naquela volta.

*

Sou guiado por teimosia e apenas ajudado por outras coisas.

*

Hão de dizer que tenho um método muito interessante para parecer virtuo-so: exatamente a negação "quase" sistemática da virtude.

No "quase" que antepus a "sistemática" está um mundo de "sutilezas", que torna tudo muito mais interessante e avançado.

*

Todas as manias que descubro em mim não me impressionam.

*

Sofrimento ou não sofrimento?

Não adianta que se acredite na "inutilidade" dele, na ausência de valor. Não adianta que não exista vocação para ele. A questão vai além e permanece diante de nós; não nos abandona enquanto nos resta vida.

*

Não importa que uma dialética trágica e destruidora pareça associar-se tão frequentemente à vida sexual. A carne é coisa a que não se renuncia. Deve-se arriscar o corpo também e não apenas o espírito.

Não me importa o que acontecer. Tudo será apenas "consequência".

*

A procura pelo corpo se une à procura pela alma.

Pois, de outro modo, por que teria sido anunciada a Ressurreição da Carne?

*

Se uma "conciliação" for impossível, a vida entretanto não o será.

---

37. André Gide (1869-1951), escritor francês, prêmio Nobel de Literatura de 1947; fundador da editora Gallimard e da revista *Nouvelle Revue Française*. Homossexual assumido, defendia abertamente os direitos dos homossexuais.

*

O Sexo não é um aparelho para uso doméstico.

A Salvação não pode ser um apaziguamento.

*

O retorno significaria fim de experiência e não solução.

Sinto-me copulando com um mistério. Sensações sem limites.

*

Todas as minhas ideias filosóficas podem ser rejeitadas à vontade. Não me importarei com isso e não tentarei defendê-las. Se de fato ficar demonstrado que são falsas, tudo que pedirei é que não construam outras.

*

Na questão das "relatividades", agi de maneira bem esperta: rejeitei as evidências e aceitei outras coisas da vida comum, as diversões, as comodidades etc.

Como o que importa, porém, não são as "relatividades", eu ainda continuo "peregrino do absoluto", com meus paradoxos e meu vai e vem, minhas cambalhotas e camuflagens...

*

Não se pode escolher definitivamente entre uma visão do Cristo, por mais sentida e bela que ela seja, e uma visão do mundo. As visões do mundo têm frequentemente uma intensidade e um atrativo aos quais não podemos renunciar. Apenas os homens limitados e de bitola podem "escolher" para sempre. A preferência pelo Cristo pode ser um dom especial, uma Graça para certos "puros" que não poderiam mesmo viver "no mundo"; mas, para os que se sentirem atraídos pelo mundo, não há sentido algum na renúncia ao mundo. O que se aceitaria então não seria mais que um outro estado humano, outra "visão" entre as visões possíveis. O amor espontâneo, como deve existir na santidade já atingida, pode valer a pena, mas o simples serviço ao Cristo em vez do serviço ao mundo, não.

Para mim, e para todos aqueles a quem "tudo é permitido" [...], qualquer escolha "definitiva" seria artificial e estúpida e qualquer nova atração pode ser mais viva e mais intensa que a atração que nos prendia antes — seja mesmo esta uma "profunda" vida cristã. Se entre uma aceitação e outra existe um "contraste doloroso", a sensação de dor desaparece, sem grande demora, com o hábito.

Tudo é um vasto campo único.

*

Afinal de contas, as "revelações da morte" não são coisa alguma. Tudo que elas destroem pode muito bem ser destruído; o que acaba é apenas o mundo já morto. Resta tanta coisa ainda! Parece até que houve uma multiplicação.

*

A fórmula é então sentir mais que pensar. O estado convencionalmente tido como "falta de vergonha" abre-nos campos vastos que permitem movimentos largos e agradáveis.

*

Será preciso então assumir-se um estilo pedante, um estilo de quem se equilibra "magicamente" no indeterminado e no irracional?

Como tudo isso é chato!

*

Que o sr. Benjamin Fondane continue fazendo belas conferências sobre *"La conscience malheureuse chez les nègres d'Afrique"*.[38]

Moi, j'irais vivre aux USA.[39] Meu antigo desejo revive. Deve ser tão bom o gozo da vida lá! Facilmente passaria além de toda a burrice americana e me arranjaria de maneira bastante agradável.

*

Lawrence — *O amante de Lady Chatterley.*[40]

Afasto-me de Lawrence quando ele insiste tanto em normalidade e sanidade de sexo, no prefácio de seu livro. O sexo sadio e feito em plena consciência me atrai muito como espetáculo, já foi mesmo um ideal meu e o vejo com muita simpatia. Mas o equilíbrio e a normalidade como objetivo para o exercício do sexo é coisa que realmente não posso admitir. Prefiro uma posição sem leis, até de libertinagem, de sexo pelo sexo, e não de sexo pela naturalidade.

Não que eu compreenda o sexo como algo obscuro que só vem à luz com escândalo; simplesmente quero o sono mais louco, aproveitando melhor as suas imensas possibilidades.

*

Devemos procurar consciência plena e imediata de tudo que o sexo é para

---

38. Em francês: A consciência infeliz entre os negros da África.

39. Em francês: Eu iria viver nos Estados Unidos.

40. *O amante de Lady Chatterley* é um romance sobre amor, sexo, classes sociais e a industrialização, escrito pelo controverso escritor inglês D. H. Lawrence (1885-1930).

nós, ou seja, de como ele funciona em nós. Esse é o caminho para o íntimo de perturbações.

*

Acho ótimo que *O amante de Lady Chatterley* seja um livro que age sobre a carne. Não me importo que livros de simples pornografia produzam resultados semelhantes. Afinal de contas, existe tanta literatura "espiritual" barata para contrabalançar... Não creio que alguma limitação devesse ser imposta ao erotismo no romance. Se ele já traz a "garantia" do gênio... Depois, por que limitar as descrições do sexo a simples alusões como se ele fosse terreno proibido ou mesmo muito desconhecido?

*

No *O amante de Lady Chatterley* existem frequentes afirmações e exaltações da virilidade; mais que isso: existe mesmo uma busca consciente de um máximo de virilidade. Lawrence canta hinos ao pênis ereto e ondulante, entroniza a masculinidade de maneira direta e indisfarçada. As descrições minuciosas do corpo de Mellors são culminância do "espírito do autor".

Essa procura deveria esclarecer muita gente. Bastante coisa que é tida comumente como simples homossexualismo poderia se enquadrar naquela procura. Tudo isso é, porém, extremamente difícil e instável. Há sempre possibilidade de saída por tangentes, como há também sempre possibilidade de falsas interpretações.

*

Lawrence faz-nos pensar em um estado sexual ideal. Também eu cogito dele. Mas não posso crer que, em épocas anteriores da História, esse estado tenha sido atingido. Sei bem quão mais aperfeiçoados deveriam ser os gregos antigos, por exemplo, mas sempre penso em algo diferente e mais livre ainda, ou transfigurado.

*

Depois dos estados altos do sexo (falando ainda de um ponto de vista "filosófico"), compreendemos que só mesmo algo muito e muito grande pode na realidade ultrapassá-los ou se nivelar a eles.

Passa-se por cima de muita e muita coisa "espiritual"...

*

O que não suporto é que se queira estabelecer a vida sexual — por mais elevada que ela seja — como regra determinada, como realização de uma vida total.

O homem é sempre mais variado e é impossível ficar em uma parte só, ainda quando essa parte se manifestar com genialidade. Não adianta fingir nem enganar: sabemos muito bem que a vida sexual não é tudo.

*

O erotismo é dessas coisas muito particulares que dificilmente consentimos em tornar públicas. Mas, se estivéssemos inteiramente convencidos do que guardamos para a intimidade, deveríamos apregoá-lo aos quatro ventos[.] (A única desculpa para não se fazer isso é a falta espontânea de vocação para educar as massas ou converter os outros[.])

*

Que ninguém se preocupe demais em descobrir causas escondidas e misteriosas em mim; e que ninguém, depois de longas ou rápidas meditações, me considere "um tanto duvidoso", apontando as fontes secretas da minha personalidade e da minha atitude de vida. Isso seria mesmo uma grande descoberta!

Saibam todos que não me impressiono muito com tudo isso. Algumas vezes é desagradável, mas passa logo. Tudo passa comigo. Não vejo mesmo nada de muito dramático aí. Se sei rir de mim mesmo e se sei também me apreciar... Se tenho minha bendita e queridíssima falta de vergonha... E tanta coisa mais...

Alguém se desgosta de mim?

*

O "conhecimento" continua com sua ação destruidora. Mas acostumo-me a ela também.

A própria destruição passa a ser encarada com não tendo a menor importância.

*

A razão funciona em relaxamento progressivo, a partir de um polo extremo onde ela é algo já acabado e sem tempo, uma identidade total, um nivelamento universal, que não podemos nem mesmo sentir se é ou não é. Em outro estágio mais frouxo, os silogismos dão aparência de movimento. Mais anarquizada ainda, a razão passa à vida comum. Mas no fundo ela é uma só.

*

Será que o clima quente ajuda alguns (ou muitíssimos?) brasileiros a tomarem essa notável postura diante do conhecimento, e mesmo diante do sentimento (há tanta correspondência formal entre essa atitude e a anarquia do meu querido país!)? Será que o clima quente...?

As reticências nunca significaram tanto nem tiveram tanto valor como aqui.

*

Quando no Novo Testamento se fala em *liberdade*, entendo apenas esperança. E ainda quando noto que um abismo de liberdade pode mesmo existir às vezes em nosso mundo, não consigo perceber uma separação eterna entre os homens, decidida naquela liberdade.

Compreendo a liberdade antes como um modo segundo o qual a esperança deve ser despertada em nós, e o amor exaltado ou exercido. A liberdade que o cristo nos apresenta faz com que nos sintamos culpados de uma falta terrível, com que nos sintamos em erro, mas não é ainda a liberdade da pura escolha para a eternidade.

*

Até onde um sistema filosófico pode ser considerado também um sentimento?

*

Semelhança entre um povo e um indivíduo, entre o povo francês e eu. "Base" de semelhança: o estado crítico exagerado, a superconsciência, a maquinação cerebral incessante, a ação cáustica, a confusão, o sentimento intelectual em tudo.

O povo russo, mais longe de mim, me atrai mais porém, encarnando as noções de liberdade e religiosidade. Estou muito mais perto da confusão francesa que da confusão russa, mais perto do vagabundo francês intelectualizado que do vagabundo russo sentimental. Mas é o sentimento que me atrai mais e, assim, antes me converteria à religiosidade russa que à francesa.

*

De vez em quando tenho vontade de "solidarizar-me" com os malandros e mendigos que encontro pelo caminho.

*

Léon Bloy em uma bela prece pede a Deus que sua alma seja despertada. Não sou tão modesto quanto ele e acredito estar inteiramente acordado e alerta. Sinto até uma sensação carnal de vigília e acho que já "sei" tudo.

Quem dorme e precisa ser despertado está mais ou menos inocente.

*

Nosso estado é de espera e deve-se tentar "viver" enquanto se espera. Ou então não se deve tentar isso, mas "vive-se" mesmo de qualquer maneira. Acontecem coisas e de tudo que acontece surge uma barafunda qualquer.

Será essa "barafunda resultante" nossa existência toda?

*

Às vezes fico à beira de uma grande crise moral e quase volto ao estado de luta pela virtude. Assalta-me um desejo de repudiar toda a minha confusão intelectual e sentimental, para cair em certo modo de vida particular e bem definido.

Tais crises realmente não me agradam e, por outro lado, a vida virtuosa me parece insuportável. As tendências ascéticas e a obediência (pelo menos em intenção) às regras da "moral cristã" não me parecem mais que burrice e fraqueza. Tudo que já fiz ou pensei não condiciona mais qualquer ambiente propício.

Só mesmo muita coisa ruim pode provocar tais crises. E como me sinto abafado e tolhido quando elas se manifestam! Como me sinto essencialmente chateado! O domínio moral é a coisa mais chata!

*

Ficaria fortemente desgostoso — julgando o futuro com o sentimento do presente —, se as possíveis complicações de minha vida acabassem me levando a uma atitude moral.

É bem desagradável ser-se vencido na vida quando se sabe da própria inutilidade de se entrar na luta.

*

Não há hoje senão uma criatura com ascendência admitida sobre mim: Rimbaud. Cada dia ele me parece mais "único". Só ele é como se é; todos os outros não chegam a ser.

*

Por momentos, quando estou muito calmo da vida, lembro-me de repente da minha "grandeza", da minha genialidade. E então isso me parece surpreendente, acho isso engraçadíssimo...

*

Vezes por vezes faço uma viagem de ônibus comendo tudo com o olhar, cobiçando demais as coisas. Enterneço-me com uma simples árvore, sensibilizo-me com uma montanha ao longe etc.

E essa é a terra que proclamo ser imprópria ou impossível para mim!...

*

Minha história não teve propriamente um desenrolar. O desenvolvimento estancou súbito em certo ponto ainda bem em princípio. Soube de certas coisas cedo demais.

*

Parece que já não consigo mais recusar o drama e a tragédia como ainda há tão pouco tempo mais ou menos arranjava de fazer. Isso me dói muito. Sinto-me entrando demais no cristianismo, quando ainda preferiria talvez a tentativa de vida-milagre sobre a terra. Pergunto-me, porém, se a mudança não foi bastante voluntária e espanto-me, agora, com essa suspeita.

Por que recusar as facilidades que tinha conseguido? A morbidez me ameaça e me apavora. Minha natureza é cheia de perigos e de abismos de morte e tenho horror à falta de vitalidade, ao abatimento.

*

O último e pior golpe que uma criatura poderia receber seria a certeza da falência total de sua carreira, em uma visão retrospectiva, uma certeza de falta de grandeza. Quando se é cristão, mas não com a alma inteira, tudo fica mais horrível ainda.

Não falo em "fracassos" com o de Rimbaud ou Nietzsche, porque eles são antes vitórias tremendas. Refiro-me exatamente à falta de grandeza.

*

Será que os meus críticos mais "avançados" vão se escandalizar muito com a minha insistência em "grandeza", objetando que isso implica "medida", que isso está, pois, em contradição com as contradições chestovianas?…

*

Haverá "missão" terrestre fora da santidade?

*

E "nada" nos prende…

É exatamente o nada que nos prende, porém. Tendemos ao nada, à morte.

*

Nossas relações com Deus devem ser de uma intimidade, nudez e sinceridade sem restrições.

A miséria é admitida como estado natural. Sabe-se que desde a "tenra infância" ela estava presente em nós, que ela cresce depois, ou decresce para tornar a crescer, de acordo com as circunstâncias, e que, ainda quando muito diferente nos outros, ela é mais ou menos a mesma que em nós. Então a qualquer momento podemos fazer qualquer coisa horrível e aceitá-la sem discussão, sem cogitar mesmo se seria possível ser de outro modo.

*

Fico sem saber se é um problema religioso ou um problema fisiológico camuflado. Devem ser ambos.

Os dramas de consciência são tão chatos!

*

Pagar e desmentir na vida o que foi dito e que, entretanto, continua sendo verdade. Destruir o intelecto. Porque é impossível não pagar.

*

Duas hipóteses:

a) a marca fisiológica existente desde a infância funcionando como causa (interpretação "materialista" que, sendo apenas parcial, não precisa excluir o sobrenatural).

b) a marca fisiológica existente desde a infância propositadamente para que, mais tarde, certos acontecimentos e certas respostas surjam (interpretações francamente místicas).

*

Já não é mais tempo de indagar ou constatar a que estado de vida cheguei, que coisa admiti, como me tornei. O processo "filosófico" terminou e agora só resta viver tudo que me acontecer. Já não importam as conclusões, nem o estar desta ou daquela maneira.

Vida de gênio.

*

Força para abandonar a glória ou falta de força para procurá-la?

*

Afinal de contas, a minha "bendita falta de vergonha" só deve mesmo servir para a imbecilização.

*

Ninguém tem mais razão para falar mal e ter raiva de mim que eu mesmo.

*

Se a única grandeza de uma criatura é descobrir e admitir seus próprios defeitos, ela não deixa por isso de ser grandeza.

Mas que caso lastimável!

*

Há algo que consegue quase destruir minha grandeza, que a torna antipática, insuportável mesmo, vazia.

Ponho questões que não deveriam ser postas, não porque sejam dramáticas, mas exatamente porque são mesquinhas demais. Vivo numa situação falsa.

*

Rimbaud me importa.

Tenho a impressão às vezes que ele, e só ele, não perdeu um único ato ou um único sentimento durante a vida inteira, que tudo que ele fez ou sentiu é como que sagrado e perfeito, aquilo que devia mesmo ser. Nele, e só nele, tenho confiança total.

*

Ars brevis. Vita longa.[41]

*

Já é tempo de parar com as minhas reviravoltas e autocondenações.

E também de que, diante do mundo, eu não me importe demasiadamente com o mundo.

*

Maior simpatia pelos romancistas mais ou menos bagunçados, como Dostoiévski e Octavio de Faria, que pelos "criadores" franceses.

Os meus preferidos estão mais próximos do sentimento. Minha "dívida" a Octavio de Faria, por exemplo, é fabulosa. Quanto esclarecimento, quanta adesão, quanto reconhecimento!

*

Aconteceu comigo uma coisa: fugi para o sentimento.

Desejaria deixar tão dentro do sentimento quanto possível tudo que escrevesse, usar o mínimo de intelectualidade e possuir uma forma de expressão musical, para que o apelo ao sentimento pudesse ser mais direto e desembaraçado do intelecto.

Morro de tanto amar o sentimento humano.

*

Pode-se mandar a miséria à merda. Pode-se escapulir e viver. A Redenção é também ficar-se livre da miséria.

*

---

41. Em latim: "Arte breve. Vida longa". Lúcio inverte o sentido da citação latina "*Vita brevis, ars longa*", que tem sua origem nos escritos do arquiteto e médico grego Hipócrates (460-377 a.C.), mas que foi popularizada pelo filósofo e poeta romano Sêneca (4 a.C.-65 d.C.).

Allez-vous eh!
Allez!
À la merde!
À la merde!
Vite!
VITE!!! [42]

*

Nova dedicatória (ou seja, antidedicatória) para os meus cadernos: Merda aos intelectuais.

*

Tudo que é feito só no terreno do sentimento pode facilmente se tornar burrice. Até a poesia pode ficar ridícula. E a maneira às vezes se insinua, domina. Ou mente-se deliberadamente a favor do sentimento. (Verdade filosófica…)

*

Alguns homens são "burros de nascença" e assim se conservam. Outros progridem "intelectualmente", afeminam-se, ficam com uma burrice alada, cheia de enfeites e balangandãs, "*au grand-jeté*". [43]

*

As "sutilezas" são comumente burrices.

*

Ser gênio é uma grande coisa. Mas ser gênio "incompreendido" pode ser uma grande besteira.

*

Tenho certos exageros que são bastante "justificáveis", mas como são bestas!

*

É Rimbaud que em mim funciona como consciência.
Coitado dele se soubesse de mais essa chateação!

*

A burrice tenta se infiltrar.

*

Poderia confundir quase todos sobre quase tudo.

---

42. Em francês: Você vai, hein!/ Continue!/ Foda-se!/ Foda-se!/ Velozes!/ VELOZES!!!
43. Em francês: na velocidade máxima.

Mas isso seria demais. Creio num "plano divino", não quero me colocar em posição para a danação.

*

Entre todos os gênios, Rimbaud foi o mais impermeável à estupidez, ou seja, aquele que não a cultivou à força. Os russos, aloucados como quase sempre são, escapam também às coisas maçantes e artificiais, enquanto os franceses sucumbem à praga intelectualista (o povo de Rimbaud!).

E os ingleses? Coitados! Esses nem mesmo...

*

Quero pagar tudo que for preciso na hora da morte. Mas antes quero viver. Arco com muita responsabilidade. Sei disso, mas não posso me imbecilizar. Não quero choramingar, nem fingir, nem babar, nem me tornar "espiritual" ou esteta.

Deus verá como deve ser visto.

*

"Naturalidade" da Rússia: depois da época de clímax como Dostoiévski, Tolstói etc., passagem direta ao estado de bem-estar compulsório, de organização rígida e materialista, de brutalidade.

1944

Meu "equilíbrio filosófico" frequentemente falha diante de crises de "idealismo" e sentimento. Não digo que chegue a "errar" quando sucumbo a essas crises, mas exagero demais o sentido de fatos particulares.

*

Plano: um grande apelo à inteligência alheia.

Uma exposição de fatos simples e clara. Sei bem que ela pouco adiantaria, mas de qualquer jeito seria interessante a definição de um "*modus vivendi*" amplo e ventilado. Alguns homens de boa vontade poderiam tirar certo proveito, não há dúvida.

*

Conheço a santidade e suas imensas transformações. Mas quero outra coisa, outro processo "religioso" e mundano.

Não nego a grandeza do que não quero. Mas não quero. Penso em uma vitória mais livre e sem renúncias, penso na valorização de certos "lugares-comuns", de certas coisas simples.

Desoriento-me, porém; não consigo dar exemplos.

*

Foge-se de tudo que se está dizendo, quando ainda nem mesmo se acabou de dizer. Foge-se cada vez mais.

*

O amor existe ou não existe. Existe ainda ou não existe.

Não adianta descrever, pregar, ordenar, ou aconselhar o amor. Não adianta nada.

*

Muitas coisas não são boas de dizer, mas julgo-me com o "direito" de dizê-las, julgo-me "um dos pouquíssimos" que podem afirmá-las. Ultrapasso "restrições", na medida do possível, e falo...

*

Quem poderá "interpretar" Rimbaud sem patetismos e sem escândalos, *tout simplement*?[1]

---

1. Em francês: simplesmente.

PARTE II
(MAR. 1944-NOV. 1947)

[1944]

O que imploro a quem me ler é que sinta horror diante de mim, se não me compreender. Do contrário eu o mando à merda!

Merda, pois, aos que souberem de mim pela metade(!), aos que em mim vierem buscar justificação para mentiras!

Ainda quando se quer destruir toda a vida sempre sobra um pouquinho; esse pouquinho é infinito.

O que importa é a esperança.

*

Esforço para que as coisas sejam mais que humanas.

*

Se Israel era ponto mais baixo da humanidade, sua maior vergonha, o símbolo de sua escravidão, Israel era também o maior milagre, o escândalo mais divino.

Minha crítica da Bíblia fica absolutamente certa se tiver de ser compreendida de maneira de todo oposta à que foi escrita.

*

Nas horas de máximo sentimento religioso deveríamos viajar numa espécie de ônibus todo envidraçado pela praia de Copacabana, de ponta a ponta, espiando todas as pessoas belas, quase nuas, andando de um lado para o outro ou deitadas na areia a receber em cheio a luz do sol e o vento do mar. Deveríamos até pedir auxílio a Miguel Ângelo[1] para perceber tudo melhor ainda...

Se o sentimento religioso persistisse, pediríamos então a Deus para admitir tudo. Certas coisas não podem ser recusadas.

Não importa a frivolidade da multidão na praia. Pode-se perfeitamente "fazer abstração" dela e teimar no sentimento "próprio".

Nossos olhos se obstinam em olhar; e não olhar não seria coisa alguma divina ou transfigurada.

A teimosia nesse sentimento é uma barreira de sinceridade e "pureza" contra todas as "soluções", um protesto a ser ouvido sempre.

Antes passaria o mundo inteiro que um único j...

*

"Quand, affolé, il finirait par perdre l'intelligence de ses visions, Il les a vues!"[2]

*

Ser intransigente e perseverante.

Não abafar a alma, não sufocar a vida, não esconder Deus, não cultivar o ressentimento ou elaborar a falsidade, não estrangular a poesia, a sinceridade, a grandeza. Fugir do medo e da superstição. Teimar. Deixar o sentimento ir tão longe quanto possível.

Apenas num clima assim livre, crítico e intransigente é que posso admitir que brote a religião.

*

Que valor pode ter o dogma diante de uma alma inconformada?

Se há possibilidade de aceitação do dogma, ela só pode vir depois do exame total e sem camuflagens, depois da estimativa dos sentimentos, depois do ataque à existência do mal no mundo, ainda quando uma imensa destruição está no caminho a ser traçado.

*

Há uma legitimidade de sentimento sagrada no homem, uma exigência a que não se pode renunciar, uma "dignidade". A "bendita falta de vergonha", a

---

1. Michelangelo (1475-1564), pintor, escultor, poeta e arquiteto italiano.
2. Em francês: "Quando, em pânico, acabaria perdendo a inteligência de suas visões, ele as via!". Trecho de uma carta de Arthur Rimbaud (1854-1891) a Paul Demeny (1844-1918), datada (Charleville, 15 maio 1871) e assinada. Negrito de Lúcio Cardoso.

loucura, o absurdo, ligam-se a tudo aquilo por um fio muito fino que permite grande flexibilidade de movimento e não se rompe.

*

Tento falar aos homens de boa vontade a respeito de seus problemas.

*

Tentativa de apoio no fato de se saber sem apoio. Miséria que se autossatisfaz, autojustifica.

A Paixão é o oposto disso.

*

A filosofia e a física não são mais que funções dependentes de outras variáveis. Por isso, as interpretações que nos fornecem não importam tanto assim.

*

Se o divino contradiz e quebra o humano, também não importa, pois o humano, mesmo afetado, permanece sempre e tende só a crescer.

*

Sob certo ponto de vista, o mundo é uma coisa abandonada a si mesma, dependente de arbitrariedade que não tem nada de divino e que nem mesmo apresenta um aspecto vivo de liberdade.

Assim, uma política nacionalista que resolva fomentar a natalidade vai fazer surgir novas almas que consideramos eternas e definíveis entre um Paraíso e um Inferno. Uma simples e banal política cria novos destinos *ad aeternitatem*.[3] Isso é tão pouco divino! E há "pior" ainda: quando a criação de novas almas eternas não é artificialmente provocada por uma política de partido, ou pela "vontade despótica" de um ditador, ela fica, no "grande número", uma função estagnada das condições econômico-sociais normais ou "passivas". Todo esse esquema torna-se apenas um tanto mais "vivo" quando há dependência — apreciada então em casos particulares — do desejo entre homem e mulher, com todas as suas variedades, todas as precauções ou descuidos.

Nosso mundo não é de maneira alguma um mundo de plano racional e harmonioso. Os teólogos e os filósofos erram tanto!

*

Confusão entre liberdade e arbitrariedade, entre liberdade concedida pelo divino e simples abandono por parte do divino.

---

3. Em latim: para a eternidade.

*

Originalidade: minha história tem de ser diferente da dos outros, porque sempre que notar semelhanças acho que já não há novidades nem vantagem, mudo de ideia...

*

Há na vida ou no mundo um sofrimento que é do inferno. De nada "adianta" positivamente tê-lo sofrido; ele não contribui para a "grandeza" de uma criatura.

Também esse sofrimento opõe-se à Paixão redentora, ao sacrifício.

*

"*Le Bonheur était ma fatalité, mon remords, mon ver.*"[4]

*

O único horror, a única culpa, é trair ou enganar o amor.

*

Que se chegue à maior loucura, ao suicídio, que se destrua o mundo, mas que na hora suprema haja uma lembrança, uma prece, e não haja traição.

Não posso dar conselhos. No máximo, posso pedir.

*

6-6-[44] — Invasão do Continente Europeu.

Recebi a notícia de manhã, de meu pai,[5] quando, em meu quarto, já me preparava para escrever algo neste diário. Senti surpresa apesar de saber da iminência da coisa. Senti um choque diferente dos que experimento usualmente.

Pensando então em mim e nos homens participando da maior operação da guerra: a letra é morta.

Não que eu queira com isso "condenar" meu ofício de "escritor"..., não que eu queira dizer que eu deveria etc., mas é só lá e assim etc.; mas como uma espécie de aviso a mim próprio, para que eu não deixe a letra me matar ou me castrar, ou melhor: como simples compreensão de que o que está se passando lá é um abismo de vida mesmo, apesar de tanta morte.

O entusiasmo mundano ainda pode me possuir...

---

4. Em francês: "A felicidade era minha fatalidade, meu remorso, meu verme". Trecho do livro *Une Saison en enfer* (*Uma estação no inferno*) (1873), de Arthur Rimbaud.

5. Lúcio comete um equívoco ao mencionar que foi o pai que lhe deu a notícia. Seu pai, Joaquim Lúcio Cardoso, faleceu em 8 set. 1938. Também a data da invasão da Normandia a que Lúcio se refere está errada no datiloscrito: 6-6-54. Provável lapso do autor.

*

Creio na carne e no corpo, não me importo que estejam "corrompidos".

*

Quando se tem uma experiência normal, que não é tão comum quanto poderia ser, passa-se a ver a vida toda normal também e há o desejo de se ficar assim nesse estado e repelir todas as complicações. O mais simples, mais fácil e sempre possível fica sendo também o mais real, o que aparenta ter mais força.

O LIVRO DE ISAÍAS

Cap. 9 — "O povo que andava em trevas viu uma grande luz; aos que habitavam na região da sombra da morte nasceu o dia."

"Porque um menino nos nasceu, um Filho se nos deu…"

Há o esforço infindo do homem e a resposta a ele.

*

11,5 — O homem: "A justiça será o cinto de seus lombos, a verdade o invólucro de seus rins".

*

Há em Isaías, como já tinha havido em Moisés, um "espírito de genialidade" assombroso, independente de qualquer interpretação religiosa. Parece acompanhar-lhe um certo "que importa?", que vence todo obstáculo encontrado, ou que sabe transfigurar em vida e beleza tudo que seria peso morto para o homem.

A glória é uma realidade e Isaías vive nela sem se importar com a corrupção. A idolatria, a riqueza pela riqueza e a "gordura de coração" são arrasadas; a luta contra elas já é um testemunho da grandeza original da criação — grandeza em parte ainda possível.

*

28,13 — Minhas "velhas ideias" sobre a lei na humanidade: "Assim a palavra do Senhor lhes será mandamento sobre mandamento, mandamento sobre mandamento, regra sobre regra, regra sobre regra, um pouco aqui, um pouco ali, para que vão, e Caim para trás, e se quebrantem, e fiquem metidos no laço, e presos".

*

38,9-22 — O Senhor atende ao pedido de Ezequias para lhe livrar da morte e Ezequias então proclama: "Senhor, com essas coisas se vive e em todas elas está a vida de meu espírito".

Depois de atendida tal prece deve-se ficar mesmo de coração aberto a Deus, aceitando-se seu mundo degradado sem mais exigências, ainda quando se sabe que a morte retornará.

*

43,26 — Convite para que se siga além, para que os acontecimentos continuem.

Se tudo acabasse em algo sem importância ou estancasse subitamente ao meio do caminho... Mas não será assim.

*

57,7 — Contra a idolatria. A "missão" de Isaías.

Pode ser bem grande e vivo por "nossos leitos sobre os montes altos e elevados", mas não o fazer sacrifícios ali. Haveríamos então de idolatrar nossa própria obra, renunciar a nossa liberdade diante do que já obramos? Maior é nossa vida do que o que já conseguimos realizar, pois ela vai além e oferece mais ainda. Ficaríamos roubados em vida se idolatrássemos a própria vida.

Esse é o ponto máximo da luta contra a idolatria. Não basta a destruição dos "ídolos de madeira", porque resta ainda o perigo dos ídolos de ideias e de vaidade, os ídolos que fazem a vida parar.

*

59,4 — "... confiam no nada, e dizem vaidades; eles conceberam o trabalho e pariram a iniquidade."

Será esse um resultado inevitável de nossa cópula, de nosso espasmo de gozo com o mundo do nada? Geramos o mal gozando com o nada? É realmente horrível! Tão intensos são nosso [sonho] e nossa ilusão, tão desastrosos os seus frutos!

"Esperamos pela luz, e eis que trevas nos vêm; pelo resplendor, mas andamos em escuridão... bramamos como ursos, continuamente gememos como pombas" (9-11).

O ECLESIASTES

O "nada de novo debaixo do sol" é tão forte e extenso como a "Vontade de poder" e todo o Chestov. A vaidade em Salomão corresponde à vontade de poder em Nietzsche; sua extensão é julgada tão vasta que a própria "aflição de espírito" que se segue às destruições "chestovianas" acaba por cair também em sua esfera, nivelando-se a tudo mais, perdendo qualquer "novidade", sendo apenas mais uma coisa determinada no evoluir determinado, mais uma etapa do processo.

Porque "tudo tem seu tempo determinado" (3,1) e nada que acontece é novidade, nem mesmo o gozo: "há tempo de abraçar e tempo de afastar-se de abraçar" (3,5). Mais viva talvez que a própria aflição de espírito deve ser apenas a dor que o trabalho rotineiro nos causa. Não porque ele nos desvie do ideal, mas simplesmente porque ele há de ser só um castigo que Deus nos impõe (3,9-10). E tão degradada é a natureza humana que tudo que o próprio Deus fizer com o homem não será também mais que vaidade ou aflição de espírito — seja a recompensa com a sabedoria, e a alegria, seja a punição pelo pecado (2,26; 1,13). Toda a minha crítica anterior da Bíblia está resumida aí. Espanto-me até de encontrar "defesa" tão precisa dentro da mais pura "ortodoxia" bíblica.

*

Estado de abandono, de desânimo e fracasso diante das "revelações da morte" e da determinação geral do mundo. Estado "analítico", estado calmo ou apático de quem já sentiu toda a destruição e agora apenas constata: Eclesiastes 2,11; 2,15; 2,17; 3,19.

*

O próprio Deus parece a Salomão conformar-se inteiramente com o estado do homem e transformar-se mesmo numa espécie de Suprema determinação. Veja-se 2,24 e 3,10-22.

*

Ecl. 5 — Conselhos. Fria aceitação do mundo tal como ele é. Já que se vive, já que se está aqui... já que está, deixa ficar... Siga-se a evolução natural, deslize-se pelos "acontecimentos" até que a continuação determinada nos leve a escapar da prisão... pela morte. Ao meio do caminho serão possíveis certas diversões e, se nos afligirmos, a idolatria trará tranquilidade.

*

Ecl. 9,5 — Sem mais comentário: os vivos sabem que vão morrer e os mortos não sabem coisa alguma.

*

Ecl. 9,10 — Tudo é permitido.

*

Ecl. 11. Que é isso? Um aguilhão para a vida, apesar de tudo?

Dá vontade de virar cambalhotas, de morder, de espiar, de sentir, de ser ator e espectador.

Oh sabedoria!

"Vaidade de vaidade", diz o pregador.

Grandeza de grandeza, vida de vida, beleza de beleza?

*

Não adianta fugir, não adianta ser (ou querer ser) burro. Há uma impertinência divina.

*

Se alguém chega a mim e diz que não pode compreender ou que, em vista de um sentimento, não quer admitir sequer, eu me solidarizo. Emudeço. Sei que não é hora para a "inteligência" funcionar.

*

Cada um recebe um apelo. Um homem pode ficar estirado sobre uma cama e não precisa agir voluntariamente para que acontecimentos lhe sucedam. Nessa hora o vemos como nunca o tínhamos visto antes: sua própria figura, com pernas e braços abertos, seu torso relaxado, seu olhar de incompreensão...

Depois, se a morte chega, pensa-se que ele já não está mais aqui, que já lhe foi feita a suprema revelação, que ele já está tremendamente diferente de nós e que, se julgávamos ter qualquer "superioridade" sobre ele, já não a entendemos mais...

E nosso mundo continua.

*

Lendo Pascal: primeiro alguns pensamentos dos que ele deveria julgar mais importantes, dos que ele deveria mais amar e ter como os melhores representantes de sua crença mais forte. Depois os pensamentos em que ele apenas descreve a condição do homem e seus problemas abertos. Esses últimos foram sempre os meus preferidos. Penso então na impossibilidade de aceitação daquilo que um homem quis colocar mais alto que tudo, daquilo em que quis ter a maior fé. Muito mais comumente o que se compreende e aprecia em todo esse esforço é apenas "o caminho".

*

Entre os homens mais comuns alguns há [a]os quais a morte se anuncia de maneira inesperada e inédita.

O que lhes acontece e o que eles devem sentir é grande demais. E não se pode dizer que seja um simples medo da morte o que produz todo esse efeito. Deve existir algo mais; e esse algo mais abala tudo, até mesmo a "obra de gênio".

*

Autológica: Logicamente a contradição é o que existe; isto é, a lógica não existe.

A lógica pura seria a identidade, o nada. Quando sofismas insolúveis são propostos, torna-se patente a ilogicidade de nosso pensamento.

O racionalismo é apenas uma "tendência" nossa, pois ainda nos resta alguma vida.

*

O pensamento sobre o princípio de não contradição já é, ele mesmo, uma contradição.

A mente humana se situa ao meio de um caminho. Nossa razão é pela metade. Razão pura é apenas uma tendência a que não obedecemos inteiramente. É dentro desse esquema que se desenvolve a produção intelectual. É dentro dessa mistura que rola o mundo.

*

O "sentimento" de um pensamento...

*

O nada como igualdade perfeita e infinita ou nula. Se tudo se nivelasse, se tudo se unisse ou se identificasse, "chegaríamos" ao nada, ao "fim". A morte é, pois, representada já por uma tendência à igualdade, ao nivelamento. Ora, essa tendência prolifera exatamente na lógica, na ciência. O que se pretende, em ciência, é tomar coisas existentes e igualá-las, reduzi-las, ou seja, "explicá-las". As leis são traduções de igualdades particulares que, em degraus sucessivos, tendem a passar à igualdade mais geral, que será já única e sem "leis". Pela ciência podemos ter certa compreensão de algumas coisas do mundo. Mas essa compreensão não é vital e não é real (!), já se encaminha ao nivelamento, ao nada, ao fim, à determinação total, ao desaparecimento da própria ciência, do próprio conhecer.

*

Se tudo está determinado, tudo se liga inevitável e invariavelmente; se tudo se liga inevitável e invariavelmente, tudo é um todo único sem divisões e sem movimento.

*

O mundo que existe não pode ser reduzido ao mundo que não existe.

Nossa compreensão do universo não pode ser científica; tem de ser uma novidade, a maior de todas as novidades, desde que foi comido o fruto da árvore da ciência do bem e do mal.

Enquanto essa novidade nos faltar, seremos incapazes de fazer qualquer representação da "vida além".

*

Não é possível uma fórmula matemática ou uma explicação física para o universo. Sobraria muito e muito ainda.

*

Podem me contar histórias e mais histórias, podem me mostrar provas e mais provas, deduções e mais deduções, podem me fazer demonstrações, armar imensas discussões e complicadíssimas polêmicas diante de meus olhos. Que cada um chegue a uma conclusão. Pouco me importarei. Olharei tudo isso como se tudo isso não existisse (e não existe mesmo). Posso apenas achar graça algumas vezes.

Ah! se a minha pobre condição humana me permitisse ser totalmente assim!

*

Jamais valerá a pena a chateação por uma burrice (que descoberta!...). Rejeitem-se todas as crenças tolas, todos os apêndices inúteis, todos os enfeites. Os acontecimentos continuarão e serão mais divertidos.

Que os mundozinhos se desmoronem. Primeiro pode-se confundir esses desmoronamentos com imensas catástrofes. Mas depois...

Quanto mais cedo se ficar livre dos apoios toscos melhor.

*

Falando "moralmente" agora: para criaturas como eu e como tantos outros já não é mais cabível o lamento sobre coisas fatalmente comprometidas para o resto da vida.

*

"Nosotros, los genios"[6] teremos todos abismos de humilhação antes de... Aquilo que foi ocultado aos mais sábios para ser revelado aos humildes?

*

---

6. Em espanhol: Nós, os gênios.

Como sabemos, apesar de tudo, descobrir alguma coisa que, ao meio do pecado, foge a ele, se abstém e se conserva pura, indicando o horror de todo o resto!

*

Mais comum: para qualquer criatura, para qualquer uma que seja, existe sempre uma possibilidade aberta, um núcleo de sentimentos e acontecimentos que é um ponto de aproximação possível, um terreno de simpatia.

Basta existir vida. E, além do mais, se existe vida ainda, a qualquer momento pode se instalar para a criatura um "processo" tipo Kafka. Isso imediatamente atrai a nossa atenção (Leni, a personagem d'*O processo*, se apaixonava por todos os processados, tão interessantes e "formosos" eles passavam a lhe parecer; e o próprio "advogado" concordava com esses sentimentos).

Declaro abertamente que amo demais as criaturas comuns que se tornam grandes. E talvez as ame ainda mais quando o processo é mesmo um tanto simples e sem grandes tragédias shakespearianas.

Qualquer homem a qualquer hora...

*

A atitude ou o "caso" Prometeu é algo que defendemos resolutamente para nós, algo de que não queremos de maneira alguma nos separar — nossa grandeza, nossa possível genialidade. Mas o caso Prometeu, ou a atitude Prometeu não serve de maneira alguma como solução sofisticada como uma justificativa *à rebours*,[7] pela liberdade ou pela genialidade. Tal justificativa já negaria automaticamente a liberdade e seria também uma antipatia talvez fatal à genialidade. Prometeu é aquilo a que não queremos renunciar, mas a "solução-por-Prometeu" seria a negação de um sentimento demasiadamente humano que também não podemos afastar.

*

É o "caso Prometeu" que nos desembaraça de uma inocência tola; isso nós aceitamos sem hesitação, mesmo à custa de um "jardim paradisíaco". Mas o problema não é só abandonar a ingenuidade e se tornar criador.

*

Prometeu era uma questão aberta e, por isso, Prometeu não pode ser uma solução.

7. Em francês: para trás.

O problema do homem é sempre problema, cada vez mais problema, uma excitação permanente, um desafio constante.

*

Entretanto, a fé e o amor religioso não são destruídos inevitavelmente pela atitude de recursos, a atitude de Ivan Karamázov; podem mesmo coexistir com a revolta. Há um amor vagabundo que vai ao fim da "não exigência" quando se confronta com o sentimento de rebelião, um amor que não cogitaria mesmo de "bilhetes de entrada", porque está acostumado a penetrações furtivas.

*

Quando um Grande Inquisidor deixa os mais humildes para se intellectualizar e lidar com pessoas mais "avançadas", ele pode ficar como um dos jesuítas casuístas que Pascal tanto ataca nas [Les] Provinciales.[8] Esses jesuítas se interessam mais pelo "pão espiritual", enquanto o Inquisidor se preocupa com o "pão material"; os primeiros fazem belos raciocínios para justificar certos pecados; o segundo simplesmente fecha os olhos.

*

Se a busca de um estado ideal, por todos os caminhos possíveis, levar a um encontro, o que se há de ter há de ser muito maior que o que se contemplava. A novidade há de surgir; se não fosse assim...

*

Em certo sentido, quanto mais religião se sente, mais coisas inúteis se percebem em torno da religião.

*

Tem-se desejo de prosseguir sempre, abandonando tudo que for possível.

*

Não há regra que decida, nem regulamento que regule, nem salvação pela moral.

*

As criaturas, de quando em quando, fazem e são certas coisas que a gente ama. Tem-se vontade então de fazer uma descoberta reveladora naquilo que se está vendo e sentindo. O sentimento parece querer gritar, fazer uma proclamação,

---

8. *Les Provinciales* são um conjunto de dezoito cartas escritas por Blaise Pascal. Nelas, ele defendia o jansenista Antoine Arnauld (1612-1694), oponente dos jesuítas, em julgamento pelos teólogos de Paris.

desvendar algo que, sob certo sentido, ainda está cerrado. Tem-se uma sede diferente, uma sede de amor. Parece, depois, impossível que se possa ir tão longe por esse processo.

Uma simples viagem, apenas uma que elegemos entre outras com as quais deparamos, pode nos pôr a sentir e a lembrar tudo.

Às vezes, "certos desejos particulares" se definem no meio desse processo. São "acontecimentos"...

1945

A) Um ônibus passava vagaroso por uma rua pobre e normalmente sem movimento, desviando-se de uma obstrução no caminho habitual. Um garoto da rua, excitado com o fato, aproximou-se, atirou uma pedra contra o ônibus e ainda lhe deu uma forte paulada. Um passageiro ficou indignado, pôs-se a bradar em alta voz, a condenar o garoto, a educação que seus pais lhe tinham dado (ou melhor: ...), a anarquia geral do país etc.; e discorreu sobre os castigos que o pequeno levado merecia, sobre a disciplina a que deveria ser submetido etc.

Na fisionomia dos demais passageiros refletiam-se o sentimento de dever e a solidariedade às reclamações em curso.

B) Por uma questão de sentimento pessoal, podemos preferir de longe a travessura do guri às hemorroidices do passageiro e perceber que se aquele senhor tivesse um pouco mais de "compreensão analítica" da vida não teria sido tão categórico em seu ataque.

Mas, convenhamos, afirmar que aquele senhor estava basicamente errado acarretaria "logicamente" nada menos que uma condenação total de nosso mundo, reprovar o senhor também categoricamente "no terreno das ideias" só seria possível se nos colocássemos em pé de igualdade com ele, se resolvêssemos consciente ou inconscientemente representar uma disputa, armar uma polêmica, aceitar uma briga de toma lá dá cá, debater argumentos etc. Ora...

Realmente não adianta lutar desse lado ou do outro, nem mesmo lutar contra a luta. Tudo continua engrenado e, se é ridícula a atitude do ingênuo senhor, também será ridícula, com mudança do ponto de vista, a sua condenação como seriam ridículas ainda, se avançássemos um tanto mais, quaisquer "considerações" que sobre o caso tecesse um "grande pensador".

A única maneira de "dar a perceber" a engrenagem em jogo, sem também se sucumbir imediatamente a ela, seria fazer uma descrição do fato como ele aconteceu, sem desenvolvimento de interpretações e reduzindo-se mais ainda a própria ironia da narrativa.

Assim eu me tinha disposto a contar uma porção de histórias naturalíssimas que seriam, em sua extrema realidade e simplicidade, o limite da análise. Seria desse modo que a arte fecharia as asas para se identificar com a análise.

Contudo, ficar lidando só com essas "narrativas", tão longe nos limites do pensamento analítico e nas suas conclusões que não são mais conclusões, não me pareceu muita vantagem. Entretanto, todas as burrices ou inteligências, todas as filantropias, estéticas, filosóficas e ciências seriam como que "explicadas" até o fim por aquele método: a explicação constaria de uma descrição das coisas tal e qual como elas são, seria uma "fenomenologia pura", uma espécie de repetição do que já existia, sem qualquer pretensão à descoberta da "coisa em si", ou melhor, com essa pretensão englobada e identificada ao todo — uma vez que qualquer pensamento-chave que tentasse penetrar ou desvendar a descrição seria dissolvido e logo assimilado. Todas as atitudes seriam naturais, naturalíssimas (e quão longe haveria de habitar a verdade libertadora!…).

Bem depressa eu haveria de atingir o "estilo apropriado".

*

Pelo menos separar nas existências aquilo que não é vivo, aquilo que não espera a eternidade do céu, aquilo que irá se consumir; pelo menos reduzir a crença idólatra.

*

A verdade que liberta não pode se "construir" da matéria ou das ideias das idolatrias.

*

Se não houvesse Deus, eu desejaria me tornar um atleta, mas um atleta bem bruto e inconsciente. O "pivô da questão" seria exatamente aliar o "máximo de inconsciência" a todos os malabarismos e elasticidades do corpo, substituir assim vantajosamente a inteligência, renegar qualquer intelectualismo e existir "funcionando" apenas.

*

Nada aproveita na chateação e o mundo pode chatear.

*

A luta é chata.

*

Existem descrições do mundo e da vida. Elas "são", mas não permitem "ser mais".

Nossa vida é, porém, uma existência violada, porque se ela fosse totalmente acabada, se ela fosse inteiramente fechada em si mesma, nós nem suspeitaríamos do "ser-mais". Ficamos assim arrebentados, deflorados, sem ser coisas em si e sem poder ter, ou pelo menos compreender, a vida real e livre.

A existência como um atleta perfeito e total também é impossível. Algo que vem de fora nos deforma. Tal como Zeus recebemos uma machadada que arrebenta nossa cabeça; é por essa abertura que...

Nada é, entretanto, mais insuportável e burro que a vida por ideias, a vida intelectual. Já que não conseguimos..., a vida só de carne e sentimentos seria uma construção mais perfeita, uma obra mais bem-acabada. No atleta total qualquer coisa tipo alma que não fosse exclusivamente sensação de corpo seria inútil, seria burrice, seria apenas uma atrapalhação para a carne. No atleta total o corpo morreria de repente sem estar já desde antes aleijado por uma tendência lógica, por uma tendência à morte.

*

Só a esperança pode valorizar o intelecto, justificar a machadada que nos desfigura, a abertura, o escoadouro, a voragem inútil.

*

Se não há genialidade ou quase isso numa criatura, a atividade de pensamento nela pode atrapalhar o interesse que talvez despertasse em nós. O enredo que envolve a criatura e os sentimentos que ele faz surgir, ao contrário, definem certa grandeza, despertam nossa atenção.

Mesmo nos gênios o pensamento pode parecer uma atividade estúpida diante de certos sentimentos alheios. Mas há também uma coisa importante a se notar: é que não existe uma separação nítida ou invariável, conforme exageradamente coloquei aqui. Muitas vezes aqueles que foram mais longe no terreno do pensamento e da lógica são exatamente aqueles com quem acontecem coisas que são abismos de sentimento e vida; e então eles não perdem para os sentimentos alheios. (Nem sempre, nem sempre...)

*

Uma conclusão sobre o cristianismo: ...

Mas que adianta uma conclusão? Para que serve? Que é ela? Que papel pode ter diante do que acontece conosco? Chega-se a uma conclusão e pronto! *À quoi bon?*[1]

Não importa que tudo que eu escreva seja também conclusões. Não mudo de "conclusão" por causa disso, tento sempre partir o ciclo dos ciclos, espero que uma graça divina me ajude a isso.

*

Os profetas e os santos do Senhor deveriam enlouquecer de responsabilidade e santidade diante de uma alma sinceramente rebelada, porque embriagados já pela palavra de Deus, e tendo percebido uma visão de criação, haveriam de perceber também que a revolta era verdadeira e humanamente santa.

*

Deus que me perdoe por eu deixar de fugir ao que entretanto estou querendo fugir. Deus que me perdoe as minhas ideias, os meus "ciclos", a minha idolatria, a minha burrice, a minha falta de sentimento, a minha falta de revolta mesmo.

Em relação a tudo isso, certos homens são quase dignos de receber o mesmo pedido de perdão.

*

Ficar falando da chateação do mundo é sem dúvida perder tempo, lutar inutilmente.

*

Felizmente há poucos filósofos no mundo e pouca gente que se preocupa com os Kants, os Humes ou os Heideggers.

*

Se os "filósofos" e intelectuais não se remexerem muito na vida, não farão mais que peidar julgando que estão dando à luz.

Que podem representar, para o mundo e para os milhões e milhões de homens que são um desafio à própria religião, as angústias sistematizadas do sr. Heideger, por exemplo? Que pode representar toda essa merda diante da vida?

[1] Em francês: Qual o ponto.

*

O maior dos cretinos pode a qualquer momento se transformar e crescer além; pode apaixonar ou horrorizar. Não há cerca inviolável ao redor da vida de homem algum.

*

As vidas totalmente vagabundas e bagunçadas têm às vezes um grande atrativo, não porque se aproximem mais da Salvação, mas porque há nelas uma certa ausência de crenças pesadas em burrices e em ídolos, ou então apenas uma crença tão fraca, tão inútil e tão tolinha que não tem força para atrapalhar "os fenômenos mais vivos".

*

As crenças e os ídolos existem para encher vazios nas vidas das criaturas; mas o que conseguem é esvaziar as vidas ainda mais.

*

Creio em anjos mas não creio em ideias.

*

Discussão entre um bom burguês e um boêmio ou louco. Dá-se a coisa assim: de um lado vê-se algo, do outro lado vê-se outro algo; há o encontro; os dois algos entrelaçam os braços, fazem força, dão algumas voltas sobre si mesmos.
Já não acredito em Dom Quixote.[2]

*

Os acontecimentos podem dispensar as autoexcitações.
As autoexcitações podem dar algum resultado, mas terminam em esterilidade.
A cabeça não substitui o corpo todo. O pensamento não substitui a vida.
A fantasia não é vida; de repente ela se estraga; não adianta teimar, fica sendo menos que o acontecimento, menos que o funcionar do corpo.

*

Como todas as segregações intelectuais são estúpidas diante de um sentimento de adolescência!
Pernas coladas em desejo!...

*

2. Personagem de *Dom Quixote de La Mancha* (1605), de Miguel de Cervantes (1547-1616).

Mas se é nojento querer forçar em pensamento, é mais nojento ainda querer forçar em corpo.

*

Não adianta dizer que o pensamento louco substitui a vida. Não adianta. Não é verdade. Pode haver sensação, pode haver excitação, mas pequenas e ridículas diante de outras coisas que podem acontecer.

Dom Quixote é uma burrice, uma ilusão idiota, uma perda de tempo, uma inutilidade. Qualquer sessão de cinema de um garoto ou de uma garota tem mais vida que toda a sua longa e estúpida existência.

Não há que se opor Dom Quixote aos burgueses bem-comportados. Sem dúvida ele ganharia de longe, com todas as vantagens; mas ele perde tanto diante de outras vidas!

*

Paixão tremenda e única ou desejo renovado que nasce em cada nova visão, em cada recordação — desejo variado e múltiplo, com certas teimosias, sempre aqui e ali, escandaloso ou dissimulado.

*

Nem mesmo o sentimento pode ser uma prova final de sinceridade, principalmente para certas criaturas mais complicadas. Para essas a prova não pode ser a devoção a algo imediato. A grandeza exige sacrifício.

*

Em certas questões críticas do cristianismo, os jesuítas tornaram-se pedra de toque. Tal como são Pedro, transformaram-se mesmo de homens em pedra. Houve necessidade disso e eles a aceitaram, renunciando aos devaneios. A estranha alquimia não foi feita com uma complicada manipulação de três pensamentos, meia dúzia de sentimentos e outras tantas desilusões. Histórias comoventes não existiram como preâmbulos. A aceitação foi fria, o único móvel a fé.

*

A genialidade, por maior que seja, pode não ser...

Há muita ilusão e às vezes quase mentira. Não basta a missão "educativa" do gênio, isto é: não basta que o gênio dê o exemplo, mostre aos outros o que é a grandeza.

Os jesuítas deixam a Deus o julgamento da rudeza e da pequenez de cada um. Conformam-se com elas como dados iniciais e atiram-se diretamente ao trabalho.

O aproveitamento de cada pedacinho de cada um e o quase estacionamento nesse pedacinho são as supostas antipatia e hipocrisia jesuíticas, o suposto oportunismo. Há ocasiões em que a parada no "pedacinho" pode parecer horrível; mas talvez ela represente o desconto que se faz em cada homem da educação e da fisiologia individuais, a atenção mais íntima à criatura.

*

Os intelectuais são tão inocentes quanto quaisquer outros homens. Estão no embrulho do mundo da mesma maneira que os outros. Divertem-se bastante com tricôs espirituais, ficam muito "atarefados"...

*

É preciso percorrer de uma vez toda a história da vida, não pensar mais nela, ficar com quem já viveu e procurou. Pois há uma única maneira de se provar a sinceridade diante da Criação acreditada e incompreendida. O amor há de ter uma aparência bem árida.

*

Negar-se a si mesmo — caminho da santidade.

A grande tentativa de fuga — algo que existe também —, só o sr. Jean Arthur[3] a realizou.

*

Mesmo de um ponto de vista demasiadamente humano — e cartesiano até —, existem muitas bobagens e erros grosseiros nos pontos capitais de várias obras de gênio. Existe uma ignorância quase total do simulacro de evolução do mundo, existe muita inocência, muita crença em soluções que não valem coisa alguma, idolatriazinha particular, explicação em demasia, gordura, ventre abarrotado.

*

Os intelectuais e os gênios creem arrogantemente que sofrem mais que os outros, mas isso não é de maneira alguma verdade. Eles podem padecer muito, não há dúvida, mas existem muitas criaturas a quatro patas sobre a inteligência que podem sofrer bem mais ainda.

*

Nossa cabeça, que cremos tão sutil e volátil, está apertada de banhas.

Ah! meus irmãos intelectuais!...

---

3. Jean-Nicolas Arthur Rimbaud, o poeta.

*

A falta de amor que existe em nós não é compensada por nenhuma das tolices que elaboramos e cultivamos.

*

Qualquer estilo de paixão é vida.

*

O que mais se deseja algumas vezes é uma espécie de fixação ou integração da coisa que se ama, seja ela uma paisagem, um corpo humano, uma face. Tem-se vontade de olhar e olhar mais forte, de guardar aquilo que se vê, para se ter aquilo, para que aquilo não escape e desapareça, ou se transforme só em "pálida memória", para que possamos sentir outra vez da mesma maneira, à hora que quisermos.

O amor pode começar num detalhe, num pedaço de corpo, num pedaço de roupa, num pouco de corpo visto através da roupa entreaberta e assim progressivamente em mais corpo vivo, ou não. Quer-se amizade, contato, mistura de enredos, abraço. A criatura vista torna-se grande demais. Que importa então toda a burrice que possa existir?

Tudo isso é vida. Tudo isso é carne e alma. É bom. Tremendamente sentido. As criaturas ficam belas demais e há beleza que se ama. Todas elas estão no enredo, em idas e vindas, em cenas diversas. É bom.

*

A luta dos "marcados" contra os inocentes é insuportável.

*

Poucos gênios se salvam da vaidade tola e gorda, das crenças falsas, do espiritualismo de castração.

*

O homem — o macho — é muito mais capaz de genialidade que a mulher; é mais orgulhoso, mais centro da Criação, mais enredo de destino — uma interrogação viva e apaixonantemente escandalosa.

Mas os homens — os machos — quando são gênios e crescem muito no sofrimento, não deviam reivindicar para si, tal como tantas vezes o fazem, o máximo do sofrer. O sofrimento talvez seja a grandeza peculiar da mulher e, por muito sofredora que seja a raça dos gênios machos, esta nunca atinge o padecimento humilde e apagado da mulher, o sofrimento que não pode se sentir reconfortado por uma certa grandeza individual interior e autônoma, o sofrimento fadado a passar sem deixar glória. Deve ser a devoção da maternidade, a renúncia a um destino próprio, o que dá à mulher essa grandeza diferente.

*

Podem dar-se acontecimentos conosco, podemos nos enredar e ficar vivendo com tudo isso; mas também podemos nos preocupar demais com os enredos que acontecem diante de nossos olhos — o que será uma espécie de aberração, uma estranha fatalidade, um caminho talvez para uma enorme chateação.

Leni, personagem de Kafka, se apaixonava por todos os processados.

*

Nada deve ser tão grande para a glória de Deus como o fato de as criaturas estarem vivas com corpo, alma, desejo e enredo.

*

Julgar a grandeza das criaturas deveria ser mesmo ótimo, porque ficaríamos fazendo redução de tudo que não é vivo e gostoso e estaríamos, então, sempre em face de algo que sobraria.

Mas somos incapazes disso. As pretensões dos mais inteligentes sobre os menos inteligentes quase sempre pecam por falta de inteligência...

*

Existem ocupações bem mais interessantes que o julgamento da burrice alheia.

*

Quão pouco pode a inteligência fazer de alguém uma criatura para ser amada! Um aldeão português é muitas vezes mais interessante que Descartes.[4] (É verdade que Rimbaud, o maior de todos, era inteligente; mas...)

O gozo é estar acontecendo a cada instante e, para isso, a inteligência pode até atrapalhar. Falo com sinceridade, sem fazer fita, sem desejo de construir uma história comovente e, sobretudo, sem burrice...

Se se ama realmente a vida, a estimativa só pode ser feita pelas vidas vividas, pelos acontecimentos e sentimentos.

*

De nada vale um silogismo perto de um enredo. Na melhor das hipóteses ele poderá se integrar no enredo e, como a maioria das criaturas não sabe manejá-lo bem, ele provavelmente será ainda um silogismo errado...

*

Gostamos demais da vida. A inteligência não pode ser ponto de referência.

---

4. René Descartes (1596-1650), filósofo, físico e matemático francês.

*

Um instante de comunhão dos santos, de santidade, deveria valer mais que qualquer torre de Babel do "espírito". Desacreditaremos disso porque não vemos os resultados da comunhão dos santos que já deve existir? Ou será que não vemos resultados porque a comunhão dos santos consegue apenas contrabalançar a nossa falta, o não darmos aquilo que de nós se pede?

*

Nossa natureza é tal que só podemos ser provados e ditos realmente grandes na medida em que suportamos ou tendemos a suportar o sacrifício.

Mas o espetáculo da Cruz é forte demais para nós; não conseguimos encará-lo. Nosso sacrifício não costuma ir além do heroísmo.

*

Eu e outros saímos fora do enredo e não nos resta inocência para reclamarmos contra a presença do mal no mundo. Ficamos assim um tanto canastrões, sem termos enredo e sem sermos santos ou inocentes.

*

Amor de uma visão, de um sentimento, de um corpo, de um pedaço ou de um aspecto de um corpo, de uma história, de um enredo.

Vida é o que acontece com as criaturas e o que elas sentem.

*

Há muita e muita burrice nos USA [Estados Unidos], mas a grande maioria de seus adversários são intelectuais e estetas hemorroidicos, incapazes de se safar do emaranhado de regrinhas e chateações que deixaram crescer em torno de si. Porque, afinal de contas, a vida americana deve ser gostosa demais. Já bastaria, para isso, ela ser tão mais "material" que a vida na Europa.

Nem mesmo de um ponto de vista religioso vejo vantagens, hoje em dia, para a Europa em relação aos USA. O nervosismo europeu não há de valer mais que o diversionismo americano. As "crises de consciência" dos americanos, quando surgirem, hão de apresentar um novo "estilo" que poderá ser bem interessante.

Além do mais, se o comunismo vier a dominar a Europa, os USA irão representar mesmo o último reduto do prazer, o "Oásis de liberdade"...

*

O mundo comunista pode ser bem divertido também, com paradas espetaculares e fogos de artifício para as massas, mas nunca tão diferente quanto a

América. Qualquer superorganização está fadada a se transformar em coisa chata.

Mas pergunte-me se mesmo nos USA será possível, no futuro, a vida vagabunda, livre e largada, a vida de um poeta como François Villon,[5] ou mesmo uma "Associação dos Amigos de Benjamin Fondane"... A socialização, ainda que em formas mais brandas, pode se estender ao mundo todo, mesmo à América. Até o Brasil pode perder a sua anarquia.

Não haverá mais "lírios do campo"...

*

De qualquer jeito, USA e Rússia são novidades interessantes diante do intelectualismo e do perfeccionismo europeus. A mania de perfeição e de inteligência na Europa cheira a decomposição.

Uma aventura de vida que começa é mais forte e mais atraente que uma aventura de intelecto que termina.

*

Nos processos de coletividades nunca se espera o milagre ou algo "novo", num sentido mais real. Mas o que se aproveitar neles para o sentimento da vida, para o prazer, para a gostosura, já serve.

*

Na Europa coube um mundo, coube a grandeza do homem. A experiência do "espírito europeu" caminhou e se expandiu até atingir aquela dimensão e intensidade. Mas o processo já deve ter ido tão longe quanto possível e, por isso, está como que incapaz de prosseguir, de apresentar novidades. Assim, como dizer algo de novo além de Nietzsche, além de Rimbaud e mesmo além de Chestov?

Depois de Kant[6] ainda se podia avançar, mas, depois de Nietzsche, como? O estilo e o processo têm de ser radicalmente outros se não forem simples repetição ou retrocesso. Nietzsche foi o único e provavelmente o último homem que conseguiu ser logicamente lógico, materialista e ateu. Chestov consegue algo como dar um pulo fora da História, fora da sociedade e da civilização, e manipular todos os seus produtos para rejeitá-los da maneira mais terrível, como impróprios à

---

5. François Villon (1431-1463), um dos maiores poetas franceses da Idade Média; ladrão, boêmio e ébrio, considerado precursor dos poetas malditos do romantismo.

6. Immanuel Kant (1724-1804), filósofo alemão, um dos mais influentes na história da filosofia ocidental.

vida realmente viva, ao milagre, como ídolos de morte. (Desse sr. Chestov só nos livramos um pouco mais porque ele nos parece tão infiel às suas próprias "revelações", contentando-se tanto com a exploração repetida e intelectualista de suas descobertas.) Rimbaud é então o ponto-final de um caminho, de uma ânsia; sua aventura individual, mais humana que tudo e, portanto, mais independente de épocas e civilizações, é ao mesmo tempo a conclusão de uma história começada há séculos, o símbolo vivo da última etapa em um processo de civilização. Se não surgir e "prosperar" uma novidade, tudo que for realizado, ainda que por grandes gênios, não será mais que variações sobre temas já experimentados, repetição ou exegese de processos já vividos.

Ora, a grandeza do homem não há de estancar assim, pois ela está nele próprio, antes que em suas aventuras. A própria atitude de Rimbaud, ao deixar a Europa, já parece um símbolo, como também o parece a obra do maior "modernista" da literatura, Kafka, transferindo-se em imaginação para a "América", onde funciona então a esperança do homem, o Grande Teatro Integral de Oklahoma.

O resto do panorama intelectual pode ser genial, mas é sem novidade e sem força, é dissolvido ou limitado demais a *trouvailles*[7] estéticas.

*

Existem no "mundo do espírito" milhares de construções e explicações. Cada um pega uma porção de coisas e arma sua geringonça, edifica seu castelinho, seu ídolo, seu brinquedo espiritual.

Tudo isso é ingênuo e faz parte do mundo. Cada explicação é uma coisa do mundo que a explicação pretende explicar. Podemos então calmamente passar a ver todas as interpretações sem julgá-las de acordo com suas pretensas pretensões, pois as pretensões também se integram no rol geral. Podemos calmamente ainda compreender o próprio "materialismo", apenas percebendo que ele é um "materialismo de asinhas", um materialismo espiritual...

*

O que é insuportável é que se queira impingir "explicações" a uma criatura em grande processo de interrogação.

*

Quem me lê deve ter uma sensação de ida e volta, de confusão, de barafunda.

---

7. Em francês: obras.

Não tenho estética em clareza cartesiana, nem mesmo clareza pascaliana. Gosto porém de não possuir um estilo "mais bem-acabado".

*

Um ocidental, um europeu muito inteligente e culto, poderia, depois de um grande processo analítico, ir viver na Groenlândia e transformar-se num bom esquimó. Poderia ficar horas seguidas participando de uma dança, pulando sobre os dois pés num ritmo lento e monótono. Esse homem continuaria sua vida comendo, dormindo e trepando normalmente; apenas comeria só peixe ou quase só peixe, tomaria porrezinhos de algum álcool das tundras e treparia de maneira um pouco diferente, dando uns esbarros laterais na mulher, como que para prosseguir na dança monótona. Tal como qualquer outro homem continuaria se alegrando com a dança, a bebida ou a trepada; tal como qualquer outro homem se entristeceria se a mulher ou um dos filhos morresse etc. — e tal como qualquer outro homem ainda pensaria de vez em quando no mistério da criação…

*

O sofrimento dos homens não culpados deve ser a crucificação de Deus.

*

O único critério de julgamento há de ser o critério de Deus, para o qual somos impotentes. Todos os outros critérios são apenas partes dos enredos ou simples brinquedos espirituais; a única aproximação real que conseguimos em parte realizar é a da redução mais geral de tudo que não é vivo mesmo, e da descoberta do amor.

Tudo que não for amor pode ser analisado e reduzido a nada, porque é ídolo, construção morta.

O mais alto que o homem pode pensar é ir confundindo o pensamento com o amor e tentando figurar-se o julgamento de Deus, isto é, a visão do homem vivo.

*

Tudo deve ser melhor ainda do que se aspira; e como deve ser diferente da luta só humana!

*

O corpo humano quer ser já o testamento da grandeza, da delícia, do gozo, do amor. E existe mesmo a marca do amor no corpo humano. Basta olhar para se ver.

Nossa teimosia prova nossa liberdade, nossa vida.

*

As "conclusões" são sempre a parte menos interessante.

Se se chegar a uma conclusão a respeito de Deus e do problema do mal e da liberdade do homem, por exemplo, essa "conclusão" não servirá, não há de ser uma coisa viva. A "verdade que liberta" não habita esses domínios.

*

O mundo parece belo, gostoso e amado quando, em meio das coisas do mundo, em meio de paisagens e de casas, em cantos, em lugares com pouca luz ou com muita luz, existem criaturas sozinhas ou em grupos, criaturas que devem estar com a carne amarrada a um enredo e uma alma. Visão.

*

Se alguém se desse ao capricho de analisar e compreender todos os atos mais ou menos comuns na vida das criaturas que o cercam, as causas das atitudes de cada um diante de cada caso novo, a razão das opiniões, das teimosias, das lutas, dos maus humores, dos "erros", das falhas menores, das ambições, das manobras políticas, dos fingimentos e representações etc. etc. —, como ficaria esse alguém? Que faria ele da sua vida? Que atitude tomaria nos casos que o envolvessem mais de perto? Como se moveria dentro de cada questão particular? Como se defenderia?

*

O que apenas parece certo é que a "compreensão" dos enredos alheios, com as respectivas reduções às causas comumente ocultas, não destruiria ainda o encanto desses enredos.

*

Meninos e meninas de colégios são hoje milhões pelo mundo afora; essa gente se olha, se agarra, se apalpa, se diz coisas; essa gente muitas vezes usa menos roupa, começa tudo bem cedo ainda.

Franqueza e contato são bons. Ar de campos abertos para esportes, de praias, ar fechado de cinemas, de recantos escondidos. Gente moça comprometida, em todos esses ares. Gente moça mais direta e sem cerimônia, livre de rococoísmos, de regrinhas, de roupa em demasia. A intimidade entre gentes é boa. Corpos se movendo e se tocando sem estar amarrados a atrapalhações.

Abaixo a prisão, a ingenuidade estúpida, a virtude de renda e pó de arroz! Muito melhor é o tempo nosso que o tempo que passou.

*

"Nada traz tanta religiosidade como olhar muito para gentes." Fernando Pessoa.[8]

*

Se se ama demais o enredo, quer-se às vezes ficar de fora para apreciá-lo melhor, tomá-lo nos braços como se toma um corpo. Esquece-se que se pode perder assim o enredo próprio e acabar em idolatria.

*

Desejo de transformar as peças do enredo, as peças da vida, em peças da Glória.

*

Certo desespero na vida é inexplicável, até mesmo quando se tenta explicar a vida, com seu desespero, pela inexplicabilidade.

*

É preciso que o homem queira a vida do céu, a salvação, apesar de tudo; é preciso que o homem deseje a grandeza sem fim.

*

Na guerra, o soldado — despojado de tanta coisa despojável e mais nu — não aguenta às vezes tanto acontecimento e cai em "neurose". O barulho, apenas o barulho, maior aqui, maior então lá, arrebentando em toda a volta, crescendo ainda — o barulho, só o barulho — já pode ser acontecimento demais, já pode marcar uma vida, deixá-la sempre atônita, sempre cismando abismalmente na possibilidade de repetições indesejáveis. E o soldado, voltando da guerra, não volta exatamente ao "lugar" de onde tinha partido. A "grandeza abscôndita" que existe sempre em cada um estourou doida nesse um que já não pode se livrar inteiramente da marca de acontecimentos.

*

Era uma vida mais ou menos igual às outras; de repente arrebentou, inutilizando-se quase para o mundo por causa de um acontecimento.
Isso se dá.

---

8. Fernando Pessoa (1888-1935), escritor português. Lúcio tinha grande fascínio pelo autor, tanto que escreveu um ensaio sobre ele: "A voz de um profeta", a terceira exegese sobre o poeta no Brasil, publicada em *Três poetas brasileiros apaixonados por Fernando Pessoa: Cecília Meireles, Murilo Mendes e Lúcio Cardoso* (1985, pp. 31-44). Lúcio sofreu, em sua poesia, grande influência do bardo português, principalmente das odes do heterônimo Álvaro de Campos.

*

Na guerra os homens estão mais nus de coisas disponíveis, estão mais solitários, embora mais envolvidos na camaradagem. Parece incrível como os homens — milhares ou milhões de homens — possam viver assim tão esquisitamente.

É grande viver-se sem certos acessórios julgados comumente indispensáveis. É grande variar-se de condição.

É também grande ver como uma criatura pode tornar-se grande apesar de suas "deficiências intelectuais". Resta só o "homem vivo", grande de qualquer maneira.

*

Quando vemos certas verdades que nos atraem, somos tentados a ficar de fora, gostando das verdades, contemplando as verdades ao invés de vivermos verdades também. As visões iniciais podem apaixonar tanto e de tal maneira excitar nosso intelecto [...] que tendemos a generalizar, a espiar só, a cair assim em idolatria.

*

Só vale a pena perder enredo para se ganhar santidade. Perder enredo por causa de uma "inteligência superior" pode acabar exatamente em burrice, em castração.

O intelectual se diferencia do boçal apenas pela "educação". O processo educativo pode começar no ventre materno. Educação não difere muito de "evolução"; e que valor pode ter a evolução?

*

O mundo é tão engraçado, tão solto! As coisas que se pegam caem inesperadamente de nossas mãos. Uma bala de revólver desvia-se e vai matar uma pobre velha que não estava metida no enredo.

*

É difícil ao homem ter-se dentro do mundo. O homem perde-se, confunde-se.

*

Qualquer idolatria é uma conformação e, quanto mais intelectual for essa conformação, menos vida ela pode manter.

Muitas ideias e opiniões valem só porque são peças para a formação de enredos, armadilhas do processo, e não porque sejam "verdades objetivas".

Um intelectual esperto não pode então idolatrar ideias, uma vez que para ele as ideias já não podem fabricar enredo.

O que há de grande nas ideias e opiniões é apenas o que elas provocam de vida, porque as ideias em si são totalmente destituídas de "verdade objetiva".

O desprezo dos gênios pelos não gênios é coisa muito difícil e traiçoeira.

*

Para os gênios há também comumente uma armadilha; muitos deles acabam por praticar uma espécie de idolatria invertida. Ganham um pouco de enredo, muitas vezes, com a inocência que ainda conservam, mas esse enredo pode ser tão desinteressante!

*

Uma religião verdadeira não pode recuar diante da situação humana "de fato"; deve ir a todas as bandas, a todos os homens, não pode ser pudica ou medrosa, não pode ser de elite, não pode exigir educação prévia.

*

A elite organizada, a elite como crença, a elite "interpretativa" que condena a grosseria do povo é felizmente hoje em dia uma coisa impotente e acabada; ainda quando bem-intencionada, está muito longe do poder.

Se a ralé humana disparar a gritar e se revoltar agora, usando a burrice e a estupidez como armas, será impossível lutar-se contra ela porque ela é assim e assada. Essa ralé foi mais maltratada pelo mundo e provou mais eficazmente que o homem continua sendo em qualquer condição, sem educação, sem "finesse", sem nobreza e até mesmo com ressentimento. Nada disso nega o homem no homem.

No dia da ressurreição, os milhões de esquecidos, de desprezados e humilhados hão de nos oferecer um espetáculo de glória.

*

Os humilhados serão exaltados; isto é, também aqueles que passaram pelo pior, pelo mais horrível e continuaram vivendo (ou sucumbiram...), aqueles mais sem dinheiro e sem conforto, os de pior educação, os que nos dão sustos quando vistos, os que escandalizam todas as estéticas, todo o bom comportamento, os ressentidos, os invejosos, os que pensam em malícia e não são inteligentes.

A justiça de Deus há de ir até o menor detalhe, há de fazer um levantamento total de todas as causas, todos os casos e todos os acasos, há de invadir complexos, neuroses, hereditariedades e mimetismos, doenças e impotências, costumes e tradições, modas, famílias, gerações, épocas históricas, bairros, cidades e países, possibilidades e dificuldades.

*

Cada sessão de cinema que se perdeu; cada festa onde não se foi por causa de uma simples chuva; cada doce apetitoso que não se comeu; cada fogo de artifício que não se soltou; cada namoro que se deixou de ter; cada visão desejada que não foi vista; cada beijo não trocado; cada coisa renunciada; cada caminho não feito ou não recebido; cada simpatia não realizada —, tudo há de ressuscitar para nós.

*

A sombra de amor que existe hoje tomará corpo. Tudo que foi criado no homem será pleno de realização — sem medos, sem confusões, erros, idolatria, morte ou indiferença. A ânsia dos aparelhos do amor terá uma resposta.

Posséder la verité dans une âme et un corps.[9]

*

A cada hora nós erramos. Erramos porque somos ineptos e idólatras. A cada hora concebemos uma "solução". Tendemos a nos agarrar a verdades que não libertam.

*

A "finesse" intelectual atrapalha ainda mais que a crença bronca; porque rouba vida demais.

*

Se se é moço e se joga a vida numa novidade, numa aventura social que proporciona coisas gostosas antes proibidas ou impossíveis; se se pode então cagar solenemente para preconceitos antigos e dar bananas ao que nos escraviza antes — como renunciar a tudo isso em nome de uma ideia, de uma sutileza intelectual, de uma probidade de espírito? Não se pode exigir tal coisa do povo.

*

É bem triste que, diante do grande desafio do mundo, o homem possa não saber como se ter, possa fazer burrices, possa desesperar, possa idolatrar.

*

Os estetas contra as massas são os mais altos exemplares da decadência, do desmoronamento de uma época.

O intelectualismo atrapalha demais, repito; capa.

---

9. Em francês: "Possuir a verdade numa alma e num corpo". Frase da parte final — "Adieu" — do livro *Une Saison en enfer*, de Arthur Rimbaud.

Mas o engraçado é que se acaba por não se querer mais modificar o mundo. Primeiro aceitam-se as massas tal como elas são, depois as próprias elites. Deixa-se que os intelectuais continuem elaborando suas "explicações", suas teorias, suas estéticas etc. Apenas sacode-se fora a chateação que tentar nos agarrar.

*

Homens simples e quase despidos, postos no mundo como que à espera de uma verdade que possa se desenvolver agora. Homens mais sadios, homens já batizados em acontecimentos fortes e aventuras.

*

Uma visão boa é uma espécie de estreia para se repetir eternamente, um espetáculo como de palco ou de circo imenso mesmo, aonde a criatura humana chega tal como é, em corpo e alma. Diante dessa visão, não se distingue aquilo que é de nossa alma daquilo que nosso corpo sente. O sentimento é uma esperança boa demais, algo íntegro, começado nas mãos, propagando-se pelos antebraços etc.

*

Tentativa de uma visão divina do mundo, com o desconto de toda a influência do meio. Impossibilidade de nosso intelecto para isso, entretanto; porque não saberíamos direito como fazer e também porque, se soubéssemos, a tarefa seria grande demais.

La vision de la justice est le plaisir de Dieu seul.[10]

*

Um caminho particular de análise, um certo modo de se fazer os descontos, leva ao "populismo", ao amor pelo povo, pelos enredos comuns etc., e ao desprezo pelos intelectuais.

*

A beleza corporal é ótima "qualidade de seleção". Os espiritualistas a injuriam demais. É certo que ela não é tudo — mas que apelo colossal, que teimosia, que impossibilidade de renúncia ela coloca diante de nós!

*

Às vezes os acontecimentos vêm completamente "de fora". Mas a grandeza surge na vida onde eles se dão.

*

---

10. Em francês: "A visão da justiça e do prazer de Deus apenas". Outra frase da parte final de *Une Saison en enfer.*

Há gente que suporta privações horríveis demais, gente que tem a existência roubada, gente cuja existência é um esbanjamento inútil que não chega mesmo a ser espetáculo de destruição, gente humilde, feia, maltratada e ressentida, gente que não pode se conformar com o conforto alheio, com a legalidade oprimente.

É impossível o protesto e a reação contra uma atitude de desespero dessa gente.

*

Às vezes ficamos comodamente sentados. Existem poltronas. Aceitamos a inércia, o atraso.

*

Ah! se os americanos fossem mais loucos e obstinados em seus arranha-céus, seus parques de diversões, seus automóveis, seus estádios, suas praias superlotadas, se se revolvessem e se refocilassem quase nus nas areias das praias, ansiando por algo mais!…

*

Vocação do Brasil para destruir as legalidades, para zombar das crenças que não valem a pena, ou para acreditar apenas dentro da anarquia, como se não acreditasse — vocação para caçoar dos ídolos, safadeza bastante atraente.

*

Em cada novo estilo que a História apresenta há sempre algo que se ama, que se deseja incorporar ou ver transfigurado. Apenas os processos históricos de formação de estilo são ridiculamente lentos e limitados quando comparados ao desejo de vida ou de milagre que se tem.

Triste condição esta que nos obriga a esperar tanto para ver realizada uma coisa que se deseja — isto quando acontece que chega a realizar-se — e ainda percebê-la tão diferente do que se a desejou, quase sempre tão menos do que se a quis, quase sempre à custa da exclusão de outras coisas também desejadas, um pedaço apenas!

O prazer imediato pode então ser mais vivo. É pois ótimo descobrir-se o que há de grande no que já existe e se espalha diante de nossos olhos, na "cantiga da rua".

*

Os americanos: coisa gostosa é a agilidade e a naturalidade dentro daquilo que outros complicaram, um não se importar com mesquinharias, uma desenvoltura, um mascar de chicletes.

Mas essa naturalidade moça tem também os seus fedores, os seus ranços, a sua burrice, o seu capadismo, a sua herança vitoriana e puritana, o seu protestantismo mesquinho e falso — limitações demais.

*

Tudo pode se corromper por excesso de compreensão e por inanição.
É preciso sempre a mola propulsora de enredos.

*

A visão da vida pode atingir tal intensidade que passamos a nos subtrair do enredo para poder "explicar" tudo, continuando ainda maravilhados com o que percebemos.

Todas as outras atividades intelectuais, toda a filosofia e toda a ciência, são então apenas "partes" da visão que se tem e se quer explicar, coisas tremendamente ingênuas, com pretensões apenas inocentes, brinquedos.

Mas se saímos mesmo do enredo para "ver" e "explicar" melhor "de fora", podemos perder o que seria mais precioso para nós, podemos nos tornar flácidos e sem sal. Também é possível que, embora involuntária e inconscientemente, sejamos apanhados pela engrenagem outra vez, tocados para adiante, perdendo assim aquela imensa "visão objetiva".

Nunca conseguimos o que desejávamos. Nossa teimosia é vã. Ou nos enganamos num caminho particular, num enredo limitado, deixando de "ver" e sentir em nós mesmos tudo e todos, ou acabamos por nos perder.

*

Ficar apenas descrevendo as coisas boas, o latejar da vida, os casos que a cada um se oferecem, um a um, as paixões, os sentimentos, as descobertas novas das coisas que se desejam para a eternidade.

Deixar gravado o testemunho do que se ama e se quer, do que se aspira a salvar e reter quando o oceano de rejeições inundar a terra.

Até as revistas e os jornais são fonte de figuras e histórias para se guardar...

*

Vontade de fazer uma grande coleção, para que tudo seja nosso, em bloco, e disponível a qualquer instante.

*

É na infância que o pensamento é vida.

*

As cenas imaginadas, as visões e os acontecimentos desejados não se realizam ou não vão longe em intensidade. Conformamo-nos, deixamos tudo passar e até mesmo nos esquecemos do que cobiçamos, ou apenas vislumbramos o que se cobiça sem possuí-lo; abrimos mão do que seria grandeza em nossa vida, ou simplesmente perdemos; ou ainda: a posse não se realiza em grandeza.

Não deveria haver perda ou conformação na vida; se elas existem e a vida ainda continua mais ou menos viva é porque a fé e a esperança a sustentam.

Há também um cansaço ativo, um desejo de paz que parece renúncia a tudo que despertou outro desejo ou sentimento em nós. *Dona nobis pacem*[11] é uma prece que também se faz. Mas se pensamos em paraíso, em eternidade, qualquer renúncia é impossível. A pá de cal sobre o corpo ou sobre o desejo só pode ser um episódio passageiro.

*

Haveríamos, porém, de nos diluir no primeiro sentimento intenso, de nos desmanchar na compreensão?

*

A dor subsiste com a fé e a esperança, e nós somos conservados vivos.

O *charitas*[12] está em nossa vida também; há o que é mantido e que amamos mais que tudo.

*

Tudo que se puder desejar, criar, imaginar é o reino de Deus.

*

Cada corrente filosófica é uma espécie de mania particular. Nossa vida intelectual se faz à custa de limitações, de construções especiais, de preconceitos. Nunca há a imparcialidade ou a lógica que comumente as escolas filosóficas pretendem ter. A filosofia não desnuda o homem para mostrá-lo tal como ele é.

*

Os "grandes pensamentos" frequentemente são produzidos assim: a gente senta, põe a mão na testa, faz como que um esforço, um espremer, e aparece com certa nitidez o tal "grande pensamento". Isso é um "processo".

*

Certas criaturas são mais inteligentes e podem nos esclarecer muito, nos dar ótimos empurrões espirituais. Mas não fazem sacrifícios para isso; não são

---

11. Em latim: Conceda-nos a paz.
12. Em latim: caridade.

evangelistas e podem se tornar mesmo bastante antipáticas; são extremamente egoístas e nelas a grandeza é talvez mais um acontecimento que vem de fora que um esforço consciente.

Outras pessoas mais mesquinhas e irritadiças agem às vezes de maneira um tanto diferente.

*

Existe sempre mudança de estilo numa descrição do mundo; ela nunca pode acabar no mesmo estilo em que começou. Nossa própria história interfere; lembramo-nos de que nossa descrição e nossa história também fazem parte do mundo.

A visão do mundo e das histórias humanas — tal como a da justiça — deve também ser um prazer de Deus apenas.

*

Certos acontecimentos são tão fortes que podem pôr qualquer um a refletir exclusivamente sobre eles; esgotam a capacidade de vida e de pensamento mais livre em um indivíduo.

*

Se uma aproximação especialmente desejada não se realizou, se uma camaradagem sonhada não vingou, a vida fica parecendo impossível e insuportável e os outros na rua tornam-se a massa onde algo desejado está perdido ou desaparecido. Cessa o nosso sentimento de comunhão com aqueles que encontramos, com aqueles com quem temos contato pelos ombros e pelos olhos enquanto vamos na multidão.

*

É bobagem querer explicar uma "etapa anterior" do caminho. A única explicação é a continuação do caminho.

Apenas algumas "reflexões" particulares são possíveis.

*

O que interessa é o prazer eterno, a cessação da tragédia, da chateação, a transfiguração do que tiver sido grande e humano no sofrimento.

*

Na "etapa anterior": eu queria ficar sentado numa poltrona, com o conforto (?) infinito da liberdade assegurada…

*

A sinceridade de uma história, de um apelo mesmo, reclama humilhação, certa renúncia até.

*

A sinceridade não dura sempre. A reclamação e a revolta só são grandes até certo ponto, até certa época.

*

O mundo é assim: não se pode sentir pudor e ter chiliques diante da sua nudez tremenda. Com pudor não se consegue nada; nem com idolatria.

*

Eu cedia todo o terreno possível ao inimigo.

*

Um Deus companheiro nosso em nossa condição. Uma Igreja agarrada a nós, aceitando até a beatice das velhas e das mocinhas bobas, estando aí para quem quiser.

*

Se eu persistisse até o fim na minha reclamação, com sinceridade, grandeza, amor e sede de amor, então eu teria "a razão"…

*

Quem sentir as coisas que eu senti que as sinta, e que Deus o ajude, que tenha suas dores de barriga mais ou menos solitário, como eu as tive, ao invés de andar a exibi-las com muita estética a grupinhos de elite.

*

Merda aos que pensam que um ídolo centopeico é a própria imagem da liberdade, só porque é muito complicado! Merda aos que acham "espiritual" e bonito ficar mamando na negação e na Angústia!

*

"Tendo tal esperança usamos de muita ousadia no falar" (ii Cor. 3,12).

1946

O amor é sempre esperança, sempre desejo de alegria e felicidade.

*

Deve ser grande viver em meio de gente rebelde tentando sempre escapulir do bom comportamento, ainda quando tivermos de trabalhar essa gente encarnando a própria necessidade de lei e educação. Ali onde a condição humana está exagerada há sempre grandeza.

*

O *Livro de Oseias* é uma lamentação do Criador sobre o homem criado, assim como *O livro de Job*[1] é uma lamentação de criatura sobre o Criador; o que há nele é um pedido de amor teimoso e repetido, feito em todas as formas, como ensinamento, como tentativa de visão ou revelação, como insistência sobre a intimidade com Deus, o costume do amor vivo, da presença divina constante, de estar sempre com o coração para Deus, em qualquer caso, em qualquer situação, o costume do

---

1. Lúcio traduziu *O livro de Job* (Rio de Janeiro: José Olympio, 1943) de acordo com a versão francesa de Samuel Kahen, que, por sua vez, traduziu diretamente do hebraico. Na revisão foram usadas as traduções de Lemaistre de Sacy e Augustin Crampon, bem como de várias edições existentes em português. É considerada uma das melhores traduções de Lúcio.

arrependimento, da aceitação do perdão, da volta, um protesto contínuo contra a idolatria — que é quase como a "essência" do Antigo Testamento.

A idolatria é falta de amor e, quando o homem serve a um ídolo, a uma construção espiritual, não está vivendo nem amando, mas apenas procurando apoio e descanso, deixando a gordura comprimir-lhe o coração e a cabeça, castrando-se ainda. Deus faz-se lembrar então, interfere, faz surgir um sofrimento que é um desejo de vida, uma procura, lembra a seu povo a luta que consentiu ter com Jacob.

Israel, que tinha encontrado de frente, como uma graça, aquilo que deveria procurar gemendo, nega-se ao amor, troca o Deus que lhe apareceu diretamente pelos ídolos estrangeiros: ("o que te perde, ó Israel, é que tu estás contra mim, contra aquele que é teu socorro" — 13,9). Dentro dessa liberdade, Israel poderia ser abandonado até a perdição total, até o inferno, porque não quis o céu, não quis o seu Senhor. Mas quanto mais Israel se abisma na liberdade e na rejeição, mais se expande também o amor de Deus — porque o amor é mesmo maior que tudo. Deus afirma que pagará o resgate, destruirá a morte ("ó inferno, eu hei de ser a tua destruição" — 13,14), que sustentará o enredo, a vida, a Salvação.

*

Pelo intelecto apenas, não conseguimos acreditar na existência do enredo para Deus todo-poderoso e infinito, porque o enredo parece-nos sempre feito à custa de uma limitação, à custa de uma perda de outros enredos, outros pedaços, outras coisas que não estão acontecendo nesse enredo e que também são grandes, porque no enredo há sofrimento e acontecimento particular e novo.

*

Para nós, homens limitados, já nos custa muitíssimo perder certos enredos para poder viver outros. Daí uma tendência a "compreender" demais, a ter paixão demais por todos os enredos — o que é uma espécie de inversão, pois é perda de nossa própria vida por coisa que não pode ser nossa. São a curiosidade irrespondida, a ânsia, a pergunta que não cessa, o sofrimento e o desejo de amor que fazem certa engrenagem para nos jogar dentro do enredo outra vez.

PAQUETÁ E LUAR DE PAQUETÁ.[2]

---

2. Negrito de Lúcio Cardoso.

No domingo a barca vem bojuda de gente pela baía afora, para a ilha. A cidade vai ficando atrás com seu Corcovado e seu Cristo de braços abertos, seu Pão de Açúcar, seus outros morros, seus arranha-céus, suas favelas e seu porto. A barca vem apinhada com pessoas de todos os jeitos, famílias enormes, casais de namorados simplesmente românticos ou acentuadamente safados — românticos de qualquer maneira — e há sempre quem faça música, chorinho sem-vergonha ou samba. A ilha onde vão chegar é "céu profundo", lugar terra a terra, "pombal de amores", terreiro e praia, caramanchão, coqueiro e botequim; é todo o mundo com pouca roupa, é bicicleta, piquenique e cheiro de caju em aragem morna.

Há flamboyants em flor diante da estação das barcas e a qualquer hora em que se chegue, mesmo quando não é domingo; há gente de roupa espiando e esperando, gente que mora na ilha e gente de fora. Onde se desembarca é sempre bonito. As praias aparecem pequenas e curvas, com amendoeiras, coqueiros, e outras árvores grandes — barcos de pescadores debaixo das árvores. O sol é quente demais. Depois, à noite, o vento menos quente solta mais cheiro de caju, de goiaba e das jacas das jaqueiras imensas. O calor excita muito a carne e, de noite ainda, as praias escuras e silenciosas, só com o doce marulho, são um convite; há as árvores grandes à beira do mar e há o embaixo delas. Um pouco ao longe, às vezes, um botequim iluminado em amarelo antigo ou em azul fluorescente, com reflexos na água, ou âmbar de terreiro com alguma dança e gente em roupa de banho, ainda àquela hora. Recantos e mais recantos nessa ilha! Pedras pretas avançando para dentro da água. Pedras de romantismo e namoro. O céu estrelado por entre as folhas dos coqueiros e o Rio muito do longe, cintilando fraquinho. Uma vontade de tocar violão. Um violão tocado mesmo. Talvez um preto com sanfona ou uma vitrolinha portátil na praia, com gente em volta.

De dia há sempre gente mergulhada no mar, variando dos tornozelos ao pescoço, gente nadando além, sol escaldante, pequenos grupos à sombra das árvores ou um casal só em namoro a pouca roupa, num estar perto e bem mostrado numa porção de posições e atitudes e jeitos, num namoro com sol quente, com vento calmo, com a fumaça de um cigarro esvoaçando um pouco e logo depois outro cigarro. Há a cor azul-verde do mar tão vasta, a cor azul do céu mais vasta ainda, a cor verde dos coqueiros e das outras árvores, cor verde muito variada, a cor marrom das folhas das amendoeiras e dos troncos, a cor parda da areia grossa, cor da beira de praia que é terreiro, uma porção de cores nos barcos que estão na praia ou no mar, uma porção de cores na pouca roupa das gentes, tudo muito luminoso e quase ofuscante sob o sol e o calor, a cor mais linda que é a cor do corpo queimado de sol. Tudo se movimenta e acontece na nossa frente; e surge em nós a vontade de esquecimento do sofrer, simplesmente para que tudo seja para sempre assim como já está se vendo, para que essa visão fique garantida; e há a revolta contra sua suspensão, porque o para sempre deveria começar já.

Quando sai a lua, a barca que vem para a ilha deixa um rastro de espuma azulada e os reflexos sobre a água ainda escura vão se concentrando daqui e dali até a mancha central larga, prateada, toda faiscante. As pessoas mais românticas vão para a ponta descoberta da barca, expõem-se em cheio ao luar, conversam baixinho, cantarolam.

Nas praias da ilha há quem fique deitado com o corpo inteiro estirado na areia, recebendo mais de cheio ainda a lua, o vento e o barulho pouco das ondas pequenas que se quebram. As pedras de dentro da água parecem bastante recortadas e uma outra ilha toda deserta surge azulada e embebida.

Se se está sozinho, se se levanta de estar deitado com o corpo sobre a terra, se se espia em redor e o lugar onde se está é mais afastado, sem qualquer botequim aceso à vista, se tudo é mesmo só o luar sobre a paisagem, então se viaja para longe da ilha ou para muito mais que a ilha, mas com a ilha também nesse muito mais, e é como se a vastidão do mundo se abrisse de nós, revelando tudo que no mundo é vazio e deserto, revelando as imensidões enluaradas, as florestas e as campinas sob a lua, as vastidões que se oferecem em espetáculo a vistas que nunca chegam. Pairamos sobre deslumbramentos perdidos, sobre toda essa beleza onde o homem não se mistura, que não penetra, não espia e nem aproveita — mas beleza que sempre lança teu apelo intenso. São gradações de azul e de escuro no fogo das florestas, nas grandes montanhas de pedra, nas colinas de relva se ondulando com mais brilhos em suas rampas. Depois, as imensidões ficam menos desertas outra vez ou se contraem; há uma choupana aqui ou ali, há o luar sobre plantações ou no meio de pequenos jardins com recantos escondidos, cantinhos de beleza e poesia aonde se vai até o fim, tateando, para se chegar lá e se gozar (ah! meu mundo!...), luar sobre a terra clara dos caminhos e atalhos entre os matos, luar sobre velhas ladeiras com serenatas, sobre terreiros abertos com violões dedilhados, um caboclo de dentes brilhantes cantando, caboclinhas de seios apertados em volta.

Na ilha, bem em nossa frente, a paisagem de reflexos e a curva da praia com coqueiros. Espia-se cada coisa enluarada só ali então, e cada coisa segundo cada ângulo, através de cada outra coisa como moldura, o mar através dos coqueiros, quando se fica por detrás dos coqueiros ou um pouco por cima dos coqueiros baixos, numa pedra mais alta; uma estrela mergulhada no luar, vista por entre a ramaria de uma palmeira-real, a própria lua enfim, nua e solta pelo céu, mas por entre as folhas de todos os coqueiros, nas maneiras mais fantásticas e enlouquecidas, tudo repetido e variado de todos os jeitos e mais jeitos.

A fumaça dos cigarros fica azul e prata no ar, os coqueiros são mais ventados por vento morno e bom.

Tudo isso existe.

*

A vida é mais ou menos o seguinte: tudo que se viveu, tudo que se quer viver mas não se viveu nem se viverá aqui, tudo que pode se transformar em grandeza.

A ressurreição é a volta da vida sem a corrupção da morte, a repetição do enredo sem a morte, a glorificação do enredo e dos desejos, a transmutação do sofrimento, as possibilidades novas.

No céu a criatura deve ser inteira mesmo, tendo a um só tempo tudo que é seu, tudo que já lhe aconteceu, tudo que já viu, que já gostou, que já teve ou quis ter, que já sentiu, e ainda a surpresa. Não se perderá pedaço algum, não haverá mais esquecimento da vida ou do sentimento passados, da imaginação, do sonho, da ânsia, do deslumbramento, do interesse já experimentados ou sentidos. Não será um simples continuar para a frente conforme é em nosso mundo, esse continuar que parece até a perda do que já foi vivido. Tudo estará conosco.

Já hoje aqui na terra há uma surpresa para nós quando, de repente, ganhamos de novo um pedaço de nossa própria vida, que nos parece chegar como um presente vindo de fora; quando lembramos da maneira mais intensa um sentimento, um fato, um hábito da infância ou da primeira adolescência. É assim, por exemplo, o escutar repentino de certa música muito conhecida antes, mas nunca mais relembrada. Revive-se o sentimento passado e ele parece tão grande, tão real, que se acha inteiramente impossível o não se ter continuado a viver aquela vida como ela era; o relembrar se agiganta, se afigura mais sincero e mais importante que tudo para nós, chega a parecer também uma genialidade total. Já nem nos lembrávamos que aquilo havia existido em vez e, subitamente, revivemos o esquecido com a intensidade mais fantástica, não admitindo que tudo aquilo pudesse jamais se ter desgarrado de nós. Parece então que fazemos uma viagem ou uma incursão pelas regiões da verdade e da vida sem morte, que conseguimos uma visão do paraíso. Um sentimento assim agarra nossa alma e nosso corpo inteiros, dá-nos quase como novidade absoluta aquilo que nos era íntimo, próprio, vivido.

Um simples sentimento recordado mostra-nos como será a ressurreição, já é mesmo certa ressurreição de um pedaço de nossa vida, de nosso enredo, uma transfiguração, uma espécie de glorificação, de vitória sobre a morte. Goza-se até a loucura a fé numa vida assim que há de vir, goza-se demais o simples admitir-se que não é possível a morte do que já foi vivido e passou, o admitir-se que o esquecimento findará e o sofrimento será transfigurado.

*

O amor será a revelação, para nós, da grandeza de todos os outros e, por meio de comunhão, a vida em nós dos enredos dos outros.

*

A glória de Deus não pode destruir o enredo. Glorificação divina não é transformação lógica do que é limitado em infinito.

*

Trindade: Glória, Enredo, Amor.

*

Mas a glorificação não pode ser uma teoria. Se nada pede tanto a glorificação quanto o sofrimento, nada pode ser tão revoltante, às vezes, quanto a teoria da glorificação do sofrimento. Talvez seja mesmo por isso que somos comumente incapazes de compreender a ressurreição.

Mais perto de nosso entendimento talvez esteja a crucificação, a maneira de Deus ter enredo, a crucificação que se repete para ele com nossa própria morte, com a prova infinita e inadmissível pela qual temos de passar.

*

Espera. Amor ao amor de Deus.

Nessa espera acontece a nossa vida e deveria acontecer a Santidade.

*

Na vida é assim: tem-se uma teoria, uma imensa e religiosíssima teoria, mas chega o momento em que mais se precisaria dela e ela "não serve", pois o que está acontecendo é maior, impressiona demais, não admite explicações ou justificativas. O que funciona então é o costume, a conformação mecânica, a extirpação que consentimos fazer em nós mesmos, certos consolos pequenos.

Constataram-se os fatos e diante deles o melhor que podemos é ter esperança ainda, guardar um certo amor. Mas a teoria em si não explica, não adianta. Teimosia na teoria não será nada mais então que admissão de morte em nós mesmos também. O que é forte e vivo é o sentimento de falta ou, no máximo, o desejo de que surja alguém que nos agarre e nos diga uma coisa que sirva ou de alguém que, só com o nos agarrar, já nos dá alívio e faça sentir como a saudade pode ser respondida. A vida fica nua, chorosa e como que abandonada. Pode-se achar que quanto mais assim ela estiver, mais viva ou até mais divina ela parecerá, mas isso é a explicação, não é a teoria funcionando e, sobretudo, não é o milagre desejado.

*

Uma coisa é dita "teatro" quando é representação, quando quem a faz, por mais amoroso que esteja de seu papel, sempre "finge", pouco importando que esse fingimento seja a única expressão da grandeza desejada, da ânsia para o maior. (Assim a liturgia é dita por muita gente "teatro".)

Nas horas mais difíceis, a fé e a teoria ou qualquer convicção que fira de leve o sentimento inconformado são também, num certo sentido, "teatro". Se se quer agir nessas horas de acordo com certa teoria ou certa fé, então é preciso representar também e não seremos inteiramente sinceros em nossa ação.

Numa outra hipótese a persistência no teatro será uma espécie de clamor, de representação fantástica, uma fórmula quase cabalística, a adesão à espera ou à perseverança do que é amado e existente ainda. A representação não é mais a simples mímica de uma vida maior, mas um certo afastamento da vida e sentimento, quando eles se tornam inadmissíveis e insuportáveis.

*

Há um "estar-ao-lado", um sentir totalmente que se está ao lado de alguém, podendo o "estar-ao-lado" ser simples como o estar em cadeira contígua no cinema, tendo isso acontecido de repente ou não (o tempo vai passando, participa-se de outras visões que se desenrolam em nossa frente, mas o estar ao lado dá o sentimento mais louco de comunhão, de contato, de vida afinal conseguida).

*

Salomão era rico, sábio, grande, amante do Senhor, mas tinha uma coisa dentro da cabeça, certa mania de pensar sobre a vida... Não era como seu pai David, aquele cujo corpo, cujo espírito e cuja vida já eram um Salmo a Deus, uma evocação excitante do homem no paraíso perdido ou no céu a ganhar.

Salomão, depois de David, quis ter mais grandeza que David, quis ter mais "espírito" que David, porque é pelo espírito que "*on va à Dieu*";[3] mas...

David, perfeito na carne, gerou Salomão sábio, louco e grande. Salomão sábio, louco e grande, gerou Roboão, insensato e tolo. O homem sábio demais não é bom para gerar filhos "segundo a carne".

*

Desejo de que toda a visão, toda a paixão, todo o acontecimento ou sentimento amados deixem em nós, em nosso corpo, nossa alma, um sinal palpável, um testemunho, uma garantia contra a perda; desejo de que não se continue igual depois da paixão, como se tudo não tivesse sido visto e sentido, ou mesmo acontecido. Desejo também de se estar próximo a uma fonte de novidade e revelação, desejo de que a paixão aumente sempre ainda.

*

O paraíso futuro deve apresentar uma espécie de encarnação de acontecimentos.

*

Nosso pensamento coloca o problema da existência, do jogo entre o ser e o não ser — jogo que entretanto não serve também, porque precisaria ser jogado por alguém que já fosse antes. Essa interrogação nos deixa sempre em suspenso e nada nos dá; é impossível arranjar na treva pura anterior à Criação algo a que nos agarrarmos. Mas podemos teimar na pergunta irrespondível, nos abandonar a seu abismo que parece maior e mais forte às vezes que tudo que nos acontece. Desconfiamos então que o que talvez nos falte mais seja acontecimento mesmo e que se o acontecer crescesse muito ainda, até uma grandeza apocalíptica, até o completar-se do Corpo Místico num apocalipse suficiente de fato, então o abismo cederia à "compreensão".

*

Nada que é bom pode ser perdido e tudo que é bom é bom mesmo.

As Epístolas de São Paulo parecem às vezes a confirmação disso, a convergência das esperanças das tentativas de explicação do homem expressas pelos

---

3. Em francês: "chegamos a Deus".

maiores gênios, um reconhecimento ou um reencontro, uma suma de experiências vividas.

*

Se a sinceridade da ânsia fosse total, qualquer loucura e qualquer absurdo seriam permissíveis, mesmo na presença direta de Deus. Mas essa sinceridade nunca é total, nunca vai às últimas consequências e talvez sua efetivação fosse mesmo uma renúncia à esperança.

*

Nunca deveríamos nos esquecer do que é bom e útil para as comadres, para os vagabundinhos de esquina, os estudantes, as famílias.

Também nunca deveríamos deixar de ter em mente os monstros, os aleijões, os loucos ou maníacos, os criminosos.

Nem pensar que a humanidade é somente Europa e América, mas que há também Ásia, África e Oceania, pretos, índios, árabes etc.

Considerar sempre os frutos ou as vítimas do meio, do organismo, da educação.

*

Quando se vê gente humana com seus corpos e suas histórias, seus gestos e olhares, em posições ou casos prediletos, sente-se quase desespero, às vezes, tanto tudo isso é um abismo de desejo, tanto queremos nos misturar a tudo isso, sentir mais ainda o sentimento que nos é mais forte.

E entretanto tudo parece tão simples, tudo está tão comum dentro do mundo, tão perto de nós, como se fosse só chegar, pegar e ter. Tudo inteiramente simples.

*

Símbolo significa pobreza.

Limite não é limite, não é menor que o ilimitado. Limite é forma — forma humana também — e acontecimento, compromisso com o enredo.

*

De Marcos [Konder Reis]: "Esta figura súbita me abraça e fala
Como se dissesse ou tivesse que dizer
O último segredo que me falta..."

*

Desejo enorme de fazer um sortilégio para que surja de um gesto aquilo que se quer e sem o que é impossível continuar. Desejo tão intenso que chega a dar certeza de que qualquer realização, por muito parcial que seja, vai logo acontecer, que basta ir a certo lugar em certa hora para que, pelo menos... ou para que talvez, enfim...

Se for preciso, procurar em todas as direções. Há tanta pressa, tanta ânsia!

*

FÍSICA — A teoria da relatividade melhor se chamaria teoria do absoluto, pois ela é um contato direto do pensamento com a realidade material, a primeira união íntima jamais feita entre matemática e física. De fato, ela é tão intimamente física que admite uma grandeza-limite privilegiada — a velocidade da luz — e ao admitir esse limite parece ter renunciado à continuação indefinida do raciocínio silogístico, para apresentar a mais palpável e concreta ideia científica. Um dado físico particular é admitido como uma espécie de realidade última, assim como se o pensamento científico tivesse afinal conseguido agarrar firmemente um pedaço do mundo que tenta explicar.

Uma outra conclusão muito interessante da teoria da relatividade é a impossibilidade de se admitir espaço e tempo separados e independentes, a falta de significado da medida de espaço sem referência ao tempo. Isso parece mesmo uma caracterização científica do "acontecimento", ou seja, uma admissão pela ciência do "primado absoluto" do acontecimento sobre qualquer abstração ou princípio. Esse fato reaparece intensificado ainda quando, na teoria generalizado — que quase pecaria em relação à teoria original por um reforço de abstrações —, se afirma que a matéria também só se manifesta como uma deformação do "espaço-tempo". Isso é bem o cúmulo do acontecer.

INTERDEPENDÊNCIA HUMANA. DIFICULDADES DE JULGAMENTOS PRECISOS SOBRE RESPONSABILIDADES.[4]

Imaginemos que certa pessoa se aflija demais com a sorte da humanidade e que, impressionando-se tanto com a vida terrena dos homens quanto com seus destinos eternos, passe a se preocupar com a ação dos médicos e sacerdotes, emitindo julgamentos firmes e precisos sobre eles, acusando-os de não dar aos outros a atenção merecida e de abandoná-los assim aos perigos da morte ou da

---

4. Negrito de Lúcio Cardoso.

danação. Tais acusações são muito frequentes, mas a pessoa que as emite raramente se lembra de que poderia renunciar à sua vida presente e se fazer médico ou sacerdote militante também. O acusador poderia argumentar de início que suas ocupações normais têm um papel importante na manutenção do edifício social — que de certo modo suporta todas as criaturas — e que a troca generalizada das profissões diversas pelas de médico e sacerdote representaria também uma catástrofe para a humanidade. Mas, ainda compenetrado da obrigação de conservar sua profissão original, nosso acusador perceberia que certo tempo sempre sobra para ser aproveitado em missão de assistência, que um certo sacrifício sempre pode ser feito, as diversões e o sono diminuídos a bem da humanidade e dos destinos que correm risco. Quem aceitasse esse fato haveria então de arranjar o máximo de tempo para se dedicar às novas responsabilidades. Mas, enquanto pensasse e começasse a agir assim, uma nova dúvida teria de lhe surgir: é que, mesmo com um sacrifício e uma dedicação integrais, não estaria perfeitamente quite com suas obrigações, pois um trabalho contínuo, roubando horas de sono e diversão, bastante cedo arruinaria sua saúde, resultando em muito menos ação do que a possível em uma vida razoavelmente saudável e mais prolongada. Uma fórmula exata seria necessária então para o estabelecimento do máximo de ação eficiente; mas, como essa fórmula seria impossível de ser encontrada, não cessaria jamais a dúvida cruel quanto aos momentos exatos em que a ação direta de assistência deveria ceder para dar lugar ao repouso ou à distração. Inúmeros casos urgentes estariam sempre à espera e nunca se poderia cessar tranquilamente o trabalho enquanto se percebesse que a atenção a um caso mais apenas não romperia o equilíbrio orgânico necessário; então só outro caso mais; mas depois dele mais outro ainda etc. Viria um primeiro colapso por exaustão e sua repetição arrasaria a saúde, a eficiência... (Mas se uma consulta médica, uma confissão ou um conselho a mais poderiam influir num destino eterno!...) Além do mais, seria impossível escolher com retidão e sabedoria qual o caso de maior urgência para ser atendido primeiro se um atropelado de rua, um suicida ou um agonizante de câncer, se um tuberculoso principiante ou um adolescente em dificuldades; e, depois, se o ímpio vizinho, o índio na selva mais além ou o infiel no Tibet; finalmente, se antes o infiel do Tibet ou o infiel do Ceilão.

A atitude íntegra, perfeita e logicamente certa se esboroaria e apenas uma ação cheia de parcialidade, insensibilidade, compromisso e egoísmo seria possível.

O nosso pobre herói, desesperado então de seu objetivo de assistência ativa perfeita, iria se iludir por momentos pensando que conseguiria certa tranquilidade de espírito por uma espécie de retidão passiva, cuidando de jamais ocasionar qualquer mal a seu semelhante. Cedo, porém, haveria de perceber que não tinha efetuado nenhuma significativa mudança na situação. Assim, essa pessoa, que talvez possuísse um automóvel e gostasse de fazer suas maluquicezinhas ao volante, iria desistir de guiar a fim de que nenhum desastre ocorresse por sua culpa e talvez mesmo a fim de não excitar o desejo de moças e rapazes por automóveis, levando-os a práticas libidinosas e desonestas. Ah! mas nem mesmo desse modo o ex-automobilista poderia afirmar com muita crítica que estaria evitando acidentes fatais, ou tentações, pois se ele estivesse guiando normalmente na rua poderia criar condições de tráfego que impedissem a outro carro um desastre muito grave. Uma velhinha emperrada poderia ser colhida por um auto que, entretanto, não a atropelaria se tivesse sido retardado por outro carro a obstruir-lhe a frente, em boa hora circulando, vagaroso, em vez de achar-se recolhido exatamente para evitar desastres...

Depois, se existem aviões que às vezes caem de repente, levando à morte sem preparação dezenas de criaturas, o certo seria tornar-se milionário e poderoso para conseguir sabotar a indústria da aviação, cortar o perigo pela raiz; e para isso a desonestidade talvez fosse o caminho mais rápido... Mas, por outro lado, a aviação pode prestar tais serviços em socorros, nas piores emergências!... Se, mesmo assim, a decisão de uma batalha contra o tráfego aéreo inseguro fosse tomada, quantos acidentes de outra espécie ela poderia ocasionar, visto que haveria opositores fortes que não hesitariam em lançar mão de recursos bárbaros; haveria necessidade do estabelecimento de outras indústrias, com uma avalanche de perigos novos etc. Se uma luta contra os perigos da aviação não fosse empreendida, nosso herói não poderia se sentir livre de responsabilidades nos desastres futuros. Se ele pudesse empreender a luta só com a sua palavra, com uma espécie de pregação, isso já seria muito, já poderia mudar a resolução de possíveis passageiros. Horrível situação, porém, pois os passageiros que voltassem atrás de sua ideia de viajar pelo ar talvez fossem exatamente aqueles mais conscientes de seus pecados e, portanto, já em vias de conversão, aqueles onde a atitude penitente poderia vir ruflar rapidamente em tempo ainda; os passageiros totalmente despreocupados tomariam então o lugar dos outros...

Assim, qualquer pessoa do mundo tem responsabilidade em todos os desastres, todas as mortes sem preparação, todos os suicídios etc. Os que põem filhos no mundo ficam em pior contingência ainda, sem controle sobre atos nos quais lhes cabe também responsabilidade: os filhos poderão ser criminosos terríveis, corruptores. Seria melhor [não] ter filhos; mas se não se tem filhos então a humanidade acaba. Seria essa a solução? Mesmo se fosse não seria possível adotá-la. Muita gente se rebelaria, se obstinaria em conservar a espécie... E também, se se tem filhos, estes podem se tornar, em vez de criminosos, precisamente médicos exemplares, sacerdotes dedicados, missionários. Mas, com os filhos e os filhos dos filhos etc., a responsabilidade se propagará até o fim da História.

Todos esses raciociniozinhos tão baratos nos mostram de maneira iludível que a fuga total e perfeita à responsabilidade no mal que pode ocorrer a outros indivíduos só seria possível mesmo com a paralisação total de todo o movimento sobre a face da terra, com o fim da humanidade. Desde que uma pessoa existe, sua determinação e sua liberdade a jogam de maneira irremissível na comunhão geral das criaturas e o isolamento não pode ser mais que ilusão. A pretensão de lógica e irrepreensibilidade é coisa completamente louca. Qualquer das conclusões analisadas nos "sofismas" antes apresentados poderia ser desenvolvida muito mais longe ainda, em vários ramos, cada desenvolvimento isoladamente sendo capaz de destruir toda a lógica da organização mental, ética e social.

Tudo que se pode dizer depois desse esmiuçar é que as crenças em responsabilidades ou falta de responsabilidade e correção perfeitas não correspondem jamais, nem de longe, à ideia que comumente se faz delas; e pode-se passar a admitir essas crenças não mais pelo "valor absoluto" que pretendem ter, mas apenas como ingredientes de um bolo muito mais vasto e complexo, como fios de um emaranhado enorme onde lógica perfeita é coisa que não existe ou não tem sentido algum e, na melhor das hipóteses, como um valor ou indicação mais ou menos vagos, que permitem ainda, com todas as infindas restrições, a emissão de julgamentos sobre médicos, sacerdotes etc. Volta-se mais ou menos ao ponto de partida depois de um passeio analítico, ou melhor, chega-se a certo estágio um tanto anterior mesmo ao ponto de partida do passeio, porque passa-se a desculpar um pouco mais a própria pretensão de lógica e perfeição, percebendo-se que ela também faz parte do bolo geral. O ideal de certeza e retidão absolutos não é certo [...], não vale grande coisa, mas é mais ou menos certo e justo [...] que as criaturas o tenham. Se se quiser, pode-se também agora admitir um estilo apologético, sem qualquer cerimônia, e afirmar já em boa hora que a realidade mais forte, afinal de contas, é a comunhão entre as criaturas, a união indissolúvel — muito embora essa comunhão tenha sido revelada na culpa de cada um por todos. (Não importa muito que seja desse jeito, porque essa comunhão na culpa, esse pecado original, pressupõem o desejo de um bem.)

*

O livro de Job — Capítulos finais.

Depois de toda a história acontecida a Job, depois de seus lamentos tão sinceros, de sua revolta obstinada contra consolos e interpretações, Deus se manifesta enfim a ele, para lhe dar satisfações, mas, de maneira bem estranha, não revela significado algum para a perseguição sofrida por Job, nem se refere diretamente à sua fabulosa entrevista com Satã. Reconhecendo que Job era sincero e justo em seu clamor, Deus abdica de uma explicação para o caso e começa simplesmente a falar sobre animais, sobre cabras, asnos, cavalos e avestruzes, para passar então aos monstros maravilhosos que são Beemont e Leviatã. Agora esses monstros parecem tão estupendos que a glória que representa a sua criação já pode ser anteposta à história humana e sentida de Job, e à própria história do tremendo desafio feito no paraíso ainda. Em vez de uma conclusão moral ou de um "significado" para aquelas histórias, é apresentada simplesmente uma descrição de glória, uma referência a fenômenos extraordinários ou à simples postura de ovos da avestruz. Uma explicação ou um "símbolo" para a história de Job seriam sempre coisas chatas, incompletas e ineficientes, e o que então se concede é apenas uma visão de glória capaz de confundir o mundo e o homem. O que é o passado já está acontecido; a glória virá em seguida e a visão dela parece suficiente.

Isso deve ser um espinho de prova da sinceridade e da liberdade, uma avalanche saudável contra lamentações, pieguices, enjoos e chateações, um golpe na última idolatria, na idolatria do enredo e da sinceridade.

*

O primeiro passo para a revelação do simbolismo de uma vida deve ser o afastamento das determinações mortas e a representação dos fatos nos palcos do amor e da liberdade.

*

N'*O livro de Job* (no final ainda) há mais "glória depois", ou "glória apesar de", glória *tout court*,[5] que glorificação do acontecido. Essa glorificação é algo impossível de compreensão ou expressão para nós; ela deve ser o último reduto que Deus se guarda, o verdadeiro Santo dos Santos.

*

O coração não para de desejar, não renuncia ao conhecimento novo buscado com amor, não admite que não haja mistura de enredos com uma certa criatura, um pedaço de vida em comum que já dê pelo menos para se poder lembrar, na hora da morte ou em outra hora muito horrível qualquer, que nossa vida não ficou de todo isolada de uma outra de que se desejou tanto participar; para que a mágoa não seja grande demais, a aridez insuportável, o fracasso como que total.

*

Um povo cheio de vida vai à guerra e um corpo moço muitas vezes é ferido. Até então era tão vivo! O sangue sai da carne primeiro ainda viva e o corpo moço está estirado de bruços, sobre um cavalo na terra. Morto já, algo dilacerado, está de bruços como estaria também para um espasmo de vida. A petulância cândida, simpática e forte, o sonho e a realização da aventura, as contrações audazes, os movimentos de avanço, a golfada de sangue do coração à cabeça e aos pés — tudo às vezes se imobiliza num instante, numa última posição.

Depois, num cemitério improvisado, outros corpos parecidos farão linha com aquele, todos envoltos apenas em uma lona, longos e enrijecidos, um pé de bota saindo fora quase com um protesto mudo.

5. Em francês: simplesmente.

1947

"Tu": comunicação ou comunhão direta.

"Ele": referência apenas, embora possa estar carregada de desejo de comunhão; implica generalidade maior porém que o "Tu".

O estado mais geral de comunhão implicaria um "Ele-Tu", para que um "Ele" jamais estivesse separado ou ausente. Corpo Místico.

*

Clima comum, mas intenso demais de intimidade e beleza.

Há um fazer e um repetir gestos, atitudes diárias numa certa vida: um simples levantar-se, um simples deitar-se, um vestir-se, um despir-se, um bocejo sem cerimônia na intimidade tão livre quanto a solidão ocasional, um sorriso que não é nada de solidão porém, um modo de sentar, de se relaxar. Intimidade seminua, sempre possível de se tornar mais nua, de progredir. Uma visão vista de todos os ângulos, uma curiosidade permanente, um estremecer súbito, um deslumbramento que não cessa, uma incompreensão diante da visão direta que é quase gostosura.

A visão se oferece em cada posição de beleza, cada expressão de sonho, alegria, atração ou atenção, cada atitude íntima — a visão se oferece em paixão.

*

Um selvagem embrutecido sabe também imaginar gostosura qualquer, extravagante ou não, sabe lutar por ela, premeditar a luta; um selvagem embrutecido sabe também se enfeitar, se imaginar assim enfeitado, sabe lançar um olhar ou dar uma leve cotovelada... Ele não é assim tão diferente de nós, cultivados, refinados e "sensíveis".

*

USA: esparrame de coisas sobre a bola da terra, excesso de coisas, invenção de coisas, avalanche de coisas, nudez na mocidade, figura humana *standing*[1] sobre a crosta terrestre, o fim das perucas vitorianas e dos cachos feios de Luís XV, tensão excitante, tontura, potencial, nervosismo de ação, risco, assalto, júbilo, mocidade treinada, *stretched*,[2] tatuada, transbordante e solta, presente para nossos olhos, forma de corpo mais intensa com limite de pelo em contato com o ar do mundo, com a atmosfera universal, ritmo novo de andar, criação boa de gestos, *a careless form of standing*,[3] convite ao convite.

(É preciso exagerar a esperança, a beleza e o júbilo.)

*

É horrível demais a perda inútil da beleza e da invenção humanas.

*

A visão e o enredo não se "harmonizam" bem ou são difíceis demais para se harmonizarem. A vida dos gênios parece sempre tão escangalhada, tão deturpada, tão incompleta!

Mistura de glória e enredo, quando há muita consciência, é coisa que não costuma funcionar direito; fica com aspecto artificial, forçado.

*

Se a missão de um escritor é falar sobre o sofrimento, ele sofre para saber direito o que escreve; se é falar da alegria, evocar a glória, sofre ainda por não conseguir aquilo que ama e sobre que escreve, ou sofre por não ser puro bastante para revelar o que revela, sofre quando desiste de vez da pureza e desconfia às vezes que a santidade seria seu único processo — a santidade que é sofrer mais ainda pelo sofrimento dos outros.

Mas a história não está toda aí.

*

1. Em inglês: de pé.
2. Em inglês: esticado.
3. Em inglês: uma forma descuidada de ficar de pé.

A morte não é só o falecer das criaturas; sua realidade é mais forte ainda no mundo. Morre-se muito pela vida afora, morre sempre um pedaço de nós quando não conseguimos o que nossa paixão reclama, quando somos obrigados a renunciar, ou melhor, quando acabamos mesmo por preferir a renúncia. Então ignoramos até que espécie de morte nos estaria reservada se o desejo primeiro da paixão tivesse sido atendido.

*

Fazer das coisas muito humanas uma descrição em que tudo seja tão grande e tão amor que ela possa ser dita descrição da Criação. Misticismo humano.

*

Vontade de deixar na História testemunho de tudo que amamos, da nossa porção, daquilo que escolhemos.

E, dentre tudo que amamos, algo que é vitalmente mais nosso, mais particular, mais eleito — tão próprio, tão individual e tão intenso que deveria dominar os outros desejos e fazer cessar a nossa disponibilidade.

*

A adolescência é a descarga entre os polos de enredo do homem: o acontecimento da perda da vida interior da infância (a infância é sobretudo a vida interior, o pensamento vivo, a imaginação) na descoberta de um mundo nu, mais vasto.

*

O youth! O kids of the world! O kids of my city and my neighborhood! O the green of the grass! O plays and talks, games and walks at the hour of the sunset! O heart![4]

*

Vontade de despir o homem e seus enfeites e suas roupas, suas artes, suas crenças, suas "atitudes", suas obras. Esquecimento até de que tudo isso pode também ser grandeza humana. Vontade de uma constatação mais íntima e direta, com afastamento daquilo que o homem junta em torno de si para parecer maior, a fim de que o homem seja visto simples e nu."

---

4. Em inglês: "Ó jovem! Ó filhos do mundo! Ó crianças da minha cidade e da minha vizinhança! Ó verde da grama! Ó jogos e conversas, jogos e passeios na hora do pôr do sol! Ó coração!". Estes versos lembram *Folhas de relva*, de Walt Whitman, mas aparentemente são uma criação do próprio Lúcio.

Mas essa mania de redução e desnudamento produz uma aridez tremenda, uma aridez que surge às vezes apavorante, uma falta de conforto e de proteção, um abandono demasiado de compromissos.

O consolo, quando possível, é transferir todo esse processo e, transmutando também o esforço do artista, aproximar um do outro, tentar perceber que o que se conseguir então terá sido mesmo a visão direta do homem nu. A visão é posta em correspondência com a obra do artista e essa obra, pela primeira vez, compreendida como uma certa vitória contra a morte.

*

Retrato do homem nu, da face sempre exposta e do corpo que se despiu. Templo — símbolo do Espírito, forma eleita dentro da liberdade, inquietude e potência, geração, intimidade, o belo em busca da beleza. Forma de uma face, forma de um corpo, lâmpada de carne, corpo com membros, com ombros que são junções de membros ao corpo, função simples e total, espasmo criador. Uma nudez, uma pulsação, um porejar, uma respiração dilatadora e constritora de um peito arfante sobre a terra, um ritmo para a música das esferas, um frêmito entre nebulosas, umbigo do infinito, soldado da História. O grão que morre, o personagem do enredo da ressurreição e paraíso, abismo clamado pelo abismo.

*

Às vezes num fim de tarde de um dia quase qualquer, dia que muito esforço e muito cansaço não tornaram muito diferente, no fim da tarde, depois do muito esforço e muito cansaço, podemos nos sentir em paz e lançar um olhar calmo ao nosso tema de atração — tema que foi por nós expandido, quase descoberto, glorificado, ainda que na deturpação e na ausência. É uma espécie de desejo novo do tema antigo, tão mais tranquilo e tão amor, tão nosso apesar de tudo, que é como se seu objeto tivesse simplesmente se deslocado da paisagem à frente de nossa casa, da esquina logo além, para dentro da nossa própria casa, onde nos sentimos com aqueles que mais nos amam.

A paz dos mortos, o réquiem antes da ressurreição deve ser assim tranquilo, assim nossa casa, assim a segurança de, num certo sentido, já se ter o que mais se desejou — e assim conforto, sustento e calor daqueles que se devotaram a nós, daqueles em quem mais confiamos e a quem respondemos com amor também, assim companhia de amigos.

*

Quem encontra se apaixona: verdade primeiro para os santos; mas para as outras criaturas também.

Quem encontra se apaixona: nosso dever se transforma em amor, em fidelidade.

Quem encontra se apaixona: vontade de dizer isso aos que buscam, vontade de clamar isso nas ruas, vontade de pedir a Deus que guarde em nós isso, que é sua graça, para sempre.

DIÁRIO I
(1949-1951)

Prefácio

Lúcio Cardoso

Hesitei durante muito tempo se devia ou não escrever um prefácio a este primeiro volume de um diário. Venço hoje a minha ojeriza congênita pelos prefácios, a fim de esclarecer um ou dois pontos que correriam o risco de chocar a um possível leitor, e em particular a alguns amigos que não hesitariam em apontar meus desconchavos e meus erros, tão claros se fazem, segundo eles, a sua origem. A origem das coisas é difícil de ser encontrada, e no caso presente particularmente difícil, já que várias razões fáceis se apresentam à superfície, e exuberantemente úteis a esse gênero de demonstração para que todos nós secretamente nos inclinamos.

A verdade é que, bem analisados os fatos, numa época em que saíram de moda as objurgatórias à democracia, as atitudes dramáticas e veementes, seria estranhável que eu me lançasse precisamente neste terreno, já batido por tantos, já exaurido até à sombra pelos acontecimentos.

Não me importaria que me tachassem de retrógrado, de saudosista, ou mesmo dessa palavra que outrora fez a fortuna de tanto jornalista aceso, de "reacionário" — se não me causassem inquietação duas ou três frases trocadas recentemente com um amigo. Através dela verifiquei que este *Diário* poderia ser não aceito, que isto desde há muito entrou em minhas cogitações, mas repudiado e até ridicularizado como um repositório de ideias ultrapassadas e mesmo mortas. Senti de repente que me poderiam julgar estático no clima de há dez ou quinze anos atrás, o mesmo clima em que vi vibrar esse e outros amigos, não porque as ideias fossem diferentes, mas exatamente porque eram ideias vivas e do seu tempo.

Ora, a tarefa do verdadeiro escritor, a meu ver, é pressentir por onde as ideias ressuscitam. O que outrora me deixava indiferente, hoje me é instrumento de paixão, não por um orgulho falso e importuno de quem não se entrega à evidência dos fatos, mas por um sofrimento consciente que me adverte da sinceridade da minha vocação.

Aqui e ali, por erros circunstanciais, posso ter falseado o pé e dito mais do que pretendia — jamais do que devia. Pode parecer, nesta grande festa democrática que viu nascer o meu caderno, que prossegui dedilhando solitário a minha lira de entusiasmos atrasados. Por mim, acreditava estar inaugurando uma das coisas mais novas do mundo.

Via em torno de mim soçobrar a esperança dos que me eram mais familiares, e via com certo espanto, pois o que me parecia preso indissoluvelmente à essência, não existia senão em relação à aparência. Para mim, o desastre da guerra condenava uma forma, mas jamais uma teoria. Era um *knockout*[1] de momento, jamais uma derrota total. Sei a quanto exponho afirmando isto, mas como aprendi aos lapsos e com todo mundo, é necessário que agora reproduza o que sei, sozinho e de um modo absoluto.

O que estava morto para todo mundo, era para mim o que existia de mais vivo. Não sei para quem, mas alguém me ouve, onde e não sei quando, que compreenderá exatamente as minhas palavras. O que estava morto, ressuscitava, e pela força de uma vitória que de tão proclamada, de tão viva, expunha até os ossos a força de sua fragilidade. Era, para mim, a hora de começar a falar contra a democracia. O esqueleto se achava exposto pela falta de pudor em exibi-lo — e mesmo eu, tão refratário, era impossível não adivinhar sua miserável carcaça através das roupas da vitória. É fácil dizer, é difícil provar. É impossível mesmo.

Mas a verdade gritada por um cão raivoso e mortalmente ferido diante das portas do Reichstag estava desde então gravada como uma música de sangue em nossos ouvidos: a única coisa que teríamos *real, positiva*, desde o esmagamento da Alemanha, seria a Rússia latindo em nossos calcanhares.

1. Em inglês: nocaute.

Não é um latido, é um rugido condensado e triste. É a realidade da única ideia servindo ainda aos ideais da Europa. Impossível diminuir esse canto em marcha: a destruição avança. Não falo apoiado num profetismo estéril: falo com a realidade dos fatos. O mundo ocidental está diante do olhar dominador do velho lobo asiático. Sua força de ideal.

A fronteira do mundo ocidental, como o proclama enfaticamente Roosevelt, é a fronteira americana. A fronteira América, trabalhada por esse vício que se chama democracia, é uma fronteira sem ideal.

Como fazer, como reagir diante de uma guerra que não é de motores e nem de exércitos, mas uma guerra de fé e de princípios? Apossando-se vorazmente de um ideal alheio, surrupiando a fé esmagada de um povo. No front da Europa dividida, é com o martírio da Alemanha, é com a fé de seu sacrifício e de seu heroísmo massacrado quem sabe para sempre, que os Estados Unidos reagirão diante do ataque russo. O escudo da democracia é uma couraça feita de ideais assassinados.

Por mim, passei a acreditar neles desde que os percebi cobertos de sangue. Passei a acreditar que as únicas forças autênticas do mundo, e cujo jogo não fosse uma farsa, fossem essas que trazem em si a chama desse ideal que falta à democracia. A democracia é uma luta sem motivo — e essa coisa usada que é a liberdade dos homens, está gasta até à medula pelos desastres de sua aplicação.

A coisa mais nova deste mundo — e sempre o foi — é a readaptação dos velhos ideais às condições do tempo. Fracassaram as ideias nacionais, mas são elas, no seu íntimo, que serão vibradas, mortas ou vivas, como seres vivos ou como espectros, ante os novos campos de batalha da Europa.

*

Resta dizer — e com um consciente interregno — o ponto de vista que adoto em relação ao Brasil. Perdoem-me a suficiência, mas o Brasil é de tal modo um problema particular, que é difícil falar sobre ele, mesmo quando se tenha ideias tão nítidas quanto eu.

Disse Octavio de Faria numa entrevista, que o problema do "salvacionismo" é uma crise de adolescência. Para mim é exatamente o contrário: a única manifestação de vida, a única maneira de nos reconhecermos como ser e como povo, é o "salvacionismo". Decerto ele tocou o grande romancista da adolescência entre nós, mas não o reconheceu quando se transformou num sinal dos homens maduros. Há anos que ouço dizer e [(?)]

Dedicado a Walmir Ayala

1949

Agosto

14 — Na expectativa do trabalho. Numa tranquila manhã, de sol violento e frio, regressando da missa numa pequena capela erguida num outeiro sobre o mar — o poder, a verdade dessa vista de cartão-postal! — reparo as pessoas que passam em roupas de banho e trajes esportivos, ávidas de gozarem a delícia da manhã. E é estranho constatar como parecem deslocadas na harmonia do ambiente, muito gordas ou muito magras, com roupas exóticas e evidentemente malfeitas. A tristeza, a miséria da carne humana é tão visível, que chega a me causar uma espécie de mal-estar. Na radiosa manhã são quilos e quilos de ambições e sonhos frustrados, de matéria sequiosa e queimada pelos desejos mais disparatados, pela gula e pelo egoísmo, que se arroja cega pelas estradas, em automóveis, carroças e bicicletas, tudo enfim o que mais confortavelmente pode transportar essa massa condenada em sua sôfrega busca de esquecimento.

*

18 — Mudamo-nos hoje (os artistas que trabalham comigo e eu) para um novo hotel. Defronte de mim, vejo ao longe as velhas muralhas da Fortaleza de Santa Cruz, que o mar lambe sem descanso. É a mesma Fortaleza que antigamente tanto me impressionava, e sobre que tantas vezes conversei com um amigo que

lá tinha estado em serviço. Creio mesmo que cheguei a fazer um poema inspirado naquelas pedras — quarenta metros a pique — eternamente voltadas para o oceano alto.

A paisagem é de uma calma assustadora. Divirto-me escutando alguém que estuda violino mesmo por cima do meu quarto e que repete incansavelmente uma ária de Bach. De vez em quando, percorro sem nenhum interesse o livro que tenho entre as mãos: a correspondência de Proust e Georges de Lauris. Sim, tudo estaria perfeito, se não fossem tão nuas as paredes deste quarto.

*

Em tom profético, que usa habitualmente, Augusto Frederico Schmidt[1] chama a atenção da inteligência brasileira para a situação em que se encontra o nosso país. O poeta nos fala com um grave ar de censura, como se todos devêssemos de repente — nós, os escritores, humildes representantes dessa ventilada classe que se chama intelligentzia — como se devêssemos de repente, repito, escrever artigos e proferir ferozes diatribes contra este pobre país que, afinal de contas, morre um pouco de ter tido tantos salvadores. Por certo Schmidt conseguiria a ressonância que pretende, caso houvesse desde cedo conquistado autoridade para se exprimir como "salvador" — ou iluminado, ou homem carismático, para aplicar a já sovada terminologia. Mas infelizmente os povos não se salvam pelo arrependimento, como as almas. Os povos morrem de uma só vez, pelos erros que cometeram. E a ressurreição de um povo dura séculos.

*

Não tenho, como tantos, a menor inveja da fortuna acumulada pelo alto poeta do *Canto da noite*.[2] Confesso, no entanto, que, ao vê-lo falar sobre o Brasil em termos tão eloquentes, e que parecem repassados de uma fé tão sincera, gostaria que não possuísse nada, que fosse pobre como um de nós, a fim de que nenhuma suspeita viesse perturbar a nitidez de sua voz. Mas infelizmente há a representação de firmas estrangeiras, a Sepa, a Orquima, e não sei que mais — tudo o que o torna materialmente tão poderoso e que encobre suas mais solenes

---

1. Augusto Frederico Schmidt (1906-1965), autor de *Pássaro cego*, um dos pilares da "Poesia de 1930". Fundou a Schmidt Editora em 1931, e publicou as primeiras obras de Graciliano Ramos, Lúcio Cardoso e Vinicius de Moraes. Foi um dos grandes amigos e incentivadores de Lúcio, e seu primeiro editor.
2. Livro de Augusto Frederico Schmidt, publicado em 1934, pela Companhia Editora Nacional.

profecias com um tom demagógico, como se faltasse a esse homem inteligente e que venceu tão brilhantemente na vida — venceu nesse sentido vulgar e sem genialidade que tanto irritava a um Poe, a um Baudelaire — certa cólera, certo dom de convencer e arrebatar, que nos maiores sempre foi o mais puro signo de autenticidade. Era no mais comovente abandono que Péguy[3] e Léon Bloy gritavam contra a França do seu tempo, vítima também dessa coisa amaldiçoada que é a classe dos negociantes afortunados.

*

19 — Um artigo contra Schmidt, em termos tão grosseiros, que me faz ficar um pouco envergonhado de tudo o que ontem escrevi neste caderno.

A calma deste hotel me faz sonhar agora na possibilidade de viver aqui permanentemente. Nada altera a cristalização do hábito e a vida, que longe daqui nos acostumamos a gastar com tal velocidade, como que anda em ritmo mais lento. As horas pisam com macios pés de lã — e nesta quietude, sentimos que somos um pouco mais vivos, menos desamparados do que ao embate dos grandes rumores da cidade.

*

Não sei, mas uma ideia me vem ao pensamento: só os santos, na total ausência do pecado, podem ter uma fé absoluta. Como o amor, que cresce dolorosamente ante a consciência de uma falta cometida, talvez a fé seja maior ante a presença do pecado. (E como separar a fé do amor, a traição, da noção do pecado? São movimentos idênticos, são impulsos que nos atiram fora de nós mesmos, que nos dividem ou nos integram em harmonia, mas que exigem ambos, na chama em que nos fazem arder, uma sujeição total ao absoluto.) Assim como o pecado nos perturba, a falta no amor nos humilha. E só aqueles a quem Deus elegeu com o esplendor da sua Graça podem, sem trair e sem pecar, comprometer o máximo amor na fé mais extrema. Na fé absoluta.

*

Hoje, procurando alguns locais que ainda me faltam para *A mulher de longe*[,][4] achei-me no alto de uma encosta que descia bruscamente para o mar, em

---

3. Charles Pierre Péguy (1873-1914), poeta, ensaísta e editor francês.
4. Filme de longa-metragem inacabado de Lúcio (história, roteiro, direção e produção), rodado em 1949 na aldeia de pescadores de Itaipu/Niterói (Rio de Janeiro). Em 2012, os copiões do filme foram localizados por mim, sob informação de Luiz Carlos Lacerda, o Bigode, que realizou uma

torrentes, grutas e socavões de terra vermelha, num colorido tão belo e violento que quase parecia artificial. Mais adiante, a terra convertia-se em pedra, elevava--se de novo, enquanto um abismo traçado em linha reta se abria até o mar--embaixo, uma água suja, oleosa, fluía e refluía lentamente, como exausta ao peso de todas as sujeiras acumuladas no seu dorso.

*

Não, não é uma única espécie de felicidade — TODAS as felicidades constituem uma ameaça a qualquer coisa acima de nós, a uma ordem secreta que subsiste além de nossas incertezas, e que mal divisamos nos seus contornos de sombra e de relâmpagos. Por isto, unicamente por isto, é que a tragédia é o estado natural do homem. Tudo isto, certamente, é menos uma ideia do que um pressentimento — e virá daí, possivelmente, fora a já tão constatada ineficácia das diversões, o sentimento de infinita tristeza ante a visão de uma pessoa absorvida na tarefa de encontrar um meio qualquer de fugir — ou de esquecer, quem sabe, um tenebroso crime de cujo peso na consciência ela própria ignora a origem.

*

Seria difícil dizer qual o motivo real que me leva a escrever este Diário, depois de ter perdido um que redigi durante vários anos (lembro-me que, naquela época, senti os meus dezoito anos emergirem a uma insondável distância de mim, enquanto eu experimentava, por que não confessar, uma inequívoca sensação de alívio, como quem tivesse atirado ao mar uma inútil e fastidiosa bagagem...) e de ter tentado outros que nunca levei adiante. Creio que é simplesmente o fato de sentir que começo a viver experiências importantes (quando a idade nos chega e principiamos a envelhecer, quase todas as experiências são importantes, como se selecionássemos de antemão a qualidade dos fatos que vão compor a trama de nosso destino) e que talvez um dia alguém se interesse pelo roteiro destas emoções já mortas. Para mim mesmo, para meu deleite íntimo, confesso que jamais tentaria salvar estes fragmentos do passado: aos meus olhos, não possuem nenhum interesse. E depois, tudo o que morre é porque já teve o seu tempo. Mas insensivelmente penso nos outros, nos amigos que nunca tive, naqueles a quem eu gostaria de contar estas coisas como quem faz confidências no fundo de um bar. Esse diabólico e raro prazer

---

reconstituição poética dele, a partir de cenas recuperadas e de trechos do diário das filmagens, com narração de Ângelo Antonio.

da confidência, que vai se desfazendo à medida que perdemos a confiança na amizade, que ela mais e mais se afasta de nós como um bem inacessível... Sim, esse gosto de confidência que tanto nos persegue, e que em muitos escritores é como a própria suma de suas inspirações e pensamentos. E finalmente, quem sabe, apenas esse prazer de rabiscar, que é de todos nós, e nos faz comprar cadernos inúteis e apontar lápis que nunca usaremos. Fora destas pálidas razões, nada vejo que possa alegar a favor da elaboração deste Diário — e, é preciso dizer, não tenho a menor veleidade de traçar aqui um itinerário espiritual ou realizar um inventário de ideias para servir aos outros. Nada quis e nada quero: escrevo apenas porque o sol é bom e porque me sinto desamparado nesta enorme manhã de pureza e euforia.

*

Releio Julien Green:[5] de novo, com a curiosidade de um adolescente, apalpo as nossas escandalosas diferenças, encontrando-as nas qualidades que o tornam único e, ai de mim, completamente diferente das minhas tendências. Green frequenta lucidamente as altas regiões da alucinação — é senhor num território de brumas e neves irisadas, onde a loucura passeia com toda a sua nativa majestade.

*

20 — Continuo minha vida com o esquisito sentimento de estar inaugurando uma época nova, uma estação diferente que ficará para sempre delineada entre quadros fechados da minha existência. E, no entanto, não posso dizer em que consiste este sentimento — é apenas como se alguma coisa muito nítida me encaminhasse para o futuro. Um bem? Um mal? Não sei — e apenas peço a Deus um pouco da calma de que tanto necessito para realizar alguma coisa.

*

Duas horas da tarde. Em pleno sol, no passeio defronte, duas ou três pessoas soltam fogos que estalam no alto — no alto que se arremessa para tremendas distâncias, infinitamente azul. A vara, num círculo perfeito, desce verticalmente ao mar, abrindo sobre as águas uma flor de espuma. O fato me parece insólito, mas alguém me explica que é este o costume dos que tiram a sorte grande.

5. Julien Green (1900-1998), escritor norte-americano de expressão francesa, que escreveu livros religiosos de orientação católica. Sua obra é marcada tanto pela sua homossexualidade como pela sua fé católica. Lúcio sofreu grande influência de Green. Sobre isto, ver o livro de Teresa de Almeida, *Lúcio Cardoso e Julien Green: Transgressão e culpa* (São Paulo: Edusp, 2009).

Lendo algumas páginas de Bernanos, lembrei-me vivamente das duas ou três vezes em que tive ocasião de ver de perto o grande autor de *Sous le Soleil de Satan*. A primeira, num almoço durante o qual falou todo o tempo, tão rápida e tão apaixonadamente, que mal compreendi que ele se referia a um dos seus assuntos prediletos: santa Joana D'Arc. Depois, num jantar, onde novamente, e com a mesma exuberância, falou ele desse outro assunto de sua paixão, a França. Foi nesse dia que, regressando sob uma tempestade que combinava perfeitamente bem com os gestos largos e as invectivas do escritor, ia ele pelo caminho maldizendo o vento e a chuva como se fossem seres vivos, acusando-os de não sei que imaginários crimes, tudo isto entremeado de críticas rápidas e fulgurantes a escritores e artistas do seu tempo. Quando chegamos ao nosso destino, a chuva havia passado. Bernanos, já indiferente à marcha da tempestade, falava agora sobre romancistas. Lembra-me perfeitamente a sua figura, de pé no passeio, apoiado à bengala. Na verdade, era majestoso na sua cólera permanente — e afrontando-o, ousei perguntar-lhe qual era, na sua opinião, o maior romancista francês. Durante um minuto, em silêncio, vi que olhava a noite fria onde ainda vagavam restos da tormenta e, depois, numa voz firme, vibrante, onde havia toda a paixão de uma escolha feita com carinho e meticulosidade, respondeu-me: "Balzac".[6]

A terceira vez que o vi, estava sentado num bar e escrevia. Muitas vezes eu já o vira assim, indiferente ao ruído que o cercava. Naquele dia, pediu-me que o levasse a meu irmão,[7] a fim de que este resolvesse, como advogado, alguns problemas de família. Antes que o fizesse, amigos mais solícitos empreenderam o que ele desejava.

*

6. Honoré de Balzac (1799-1850), escritor francês, considerado o fundador do realismo na literatura moderna. Depois de, na juventude, ter verdadeira devoção à obra de Dostoiévski, Lúcio mergulha, na fase adulta, na obra de Balzac, e passa a ler e reler o escritor francês visando traçar os planos para seus romances.

7. Adaucto Lúcio Cardoso (1904-1974), importante jurista brasileiro. Ficou nacionalmente conhecido quando, manifestando indignada repulsa diante da decisão do STF — que julgou constitucional a lei da censura prévia (decreto-lei nº 1077), editada pelo governo Médici —, despiu a capa preta e atirou-a em sua cadeira, abandonando acintosamente o recinto.

Tenho a impressão de que é a última vez que vejo esta criatura, ainda tão nítida no seu mundo de infância. Depois disto, minha imaginação inventará rancores, ambições e atitudes de caráter maquiavélico. No fim de tudo, exausto e sem esperança, perguntarei, como o herói de Proust, como é que pude amar tanto alguém que em nada correspondia às minhas preferências. Sim, eu sei, sou o culpado: se mais tarde pudesse vê-la como a vejo agora, saberia então o quanto nela é frágil, o quanto é mortal inocência para a vida.

*

O céu, a vida, a pureza absoluta. Ah, tudo isto é uma questão desesperadamente pessoal. Quando dizemos "o absoluto", com que poderes sonhamos, com que mistérios de consolo e elevação... E se o queremos, que forças temos para arrastar os outros conosco? E se não temos os outros, que nos adianta este Paraíso solitário?

*

Perdoai, meu Deus, transformar os flácidos rostos de barro em máscaras de ferro. Perdoai-me acreditar que o impossível é possível, que a mistura humana escalda e se torna dúctil aos nossos dedos sem piedade. Perdoai a minha loucura, e a minha sacrílega fé na transfiguração das coisas. Bem sei, dia virá em que tudo será apenas como um punhado de cinzas, que eu remexo já sem nenhuma ambição. Perdoai-me por essa hora, quando o tempo se desfizer e eu apenas contemplar, ferido, a refração do meu delírio.

*

22 — Sem poder escrever estes dois dias, devido a um acúmulo de trabalho e de visitas. De todo o essencial que vivemos, quase sempre não restam senão nomes para alinhar à voracidade do tempo. Odete, João Maria dos Santos[8] e outros compuseram a atmosfera particular deste domingo em que, juntos, descobrimos Itaipu, uma das maravilhas da Terra. Lembro-me da primeira vez em que fui lá e pergunto a mim mesmo, inquieto, por que neste mundo tudo parece obedecer a um plano determinado, por que as coisas se encadeiam de modo tão natural, como se os acontecimentos fossem sulcos traçados por mãos que desconhecemos, sulcos que agora vamos trilhando sem nenhuma surpresa, como um poema que aos poucos fosse esmaecendo, e perdendo para nós todo sentido de mistério e descoberta...

---

8. Trata-se da atriz Odete Lara e do cenógrafo João Maria dos Santos, amigos de Lúcio.

*

Ontem à noite, quando regressava ao hotel, encontrei na rua um velho conhecido, que ocupa suas horas mais calmas escrevendo críticas musicais para um jornal. As outras, as que sobram para seu desvario, gasta-as agitando no mesmo instrumento a solidão e o álcool. Estava pois completamente embriagado e fazia-se acompanhar de um soldado, também alcoolizado. Ao me ver, pôs-se a gritar como um louco: "Você fez muito mal em ter vindo aqui, você não me conhece, eu me chamo Antônio". E depois, mais calmo, como se estabelecesse de súbito uma espécie de cumplicidade, começou a me chamar de João, insistindo em que eu não devia ter aparecido. Todo seu aspecto era tão decadente — lembrei-me de várias pessoas que conheci, atacadas do mesmo "mal" e que, com o correr do tempo, assumiram idêntico aspecto de degradação e miséria — que me fez pensar no surdo trabalho da carne, tão continuamente semelhante na sua enorme profundeza, e que aos poucos substitui o que era mais nobre, mais límpido, mais humano, nessa incrível máscara já sem nome que ontem tive a tristeza de contemplar.

*

23 — Meu Deus, aquela imagem de outro dia me obseda. Aquele grito… Onde extrair o divino naquele rosto degradado que me interpelou na rua? No entanto Cristo existe, eu sei, e talvez fosse Ele que me chamasse através daquela boca alcoolizada.

*

26 — O tempo firme me anuncia a possibilidade de começar a trabalhar domingo. Já a aparelhagem se acha aqui e estamos mais do que preparados, atrelados a essa impaciência que é como o começo da corrupção de todo projeto ansiosa e longamente preparado. As manhãs surgem frias, com grandes fiapos brancos que se esgarçam preguiçosamente pelo céu.

*

As identidades trocadas… Em última instância, que é o mal? Se somos feitos à imagem e semelhança de Deus, o mal é tudo o que atenta contra essa imagem e semelhança, índices dos atributos divinos da natureza humana. O mal é a negação dessa própria Natureza.

*

Sim, não há como negar, a profundeza da sensualidade é espantosa, é como um caminho sem fim. Mas caminho perfeitamente igual nas suas linhas, nas suas curvas, nos seus processos, como um vasto corredor que atravessássemos, mostrando a mesma paisagem sem surpresa.

*

Ah, o amor que não sabe ter calma e não conhece nenhuma espécie de repouso — antes é uma espécie de febre constante e lúcida. Com o correr do tempo transforma-se numa obsessão sem fundo, um estado agudo, delirante — e que é próprio daqueles que conhecem o nada em que se esfumam todos os sentimentos.

Se Deus não existisse, não chegaríamos apenas à conclusão de que tudo seria permitido. A vida seria simplesmente IMPOSSÍVEL, o peso do nada nos esmagaria com sua existência de ferro. Tudo pode desaparecer, desde que seja possível continuar numa outra vida — mas saber que todo esforço é vão, que o jogo não tem maior razão de ser, tira-nos não só o gosto de brincar, como o de realizar qualquer coisa que valha a pena. A existência de Deus, mesmo mantida no subconsciente ou apenas pressentida, é o que garante a chama da vida no coração de quase todos os homens.

*

28 — É enervante esta espera de que tudo esteja em ordem para dar o sinal de partida. O tempo é magnífico, grandes nuvens dilaceradas e brancas cobrem o céu, mas o material ainda não se encontra todo em meu poder. O filme[9] já se acha localizado take por take, mas ainda assim visitamos hoje algumas praias lamacentas por onde devo começá-lo. São extensões cobertas de um barro feito de areia e sangue que escorre dos matadouros próximos e que exalam um miasma fétido, assim que o sol se torna mais forte; essa lama atrai os urubus, às centenas, sinistros reis desses pântanos amaldiçoados. A imagem desses ambientes surge na tela dotada de máscula poesia — há, nessas praias de morte, qualquer coisa condenada, assim como uma faixa de terra do Apocalipse.

*

É curioso, a idade aguça alguns dos defeitos inerentes à nossa natureza — muito do que sou hoje, marcado em características por assim dizer essenciais, foram simples detalhes da minha infância. Não sei o que serão mais tarde, quando já tão graves me parecem agora.

*

9. *A mulher de longe.*

A existência, sem a Graça, é um acontecimento trucidado e incompleto. Quanto daquilo que nos forma, do que compõe em nossa essência o mais íntimo e o mais solene, desprende-se, afasta-nos do Cristo, para se agarrar e aderir às coisas, às pobres coisas humanas que nos traem sempre, porque apenas acumulam no seu âmago desesperados vazios, ansiedades sem sentido e sem correspondência... Perdemo-nos por fantásticas imagens — e é como se deitássemos à areia um jarro de água pura, tanto esses sentimentos, essas paixões seriam maiores, mais íntegras em sua totalidade no fundo do ser, e que infelizmente, ai de nós, não soubemos preservar...

*

Não sei por que tantos julgam que o mar é o símbolo da liberdade: vendo-o agora da minha janela, percebo-o como uma grande coisa aflita e aprisionada, lançando-se sem descanso contra esses carcereiros imóveis que são os rochedos. Nada é mais plangente em sua eterna queixa, em sua prisão perpetuamente agitada pelos ventos da distância.

*

29 — Finalmente devemos começar amanhã as filmagens de *A mulher de longe*. Sozinho, enquanto passo e repasso cenas que pretendo fazer viver diante da câmera — esse estranho gosto, essa ansiedade de fazer reviver através de um detalhe, um mundo adormecido e apenas entrevisto — sinto uma espécie de choque, um frêmito quase de susto. Parece-me que acordo de repente, que não tenho o direito de tocar nessas formas escondidas, que não me pertence o dom de fazer ressurgir na tela a visão de um sentimento ou de uma paisagem perturbada... Como pude ir tão longe — pergunto a mim mesmo, como pode me ter apanhado assim desprevenido toda esta diabólica engrenagem?

Mas não, a aventura não é assim tão bizarra. Desde a infância, desde os tempos mais recuados, o cinema foi para mim uma constante preocupação. Lembro-me dos montes de revistas cortadas, os desenhos, os programas que inventei, as telas improvisadas... Na Tijuca, no porão de uma casa onde moramos, havia uma cidade inteira de cinemas. E no que se refere ao teatro — paixão que surgiu em mim bem mais tardiamente do que o cinema — esse gosto pela arte de representar, que tantas vezes me faz andar mais rápido na elaboração de um romance, a fim de atingir depressa as cenas capitais...

*

Esplêndida, gloriosa manhã (infelizmente sem as grandes nuvens brancas) que passei estendido entre o mar e a areia, sentindo a vida fluir como uma carícia ao vento. A memória me traz, insensivelmente, a lembrança de praias do Norte que conheci no princípio do ano e que tanto deslumbramento me causaram (Itapuã, Barra e Pituba na Bahia, Atalaia Nova e Atalaia Velha no Sergipe) e que tão intensamente me deram a noção do Paraíso terrestre, com sua luz delirante e morna, seu azul arrancado à criação do mundo...

*

30 — Acho um pouco desconcertante que um escritor da categoria de Julien Green, cujo IV tomo do *Journal*[10] termino de ler agora, mostre-se ainda hesitante entre o problema da carne e a fé católica. No fundo, é um pouco banal esse modo de encarar a carne como o pecado máximo, o que em definitivo nos afasta do caminho de Cristo. Todos os pecados, e alguns mais do que outros, nos afastam do caminho de Cristo. Por exemplo, essa difícil procura da humildade, tantas vezes ausente dos mais rígidos corações cristãos, invioláveis no seu ascetismo, não é muitas vezes de importância idêntica a esse problema da castidade?

Não, acho que são exatamente essas raízes do velho puritanismo que Green condena, que alimentam suas exaustivas dúvidas. O problema é mais vasto — e no grande romancista de *Adrienne Mesurat*, gostaria de encontrar agora uma análise mais extensa e uma visão da vida mais profunda, que não nos dão certamente essas querelas entre a carne e Deus, capazes apenas de nos transmitir, no fim de tudo, a impressão de uma pungente banalidade.

*

Gosto dessas atrozes máscaras da era elisabetana. O que é curioso num Marlowe,[11] por exemplo, é que ele transcende sua obra para viver como um grande personagem trágico da época. Tem-se a impressão que esses gigantes foram talhados à medida exata de Shakespeare.

*

O mar, a proximidade do mar torna todas as coisas mais limpas. Lembro-me de Congonhas do Campo, tão pobre quanto as mais pobres aldeias de pescadores que ora visito nos arredores de Niterói — e nenhuma delas possui aquele ar de sujeira e de moléstia, que tantas vezes surpreendi na velha cidade de Minas. Não falo, é claro, da grandeza que Congonhas possui — toda ela hirta, de cinza e

---

10. Em francês: Diário.
11. Christopher Marlowe (1564-1593), dramaturgo e poeta inglês.

pedra, erguida à beira da estrada como um vasto monumento — falo dessa tristeza suja e castigada que deparei nos seus tristes becos, e que parece ausente desses povoados nus, repletos de azul que vêm desaguar à beira do mar.

*

Consultando um catálogo de *Cartas*, vejo com desespero que desconheço quase tudo e que desejo ler quase tudo. E o pior é que a este desejo furioso, ajunta-se a louca vontade de também querer fazer quase tudo...

*

Mais uma vez, por motivos de ordem puramente técnica, a filmagem foi adiada para amanhã ao amanhecer. Cansados, olhamos a paisagem já vista tantas vezes — e não há nada, nenhuma solução senão continuar a esperar, a esperar...

Setembro

1 — Ontem, finalmente, iniciamos a filmagem de *A mulher de longe*. Sob um sol causticante, rebatedores, difusores e todo o complicado apetrecho cinematográfico (e por que não dizer, coisas que no fundo me causam certo susto...) entraram em ação, sob o olhar de centenas de curiosos, numa praia nauseabunda, de um mau cheiro que empestava o ar completamente. A presença de estranhos tornava-me singularmente tímido e, qualquer movimento, qualquer ordem dada, qualquer representação, provocava uma reação visivelmente ofensiva por parte do público. Terminados os oito primeiros takes, quando já regressava, assaltou-me a brusca desconfiança de que o ambiente não oferecia as condições de fotogenia requeridas pela história. Imaginei com enorme tristeza ser obrigado a refazer tudo o que havíamos feito com tanto carinho e trabalho — mas qualquer decisão deixei para depois, após ter visto no copião, hoje à noite, o resultado de nossos primeiros esforços.

Amanhã recomeçaremos tudo.

*

6 — Todos esses dias imerso na preocupação de um trabalho exaustivo. O copião provou que o local possuía as condições exigidas, surgindo sóbrio, metálico e trágico, no quadrado do pequeno salão de projeções do laboratório.

Voltamos ao nosso trabalho e prosseguimos à mercê de marés vivas e posições do sol, descansando nos intervalos e conquistando aos poucos essa população meio-selvagem de Marohy Grande. As filmagens, em plena lama sanguinolenta e fétida, têm sido árduas: lutamos com o mar sujo e vagaroso, com os urubus e o que é pior, com a desconfiança dos moradores locais.

A cada instante, sinto que houve da minha parte um erro inicial: começar com cenas de conjunto, quando devia iniciar os trabalhos pelas filmagens isoladas. A minha falta de experiência luta com a formação de grupos de quinze, vinte pessoas — e eu próprio me atordoo com os comentários que ouço em torno, perdendo o objetivo de vista e relaxando cenas onde pretendia obter grande efeito.

Apesar de tudo, o filme avança.

*

Retidos ontem e hoje, por causa do mau tempo. Neblina e chuva, dessas chuvas miúdas que duram dias e que envolvem tudo num desespero inútil, silencioso. Vago inteiramente perdido, despedaçado pelos sentimentos mais contraditórios.

*

O pobre amor que sonhamos — o pequeno grande amor que nos trai e que traímos — essa visão de melancolia e de incerteza, pela qual sacrificamos tanto, sabendo que aquilo apenas nos mata e nos diminui… E no entanto, não é por uma mentira dessas que fazemos arder nossas mais puras reservas, em certos momentos idênticos a este, quando a nossa atenção se desprende de tudo e vagamos inquietos, sem consolo, recolhendo dos minutos vazios todo o mal com que podemos encher a imensa solidão que nos pertence…

*

7 — Ainda um desses dias de expectativa, passado entre nuvens prenhes de chuva — como avançam lentas e negras por cima de nós! — e rasgos de um sol vibrante e repentino. Ai de mim, um mínimo de esperança para o trabalho de amanhã…

Não há dúvida que isto cria um certo nervosismo; lembro-me do que tantos dizem a respeito de filmagens exteriores, suas dificuldades e a ilimitada paciência que é necessária para com os caprichos do tempo. Não podia imaginar contudo que fosse assim, e que eu devesse passar tantos dias nesse marasmo, obrigado à convivência e à palestra de pessoas que me foram impostas pela condição do trabalho, junto de quem sou obrigado a calar, não para ouvir alguma coisa que se aproveite, mas para escutar um contínuo aranzel de pequenas intrigas, fatos sem importância ou bisbilhotice oriunda de naturezas visceralmente malformadas. Caminho sozinho, e penso que também não gostaria que o meu trabalho fosse fácil. É melhor assim, que ele me custe até mesmo reservas que supunha absolutamente desnecessárias a esse gênero de empreendimentos.

E, finalmente, tudo tem suas compensações: apesar do script estar pronto há muito, esta espera me faz ver detalhes que eu não tinha percebido antes, e que fazem o filme amadurecer no meu pensamento. E é inútil repetir, tão velha é a verdade: só é possível a existência de uma obra de arte, através da obsessão.

*

Encontrei-me hoje, por acaso, com um escritor que há quatro ou cinco anos era extremamente arrogante, como só o são aqueles permanentemente visitados por um grande vazio, e que falava sobre sua obra, na verdade mal esboçada ainda, como de autênticos marcos culturais. Depois disto, o destino reservou-lhe piores dias, a doença começou a roer-lhe insidiosamente o organismo, o tempo passou. Ah, que sobre os arrogantes ou não, o tempo passa, e como disse o poeta, isto é que o faz bom. Hoje, pareceu-me mais humilde, mais humano. Falou-me ainda com entusiasmo, é certo, de um livro seu a sair proximamente. Mas já não havia aquele tom dissonante e aflitivo em suas palavras, aquela música desacertada que denunciava os elementos antagônicos de sua natureza vaidosa. Percebia-se apenas, como a abafada melodia de um instrumento ferido, a alegria de poder demonstrar que não estava perdido, que não havia soçobrado naquele espaço de tempo. Desta vez eu o compreendi, sorrindo.

*

Na lancha, sacudida com violência pelas ondas, pensei qual seria a minha espécie de morte. Durante muitos anos, sonhei que um dia morreria afogado. Depois, a imaginação traçou-me males mais tristes ainda. E finalmente cheguei à conclusão de que desde há muito a morte se acha instalada dentro de nós (não sei em quanto Rilke me ajudou nesta ideia…), que ali surgiu ao rebentar do primeiro sorriso da carne virgem, que desde essa época, vagarosamente, vem realizando seu trabalho de sapa… ou então, que descuidados e gloriosos como deuses gregos, talvez fôssemos fulminados de repente, em plena visão do céu enorme, pela fria cutilada da catástrofe. Mas de há muito os deuses gregos abandonaram este mundo sem harmonia — e a morte que nos espera, é a mesma que nos acompanha, como a sombra estrangeira que divisamos na limpidez dos muros.

*

Viver ou ser fiel à sua vocação é o velho problema que um filme hoje recolocou aos meus olhos. O que é inexato, pois ninguém deixa de viver por seguir esse impulso íntimo e profundo que se chama vocação. Para esses, só esta vida é possível, e tudo o mais é MORTE. Ou flagrantes conivências com essas coisas fáceis que todo mundo denomina, pomposamente, de prazeres.

*

8 — Ainda um dia inútil. Saberá jamais um calmo espectador de que reservas de paciência necessitamos para levantar um filme? Quando há bom tempo, nem a máquina nem o pessoal está pronto; quando tudo está em ordem, reina o mau tempo.

*

Não que me engane, ou queira supor que isto seja senão um modo de me defender… De que extraordinários recursos lança mão uma natureza ferida no seu íntimo, tocada naquilo que para ela é essencial manter em segredo. Tudo o que é definitivo em nós, o que equivale a dizer o mais importante, no segredo é que se concebe. E é triste verificar que não há solução, que me criticam exatamente por causa do que suponho em mim o mais generoso e profundo. Talvez seja ingênuo exalar tais queixas, mas sinto-me aturdido, imaginando que tudo está perpetuamente destinado ao desastre. Não há como fugir, à força de errar sempre tão cegamente, imagino que minha natureza requer uma ponte, uma arquitetura para essas paisagens frustradas. Lembro-me da frase de Byron que me acalentou durante tanto tempo: *"there was that in my spirit ever*[/] *which shaped out for itself some great reverse"*.[12]

*

Nos intervalos de filmagem, nas longas horas de expectativa, deitado na grama ou no terreno nu, sinto uma palpitação que não me é desconhecida, qualquer coisa que desce à ponta dos meus dedos, e que se chama a necessidade de escrever. Escrever, imaginar — esse velho jogo de feitiçaria, que é no mundo a única coisa realmente importante para mim. É verdade, escreve-se com a câmera, constrói-se um filme como se faz um romance, mas com que dificuldade, com

---

12. Em inglês: "havia algo em meu espírito[/] que moldava para si mesmo algum grande revés". São versos da tragédia em cinco atos *Marino Faliero, Doge of Venice*, de Lord Byron, publicada e apresentada pela primeira vez em 1821.

que longas paradas, com que asperezas no contato diário com os artistas! E o que imaginamos arrasta uma cauda de novas reminiscências, requer uma realidade imediata e bruta, uma rua por exemplo, deixa lugar a um rosto, o rosto a um interior, o interior a uma história inteira... E é preciso ir dando corpo rapidamente a essas visões esquivas, antes que elas desapareçam completamente, enquanto o perfume da rua ainda sobe às nossas narinas, o rosto se contrai num movimento de impaciência, a cortina tomba na janela, antes de nos instalarmos no interior, onde a história principia, já com sua atmosfera formada, e lutamos apenas para escolher o detalhe inicial — se é ele as mãos que vão remexer uma caixa de recordações, se é um retrato que pende da parede, ou se é apenas o corpo exausto que se deixa cair num divã...

E no entanto, é impossível negar o sabor dessas experiências remotas, dessas invasões em domínios estrangeiros, como as que faço pelos campos técnicos do cinema. Através delas, sigo o mesmo processo de contar que me pertence — se não consigo transmitir toda a força que pressinto nestas imagens desconjuntadas, não é que seja artificial o processo, mas tanto no romance como no cinema, são míopes, e de nascimento, as lentes que uso.

*

Leio atualmente a correspondência entre André Gide e Francis Jammes. Nomes, títulos de livros e sumários de revistas que os correspondentes citam já foram tão vistos através de outros ângulos, tão percorridos e examinados pela nossa atenção, que tenho a impressão de estar revendo o inventário de um mundo perdido. É assombroso como tudo envelhece depressa em nossa época. Não há um processo lento, um amadurecer gradual e de evolução sistemática — torna-mo-nos caducos aos saltos, sem previsão e sem nenhuma possibilidade de salvamento. Na verdade, estão longe, bem longe, as fronteiras que limitavam as discussões sobre os pontos de vista de Menalque.[13] Essa época teve o seu grande representante, sua estrela máxima, que dia a dia cintila mais com todos os fogos de uma desesperadora celebridade: Marcel Proust.

*

10 — Que escrever de um dia como este, em que tudo se acumula e nada se faz... De um lado para outro à procura de dinheiro, em conversas de escritório,

---

13. Personagem — inspirado em Oscar Wilde — do livro *Frutos da terra* (1897), de André Gide.

encarando soluções inúteis para problemas que me são alheios. Não há dúvida que é bem duro o preço que se paga por um sonho. E no entanto, enquanto caminho, enquanto sondo as faces indiferentes que me escutam, enquanto exponho com voz trêmula, onde pressinto faltar toda a força da convicção que me anima, indago de mim mesmo se terei forças para ir adiante, se um dia verei este ideal realizado... Que apoio encontrei para erguer o que imaginei tão alto, quem me auxiliará a levar avante o peso que se acumula sobre os meus ombros? Há momentos em que tenho medo — o futuro me parece incerto e insondável.

*

Almoço com Adonias Filho,[14] que me fala de literatura e de outros assuntos, enquanto aos poucos eu verifico o quanto me acho distanciado de tudo isto. A certa altura, diz ele que certa escritora teria lhe perguntado algo a meu respeito. A grosseria da questão não me assusta — apenas me causa uma vaga melancolia. A tristeza que eu poderia ter sentido, reservo-a para coisas mais graves.

*

De que modo perdemos os outros, como os contatos que se mostravam tão estreitos, agora empalidecem e se desfazem... Não somos iguais, não sentimos como sempre? Que murchou, que luz se fechou inesperada dentro de nós, que magia perdemos no esforço da amizade? Não, jamais encontraremos a resposta, só há uma verdade: de repente, somente cadáveres nos rodeiam.

*

Abandono-me, desfaço-me de tudo, deixo escorrer pelas mãos o que me é impossível reter — e dentro deste pequeno reduto solitário, onde nunca ninguém penetra, onde jamais consigo sorrir, surpreendo a apavorante inutilidade de tudo: até mesmo a pobreza de uns cria o desperdício de outros.

*

Como sinal de sombra que dominasse todas as claridades da atmosfera, como algo que nunca foi entrevisto, mas que percorresse todas as sequências como uma melodia oculta, eu queria que se adivinhasse ao longo do filme a silhueta da Cruz. Afinal, um símbolo de redenção devia presidir a todos esses horrores. Mas não seria um esforço para justificar uma ausência que se pressente, poderosa, desde o início? E assim, sozinha, não é ela mais eloquente do que qualquer justificativa?

---

14. Adonias Filho (1915-1990), escritor, jornalista, ensaísta e crítico literário brasileiro. Fez parte da terceira fase do modernismo.

*

11 — Quantas vezes, como agora, diante do erro irremediavelmente cometido, terei de reconhecer que o meu mal — o grande mal de quase todo mundo, mas que em mim assume proporções catastróficas — é o de uma imaginação que nunca permanece em repouso? Não há um terreno vedado ao meu trabalho, percorro a realidade como se todas as coisas tivessem o conteúdo do sonho. O que me consome, ai, é a extensão da minha solidão.

Mais uma vez, trabalhando hoje, senti que *travellings*, panoramas e *long-shots* nada mais são senão capítulos, frases, balbucios do mesmo romance que não se conclui nunca e que, através das imagens, procura apenas transmitir sua fantástica existência.

*

Sempre o mesmo ponto por onde tudo fracassa — como uma roda dentada que girasse com um defeito no mesmo lugar. Impossível não se romper um dia...

*

12 — O que é criminoso é representar tudo o que eu sei — a vida, para ser vivida, é uma abstinência de verdade.

*

13 — Dia nublado e frio. Visita ao prefeito, que me concede uma caminhoneta para transporte dos artistas. O trabalho marcha demasiadamente lento, preocupo-me, mas não será melhor assim a sacrificar a qualidade da fotografia?

*

15 — Outra vez neblina e chuva. Aproveito o tempo para ir ao Rio e confesso que, um dia passado deste modo, torna-me mais cansado do que a ausência de trabalho. Mesmas fisionomias, mesmo ruído, mesmos cafés, mesmos problemas. Há no ar um elemento desvitalizante que toma tudo — as melhores pessoas e os empreendimentos mais altos — anêmico e sem calor. Sinto-me horrorizado, sem encontrar no meu trabalho a amplidão que supunha. Em certos momentos pensei mesmo que tudo fosse apenas um sonho de demente. Mas regresso — e numa lancha apinhada, que viajou todo o tempo adernada. Aqui de novo, no hotel, escutando as ondas que batem lá fora, incessantes dentro da grande noite fria, sinto que isto também é "igual", porém um "igual" diferente de todos os outros da minha vida.

*

Procurei hoje o Major N. a fim de resolver o problema de um amigo meu — e detalhando as circunstâncias, num bilhete que deixei com o caixa do Bar Serrador, lembrei-me de outras vezes em que cumpri idêntico gesto, para idênticos amigos que hoje já não existem — que já se foram há muito da minha estima. Há uma espécie de morte pior do que a morte comum — é a da traição, do esquecimento e do abandono, e que dá à lembrança um tão pungente gosto de tempo perdido e de inutilidade das coisas. Com a outra, com a morte simples, sempre existe uma possibilidade de saudade, que é um modo de reviver o bem que involuntariamente foi arrancado às nossas mãos.

*

Lendo o novo romance de X., sinto que as palavras a consomem. As ideias são simples, em palavras de rebuscado brilho. O que em última análise nos dá a impressão de um alto coche funerário, paramentado de joias e plumas densas de solenidade, mas que transportasse apenas o magro cadáver de um recém-nascido. Que me perdoem a imagem, mas toda essa história, sem o seu aparente luxo, daria no máximo para um conto. O resto, traz o signo do histérico: ela luta com as expressões como se quisesse exauri-las de toda essência.

*

Hoje me veio à memória uma ideia que me ocorreu durante o sono e que me parece ao mesmo tempo estranha e poética. As noites, sua substância penumbrosa e indevassável, são feitas pela sombra de tudo o que passou. Por isto é que sempre se tornam mais escuras. E tempo virá, no fim de tudo, que elas serão compostas com a essência de todo o passado. E serão permanentes. Em torno de nós ondularão como grandes vagas irremissíveis e sem fim. Um mar de plumas que houvesse perdido o dom da música.

*

Que espero eu, que faço? Inútil perguntar: como um herói de Kafka, espero não sei o quê, cumprindo uma ordem que veio não sei de onde. Sinto-me envelhecer por todos os lados, como uma dessas matérias gelatinosas que o mar atira à praia e que endurecem ao sol. A vida flui e reflui em mim como uma poderosa vaga — e sinto-me crescer em silêncio, petrificado neste destino que é o meu mistério, e a grande certeza da minha indescritível solidão.

*

Dentro de mim, sombra — mas fria e calma. Fora, sombra onde cumpro os gestos que todos sabem. O que aprendemos é como nos ocultar de um modo banal, como toda gente mais ou menos se oculta. O que ocultamos é o que importa, é o que somos. Os loucos são os que não ocultam mais nada — e em vez dos gestos aprendidos, traduzem no mundo exterior os signos do mundo secreto que os conduz.

*

Que Deus me dê a simplicidade de ver as coisas em sua própria verdade, no seu jogo natural entre a luz e o dia — e não transfiguradas e em ânsias. Que o dom é ver a vida escorrer no seu apelo à permanência, insensível à ameaça da morte — e não ver somente a morte, no seu trabalho sutil de transposição, misturando-se aleivosamente às formas mais felizes da criação. É esta a fraqueza dos que não sabem viver em superioridade à matéria nua, confundindo-a, subjugando-se ao seu poder. Enquanto o que é espírito, paira e sobrevive na tranquilidade, contemplando o que é inerte na clara expansão da sua inexistência.

*

Sim, é tempo. Se tenho de existir, é pelo esforço da minha atenção. Lúcido e calmo, devo olhar o que se desprende de mim como fragmentos abandonados de uma figura que se esculpe. Agora vejo os meus contornos. Os meus vazios, é o que reconquistei até agora. De ausências é que me formo. Revejo-me no espelho imenso da minha desolação — mas é assim de pedra que me quero.

*

Não, a carne é inútil, impossível é contentarmo-nos com tão pouco. O único caminho é ser casto, ante a sensação de pobreza que a posse física nos transmite. A tanto desejo de expansão — de aniquilamento quase — esbarramos com um muro que recebe os nossos soluços com a tristeza impassível das coisas vedadas. E se não sugamos a alma, se não morremos desse beijo, o que temos entre nossas mãos, por cinco minutos, é um cadáver.

*

Esse outro, que encontrei hoje e que conheço há tantos anos. Sempre o adivinhei, mas nunca houve palavras entre nós. E de repente, após todo esse tempo, a pretexto de liberdade, mostrou-se cínico. Olhei-o na sua fome de vida, e confesso que tive a impressão de avistar algo sinistro em seu olhar.

*

17 — Aqui estou eu, como diante de um espelho. Minha imagem inteira se projeta — um esforço apenas, deteriorado por todas as espécies de sonhos. Sinto-me de pé à espera da transformação — sei, sei dolorosamente que me transformarei — e enquanto isto ouço escorrer dentro de mim este sangue escuro feito

pelos detritos de tudo o que amei, de tudo o que concebi e que supus mais alto. Há um inverno permanente que me cerca — sinto que me falam ao ouvido palavras que ninguém jamais escutou — e a solidão traça seus estreitos caminhos, quando o mar bate e o tempo fala de suas débeis conquistas. Não somos ISTO — o que existe está além, muito além de nós. As vozes que escuto são sombras da verdade. A verdade é tudo ainda que não adivinhamos.

*

Se Deus existe — e sei, sinto que existe — está comigo. Não é possível participar de tantas formas de vida, delas estando tão ausente. E morro de tudo o que vivo: sinto que a existência, em certos momentos, é quase um sacrilégio.

*

18 — Filmagem lenta, mas em todo caso acho-me satisfeito de ter saído do marasmo de dias atrás. Mesmo processo de sondar o tempo, de sentir o coração apertado: há nuvens escuras para amanhã. Talvez entremos em novo período de inatividade. Ando novamente pela varanda, converso, abro cadernos, estudo, volto a olhar o céu mais uma vez...

A praia de lama onde trabalhamos impede-me de conseguir certos efeitos imaginados, mas em compensação sobram-me sugestões em que não tinha pensado ainda.

*

Retomei hoje minha novela, na intenção de acabá-la o mais cedo possível. Senti certa dificuldade em me reapossar do assunto, como quem volta a trabalhar numa matéria fria. Os personagens são os mesmos da *Reaparição*,[15] e deles sei tudo o que quero dizer, mas os problemas se transformam, distanciam-se, os horizontes se tornam móveis. Não há nenhum prazer em escrever assim.

*

Escutando as risadas descomunais de alguns companheiros de trabalho, que se divertem enchendo a noite de urros, pergunto a mim mesmo o que é o riso. Bergson[16] definiu-o num pequeno livro magistral. E eu, sem pretender entrar na sua metafísica, acho apenas que é a explosão de um ser recôndito e monstruoso, uma pura vitória do "outro" que irracionalmente nos habita. Não somos nós, não é a consciência que dita aquele ruído — ao contrário, esquecemos tudo, entrega-

---

15. Trata-se do nome primitivo da novela *O enfeitiçado*.
16. Henri Bergson (1859-1961), filósofo francês. Autor de *O riso* (1899).

mo-nos a uma noite inesperada e violenta, transmitindo através desse cascatear absurdo, a voz de alguém que ordinariamente o espírito domina.

*

19 — Gostaria de falar dessa solidão que reside nas extremas regiões do homem, nessa zona recuada onde já não vigoram mais as regras simples da moral, e onde tudo será caos governado pelo mais impiedoso instinto, se o conhecimento de Deus não interviesse e pacificasse esse mundo primitivo.

*

Ou então, deste outro tema: morremos do excesso de realidade. Morremos dos limites que criamos para a vida. Se pudéssemos estabelecer, como tentamos sempre, fronteiras para o livre poder de Deus, talvez sobrevivêssemos nesse mesquinho terreno arrebatado ao mistério. Mas ao contrário, já que não ousamos ser tão loucos que aceitemos de olhos fechados a loucura de Deus, é a impossibilidade de compreender que nos aniquila, é o desespero ante o mistério que nos torna trágicos, é esta luta entre o que vemos e o que se manifesta enigmático em nossa natureza, o que se debate e ruge nessa recuada solidão onde só ousamos penetrar em circunstâncias supremas.

... ou então dessa força prodigiosa, imensa, que transforma tudo o que existe em mal, como um jardim viciado onde as flores murchassem sem saber por quê — essa torrente que arrasta tudo para a morte e faz essa morte brotar de tudo e em todos os lugares com tal ímpeto, que o bem chega a nos parecer uma coisa arbitrária e importuna, uma coroa de louros secos, que muitas vezes achamos desprezível colocar sobre nossas próprias cabeças.

*

20 — O cinema é, de todas as artes, a mais trabalhosa. Para levá-la a efeito, é preciso o concurso de grande número de pessoas. A harmonia que requer, portanto, é a mais difícil de se obter. Creio que deve vir daí a raridade das autênticas obras-primas da tela. E de onde é possível a alguns imbecis, apoiados em citações de dicionário, afirmarem que o "cinema não é arte". Arte sim, arte degradada, arte assassinada pela indústria, devido aos fabulosos proventos que engendra, mas ainda assim arte, já que o espírito do homem consegue se transmitir através dela com tão grandiosa intensidade.

Um filme é um mundo que se recria, e para realizá-lo é preciso que se obedeça a leis, códigos e princípios que regem um universo autônomo. Ao contrário do romance, não são leis e códigos de ordem subjetiva — leis e códigos dessa natureza, surgem mais ou menos harmônicos e equilibrados depois da obra levada a termo — e sim imperativos da ordem imediata, princípios de uma realidade tangível, objetiva, agressiva como uma rocha cheia de arestas.

*

Enigmática máscara: que se cumpre por trás do que sonhamos? Há uma construção de palpitações verdes por trás dos personagens que se esfumam em nossa mente, semelhante a um cenário de ópera, através do qual escorre incessantemente um rio de águas agitadas e perfeitas.

*

Assim estou, pois, nesta curva do caminho. E posso dizer que tudo me falta, se bem que tenha tudo. Os bens da Terra, ai de mim, não cumulam minhas ambições, e o que espero é uma sinfonia de paz ouvida não sei onde. Algo me atrai que não está em mim e me impede a identificação com as coisas. Mas não são acaso as ausências que me cumprem? Não são os meus excessos — tão pobres — que me delineiam? Indago em vão e sei apenas, com uma triste lucidez, que os desastres não me limitam.

Não existo no pleno, e sim no que carece. Assim a melodia se concebe e vibra, ao longo de uma existência que jamais sacia o meu desejo de variedade.

*

21 — Uma das maiores pobrezas, não seria demais repetir, é a carência do dom da poesia. Não do dom de criar poesia, mas o de surpreendê-la simplesmente nas coisas, isolando-a e respirando seu hálito de vida. De mim mesmo indago com certa perplexidade como existem pessoas que possam viver emuradas, sem pressentir que há um meio diferente de julgar, que a existência e os acontecimentos possuem uma outra projeção, o seu lado permanente de sombra e transfiguração? Nada que existe é aquilo por si apenas — tudo projeta uma intenção oculta, uma aura que transforma a matéria mais dura. Há projeções sem forma concreta, mas é impossível haver formas sem projeções. Completo, o mundo da poesia transfigura-se em sobrenatural — incompleto, o mundo aparente traduz apenas os emblemas de uma ordem mais alta.

Estas considerações, que considero de caráter absolutamente primário, acudiram-me ao espírito enquanto escutava uma conversa entre Chermont[17] e Fred Brugger.[18]

17. Jaime Chermont, ator de *A mulher de longe* (1949).
18. Nome não identificado.

*

Manhãs povoadas de mar — não o sujo e amaldiçoado mar onde se desenrolam as sequências iniciais de *A mulher de longe* — mas o mar luminoso e cheirando a sangue que vem desaguar nestas praias vizinhas... Inclino-me um pouco quando a maré se afasta e ouço, nestas pedras pejadas de ostras, conchas e mariscos, qualquer coisa que ferve, chia e sua, como se as pedras enormes respirassem, emergindo da água, atônitas e cegas. Tudo isto tem a pureza e a grandeza do primeiro instante da Criação.

*

Jayme,[19] depois que me conhece há muito, fala hoje pela primeira vez sobre a paixão que o atormentou durante seis anos. Curioso: à medida que fala, verifico, por esta confissão, o quanto já se acha distante do caso. Para revelar até mesmo o que existia como segredo nuclear do laço existente entre ambos, é preciso já ter lançado tudo às correntezas largas do tempo. Para esta consciência que fez nascer um amor das fontes calcinadas do remorso, o fato não é mais sagrado. De agora em diante, só a memória sobrevive — se sobreviver. Tal é o destino das grandes paixões.

*

O que não me agrada em Charles Du Bos,[20] não é o que ele exprime, quase sempre inteligente e justo, aliás, se bem que caldeado numa excessiva generosidade e num fervor místico de descobrir meandros e intenções ocultas. O que o torna quase inacessível para mim, é a maneira pela qual lança ele suas ideias. Todos esses parágrafos sobre "riqueza interior", "acentuado prazer" e "curvas do espírito" dão um sabor antipático e artificial ao que ele escreve. A comparar com o que sentimos ante as mesmas obras de arte — e a verdade é que é sempre humilhante reconhecer que sentimos menos — a sensação que nos possui é a da ironia — e logo vem a ideia de que provavelmente esse homem estará nos enganando, que há um evidente preciosismo nesse furor espiritual. É que, tudo bem somado, ele se refere às coisas do espírito em termos de gulodice.

*

Acaso serei sempre o mesmo que espia e sofre, que espia e sofre os mesmos espetáculos e os mesmos sofrimentos? Não, sou eu mesmo, mas já sabendo que não sou mais o mesmo.

---

19. Jayme Costa (1897-1967), um dos mais importantes atores da história do teatro brasileiro.
20. Charles Du Bos (1882-1939), crítico francês.

*

Este caso, por exemplo, que agora é o meu, há de me levar a sacrificar muitas coisas. E jamais poderei deixar de sentir que no entanto tudo está perdido, que o sacrifício é inútil. Mas não sou eu, é o meu ser mais íntimo e mais rebelde, que não se acostuma às verdades que o espírito apreende — e num mundo onde quase tudo se repete e onde o hábito é soberano, recusa-se a não participar do movimento geral, e assim vai seguindo, vai seguindo às tontas e cheio de cicatrizes, enquanto a alma permanece alheia. Solitária alma, desolada acusadora! Bem sei que as palavras que esta criatura pronuncia, são palavras que valem apenas durante o minuto que se esgota, que não são justas senão durante o minuto que consinto em fechar os olhos...

A fuga é possível — mas para uma ilha deserta ou um convento. São estes os últimos redutos onde a verdade integral é possível. Que verdade? A do silêncio. Mas enquanto vivemos neste mundo, as garras do hábito são tão fortes, que nos tornamos iguais pelo terror de sermos muito diferentes. Creio que há um instante, no entanto, em que todo o limo do habitual se desfaz em nós — instante em que, nus, olhamos sem espanto a nossa essência verdadeira. Aí a mentira é inútil, o mundo abandonado recolhe seus estraçalhados atributos. Falo, é claro, do instante de nossa morte.

*

Neste momento calado, enquanto Ruy Santos[21] limpa as lentes da objetiva, repiso velhas verdades que não faz mal a ninguém serem constantemente relembradas. Não aprendemos, não adquirimos experiências para viver, não nos tornamos diferentes pelo conhecimento — pelo menos naquilo que constitui o fundo essencial de nossa natureza. Isto quer dizer que caminhamos naturalmente do nascimento para a morte. Uma grande vida deve ser aquela que aprendeu a se despojar melhor, a fim de atingir com perfeição o fim inevitável. Só aprendemos nos despojando, e esta é a grande lição de Job. Só nos cumprimos encarando firmes e de coração tranquilo essa etapa irremovível, que tanto nos esforçamos por esquecer, que tanto tememos e que, no entanto, é a única realidade constantemente presente, a morte. São os homens pequenos que se debatem diante dela — para eles a vida simboliza um ideal perfeito. Mas os que aprendem, os que

---

21. Ruy Santos (1916-1989), cineasta, diretor de fotografia e roteirista brasileiro. Dirigiu e fez a fotografia do filme *O desconhecido*, de 1978, baseado na novela homônima de Lúcio.

reconhecem na experiência esse valor despojativo, esse poder de serenidade, sabem que o único meio de se atingir bem o termo de tudo, é largar no meio do caminho o que nos faz muito pesados. A morte nos recolhe nus, verdade que é tão velha quanto o princípio do mundo. E nem mesmo este corpo que nos foi EMPRESTADO, é admitido em outra vida. Rede de hábitos e contradições mesquinhas, irá jazer sob a terra e aí apodrecerá. E a terra, revolvida um dia, lançará ao vento essas cinzas sem alma. Logo, ainda que um corpo idêntico ressuscite no Juízo Final, este que arranhamos com as garras de tantas ambições frustradas, jamais voltará a ser nosso, jamais nos constituirá com sua floração de sonhos suicidas.

*

É inútil negar, o homem é obsedado pela ideia de Deus. Tudo o que faz — quer se manifeste à luz do sublime ou do ignominioso, é um esforço para provar a si mesmo, consciente ou não, a realidade ou o mito da sombra de Deus. Já é uma filosofia banal afirmar que, no entanto, toda a Criação está vincada pela presença de uma entidade incompreensível. (Pois Deus é incompreensível, e aí reside sua grandeza. Os tolos, os que não podem deixar de reduzir as coisas à sua própria altura, julgam-no uma equação resolvida — mas quanto mais é profunda a nossa fé, mais fechado e mais espantoso é o segredo.) Não, não é possível fugir: não sabemos quem somos, e nossa própria angústia ante este fato, justifica o mistério que nos obseda. Somos a pequena afirmação de alguma coisa imensa que não foi levada às suas últimas consequências — e o que quer que seja, só pode ser uma arquitetura no invisível. A qualquer momento, podemos deixar de existir, e neste caso Deus existe, porque não temos a quem doar a esperança que nos foi dada. Certamente há homens sem esperança, mas entre todos é o ser mais triste, pois representa o ateu completo. O único para quem nada tem motivo, para quem este mundo tosco e cheio de arestas informes representa um todo fechado, uma finalidade.

*

22 — Compreendo agora por que Kulechov —[22] ou citaria ele uma palavra de Eisenstein? —[23] afirma que o diretor de cinema, antes de tudo, deve gozar boa saúde. Refere-se ele, sem a menor dúvida, a um sistema nervoso forte. Aqui no Brasil então, temos de lutar contra os elementos mais diversos e mais inesperados:

22. Liev Kulechov (1899-1970), teórico de cinema e cineasta russo.
23. Serguei Eisenstein (1898-1948), cineasta soviético.

o excessivo bom tempo, o mau tempo, dificuldades materiais, capacidade de compreensão, inteligência, boa vontade, temperamentos caprichosos, falta de material, tudo. O diretor é um homem essencialmente votado ao sofrimento, é o pequeno deus castigado de um mundo de fatores antagônicos e adversos. Isto em qualquer lugar do mundo faz um herói, no Brasil inventa um mártir.

*

Na manhã nublada, eu e Luís Fernando, sentados diante do mar, conversamos. Detalha-me ele seus problemas e inquietações. Tem dezessete anos, uma simpática aparência e uma absoluta insegurança em todas as coisas. Alia a isto uma curiosidade real e um autêntico desejo de progresso e aperfeiçoamento. Tudo nele é frágil, poroso, em luta contra o meio ambiente. Mas é sua fragilidade, exatamente, que me deixa mais pensativo. Na sua idade, também havia em mim curiosidade e essa suscetibilidade à cata do que se pode aprender, essa ductilidade e essa constante avaliação de nossas diferenças com o resto do mundo — mas não existia, estou certo, esta indecisão e esta procura de caminho, que, afinal, pode muito bem ser uma forma de se enriquecer como qualquer outra. Não, eu vivia cheio de erros e de obscuridade — mas não existia em mim nenhuma dúvida. Sempre me senti talhado como num bloco de pedra. Já sabia, como sempre o soubera, o que pretendia. Cegamente marchava para o meu destino, insubmisso, feroz, atormentado e solitário.

*

23 — Diz Liev Chestov que a filosofia deve perturbar os homens e não tranquilizá-los. Verdade que dia a dia sinto mais, pois nossa tendência geral é para ficticiamente solucionarmos tudo, e assim levarmos a existência numa falsa posição de repouso. Não sei se é novo o que digo, que me importa, mas não só a filosofia, como toda arte que se conta como tal, não deve permitir ao homem nenhum sentimento de tranquilidade. Tudo o que é belo, só deve ser útil para fazer crescer nossa impressão de intranquilidade. A beleza é o supremo espasmo, a angústia máxima, o sentimento maior de furor ante a fragilidade e a possibilidade de destruição de tudo. E é assim, sob o terror, que o homem se realiza integralmente. Estamos nus, integrais em toda a estranheza de nosso trágico destino, quando sentimos o chão faltar sob nossos pés. Todas as velhas filosofias que provam e sistematizam para nos amparar são mentirosas ciladas que nos amputam de valores essenciais, que nos reduzem a tristes cifras de um jogo banal e sem grandeza. Não há tranquilidade de espécie alguma, a vida é uma série de proba-

bilidades mal defendidas, o universo um acúmulo de formas executadas por mãos infiéis. Não devemos temer a verdade, porque afinal, revelada ou não, é a única coisa que nos pertence.

*

Esta noite dormi mal, perturbado por esquisitos sonhos e pressentimentos. O medo de estar faltando ao meu destino, causa-me a mesma impressão torturante de que me acho separado de coisas que julgo essenciais. O romance me falta — e é uma necessidade quase física, que me põe doente, sobressaltado, infeliz e sem gosto para fazer coisa alguma. No fundo, sentimento de que devo realizar alguma coisa que ainda não foi feita, e para a qual tenho tempo limitado. Acordei opresso, ouvindo galos que cantavam em terreiros distantes.

*

Vi um sítio ontem, procurando onde alojar o pessoal para a filmagem. (O sonho da casa, da ilha, da distância, que no fundo é o sonho da serenidade e do destino cumprido...) Árvores altas e secas, eucaliptos gemendo vagarosamente ao vento. Escutei aquele rumor com o coração transido, percebendo a pobreza da terra e a imensa solidão daquele cenário de vertigem. Um riacho, quase seco, escorria à sombra de enormes bananeiras. Perto, altivamente, floria um desmesurado girassol. E todo aquele mundo estava morto, tocado não sei por que espécie de castigo. Nuvens escuras, pejadas de chuva, avançavam por detrás das serras próximas. O silêncio era de uma força sobrenatural.

*

É preciso se arriscar ao máximo, a fim de que o sono não nos ganhe — o que em última análise parece um conselho estandardizado de Nietzsche ou de Gide. Mas em certos momentos, compreendo perfeitamente a lógica da minha vida, e o esforço dessa autodefesa que, vista no primeiro instante, parece um movimento inconsciente e descontrolado. Mas a verdade é que não faço isto apenas para experimentar as minhas forças, as minhas pobres forças — o que me habita é um medo secreto de perecer pela estagnação, de comprometer numa situação facilmente conquistada essa capacidade de renovação que julgo imprescindível a todo criador. Não sei, é claro, se são estes os caminhos em que deveria me arriscar, mas geralmente eu me arrisco em todos, sem me prender a nenhum. Tudo é perigoso, para quem sofre vertigens. Mas para quem não desdenha os grandes saltos na inquietação e no obscuro, tudo é bom para ser visto de perto. (Digo TUDO: as casas cheias de sombra e promessas aliciantes, os grandes becos da nevrose, o tóxico, os olhos insones do ciúme, as renúncias nas sacristias afastadas, os livros da magia, os claros escritórios do jogo e da ambição, o inimigo subterrâneo que nos saúda, a prostituta que nos recebe sem suspeita, a conversa que pode decidir o futuro, TUDO.) E ainda mais, muito mais, o que a poesia consegue transfundir e alimentar de novas luzes em seus vastos laboratórios. Decerto essas experiências nos envelhecem, quando a elas vamos sem nenhuma pureza de coração, quando as consideramos uma finalidade. Mas quando as aceitamos como uma simples possibilidade à nossa revelação, são elas, exatamente, que nos garantem a permanência do dom da mocidade. Elas é que nos conduzem perpetuamente a novas paisagens, que nos auxiliam a afugentar o espectro macio do sono, e nos desvendam implacavelmente os cimos mais raros do perigo.

*

Que mecanismo é este que Charles Du Bos se compraz em estudar com tanta minúcia? O da sensação intelectual. E colocado em termos de razão, existe nada que nos pareça mais artificial? Todo este longo *Journal* me parece uma conversação sem interesse, mole em seus infinitos meandros, em suas idas, vindas e recuos, em suas massacradas descobertas. São papéis íntimos de um homem que se ocupou a vida inteira com o mais ingrato e estéril dos gêneros literários: a crítica.

*

25 — Curioso como certas palavras ou expressões atuam sobre nossa sensibilidade, e de repente, como uma viva claridade surgisse e nos rompesse um canto ermo da consciência. Ontem, ouvindo alguém dizer — "estamos no começo da primavera" — senti-me bruscamente, intensamente infeliz, sem que soubesse o motivo. (Talvez o saiba: mas certas razões são tão imponderáveis quanto o desconhecido. Assim como uma paisagem que não conheço, a vista de um jardim na Itália, um lago da Suíça, por exemplo, acordam-me uma dor repentina, um signo da beleza, da tranquilidade ou do luxo, nada faz senão exacerbar até o paroxismo, o sentimento horrível da minha solidão.) Uma escura engrenagem se movimentou no meu íntimo e durante um minuto tudo foi um confuso turbilhonar. Passei o resto da noite inquieto, o coração confrangido.

Também as cores me levam instantaneamente a mundos imprevistos. Mas são mundos da infância, que vi um dia magicamente e que perdi há muito. Certos tons de rosa, verdes ou azuis, fazem ressurgir em meu pensamento cenas inteiras que há longo tempo já havia submergido no oceano da memória. Olho uma colcha de retalhos, dessas que as senhoras de idade trabalham com carinho e meticulosidade, e pergunto a mim mesmo: este amarelo, este amarelo assim quente e fulgurante como uma réstia de sol, onde o vi, em que janela aberta o deparei um dia, em que canteiro esfacelado, sobre que papoula morna e sem remorso? E à força de investigar lembro-me que foi em tal e tal época, a sensação se torna sentimento, o sentimento lembrança, a imagem surge inteira: um farrapo de seda que certa manhã distante agitei junto a uma rampa como uma bandeira de vitória...

Mas outras vezes, inúmeras outras, a lembrança não me revive mais nada, só aquela pequena dor continua a me roçar de leve o coração, enquanto afago inutilmente a cor achada. E se cerro um pouco os olhos, sinto o passado deslizar como uma vasta correnteza, cheia de vagas amarelas, verdes, rosa e lilases, onde por vezes fulgura, como um grito, um tom azul que me devolve sem descanso um céu que, este, tenho certeza, jamais encontrei em minha vida.

*

Esta perpétua tendência à autodestruição... Sim, de há muito ela existe em mim, e eu a conheço como um doente acaba conhecendo o próprio mal. É incalculável o número de ciladas que invento para me perder — mas não é uma graça de Deus que o outro lado do meu ser, que também vigia e escuta sem descanso, procure sempre transformar essas ciladas nalguma coisa de melhor?

(Ciladas, destruição, remorso — palavras que emprego sempre, que me acompanham como o motivo de uma sinfonia, que retenho e afasto do meu pensamento, que me enfastiam até à náusea... Mas que podemos nós, senão simples instrumentos que inflam certas expressões até o máximo, que fazem-nos circular através de suas essências mortas um sangue único e carregado de sentido, e assim traduzimos nosso ser mais íntimo, as linhas mais firmes de nossa máscara, composta de crime e redenção?)

A verdade é que em tudo quanto tenho feito, sempre há no fundo um elemento que poderia ter sido mortal para mim. Mas que conseguimos nós criar distante da morte? O adubo que faz erguer-se a rosa, é o mesmo que traz no âmago tantos germes de destruição. O essencial é saber-se apenas com que poderoso veneno a manipulação é feita. E defender-se, criar barreiras para o avanço do inimigo, fortalecer-se como um guerreiro no silêncio e na hostilidade. Enquanto assim fizer, tenho certeza, estarei a salvo; as mil serpentes que dormem no fundo do meu sonho, não conseguirão atingir-me as raízes do coração.

*

Quieto domingo, com essa luminosidade própria dos domingos. Cada dia da semana abriga o seu sofrimento diferente. O de hoje é nostálgico e cambiante, aliado ao sentimento de praças e coretos vistos não sei onde, em épocas diferentes da vida. Quando as pessoas não me faziam sofrer assim, ao vê-las indiferentes ao que nelas é a única coisa verdadeiramente a exprimir grandeza: o sofrimento. As pessoas passam levadas pelo vento. Os domingos dissolvem as arestas, os seres diminuem, a atmosfera é líquida, insustentável… É que o homem não é grande no repouso — no esforço da luta, do trabalho ou do sofrimento, é que ele pode alcançar o nível de sua autêntica estatura.

*

s/d — O que tenho vivido nestes últimos tempos é um acúmulo de fatos sem interesse, desses que progridem inumeravelmente ao lado desses ingênuos semialucinados que pretendem fazer cinema ou qualquer coisa no Brasil. Não há nenhum interesse em detalhar aqui o que é a penosa busca do dinheiro — onde reencontramos bruscamente, como através de uma iluminação fulgurante e sobrenatural, essas faces abjurgadas por um Péguy ou um Léon Bloy, nos seus anátemas célebres contra o dinheiro… — a corrida aos bancos e os esforços para atrair a atenção de ricaços mal-humorados. Não, jamais compreenderão do que se trata — mas se compreendessem, haveria mesmo interesse em tentar alguma coisa? Tudo é bom quando é colhido ainda na aurora, sem esse áspero afã de encaminhar os problemas ao terreno nivelado da indústria. Essas fisionomias me desolam e me afastam do meu verdadeiro desígnio e — não estou longe de confessar que, no fundo, talvez o que eu mais ame seja precisamente essas dificuldades.

*

Encontro num bar com Alberto Cavalcanti,[24] que vejo pela primeira vez. No Brasil, diz ele, o que falta são "produtores". Imagino que queira se referir a "financiadores", e exprimo minhas modestas crenças em certas possibilidades. Mas enganei-me, segundo ele, "produtores" na Europa são "organizadores", uma espécie de gerentes de produção. Cavalcanti afirma ainda que nossa principal carência é a de técnicos. Concordo, em parte — técnicos, mas com certa capacidade de adaptação. Explico melhor: o cinema no Brasil ainda não é uma indústria

---

24. Alberto de Almeida Cavalcanti (1897-1982), diretor, roteirista e produtor cinematográfico brasileiro. Geralmente Lúcio o cita, ao longo dos diários, apenas como Cavalcanti.

organizada, falta-lhe tudo, vive geralmente de improvisos. Se o técnico é inteligente, adapta-se, faz de tudo, como nós homens de boa vontade fazemos. Se não o é, perece, como tenho visto a tantos... É impossível exigir em nosso meio condições de trabalho idênticas às da Europa. Cavalcanti nada responde, o que me impede de saber se concorda ou não com meus pontos de vista.

Fazia-se acompanhar de David Conde.

*

s/d — Mudamo-nos hoje para Itaipu, sob um céu de tempestade.

O vento era tão forte que parecia querer arrastar o mar até a porta de nossas casas. A paisagem é um amálgama atormentado de areia, rochas e vento. Se *Wuthering Heights*[25] fosse escrito numa praia, seria sem dúvida aqui que Emily Brontë encontraria o cenário ideal para a sua história.

Na tarde nebulosa, que o vento percorre numa fúria quase monótona, Chermont, Orlando Guy[26] e eu, descalços, subimos grandes dunas de areia, onde florescem espantosas flores vermelhas de cacto. Embaixo, de um verde surdo, o mar rolava até longe suas ondas crispadas pelo vento. A plenitude desse instante, a liberdade, o esplendor dessa existência de vegetal açoitado pela tormenta! Com a pele cortada pela areia fina, rolamos ladeiras abaixo, ferimo--nos nas urzes, apertando contra o peito braçadas de flores selvagens que espalhamos pela casa inteira.

*

A sobre-humana solenidade desses rochedos enormes. Há aqui, latente e com olhos glaucos que fitam da sombra, alguma coisa que desafia o orgulho do homem.

Outubro

9 — Domingo em Itaipu. Várias visitas, inclusive a de Tinoco[27] e Marcos Konder Reis. Eu estava descalço e com um ramo de algas secas nas mãos, quando

---

25. *O morro dos ventos uivantes*.
26. Ator brasileiro que trabalhou no filme *A mulher de longe*, de Lúcio.
27. João Tinoco de Freitas (1908-1999), produtor e financiador de diversos filmes dos anos 1950, entre os quais *A mulher de longe*, de Lúcio. Pai do cineasta Luiz Carlos Lacerda.

este último desceu do automóvel. De longe, vi o pequeno ônibus estacar dentro de uma nuvem de poeira — larguei as algas e saí correndo ao encontro dos que chegavam. S. vinha com eles, acompanhada pelo primo. Durante toda a noite ventou e choveu, mas o dia adquiriu certa luminosidade, o que permite a quase todo mundo ir ao banho de mar. Sentado à mesa grande da sala de jantar, escrevo — e sofro, desse velho sofrimento que me é tão conhecido, enquanto ouço vozes lá fora e, ao longe, brilha a vegetação da encosta, lavada e nova.

*

É inacreditável o extraordinário número de formas de sofrimento que criamos para nós mesmos. Jamais poderia imaginar, em situação alguma, que existisse uma solidão idêntica a esta. Não é como a sensação de um vazio exterior, uma ausência no mundo que nos cerca, e que assim nos transmite a sensação do nosso isolamento — é antes o vivo sentimento de que nos subtraíram uma parte vital do ser mais íntimo, que dentro de nós há uma carência absurda, um vácuo que nada mais conseguirá completar. E tudo serve para nos fazer sobreviver à tona do naufrágio: objetos, vozes, recordações. O impulso é de reconstruir à força o que nos foge, mas só respiramos um ar viciado, onde flutua um elemento pardo e sem generosidade. Assim caminho agora à noite, recolhendo o eco das vozes que já não soam, e sem conseguir ocultar que Itaipu me parece uma terra de degredo.

*

Minhas mãos tremem, a luz se faz em meu coração como uma ferida reaberta que deixasse irromper um filete quente de sangue: impossível escrever, as palavras se encaminhariam fatalmente para um hino de amor.

*

Ontem a esta hora, X. estava aqui e eu sentia a casa inteira cheia de sua presença. Mas que é ONTEM? Somos, cega e deploravelmente, apenas hoje, apenas o que nos vive. Entre essas ilhas de noite e de alvorada que se chamam passado e futuro, o hoje, o instante que nos faz respirar e nos possui entre seus dedos implacáveis, colore-se com a única tinta possível. Mas nem sempre é real, nem sempre nos eleva a uma categoria perfeita de verdade. Há momentos como este em que escrevo, no qual à força de sofrermos perdemos todo o contato com o existente — somos apenas o ponto de encontro, confuso e tumultuário, das pobres sensações que conseguimos abrigar no coração, de emoções e calores que perdemos, de pressentimento do que virá, tudo isto condensado no hausto de uma única ânsia — o da vida que ainda não atingimos, mas que já começa a ser nossa pela assimilação venenosa do sangue e da revelação.

*

12 — Aqui estou de novo em Itaipu, depois de um dia no Rio. A melancolia de sempre: céu escuro e vento frio, tal como no primeiro dia em que vi este lugarejo. Não consigo esmagar o que sinto: tudo me chama para longe, para bem distante daqui, enquanto os compromissos me retêm nesta praia amaldiçoada. Ah, que força de vontade, que paciência, que resignação são necessárias para levar a termo um empreendimento como este!

Encontro no Rio com Marcier,[28] que se queixa que as pessoas estão se petrificando. O que é inexato — já não temos força para gritar e protestar como o fazíamos há dez anos atrás, a vida se impôs, somos mais humildes. Não perdemos nenhuma batalha, simplesmente porque desde o início estava tudo perdido. A verdade é bem mais simples do que nosso espanto em descobri-la.

Noite em Itaipu — uma noite mais compacta e mais desamparada do que todas as que eu conheço. A esta hora, no Rio, estaria jantando com X. em qualquer pequeno restaurante. Aqui, escrevo apressadamente estas linhas, a fim de aproveitar a luz elétrica que se esgota às nove horas. Durante o dia, este silêncio é suportável. À noite, é como a própria substância da escuridão, absoluta e impenetrável. Sinto-me menor, como se o mundo tivesse se alargado de repente. E o que é meu, sentimentos e problemas, surge inteiramente destituído de importância. Minha vida é como um suspiro que palpitasse no imenso vazio. Aqui, tudo ainda está para ser inventado. Sentimentos e emoções são primitivos, são estremecimentos do primeiro filho ainda agasalhado à sombra da mão de Deus. Uma potência secreta vigia de longe, e os homens se confundem com os animais, submissos à natureza todo-poderosa.

*

13 — Ainda um dia que se levanta nublado e frio. Nada a fazer, senão esperar, olhando o tempo, folheando revistas e amargando a inutilidade dessas longas esperas, que eu já devia conhecer da locação de Congonhas do Campo (*Almas adversas*)[29] feita no ano passado, por essa mesma época.

---

28. Emeric Marcier (1916-1990), pintor e muralista romeno. Veio para o Brasil em 1940, a convite dos escritores Jorge de Lima e Mário de Andrade.
29. Longa-metragem de Leo Marten, de 1948, com roteiro de Lúcio e produção também dele,

*

Conheço muito bem tudo o que me move, qual o óleo que põe em movimento as perras engrenagens da minha atividade. Se não fosse este sentimento agarrado ao coração como uma planta no fundo de um aquário, as gravuras de Daumier e de Derain — a mancha ocre de Derain dá uma inesperada vida à parede nua — que eu colo à parede, seriam anêmicas folhas de papel, inteiramente vazias de significado. A vida é isto: um canto de amor, secreta melodia que ilumina a pauta inanimada das coisas. Um milagre de transfiguração permanente — por trás de tudo, como um grande gesto de carinho.

*

Tive esta noite um sonho estranho: um enorme cão havia penetrado dentro de casa e eu lutava para expulsá-lo, tendo na mão um grande crucifixo que me acompanha há muito. O cão relutava, mordendo o crucifixo de madeira. Com muito trabalho consegui colocá-lo do lado de fora. Tendo fechado a porta, escutei-o rosnar sem descanso, rondando as imediações. A interpretação freudiana deste sonho é extremamente fácil, o que não lhe retira entretanto o tom de nitidez e de surpresa que o fez diferente dos outros. Acordei assustado e, tateando o escuro, acendi a lamparina que se acha à minha cabeceira. Sozinho com aquela luz fumarenta, escutando os mil ruídos da noite lá fora, não pude deixar de sorrir à identidade dessa situação com tantas e tantas que procurei descrever em minhas histórias.

*

Muitos dão nomes diferentes a esta forma da energia. E no entanto, o que me interessa não é o prazer, a ação, a glória ou mesmo o amor. É, única e exclusivamente, essa força do absoluto que se chama paixão. Não sei se há em mim um vício central da natureza, sei apenas que é nela, nessa paixão voraz e sem remédio, que encontro afinidade para as minhas cordas mais íntimas.

*

15 — Novamente dois dias no Rio, onde encontro Amando Fontes[30] que me fala sobre uma projetada filmagem de *Os Corumbas*. Diz ele que eu sou o diretor que nos faltava — e ai de mim, realmente eu o gostaria de ser, se não tivesse uma

---

dividida com João Tinoco de Freitas, Newton Paiva e Leo Marten. Filmado em Congonhas do Campo (MG).

30. Amando Fontes (1899-1967), advogado e escritor brasileiro. O romance *Os Corumbas* foi lançado em 1933.

visão bem nítida das nossas dificuldades e das minhas deficiências. Mas não deixa de haver interesse nessa possibilidade de filmar a bela e patética história da família Corumba.

*

Pensamento na Cinelândia: ninguém suporta a esmagadora tarefa de viver. Dito assim, tem um sabor acaciano, mas a verdade é que, se caminhamos, se realizamos normalmente tudo o que nos é designado, a razão é unicamente a Esperança que nos transporta. Seria impossível viver sem esperança — ela dá uma austera e repentina solenidade às coisas.

*

Sempre ouvi dizer que para se ser católico, é necessário ter força de vontade. O que é inegavelmente verdadeiro, mas não no sentido absoluto da palavra, pois quer tenhamos vontade ou não, a maioria de nós é indelevelmente católica. (Eu sei que só é católico o praticante, mas mesmo assim...) Não quero fazer aqui a conhecida diferença entre ser cristão e ser católico, pois a meu ver só há um modo de ser cristão, é ser católico. Assim, o difícil não é ter força de vontade para ser católico, mas para viver catolicamente. Sofro diariamente, e com uma intensidade que seria desnecessário afirmar, de todas as ausências que me cria a minha pouca força de vontade. (E no fundo, bem no fundo, flutuando livremente, esse sentimento, tolo, eu sei, de que talvez estivesse assim invalidando algumas de minhas possibilidades mais autênticas... Repito, tolice, mas ainda assim invencível sentimento.) Catolicamente é difícil, é terrível viver, mas não seria a única maneira possível? Como suportar certas contradições, certos erros, certas deficiências e obscuridades? Como suportar essa horrível atração do caos? Como juntar os dois eus diferentes que me formam?

Não queria, no entanto, ser um católico temperamental e artístico, um desses donos da verdade que frequentam sensitivamente as belas igrejas, sempre a par das últimas fabulações humanísticas francesas. Jesus para mim assume um aspecto diferente — onde o vi, com que face procuro torná-lo mais próximo de mim, lado a lado, como um companheiro? Ou talvez não, que assim me seria muito fácil perdê-lo — preferia senti-lo como uma nuvem de ameaça e de cólera, pronto a nos esmagar finalmente com sua indescritível justiça, o Cristo — e entre tantos aspectos onde outrora só julgava vislumbrar pecado e esquecimento, vejo hoje cintilar a mais inquieta das presenças. Prefiro mil vezes a sóbria calma, a pobreza cheia de dignidade da igreja de Itaipu — duzentos e setenta anos de existência — do que as famosas missas gregorianas do Mosteiro de São Bento.

*

É curioso notar no caso do estrangulamento desse velho da praça da República, o reaparecimento de algumas figuras que desde alguns anos vêm surgindo à tona de vários crimes idênticos: como as vítimas, monótonas na sua contextura uniforme de vítimas, eles parecem fabricados em série, superpostos às situações como bonecos recortados em silhuetas. São jovens sem nenhum escrúpulo, que a dificuldade da vida vai engendrando com a imaginação quente e uma completa predisposição a todas as baixezas. Não há nisto nenhuma grandeza, pois também não há nesse movimento nenhuma paixão. Note-se bem que não são jovens de baixa classe, nem tipos previamente classificados no bas-fond — ao contrário, são estudantes mais ou menos letrados, bastante representativos do que é costume chamar-se classe média. Apesar dos jornais teimarem em chamá-los "desclassificados" e "vagabundos" eles só o são num certo sentido, e do modo mais superficial possível. Sem tempo para se afazerem ao estilo desumano da época em que vivemos, são muito cedo atirados contra a parede e forçados a agir — e eles cumprem a ação, devolvendo à sociedade o indivíduo tosco que conservam no fundo, e que nada mais é do que o rapazinho típico dos nossos melhores bairros, o brasileiro coca-cola. Na verdade, apenas produtos de uma falsa civilização, exterior e vertiginosa, que se alastra pelo Brasil e que, inexoravelmente, irão descobrir na penitenciária, aceitando-as ou renegando-as, as leis de comportamento que são necessárias ao trato das relações humanas — se não se tornarem, é claro, nalguma coisa bem pior do que esses desgraçados que afloram patética e inocentemente ao terreno do crime.

Mar verde — mar fechado entre as pedras como num país de segredo. Mar de uma pureza como nunca vi igual, crescendo cheio de luz entre rochas negras, verdadeiras lajes de ferro.

Nomes de barcos que dormem ao sol: *Heldemosin*, *Nortina*, *Folha da Inveja*, *Deusa*, dezenas deles. As redes secam, enquanto um vento seco, frio, sopra de longe, de muito longe.

O problema é construir a vida como se fosse um sonho, não um sonho vivo, mas um sonho que tivéssemos inventado. Um sonho que não fosse a visão de um insensato, num completo desconhecimento das coisas — mas um milagre de harmonia, de equilíbrio e de compreensão. Aliás, que outra finalidade emprestar às pobres coisas desamparadas que somos, senão a de compreender, compreender sempre e mais profundamente, até poder aceitar tudo sem revolta? Compreender com a alma, o coração, os dedos, os lábios, com tudo o que é dotado de um sentido qualquer de percepção, com as pequenas e inúmeras almas antagônicas que nos constituem. Então viveremos como um sonho, acordados e lúcidos, que a realidade, é sempre bom repetir, é um mistério cujo alfabeto jamais soletramos com inteira coerência.

*

16 — Mais um domingo de vento e neblina em Itaipu. Tenho a impressão de que vim arrebentar-me no próprio centro onde são fabricados os ventos e as chuvas, tanto a intempérie sacode esse pobre lugar ermo e martirizado. Chove, chove, chove de todos os modos: a água chia, respira, escorre pelas vidraças, pelas frinchas, atravessa as paredes, escancara a casa ao furor do vento e à proximidade monstruosa do mar. Não raro tenho a impressão de que esta casa, miraculosamente transformada em barco durante a noite, irá amanhecer navegando em oceano alto, ao sabor dos vagalhões e dos sopros encolerizados. Há vinte e cinco dias completamente imobilizado — e é preciso confessar a minha imbecilidade, tudo isto como resultado de se procurar facilidades num filme quase todo feito de exteriores.

*

O crime da praça da República continua a me interessar. É curioso como os perfis se delineiam pouco a pouco, através dos depoimentos e das acareações. Tocamos aqui a um mundo primitivo, absolutamente dependente das formas de vida que usamos hoje; são jovens que passeiam inocentemente com as irmãs em Friburgo, que se despedem das mães com lágrimas nos olhos, e depois, sozinhos nos centros viciados da cidade, falam em "trucidar o velho", "dar o golpe", exatamente como se tudo fosse permitido, e erigindo deste modo, quase inconscientemente, a autenticidade do seu destino de violência. Ah, quantas vezes, em mesas de bar, desvendei através de uma ou outra fisionomia calma, o surdo palpitar desses corações à espreita do momento oportuno, desses olhares cegos, voltados para uma única tremenda verdade interior, prontos a se acenderem no instante exato e fulgurante da consumação… — É impossível não reconhecer que algumas grandes questões se colocam em crimes desta natureza — e é impossível também deixar de pensar em Dostoiévski e nalgumas das suas profecias a respeito da liberdade humana.

＊

Escrito na parede de um quarto: "Se é verdade que morremos a todos os instantes, o que mais nos mata é o que calamos no fundo do coração".

Não sei por que escrevi isto, que agora me parece banal e sem correspondência com o que me preocupava no momento. O quarto é o de Orlando Guy,[31] forrado de esteiras e com peixes simbólicos desenhados nas paredes. Todos os visitantes escrevem frases na parede e há sentenças de Fernando Pessoa em mistura a Shakespeare e Emily Brontë — bem como várias de categorias pessoais. No teto, uma rede de pescador suspensa, com estrelas-do-mar e conchas pendentes dos cantos.

＊

17 — Agora já não é mais a neblina: depois de uma tempestade ontem ao escurecer, cai continuamente uma chuva miúda e fria. Inútil pois continuar aqui, irei ao Rio, desafogar um pouco o coração e esperar que o tempo se firme.

＊

Visita ontem do sr. S., amigo de d. Rosita Gay,[32] que trabalha conosco. O sr. S. que é um homem baixo, careca e exuberante, vem acompanhado de dois amigos singularmente suspeitos. É ele autor de três peças horríveis e dirige um teatro de amadores na Tijuca — e é este o único assunto de que fala, com incansável volubilidade, durante o tempo todo. Tem-se a impressão, ouvindo-o, de que não se trata de um autor suburbano, de um autor sem compromisso com qualquer espécie de qualidade, mas um Gielgud,[33] um Shakespeare, ainda estonteado com a extensão do próprio talento.

＊

Eu me curo lentamente, pela impossibilidade de permanecer doente. Mas como eu detesto essa saúde gratuita, esse permanente desinteresse pelas coisas. Graças a Deus tudo em mim ainda dói e, tenho certeza, no Rio tentarei reabrir calmamente essas feridas.

＊

---

31. Orlando Guy, ator brasileiro que trabalhou no filme *A mulher de longe*, de Lúcio.
32. Rosita Gay, atriz brasileira que trabalhou nos filmes *Almas adversas* e *A mulher de longe*, de Lúcio.
33. John Gielgud (1904-2000), ator, diretor e produtor inglês.

Nada, realmente, mais gratuito do que os pássaros: de onde estou, escuto-os cantar, em plena euforia, sob a chuva.

*

La Negra — é o nome de um barco solitário, carcomido pelo mar e agravado pelo tempo. Um resto de âncora devorada pela ferrugem descansa ao lado. E suas cores, outrora garridas e vitoriosas, desapareceram há muito sob a inércia e o esquecimento.

*

s/d — De novo em Itaipu, depois de alguns dias no Rio. Estou sozinho em minha casa — Rive Gauche —[34] e escuto os grilos e os sapos, com uma noite imensa pesando em torno. Reinício da filmagem hoje, sob um sol esplêndido. Tivemos várias visitas e almoçamos sob a árvore grande que fica à minha porta, numa mesa improvisada. Depois, estendidos numa esteira, esperamos que o sol diminuísse de intensidade para recomeçarmos o trabalho. Dentro de mim tudo estava quieto, num desses raros momentos de harmonia em que quase podemos afirmar que atingimos a plenitude da vida.

*

Quero gravar neste caderno, para minha própria lembrança, a noite de ontem. Sob um céu inteiramente cheio de estrelas, o mar vinha de longe, brandamente, curvado em ondas que mais se assemelhavam a auras fosforescentes. Em suas longas curvas, até os rochedos mais distantes, tinha ele na escuridão lampejos de ouro. A própria areia tornara-se fosforescente, e escorria entre nossos pés descalços como um líquido sobrenatural.

Quanto deverei pagar por esses instantes de felicidade absoluta, incômoda de tão presente, e em que me senti habitado por um sentimento tão pleno de harmonia e realização, que quase doía em mim como uma ferida aberta no espírito?

Mas devagar o mundo retomou suas formas habituais.

*

26 — Às vezes não é a vida que me interessa — mas o que me faz estrangeiro dentro dela.

---

34. Lúcio faz uma brincadeira ao comparar a Rive Gauche de Paris (o lado esquerdo do rio Sena), considerado, no século xx, lugar de concentração de artistas, escritores e filósofos, à sua própria casa.

*

27 — Amanhecer em Itaipu, depois de uma noite agitada e insone, estranhamente sensível aos mil pequenos ruídos da solidão. Sinto-me bastante fatigado e de minuto a minuto minha tarefa parece mais difícil. Acresce a tudo isto, que minha alma não está mais aqui, é com esforço que suporto as faces que me rodeiam. Não sei onde conseguirei forças para terminar o filme, se bem que tenha absoluta consciência de que é preciso ir até o fim.

Novembro

6 — Assisti antigamente ao trabalho de negação de Rui Barbosa, assisto agora à sua reabilitação, perante esse falso espírito de brasilidade, essa carcomida "consciência nova", que nos é legada por uma democracia sem autenticidade, a favor de uma democracia sem futuro. Certamente as conclusões são melancólicas: Rui, que serviu aos destruidores de ontem, serve aos endeusadores de hoje. É este, naturalmente, um dos privilégios das figuras ricas de humanidade: servir em todos os momentos, por vários lados de sua estrutura pessoal. Mas que não me falem na grande injustiça do Brasil em não reconhecer a "sede de poder" da velha águia — Rui era apenas um político teórico, um homem sem asas para levantar voo no grande charco em que se tinha convertido a pátria. Ele, que parece ter compreendido tão bem os males de seu tempo, que viu como ninguém a tendência mesquinha da política brasileira de se esmigalhar em contrafações miúdas e pessoais do autêntico jogo político — não há, nunca houve partidos no Brasil, há apenas homens que servem aos seus próprios interesses, com o auxílio de hipotéticos partidos — não foi suficientemente forte para esmagar os energúmenos que entravavam sua carreira. Não concebeu, não criou, não viveu uma revolução. Ela, unicamente ela, essa coadjuvante dos homens fortes e dos destinos em chama, é que daria não só grandeza, mas veracidade à sua sede de poder, à sua pretensa vontade de mando. Poderão me objetar que Rui era um homem que acreditava nas leis, um jurista que pretendia jogar com meios legais. Neste caso, era reconhecer de antemão que estava com a partida perdida e que, o orientador exigido pela massa sem compromisso, não se encarnava nele, não coadunava com seus escrúpulos. Nas campanhas políticas, nos movimentos a que serviu, Rui foi somente um agente dentro do movimento brasileiro, jamais ultrapassou o am-

biente. Não rompeu a muralha, não torceu as águas, não plasmou o futuro, não inventou um novo espírito político. Dogmatizou, servindo à linhagem sem viço de um republicanismo vindo sem preparação, sem terreno de cultura, sem forças para se equilibrar, e que mais tarde, ludibriando sua tímida fidelidade às leis criadas, iria dar alento a uma série de governos preocupados unicamente em burlar essas mesmas leis, submetendo-se assim a todas as revoluções domésticas que foram servidas ao Brasil desde esses tempos. Tudo o que acontecia era mais forte do que a ambição desse sábio de gabinete. E no entanto, o que o Brasil aplaudiu naquela época com tanta intensidade na figura da Águia de Haia, foi a esperança de um homem salvador, com forças para atrair à sua personalidade os anelos dispersos e os ideais flutuantes. E a verdade é que sempre esperamos mais do que ele nos deu. Sua época, estruturada num ambiente de lutas mercenárias e sem a menor aparência de vitalidade, estava caldeada para o aparecimento de um meteoro. E o que brilhou foi uma chispa de fogueira. Esse homem de verbo inflamado, não soube corresponder ao apelo do povo, à sua ânsia de dignidade e de concepção, não se sobrepujou, não se colocou à altura da secreta aspiração que sintetizava obscuramente a alma do povo. Foi um literato, um gramático, um político, um orador, um diplomata — foi tudo com brilho, não sendo apenas o único homem que a nação esperava que fosse. Apodrecidos por todos os lados, por essa facilidade em apodrecer que desde cedo sombreou o nosso destino de gente livre, uma pequena chama, no entanto, seria o bastante para atear fogo ao país. O Brasil sempre conservou em sua alma a necessidade mais ou menos remota do incêndio. Ansiamos pelas grandes catástrofes públicas e pelas violências sem remédio. Naquela época, é preciso confessar, não houve o homem que ousasse tanto, como, ai de nós, ainda não existe hoje.

Sei muito bem o que poderão me responder os tolos — e eu direi simplesmente que é isto mesmo.

*

Um artigo de Schmidt comenta o enterro de Rui Barbosa, a que ele assistiu rapaz ainda. Segundo o poeta, o povo não se comoveu, não se mostrou à altura da grande perda. O que vem confirmar o que eu disse acima, o povo sentia-se traído, não era uma morte trabalhada como uma agonia nacional. Em torno do caixão de Rui, não se acenderam essas chamas de entusiasmo viril e enlutado que percorre as nações devolvidas à sua consciência, pelo mistério da morte de um dos seus grandes homens. Um deus desaparecia, que não soubera ser tão grande quanto a esperança do povo. Morria um erudito, mas continuava vago o lugar do profeta.

*

8 — Quase tudo — para não dizer tudo — me desespera nesta campanha do Brigadeiro.[35] É um homem honesto, decente etc. — e isto nos serve momenta-neamente e nos fascina, já que temos tido tão poucos homens públicos honestos. Mas de que espécie de honestidade falamos nós, de que rendilhado de virtudes domésticas, de que pequena coroa de rosas angélicas, quando temos necessidade de uma ação forte e autoritária, disposta a revolver até o âmago este monturo de coisas inúteis e monstruosas que é o Brasil? Quem viaja um pouco pelo interior e vê, como eu vi com olhos habituados apenas à paisagem arrumada das cidades, o que é a pobreza no interior de Minas, Bahia e Sergipe, onde os homens vagam num estado tão primitivo que lembra as zonas mais desamparadas da Índia e da China, quem experimenta de perto o odor canceroso dessas levas causticadas pela fome e pela doença, entregues ao seu destino como animais à sua tristeza, esses sabem que além de forte e decidido, o governo deve ser paternal, consciente, dotado de atributos que o tornem ao mesmo tempo um enfermeiro, um padre, um médico e até mesmo um adivinho ou feiticeiro.

Precisamos de um acontecimento ímpar que dê unidade espiritual a este mundo enorme visitado permanentemente pela miséria e pela ignorância. Precisamos de um santo, de um taumaturgo. De um chefe de Idade Média, que aliasse à sua alma de guerreiro o sentimento de um poeta — de um poeta que ousasse visionar a extensão de nossas necessidades e a força necessária capaz de impelir até à consumação o destino do país. De um general sem vaidade, de um médico sem paixões, de um funcionário sem esquecimentos. De alguém enfim que tivesse coragem para romper de vez nossas detestáveis tradições polí-ticas e compreendesse que a democracia, tal como é praticada, em suas mil pe-quenas e enervadas engrenagens, não atravessa certa linha de civilização, não penetra nas zonas recuadas, onde a vida ainda é uma paródia sinistra e primitiva. Para essa gente, para esse pobre rebotalho que vi errando pelas estradas, o "go-verno" ainda é algum presidente já desaparecido ou apenas uma entidade sem nome certo. Todos os nossos atuais grandes gritadores de salvação deviam pensar

35. Eduardo Gomes (1896-1981). Em 1945, foi candidato à presidência da República pela União Democrática Nacional (UDN).

menos um pouco nesse tema brilhante que é a "triste hora em que vivemos", para pensar um pouco mais na hora extensa que o outro Brasil vem vivendo desde há muito.

*

Não cometamos o erro de querer transformar este mundo num céu — o céu é de essência diferente. Mas façamos simplesmente com que seja possível o mundo aceitar o céu como uma conjunção que o completa e por assim dizer lhe dá identidade.

*

11 — Atormentado durante todo o dia pela ideia de escrever romances. Já não penso em novelas, o que resolvia um pouco a minha preguiça em atacar temas muito extensos, mas em retomar o velho painel de *A luta contra a morte*. Sem dúvida teria de vencer as deficiências do primeiro volume, publicado quando eu tinha pouco mais de vinte anos. Mas com alegria iria desaguar nos outros, cujos temas há tanto vivem em minha mente, cujos personagens conheço tão bem, numa paisagem feita de tão obstinadas recordações! Ah, como lamento os meus dias de preguiça e ociosidade... É em momentos como este que outros trabalhos, o cinema principalmente, tornam-se uma sobrecarga para mim.

*

13 — O grande trabalho da minha vida é coordenar todos os elementos, bons e maus, de que me sinto composto. Percebo que tenho um sangue de aventureiro, de cigano ou saltimbanco, aliado a não sei que instinto feroz e perfeitamente homicida. Reúne-se a isto uma diabólica fantasia, que me faz julgar todas as coisas extremamente fáceis às minhas intenções. Mas, ai de mim, são tão pobres as minhas forças, que mal consigo levantar uma parte do que me sinto capaz. Quando Deus me dará forças para ser paciente com meus pobres limites? Queria tudo, fazer tudo — e num espaço de tempo mínimo. Mas aos poucos vou compreendendo que o meu mundo é outro — a imaginação que me foi dada é para criar um universo que não me fira com suas arestas, uma cidade prisioneira do papel branco, feita de palavras. A sabedoria é fazer calar este sangue selvagem, que arde nas minhas veias. Se puder, no entanto.

*

s/d — Hoje, parando no meu escritório alguns instantes imaginei o que são realmente as inenarráveis dificuldades para se construir um filme como o que tive a veleidade de começar. Não é só financeiramente que não me acho preparado. Temo aliás que, neste sentido, não o estivesse nunca. Mas no que se refere à colaboração, também estava inteiramente desprevenido. As pessoas que me cercam, se algumas possuem boa vontade, falta-lhes capacidade, outras são dotadas de capacidade, mas falta-lhes inteiramente o senso de colaboração. A bem dizer tenho que fazer tudo, desde contas de armazém, menus, resolver problemas pessoais, intrigas domésticas e até mesmo exercer o ofício de polícia. Tudo isto não seria nada, se eu não tivesse de lutar ainda contra uma verdadeira maré de intrigas, de silêncios hostis e ameaças mais ou menos veladas. São necessários pelo menos vinte anos, antes que se possa fazer no Brasil um filme de qualidade relativa, com meios relativos.

*

Encontro com Athos Bulcão,[36] que acaba de chegar de Paris. Fala-me, naquela sua voz rouca, de St.-Germain-des-Prés,[37] Bebé Berard[38] e François Mauriac.[39] Deste último conta algumas anedotas curiosas, especialmente as que se referem à indescritível vaidade do romancista. Isto me faz pensar um pouco, e por que não dizer, com certo enternecimento sobre Thérèse Desqueyroux,[40] Bernard Lacaze e outras personagens que antigamente me causaram tão grande deslumbramento. E pergunto a mim mesmo, dentro de vinte anos, que restará de Mauriac?

*

s/d — Dizem os jornais: "Agora o cinema nacional vai. Cavalcanti ficará em São Paulo". Encaro a notícia com ceticismo: quanto tempo levará o Brasil para devorá-lo? Estive com ele, na véspera de sua partida para Londres, em casa de Roberto Burle Marx.[41] Bebia cachaça e parecia aborrecido com o andamento das coisas. Falamos um pouco sobre *A mulher de longe* e ele me escutou em silêncio. Não creio que tenha se interessado — é atualmente um homem importante demais para se preocupar com outra coisa além de si mesmo.

36. Athos Bulcão (1918-2008), pintor, escultor, arquiteto, desenhista e mosaicista brasileiro.
37. Bairro parisiense originado ao redor da abadia de Saint-Germain-des-Prés.
38. Bébé, nome artístico de Christian Bérard (1902-1949), artista, ilustrador e designer francês.
39. François Mauriac (1885-1970), escritor francês, recebeu o prêmio Nobel de Literatura de 1952.
40. Personagem do romance homônimo de François Mauriac, publicado em 1927.
41. Roberto Burle Marx (1909-1994), artista plástico e paisagista brasileiro, renomado internacionalmente como arquiteto-paisagista. Foi grande amigo de Lúcio.

*

Não sei que caos é este a que se referem nossos articulistas políticos, e que segundo eles, já se aproxima. Engano: há muito estamos nele. O Brasil é um prodigioso produto do caos, uma rosa parda de insolvência e de confusão. A verdade é que já nos acostumamos com isto, não dói mais, como certas doenças malignas.

*

Uma das formas do ódio a Jesus Cristo:[42] a náusea ante a profundidade. Cristo pertence a tudo, menos a um conhecimento de superfície.

*

s/d — É preciso ter gostado de certas coisas, para julgá-las sem remorso. Não aprecio Hello[43] suficientemente para recusar-lhe a frio o meu entusiasmo. Leio sem interesse o livro de Stanislas Fumet[44] sobre ele — terminologia, processo, conclusões, parecem-me já vistas e usadas. O próprio autor esmorece às vezes e deixa transparecer um pouco da verdade. Nestes momentos é que me parece mais fraca, mais vulnerável, a dialética de grande número de escritores católicos. As palavras rolam, solenes e vazias, ao longo de velhos caminhos batidos, traduzindo formas que marcaram época e que desde então vêm se esgotando no escoar do tempo.

*

"Civilizar-se é cristianizar-se" — diz Quintino Bocaiúva numa carta a Machado de Assis. Que dizer de um mundo que se arroga supercivilizado e é, na sua essência, totalmente descristianizado?

*

s/d — Com a presença de certo número de pessoas, entre elas o conde de Robilant e Octavio de Faria, exibição de alguns takes de *A mulher de longe*. A impressão é boa, o conde se manifesta bastante favorável. Octavio de Faria, com aquele tato que entre nós torna tão particular a qualidade da sua inteligência, fala-me momentos mais tarde sobre os defeitos achados e as qualidades entrevistas. Eu o escuto, olho e penso — há quinze anos que o escuto, em situações de maior ou menor importância, e seu pensamento, sempre atento e fluido, foi

42. Lúcio às vezes menciona somente "Jesus", noutras, "Cristo", mas na maioria das vezes "Jesus Cristo".
43. Ernest Hello (1828-1885), escritor e católico francês que escreveu sobre filosofia, teologia e literatura.
44. Stanislas Fumet (1896-1983), ensaísta, poeta, editor e crítico de arte francês.

constantemente o que ouvi de mais útil e de mais compreensivo à natureza dos meus trabalhos.

*

19 — De novo em Itaipu: os mesmos ruídos, os sapos e os grilos, o som tumultuoso e surdo dos brejos, uma ou outra nota de violão, que a distância torna mais longa, os mesmos tipos, escuros, enfumaçados, olhando-nos com uma curiosidade toda feita de apreensão e pobreza.

Não sei, não tenho certeza de continuar o filme. O dinheiro escasseia, os artistas não se resignam a trabalhar sem receber as multas combinadas, a situação se agrava de minuto a minuto. E apesar de tudo, faço um esforço imenso, pois a desistência do meu plano viria complicar, atualmente, todos os interesses da minha vida. Luto, luto sem descanso. E sei, sinto que há nisto, aos meus olhos humilhados, qualquer coisa que me acalma e me paga os esforços despendidos.

Estes últimos dias no Rio, entregue aos meus próprios impulsos e sem nenhuma coragem para me controlar (essa curiosidade mórbida, esse desespero das coisas sãs e familiares que tantas vezes assume o aspecto da poesia e até mesmo do bem...) amargam e pesam na minha consciência com um reflexo diferente dos outros. Sinto que piso estradas novas que não me ajudam e nem me lisonjeiam, mas há nisto uma espécie de desafio, um desejo de solidão e uma certeza do meu destino, que dificilmente os outros poderão aceitar ou mesmo compreender. Custo a reconhecer esses numerosos outros que me habitam e que ultimamente conduzem os meus gestos — e nem mesmo posso dizer que estou agindo inconscientemente porque, ai de mim, jamais consegui ser inconsciente nesta vida. Não raro uma fisionomia conhecida surge inesperadamente em meu caminho, e não sou eu que me sinto irreal; dessas pessoas, sim, é que desertou todo senso de verdade e toda capacidade de permanecerem vivas ao embate das correntes ferozes que nos sacodem. Não sou eu que me tornei estranho, apenas ausentei-me dos pesadelos alheios.

*

Iracema Vitória[45] me fala do seu casamento e me propõe para padrinho. Ao vê-la assim familiarmente estirada na areia, penso em todo o mal que dizem a seu respeito, quase sem acreditar nele. Mas não me engano: a beleza dessa face oculta

---

45. Iracema Vitória (1932-1960), vedete e atriz brasileira dos anos 1940-1950. Trabalhou em *A mulher de longe*, de Lúcio.

sombras traiçoeiras. Em todo caso, sugiro a igreja de Itaipu para a cerimônia, velha de mais de duzentos anos, e que se eleva serenamente no alto de uma colina. Perto dela, tudo parece mais duradouro. E Iracema, convenhamos, menos poderosa em sua displicência.

*

s/d — X. já não está aqui. As águas do mesmo mar nos separam.

Mas é de ausências assim, terrivelmente amargadas, que se constrói a possibilidade de ficar. Não podemos ser tão constantes quanto o tempo, que não nos esquece e nem nos abandona nunca. A imaginação, esse ácido verde, deteriora os mais sólidos sentimentos. Enquanto o tempo é impassível, não perdoa e nem se distrai. Cumpre pois que façamos como se ele não existisse, e atravessemos essas ausências, serenos como se apenas fechássemos os olhos a um sono reparador. Só assim podemos impedir que se destruam os propósitos de solidariedade que condimentam os mais eternos, os mais constantes votos de amor. E que a solidão nos ajude.

*

20 — Outro domingo em Itaipu — agora a tristeza aqui é tão grande que o tempo parece tecido de sonolentos domingos — com o tempo nublado, olhando a Igreja de São Sebastião que se levanta no alto da colina, mesmo defronte de nós. As horas fogem, carregadas de inútil e penumbroso sentido. Itaipu se esfuma aos poucos, penso já não ver mais nada, tateio apenas, com dedos que a aflição torna ásperos e ardentes.

*

27 — Novos planos imaginados para levar o filme a termo. Há uma certa serenidade, um acordo geral entre as vozes dissonantes, que bem mais me parece o sinal da catástrofe do que outra coisa. Iracema, Orlando [Guy], confabulam olhando-me de longe. Já consegui mesmo ser ameaçado de morte duas ou três vezes. Enquanto isto, faço e refaço contas, sonhando possibilidades que não se firmam senão durante o espaço de um minuto. A única consciência que tenho, é de que precisamos sair deste marasmo. Precisamos, mas é em vão que o céu se estende, azul, e o mar cintila: os meios não aparecem.

*

28 — Sensação nítida, fria e obsedante, de que realmente alguém deseja a minha morte. Às vezes desconfio de que essas vagas ocultas e cheias de desejos maléficos são pura e simplesmente emanações da minha própria natureza, uma

aura de pressentimento e violência que me anunciasse fatos mal esboçados ainda, pois é preciso convir que me sinto constantemente perseguido pela noção de sangue derramado, de catástrofe iminente e sem remédio. Não consegui dormir e, sentado na cama, senti durante toda a noite alguém rondar a casa. De vez em quando o vento sacudia a janela — este vento rápido, inesperado e brutal como uma bofetada — e sobressaltado, imaginava que era chegado o momento em que finalmente iria conhecer a verdadeira fisionomia do criminoso. A manhã chegou apesar de tudo e eu me levantei pálido, insone, sentindo meu coração pesado de todos esses crimes trancados e sem efeito.

*

29 — As intrigas se sucedem em torno de mim, de minuto a minuto chegam ameaças aos meus ouvidos, recados e mensagens. Os artistas conjeturam, dividindo-se em dois grupos irreconciliáveis, um a meu favor, que espera notícias do escritório no Rio, outro contra, que me trata como se eu fosse um embusteiro. Mando saber notícias do produtor, que marca uma reunião no Rio. Ligeira calma à espera dos acontecimentos.

*

s/d — Uma das senhoras de idade que eu contratei é agredida por uma companheira enquanto dormia, com um tijolo atirado de longe. Grito, sangue, correrias. As cenas são lamentáveis, esgotam-me, sinto-me com os nervos à flor da pele. É inacreditável como em situações assim se revelam o fundo verdadeiro e os sentimentos humanos: nunca pensei que estivesse lidando com gente de estofo tão baixo.

*

s/d — Certamente quem escreve sobre sexo pode dizer que não conhece ainda o amor. No máximo, terá sua intuição. Mas quem escreve sobre a morte, sabendo exatamente o que é morrer, sabe muito bem o que é a dor, o sofrimento, e tudo o que, de maneira semelhante, compõe também a essência do amor. Pode haver morte sem amor, mas é impossível haver amor onde não entrem parcelas enlutadas de morte.

*

s/d — Pela vontade modelamos com a dúctil matéria de nossa alma o que queremos — dela fazemos tão bem uma imagem do inferno quanto um espelho do Paraíso. Se através dela traçamos um gráfico da danação, é assim que veremos o mundo em toda sua angustiosa mistura. Mas se naquela cera suave imprimimos a única imagem que nos faz possível aceitar o enigma da existência — refiro-me à presença de Jesus Cristo — neste caso a nossa tristeza já não trará o horrível selo da inutilidade, e podemos contemplar o desagregamento e a corrupção das coisas, sem o tormento pusilânime de nos sentirmos escravos de uma dor sem sentido.

ANOTAÇÕES SEM DATA

I — Acho extraordinário, depois de tantos dias decorridos, tudo o que está escrito atrás. É verdade que há muito tempo não abro este caderno, preso aos acontecimentos que se precipitaram com enorme força: paralisação da filmagem de *A mulher de longe*, campanha nos jornais, três processos na Justiça do Trabalho. Não me queixo. Bem analisadas, essas coisas são imbecis, na sua essência e na sua finalidade. Não há o que responder, quando sentimos que determinadas acusações não são feitas de coração limpo, e há nelas, de mistura a uma formação deficiente e a uma total falta de caráter, uma dose de má-fé capaz de inutilizar planos melhor arquitetados do que o meu.

Mas não há como negar: melancólico fim para *A mulher de longe*. No entanto, será realmente o FIM? Absurda esperança: só o mês de março nos trará a última palavra.

II — De onde foi que veio esta chuva? Nem todo o céu conseguiu escurecer, há no ar batido uns farrapos de azul, que teimam em pousar sobre as árvores, enquanto uma ou outra andorinha, em voo cego, corta o espaço. Anoitecendo, ainda existe no ar sem dono alguma coisa que amanhece.

III — Evidentemente a época é turva, nosso poeta tem razão. Época turva, de acesso inglório da mediocridade bem organizada, consciente do seu papel e das suas incapacidades. Mas desde quando é turva? A verdade é que há muito caminhamos em plena noite, palmilhando o caminho do mais triste e viçoso dos materialismos. Viveremos uma data metálica de demência e de carência de valores — essenciais à natureza humana. A transmutação de que outrora nos falava Nietzsche, e que ele previu num sentido vertical, vem sendo feita, não há dúvida, mas não é o super-homem que vemos progredir, e sim o homem escuro e sem identidade dos mundos inferiores. Alguém aparecerá um dia, em época que não podemos precisar, a fim de conferir a esses tempos sem alma o selo de sua nefasta dignidade — e neste novo Messias, não será difícil reconhecer a face rubra e esplendorosa do Anticristo.

IV — A cor já havia se despedido. Pobre, aquele ser transitava pelas ruas. Mas no seu rastro, que eu perseguia incansável, havia uma flor, e recendia: heliotrópio.

V — Adivinho Kafka: corredores cheirando a hospital, caminhos dos seus domínios. Mas não é aqui, apenas, a residência da burocracia?
— Realmente Graham Greene[46] me agrada muito, mas desconfio imensamente do grande encanto de seus livros. É muito envolvente, não há possibilidade de se fugir ao seu fascínio certo, sem subterfúgio. Quem sabe todo o seu sutil veneno não nos parecerá um dia óleo açucarado, disfarçado com algumas gotas de amargor? Desconfio do charme — e da simpatia que o charme concede ao mal — pois é em certos autores o que geralmente envelhece mais depressa.

VI — Naquele tempo, lembro-me bem, ainda não havia a praia.
Diziam somente:
— Há pitangas por trás daquele morro.
Era a Boa Viagem. Um dia, ousei subir a encosta e antes que esmagasse na boca a primeira fruta vermelha, vi o mar, enorme, chegando de longe com suas faixas e espumas.

VII — Homens, artistas a quem a noção do tempo aprisionou Proust, Joyce, Virginia Woolf — é inútil a causa. O tempo é um cavalo sem cor que emerge de um mar sem fundo. Não discutamos sua razão, o que nos consome é sua verdade sem razão. O tempo é reversível — decerto é um cavalo que emerge, mas para felicidade nossa apenas corre, sem nunca deixar o mar.

VIII — O ARTISTA MORTO — A casa tinha paredes cheias de tapetes, pratos e faianças. Escuro, ele transitava entre estátuas e sinfonias de Mozart. E, confesso,

---

46. Escritor inglês (1904-1991), foi jornalista, correspondente de guerra, crítico de cinema. Converteu-se ao catolicismo em 1926.

jamais consegui identificar com tudo aquilo o autor de tantos livros ingênuos, cheirando a pobreza. Morto, no entanto, senti o quanto lhe era estranho aquele ambiente: sua face, barroca e dura, assemelhava-se extraordinariamente à linha de sua obra.

IX — Tempo de memória, estação de silêncio. Nunca consegui ter a ilha ou o sítio que imaginei — mas não importa. Pelo caminho mesmo vou deixando o sangue que em mim ressuma o já ido e vivido.

[1950]¹

Abril

28 — Uma das piores formas de intelectualismo: falar com certa constância e certo brilho sobre coisas a que não se dá nenhum crédito... Por exemplo, o diabo. Não há dúvida que para muitos escritores é ele apenas um tema rico, desses que enchem o vazio de uma crônica ociosa ou faz resplandecer as páginas de um livro morto. Tem-se a impressão de que se trata de um belo motivo para composição, mais ou menos idêntico aos que nos são apresentados na escola pública. Mas através dessas linhas tortas, o diabo irrompe nítido, sublinhando o inútil de todas as vaidades e o artifício dessas caricaturas sem fé.

*

O governo feito para pequenos governados — a pátria elaborada para pequenos salvadores. O mito criado para almas sem forças — ou melhor, o mito sem forças para se constituir. Homens incapazes de suportar qualquer espécie de grandeza, a que vem do bem como a do mal. Os pálidos servidores de uma política rasteira e de mortiços lampejos cotidianos, feita de jogos anêmicos de funcionalismo público e travada apenas no asfalto frio do dia a dia... A tarefa, e não a

---

1. O ano não aparece no original do *Diário I*. Provável lapso do autor.

missão. A obrigação, e não a vocação. Finalmente, esse deserto justo-democrático — que usamos ultimamente com tanta soberba e tão inchados de demagogia estéril, reveladora apenas de uma completa ausência de ideais mais elevados.

*

Todas as vezes que um poeta se ocupa de política — esses mesmos que descobrem para a arte abandonada as palavras mais desdenhosas e os apodos mais ridículos... — ou é falso poeta ou falso político. Esta ideia seria perfeitamente banal se não acrescentássemos ser mais ou menos comum encontrar no mesmo indivíduo as duas naturezas simultaneamente falsas. Pois a verdade é que ambas as profissões são as que mais se prestam a todos os investimentos da simulação.

*

30 — Curioso: Clouzot,[2] que se encontra no Brasil, falando ao *Correio da Manhã*, afirma: "Pretendo escrever com a câmera assim como o escritor com a pena".

Sei muito bem que atravesso agora uma hora escura de transição; ou adquiro o aspecto do novo homem que surge dentro de mim ou pereço sob os fragmentos do antigo.

Não se muda aos poucos, mas aos saltos — e é fácil perder-se o fôlego de uma passagem à outra. Acho desnecessário repetir que não sou agora nem melhor nem pior, apenas eu mesmo. Ou antes, eu mesmo com mais intensidade, feito deste calor com que a idade vinca nossas inclinações de adolescência e delas faz, sem nenhuma complacência, qualidades ou defeitos puros, que podem surpreender aos tolos, mas que ante olhos compreensivos, apenas são meios de nos tornarmos mais nítidos ou mais próximos.

Se mudamos assim tão fundamentalmente, é que nos aproximamos mais largamente de nossa essência. Neste minuto agora, para citar um exemplo, sinto-me extraordinariamente mais próximo da minha morte. E que é a morte senão a essência de todos nós? Perdemos tudo, transfiguramo-nos, e bons ou maus somos sempre outros, a fim de podermos atingir em verdade a morte que nos vive.

*

2. Henri-Georges Clouzot (1907-1977), cineasta francês.

Sentimento intenso e profundo de que a verdadeira AÇÃO se passa ao longe, em terreno obscuro e distante, para o qual vivem de costas os nossos políticos, preocupados em remexer os próprios dejetos. Sei muito bem que poderão dizer que falta senso prático aos meus vagos intuitos, mas que senso prático é este que atrela nossos debates à velha charrua de uma concepção morta e sem força para se impor à estéril confusão em que vivemos?

Falta de visão, de consciência dos horizontes amplos — falta de conhecimento, falta de educação, falta de curiosidade, falta de percepção, falta de tudo, FALTA — eis a triste mais do que restrita terminologia que condiciona o espírito novo da nossa democracia de agora.

*

Povo sem história, com um destino fácil arquitetado à sombra de conveniências e suspeitas domesticadas, sem guerras autênticas que nos tenham fortalecido o ânimo e sem heróis que encarnassem o desejo viril do risco, viemos nos lacerando até essa execrável pantomima de governos fabricados por grupos e grupelhos interesseiros, sem alma válida, de opiniões forjadas e impingidas por jornais sem autoridade moral, nunca conseguimos soprar ao "gigante adormecido" a chama de um movimento verdadeiramente nacional, onde vislumbrássemos, não o calor de ridículas querelas intestinas, mas o impulso para se projetar acima de nossos limites e assim nos tornarmos uma imagem verídica de gente com história, sentimento e alma. Devorados por todas as molezas oriundas de uma raça de negros e imigrantes, não fabricamos lanças para defender o que é nosso, pois nunca tivemos nada, e o que temos, doado por exclusiva cegueira da natureza, nunca foi ameaçado de coisa alguma — nunca relutamos em ceder, porque também nunca nos achamos perfeitamente na posse de nada — e deixamos de ser Colônia, como deixamos de ser Império, como abolimos a escravidão e proclamamos a República — sem sangue, sem conquista de espécie alguma, graças a pequenos tumultos sentimentais, ingênuos e fanfarrões, que nos caracterizariam perfeitamente como um povo secundário e sem personalidade. E por causa desta ausência de luta, por causa deste espírito de aceitação e passividade, é que carecemos deste sentimento de posse. Assim vimos apenas cristalizando ao longo de uma costa erguida entre abismos e socavões de uma grandeza infinita (lembro-me, com que estremecimentos, das negras silhuetas de pedra que se projetam mar adentro nas costas do Espírito Santo e da Bahia, e que entrevi numa viagem que fiz ao Norte...) uma terra toda feita de doçuras pacatas e aquiescências sentimentais... terra que os nossos provectos, doutos e castrados professores de hoje, contemplam com embevecimento e saúdam como o ideal dos países amenos. E é claro, das raças destituídas de futuro.

*

Escrevendo as linhas acima, outras ideias me surgem, e imagino que é preciso não somente acentuar o mal, mas tentar também encontrar uma possibilidade de salvação. A mim pois, salvadores de última hora, rasgadores de véus que ocultam miríficas batalhas econômicas... Deixai simplesmente que o abismo venha a nós, como a graça de Deus. Deixai que a bota pesada das guerras e das invasões nos pise a alma feminina e corrompida, para que possamos um dia fazer alguma coisa com o estrume que sobrar das famigeradas concepções que hoje nos amparam. A mim, patriotas de todos os cantos, para que gritemos em coro pela morte, pelo incêndio e pelos bombardeios sem clemência. Roguemos a Deus a graça de sofrimentos idênticos a todas as pragas da China e do Egito, para que possamos meditar um segundo, no silêncio forte das vinganças que se premeditam, em todos os terríveis benefícios que herdamos com a vida semicolonial que é hoje a nossa. Denunciemos agora sem temor, para achar mais tarde aquilo que constitui um *espírito* — o nosso espírito. Como os taumaturgos da antiguidade, precisamos insuflar com violência uma vida ao corpo adormecido, ao deserto que somos, que AINDA somos. Penso nalguma coisa que constitua um espírito eminentemente brasileiro, dotado de vivência e aristocracia, capaz de se opor a essa velha onda de mulatismo no seu sentido mais extenso e mais profundo, o autêntico *lado de sombra* da nossa personalidade. Não sou dos que defendem o negro, pois as qualidades que neles nos apresentam, de caráter sensível e plástico, são atributos eminentemente corrosivos, ou melhor, aqueles exatamente que através do tempo e da formação de um povo, mais contribuem para seu amolecimento e desvitalização. Tudo o que havia no negro de forte e de autêntico no significado "bravo" da palavra, foi cauterizado na senzala. O que herdamos foi o seu gosto nostálgico das músicas e das pequenas virtudes familiares. Precisamos ser desumanos para recobrar a energia que nos falta. O *lado branco*, que alimentou nossos únicos homens de estirpe, é aquele sobre o qual devemos construir nossa possibilidade de existir.

[*Maio*]³

2 — Em última análise, indago desesperadamente o que tanto me desagrada em tudo o que vejo, neste esforço de propaganda eleitoral, nesses momentos em que uma nação democrática parece desenvolver ao máximo suas qualidades intrínsecas, exibindo com ostentação seus falsos poderes e suas falsas raízes populares — e chego à conclusão de que precisamente esta democracia é que é em si uma coisa corrupta e destinada a festejar o lado mais baixo e inóspito do homem. Se falo, um pouco desprevenido de razões, é que sinto no meu íntimo uma aristocracia inata que me impede qualquer simpatia com uma forma de governo que se pretende oriunda do discernimento e da vontade esclarecida do povo. O povo jamais foi esclarecido, não há nele discernimento que não pressuponha em sua base um sentimento de interesse secundário. O povo, quando é grande, é cego e arbitrário. Suas manifestações de grandeza e de autenticidade, são tremores, catástrofes, suicídios coletivos. Porque só então se agita ele, certo ou errado, em torno a um ideal superior — ideais de perigo, de emancipação ou de domínio, ideais de violência e de autoridade. Quando os interesses se dividem e a luta se trava em torno de comarcas, prefeituras ou simples encargos públicos, o povo é mesquinho e se deixa governar por apetites secundários. Talvez esteja repetindo velhas fórmulas, não sei, mas acredito nelas e verifico sua verdade através do que conheço e do que adivinho. Mais ainda: a democracia tal como é a nossa, é o sistema de governo dos aventureiros e dos parvenus. Para que eu a aceitasse e me sentisse animado disto a que chamam tão pomposamente e infrutificamente de "ideais democráticos" (ou mais longe: essa democracia se caracteriza essencialmente por uma total falta de ideais, por uma amputação de qualquer ideia superior, a favor de um rebaixamento geral de crenças e possibilidades divinas e eternas) — para que eu a aceitasse, repito, seria preciso que dentro de mim limitasse certo impulso, certo movimento magnético e vital que me atira para o alto, para longe, e que desprezando o detalhe, me faz ver o Brasil não como um aglomerado de eleitores escolhendo o candidato de uma forma de governo passiva, mas um todo feito de alma e nervos, à procura do seu espírito mais fundo e dos sinais de sua veracidade, como organismo nacional.

*

---

3. Provável lapso do autor a não inserção deste mês no *Diário I.*

O erro seria o fato de se procurar uma razão imediata, uma cura, uma solução de superfície, quando o problema, possivelmente, fosse desvendar a face oculta, o *espírito* (sempre, obstinadamente, esta palavra que volta...) que nos traduzisse como uma visão autônoma. Não temos ainda o segredo de nossa identidade, somos povo de superfície e de existência animal: nada, em nossas constantes de vida, exprime um pressentimento ou uma consciência desse ignoto que sombreia a máscara das raças positivas. Somos terra sem mistério. E não se constrói sobre o inexistente, pois antes de possuirmos uma alma que nos seja própria, qualquer solução teria caráter transitório, oferecendo somente uma estabilidade momentânea.

*

s/d — Há hoje, entre nós, numerosos salvadores e "grandes" pregadores do espírito nacional. A lembrança de Camões, mais ou menos estruturada à fisionomia ardente de Péguy, incita nossos escribas, determinados a desvendar o segredo das agruras políticas que nos castigam. Que Deus me afaste de semelhante infantilidade, de tão enfatuada tolice. Se procuro com certa insistência aquilo que poderia me indicar a marca de um "espírito brasileiro", é para que defina a mim mesmo e encontre em meu íntimo a permanência desses valores nacionais que determinam a existência de um verdadeiro escritor. E se assim procedo, é exatamente porque não sinto muito vivas as minhas raízes, sofro antes de uma carência que me põe constantemente inquieto, e me faz debruçar sobre todos esses tristes problemas, com um mal-estar que se avizinha de repugnância. Não fosse a certeza de que uma essência verdadeira existe, em qualquer escuro desvão desse país de ambições diminutas (a ambição, como o apetite, é um dos sintomas mais vivos de vitalidade) — e certeza sobre o fato de podermos adaptar livremente nossos sonhos de realidade e sobrevivência, talvez de há muito tivesse deixado de remoer essas questões; resta que não somos escritores em vão, como um instrumento vibrado pelo vento: nosso destino, queiramos ou não, está estreitamente vinculado à terra em que nascemos. Deus me livre de ser um artista exótico e sem nacionalidade, um desses despaisados que se adaptam a qualquer lugar e que compõem os buracos de qualquer paisagem necessitada... Antes de sermos identificados à terra obscura que nos gerou, jamais poderemos atingir a posição de lucidez e de calma — e por que não acrescentar, de luminosa humildade — que nos colocará acima dos litígios e das negações inúteis, estreitamente vinculados à voz que exprime o que de mais saudável e de mais profundo caracteriza a fisionomia permanente de um povo. Mas, *helás*, talvez eu esteja enganado e isto seja apenas ilusória ambição — a ambição das ambições.

*

s/d — Há momentos, como este, em que me sinto todo animado de instinto e chama, de coragem e… ousemos a palavra: duplicidade. É extraordinário o número de recursos que encontro no meu íntimo — e digo a mim mesmo que é isto também o que me torna tão perigoso, que me leva tão continuamente a remotas distâncias e me faz caminhar com orgulho e obstinação junto às estreitas veredas da autodestruição.

*

s/d — É bastante curioso que, hesitando, encontrando dificuldades ou mesmo desdenhando até hoje dar uma forma precisa ou um arcabouço aos meus pensamentos, esta forma e este arcabouço se imponham cada dia com maior gravidade para mim, tanto nossa própria vida está ligada aos nossos pensamentos, tanto nossas ideias somos nós.

Se continuasse a viver sentimentos e intuições desordenadas, correria o risco de mais cedo ou mais tarde atirar-me à simples loucura ou ao aniquilamento, que estes são os caminhos mais certos das imaginações desgovernadas… A força com que fala em mim o instinto de conservação e a preservação de uma obra — ai de mim — que ainda está longe de ser realizada, conduzem-me inexoravelmente a uma definição clara das minhas tendências, que pouco a pouco me torna mais forte. (Não discuto o mérito da obra a ser feita — é mesmo possível que não interesse a ninguém — mas só ela me explica perante mim mesmo e é o único testemunho que posso apresentar de uma existência que, devidamente examinada, é inútil a toda gente.)

Tudo isto para dizer que me sinto no limiar da maturidade, ou melhor, depurado de grande número de venenos que até este momento constituíam parte da sombra e do nevoeiro sempre presentes ao meu caráter.

*

3 — Dia de silêncio e demissão. Ah, meus venenos, como são mais extensos e mais fundos do que suponho. Ah, como custa me ver livre de mil pequenas fraquezas que detesto, que me subjugam e me reduzem a um desesperado estado de revolta e de impossibilidade! E no entanto tudo parece se calar em torno, só o coração bate concentrado, surdas pancadas de vida recolhida e triste. O sangue

escorre, é verdade, mas perfidamente lento nas veias, enquanto o tempo permanece imóvel.

*

Necessidade de defendermos nossas ideias e aspirações do contato cotidiano — tudo parece insustentável e fantasmagórico, ante pessoas que vemos todos os dias, ou à luz forte do sol, que tudo nivela, reduz e aniquila.

*

5 — De Dostoiévski: "Durante toda a minha vida trabalhei por causa do dinheiro e durante toda a vida estive constantemente na necessidade; agora mais do que nunca".

AGORA MAIS DO QUE NUNCA. Não em outra ocasião, mas precisamente agora. Ah, sei muito bem o que poderiam pensar certas pessoas, caso encontrassem esta frase solta assim nos meus diários. Mas não é a semelhança de situações, a identidade de sentimentos, o que nos seduz e nos aproxima desses companheiros mudos que são os autores?

Inútil negar, fugir, tergiversar, o dinheiro, ou melhor, a ausência dele é em certas vidas o mais permanente signo de autenticidade. Na minha, a importância do dinheiro é fundamental, porque nunca o tive, e porque o seu valor real, positivo, escapa à minha compreensão. Minhas maiores surpresas, sempre foram neste terreno, pois o dinheiro não é uma fisionomia móvel, mas dura matéria que cauteriza e decompõe a essência íntima das coisas. Não, talvez seja errado dizer que o dinheiro é uma dura matéria, ao contrário, possui uma alma cheia de ardis femininos e prenhe de devoradoras vinganças contra aqueles que o desprezam. É assim que escorre alvissareiro de nossas mãos, tatuando vilipendiosamente com a marca da pobreza os que puros se erguem aos olhos de Deus, e que a fatalidade da poesia torna tão tristes e desgraçados, neste mundo onde só vibra a melodia onipotente da cifra e da matéria.

*

Somos fortes sozinhos, reunidos é que os outros são fortes. Eles se revelam para se unirem, nós nos ocultamos como o melhor meio de defesa. Mas[,] ai, o que existe é sempre a guerra.

*

Não esquecer a chuva forte, contínua, em bátegas cerradas, que vi ontem à noite; diante de mim ela se desenlaçava em grandes véus ondulando pesadamente, com a ciência e a graça de uma cortina aberta no espaço imenso e escuro.

Depois, o aspecto cataclísmico da cidade, as ruas cheias, luzes apagadas, o trânsito impedido, o mar calado sob a inesperada violência do céu — e através de tudo isto, sopro misterioso, incessante, cheio da mais solene pureza, o vento, o vento que chegava de longe como de uma ressuscitada época bíblica, trazendo não sei que inidentificável lembrança de pranto, odor de velas queimando e morte — alto, majestoso, esmagador sentimento de morte, que fazia as árvores inchadas se erguerem mais alto, com seus brancos olhos fascinados em expectativa na escuridão.

E eu caminhava na rua, com um pequeno coração solitário e transido de amor.

*

Este possui o dom de fabricar sonetos com talento e caprichosa engenharia — e enganaria certamente, caso não percebêssemos no terceiro ou quarto, que o mistificador é muito maior do que o poeta, que a marca da fábrica é mais nítida do que o selo da inspiração. Não é a necessidade que dita estas rimas, mas o prazer da fatura, a habilidade da composição. Mas todos os grandes poetas são poetas de transe e de necessidade. A habilidade, em arte, é fator mais do que secundário.

*

6 — Falando hoje com alguém que se interessa por teatro, tentei esclarecer um ponto que de há muito vejo alterado, intencionalmente ou não, até mesmo no pensamento dos amigos mais próximos: não me aproximei do teatro ou do cinema como derivativos do romance, ou em substituição às novelas que escrevo e das quais me sentia cansado. Ao contrário, foi um ato de plena consciência, imaginando que seria possível fazer muito neste terreno, ainda tão pobre entre nós. (Mas infelizmente estava longe de saber que pobreza pode muitas vezes significar apenas impotência, e não descaso — e assim não tardei a verificar o número de aves de rapina e de animais ferozes que trabalham a inerme presa, sob alegação de exalçar entre nós as duas artes...) Mas foi lucidamente, bem lucidamente que me meti nesses empreendimentos, disposto a aprender e a captar tudo o que pudesse vir a me ser útil. Confesso ainda que em muitos pontos de vista — sobretudo no tocante à arte de representar — o teatro me interessa mais. Seu jogo é mais vivo, seu sangue mais ardente, suas possibilidades mais extensas e também mais irremissíveis. O cinema é mais artificial, extraordinariamente mais complexo na sua realização (onde basta um ator para viver uma cena, no cinema é necessário todo um conjunto de técnicos e circunstâncias para uma perfeita

réussite), muito mais mecânico e além do mais, que energia requer na conjugação de sua vasta aparelhagem técnica! No filme, o diretor é um deus todo soberano. No teatro, ao contrário, o ator reina quase absoluto e, se tem talento, pode até mesmo suprir essa imensa lacuna, impossível de se conceber num espetáculo cinematográfico: a ausência de um espírito condutor.

E também não sei. Quando montei para o Teatro de Câmera a peça *O coração delator*[4] de Edgar Poe (inspirada num conto deste último e que, por inexplicável escrúpulo, apresentei como sendo da autoria de Graça Mello...)[5] desenhei as roupas, orientei o cenarista e escolhi detalhe por detalhe a mise en scène. Não por vaidade, é preciso esclarecer aqui, mas por deficiências financeiras. Como tivesse também de orientar muitas marcações em cena, resultou um todo mais ou menos harmonioso, que traduzia bem o espírito que eu havia procurado. Assim, tal como o diretor comanda tudo no cinema, não seria melhor no teatro um espírito orientador único? Que faria Jouvet,[6] por exemplo, se além de dirigir e representar pudesse também escrever as peças que representa e desenhar os costumes que usa? Não teríamos um espetáculo bem próximo, como harmonia, desses filmes cerrados, densos, que fazem a glória de um Clouzot ou de um De Sica?[7] Não tardará a época em que o escritor terá de se misturar a tudo, e tornar-se uma ópera de mil cordéis, capaz de por si mesmo produzir todo um espetáculo, qualquer coisa feérica e monstruosa como um engenho da Idade Média. Assim o sonharam homens supremos, desses em que a curiosidade sempre se aliou ao talento de produzir, tais como um Leonardo da Vinci, um Shakespeare, um Molière — pintores que inventam palcos giratórios e aperfeiçoam a mecânica dos primitivos bastidores, autores e poetas que não desdenham pisar o palco, na ânsia de reproduzir melhor as paixões que sacodem os títeres nascidos de suas mãos... (Paixão, ó Paixão, por que não dar à sua expressão todo sangue de nossa descoberta e de nosso terror?)

Este é o motivo por que tantos já se apoderaram do cinema e através dele traduzem o melhor do seu pensamento. Não importa a maneira de se expressar,

---

4. Peça adaptada por Lúcio do conto "The Tell-Tale Heart", de Edgar Allan Poe (1809-1849), e encenada em 1947.
5. Graça Mello (1914-1979), ator, dramaturgo e diretor brasileiro.
6. Louis Jouvet (1887-1951), ator, diretor de cinema e de teatro francês.
7. Vittorio De Sica (1901 ou 1902-1974), ator e diretor de cinema, figura líder do neorrealismo italiano.

o veículo — o que é preciso é exprimir bem suas próprias ideias. Rossellini,[8] Clouzot, italianos, franceses, toda a vanguarda de hoje, são, como disse aquele último, "diretores que usam a imagem como o escritor a pena". Por isto é que, tentativas falhas ou não — e até agora, quase sempre falhas, tanto os deuses traem os nossos melhores sonhos... — reivindico o caráter intencional de minhas pequenas experiências no teatro e no cinema, procurando atribuir a esses esforços o sentido de uma pesquisa nova, dentro de terrenos que cada dia devem ser menos estranhos a quem escreve. Outros virão que acertarão a nota justa — não me foi possível, por carência de elementos ou ausência de dons — mas a época se aproxima em que, saindo de seu gabinete, o poeta fará explodir aos olhos do público um mundo de cantos e de imagens formados com meios mais cruéis e mais perfeitos do que a palavra escrita.

*

Não sei quem inventou o diário íntimo, que alma tocada pela danação e pelo desespero do efêmero — sei apenas que relendo páginas de meses atrás, senti-me de repente com o coração tão pesado que não pude continuar. Ah, como mudamos e como mudamos depressa! Como perdemos tudo, como os sentimentos mais fortes se dissolvem, como a vida é um contínuo e tremendo aniquilamento! Ah, como compreendo, sinto e vejo os meus desastres, os meus erros, os meus enganos! Como é triste essa dor de não poder reter coisa alguma, como é horrível ter perdido tanto, e como agora me sinto — e sempre, e cada vez mais — desamparado e triste! Escuto o conselho que me dão, enquanto maciamente o automóvel rola pelo asfalto das ruas — rezar. Rezar mesmo com os lábios duros e trancados. Que a vida, a verdadeira, está além e muito acima de nós. Mas quem me devolverá o que fui, quem reconstituirá minha esperança perdida, a eternidade que imaginei nos meus dias de infância, a plenitude de um desespero que me constituiu aos embates da vida feita de graça e tempestade?

Em momentos como este, sinto apenas, fundamente, a tristeza de não sermos nada.

*

7 — É muito estranho, mas que aconteceria se certas pessoas que nos acusam de não amá-las, tivessem a súbita revelação de que são precisamente elas que não

---

8. Roberto Rossellini (1906-1977), diretor de cinema e roteirista italiano. Um dos criadores do neorrealismo italiano.

nos amam? Somos tão fracos e miseráveis que todos os enganos se tornam possíveis — e neste constante fluxo de sentimentos que nos sacodem, por que não acreditar num pequeno vício do coração, num desvio da sensibilidade, numa máscara do nosso espírito desprevenido? Mas estas coisas são segredos de que não temos o direito de suspender o véu — há nelas o signo do interdito, como se da sombra um anjo se postasse diante de nós exigindo silêncio.

*

Visita a um poeta, a propósito de editores. Intimamente, não posso deixar de sorrir ante a situação, ao lembrar-me dos primeiros tempos em que ele me visitava, acanhado dentro da sua roupinha encolhida, consultando-me a propósito de tudo, livros, edições, gravatas e até nomes de flores. Algum tempo mais tarde, e depois de quinze anos de atividade literária ininterrupta, sou eu quem o procura para indagar de certas coisas. Se a minha posição é novamente a de um estreante, não deixa de ter certo agrado aos meus olhos. Crescer depressa é um dos mais alarmantes sintomas de envelhecimento no Brasil — é como nascer mortos para a nossa fictícia celebridade.

Conta-me o poeta anedotas a respeito de Bandeira e de Schmidt, o que de repente me faz pensar na miséria do jogo literário, de tudo o que não sendo a obra pura e nua em sua candente solidão, transforma-se em veneno de artistas e trânsito miúdo de vaidadezinhas machucadas. Jamais deveríamos conhecer o particular da vida dos grandes homens. Para que suas obras de arte existam, não é preciso trazer a público os cacoetes que melancolicamente se agarram à esteira até mesmo dos maiores.

*

Escrevo — e minha mão segue quase automaticamente as linhas do papel. Escrevo — e meu coração pulsa. Por que escrevo? Infindável é o número de vezes que já fiz a mesma pergunta e sempre encontrei a mesma resposta. Escrevo apenas porque em mim alguma coisa não quer morrer e grita pela sobrevivência. Escrevo para que me escutem — quem? um ouvido anônimo e amigo perdido na distância do tempo e das idades... — para que me escutem se morrer agora. E depois, é inútil procurar razões, sou feito com estes braços, estas mãos, estes olhos — e assim sendo, todo cheio de vozes que só sabem se exprimir através das vias brancas do papel, só consigo vislumbrar a minha realidade através da informe projeção deste mundo confuso que me habita. E também escrevo porque me sinto sozinho. Se tudo isto não basta para justificar por que escrevo, o que basta então para justificar alguma coisa na vida? Prefiro as minhas pequenas às grandes razões, pois estas últimas quase sempre apenas justificam mistificações insustentáveis ante um exame mais detalhado.

*

10 — Não são os acontecimentos que fazem um diário, mas a ausência deles. Nada pude escrever durante esses dois dias, devido ao atropelo dos fatos, mas quero fixar aqui o meu cansaço cada vez maior de tudo o que hoje compõe a maioria dos elementos de minha vida. Penso em retirar-me para um sítio ou uma fazenda, longe de literatos, atores, empresários, diretores de jornais e revistas e, em geral, toda essa gente que gasta os dias elaborando planos às mesas de cafés.

*

12 — Aniversário de minha mãe.[9] Amigos e parentes reunidos. E as mesmas conversas de sempre, os mesmos risos, enquanto silencioso o tempo trabalha e desfaz nos rostos a chama da mocidade.

*

Primeiros planos, ontem, para a reapresentação do Teatro de Câmera. Não há mais nenhum entusiasmo da minha parte e sigo sem interesse as palavras de Agostinho Olavo.[10] Voltaria este à diretoria e trabalharíamos no Fênix[11] às segundas-feiras. Penso em aceitar porque seria o único meio de resolver meu compromisso com o Serviço Nacional de Teatro.[12] Mas de há muito estou ausente de todas essas coisas — escuto, apenas escuto, olhando a noite que se aproxima dentro das sombras ainda verdes da tarde.

*

13 — É curioso que mesmo as pessoas mais interiorizadas ou voltadas para um ideal superior, não consigam encarar os fatos da vida, os miseráveis fatos que

9. Maria Wenceslina Cardoso, tratada carinhosamente por Nhanhá.
10. Agostinho Olavo, ator brasileiro que trabalhou no filme *A mulher de longe*, de Lúcio. Para pôr em cena a peça *A corda de prata*, Lúcio funda, junto com ele e Gustavo Dória, o Teatro de Câmera, sediado no bairro da Tijuca, no Rio de Janeiro.
11. O Cine-Teatro Phenix ficava na rua Barão de São Gonçalo (depois avenida Almirante Barroso) n. 65, de 1914 a 1932. De 1937 até 1944, teve o nome mudado para Cine Ópera. Depois voltou a ser Teatro Fênix até 1950, quando foi demolido. Em seu lugar foi construído o Edifício Cidade do Rio de Janeiro.
12. O Serviço Nacional de Teatro (snt), fundado no fim dos anos 1940, patrocinava a criação de grupos experimentais e a montagem de novos textos brasileiros. Foi extinto em abril de 1990 pelo então presidente da República Fernando Collor de Mello.

vivemos, senão de um ponto de vista objetivo e imediato, direi mesmo — material. É como se para esses homens de fé, o absoluto não existisse — e a fé tivesse momentos particulares para ser tomada como medida das coisas.

Clarice Lispector[13] me fala ao telefone sobre *O filho pródigo*[14] que escrevi tão rapidamente, e que hoje me desgosta por variados motivos. (Um deles, o mais forte, é que o movimento, a amplidão do tema esboçado, requeria maior amadurecimento e tratamento menos rápido. Depois, o ridículo medo de não acertar com a famosa "carpintaria teatral"...)

Apesar de ter em mão a trama e as ideias condutoras de *Os regicidas*, não é este romance o que mais me tenta agora. Ainda sonho com o teatro, e imagino escrever uma peça em cinco atos que terá o título de *O estandarte do rei*.

*

Toda esta semana quase sem escrever neste caderno, vivendo a esmo, esperando, nem eu mesmo sei o quê. Esperar, que é este o último sentimento ancorado no fundo do ser, a essência que garante essa unidade íntima sem a qual cessa todo o desejo de existir. Minha única vontade é viajar, viajar longamente por essas terras do interior que não conheço, vendo a noite acender bruscamente essas pequenas cidades que se aconchegam à beira dos rios, ou que se agasalham em vales percorridos de agrestes, dilacerantes perfumes. Lembro-me de tardes que vi se arrastando pelas encostas secas dos pastos, em golfadas de um vermelho vivo que ia se diluindo além das serras escuras — lembro-me de rumores e águas que ouvi em viagens antigas, feitas com o coração opresso e a mente turva. *E* pergunto agora quando terei uma serenidade perfeita para voltar a essas coisas, livre desse sofrimento que parece constituir em mim a própria possibilidade de "ver"? *E* nem mesmo sei se não serão as paisagens que provocam em meu espírito essa impressão de angústia e sufocamento; vejo-as da janela do trem com uma penosa emoção que se mistura ao sentimento de impossibilidade, como se estradas, cidades, ladeiras e barrancos, fossem assim vistos de longe, reservatórios de uma infelicidade ainda não experimentada por mim, mas que me fosse fatalmente destinada. É que talvez não veja nunca as paisagens como quadros inertes, antes

---

13. Clarice Lispector (1920-1977), escritora e jornalista, nascida na Ucrânia e naturalizada brasileira. Foi grande amiga de Lúcio e uma das mulheres mais importantes em sua vida. Foi apaixonada por Lúcio, dizia sempre que só não haviam se casado "por causa da impossibilidade".
14. Peça escrita especialmente para o grupo Teatro Experimental do Negro, criado por Abdias do Nascimento, que a apresentou no Teatro Ginástico, no Rio de Janeiro, em 1947.

participo delas com violência, sentindo que sobe de toda aquela solidão uma voz sufocada e estranha, que corresponde em mim a outra voz também confusa e cheia de gemidos.

*

Não, não é tempo mais de fazer teatro, nem de ressuscitar o que quer que seja. Que o tempo leve para bem longe essas tentativas que só viveram num instante de esquecimento e exterioridade. A hora é de silêncio e recolhimento, e que Deus me guarde de retornar a essas melodias sem sentido. Um dia, talvez, possa retomar tudo o que, feito agora, seria apenas repetir experiências feitas, num sacrifício sem compensação. Agora quero de novo os espaços livres — a mim, serenidade, que o voo é amplo e para regiões mais puras.

*

14 — Tédio dos sábados no Rio, com o encontro permanente dos amigos, em melancólicos bares onde escorre incessante uma fauna noturna e desprovida de energia. À parte Marcos [Konder Reis], Athos [Bulcão], Heitor Coutinho, reunidos em torno a uma pequena mesa mal iluminada, falamos sobre todas as coisas, já tão faladas, prevendo as inevitáveis pausas e os grandes silêncios que nos pertencem, como zonas aonde nunca vai ninguém. Assim a vida se esculpe, enquanto as máscaras, ardentes e fixas, também vão se compondo — e no fim de tudo já guardam uma gelada matéria de estatuária realizada. Fica ainda, flutuando no ambiente, a memória de tantos gestos truncados, feitos desse desprezo sem remédio que nos incita a bizarra doença de existir. Aos poucos a manhã se aproxima com seus ventos frios — e cada vez mais nítidos, adivinhamos o som dos mares acordados e a pungente presença dos galos.

*

A Europa… O nome vem como toda uma música que crescesse do mais íntimo do meu sangue. Quem sabe, talvez fosse um remédio.

*

Leituras: Green, um livro que eu não conhecia ainda: *Le Voyageur sur la terre*. Prazer de encontrar um escritor diferente dos que hoje trafegam pelos anais da publicidade — Sartre, Camus, Greene etc. Há aqui um sabor clássico e um jeito todo especial que evidencia, mais do que qualquer outra coisa, a presença do grande escritor.

Tolstói — *Confissão.*[15]

*

15 — Ontem, domingo, várias visitas à noite, entre elas Marcos Konder Reis e Agostinho Olavo. Novas conversas sobre o Teatro de Câmera, mas confesso que me sinto inteiramente desanimado. Falou-se também da estadia de Jean-Louis Barrault[16] entre nós, e fui convidado a vê-lo numa recepção que se teria realizado ontem mesmo. Recusei, pois a verdade é que no momento presente Barrault não me interessa em nada. Falou-se também que ele escolherá uma peça nacional para o seu repertório, o que já motivou a colocação a postos de todas as nossas ilustres vaidades. Conservei-me ausente, não por orgulho, mas porque tinha em mente os trabalhos opostos ao teatro que devo começar em breve.

*

17 — Artigo de Fulton [John] Sheen.[17] Tem a vantagem de não usar certa pomposa e batida terminologia de escritores católicos — e a desvantagem de dizer gravemente banalidades que assumem o aspecto de grandes verdades. Mas, bem pensado, as grandes verdades não são banalidades que vivemos continuamente com roupas novas, e servimos ao nosso constante hábito de esquecer? Não existe uma infinita variedade de verdades — existem apenas algumas verdades básicas, como por exemplo, Deus, o sofrimento e a morte. O resto são detalhes, fragmentos que usamos e reusamos até recompor o grande todo, a sentença indiscutível.

*

Viver assim não é viver — podemos sofrer da carência de algumas coisas, mas não dos fatores vitais que nos animam. Falta-me tudo, a paz, a inspiração, a vontade de continuar... Alguma coisa está AUSENTE de mim. Sinto, caminhando em ruas cheias de gente e densas de um frenético fervor pela vida, que sou apenas um grande vazio sem motivo. Para mim, a existência escorre como se eu contemplasse seu espetáculo através de vidraças baixadas.

*

Além do Brigadeiro, surge novo candidato. Os "salvadores" se apressam a toque de caixa, enquanto reerguem da velha Minas, tão cheia de sombra, os espectros do seu passado civismo. Ao mesmo tempo, ressurgem os surrados

15. Livro escrito por Liev Tolstói em 1879.
16. Jean-Louis Barrault (1910-1994), ator e encenador francês.
17. Fulton John Sheen (1895-1979), arcebispo estadunidense da Igreja católica.

processos eleitorais, rearticulam-se os grupos dominadores, reorganiza-se a caça aos postos mais em vista, apresta-se enfim toda a mascarada que caracteriza a corrupção quase inata do nosso espírito político. Deste modo é que se corporifica uma forma de governo que pode ser tudo — comércio, operações jurídicas, transações internacionais, o diabo — menos, é claro, a expressão vívida de um ideal democrático. Está próximo o advento das infinitas liberdades — e então seremos conscientemente donos de nossa imensa imbecilidade, grã-condutores da nossa magnificente incapacidade de existir. O dom fundamental do brasileiro é quase sempre o de conseguir rebaixar qualquer coisa; mesmo Deus, que a cantiga popular apregoa como tendo nascido na Bahia, assume para nós um aspecto de uma entidade barata e cabocla que nos garante todas as familiaridades. E é isto exatamente o que queremos: reduzir tudo à camaradagem de copa e de cozinha. Amém.

*

Ouço dizer que Gilberto Freyre desejaria que o romance de Luís Jardim[18] (*As confissões do meu tio Gonzaga*) fosse "ecológico". Não li o livro, mas é evidente que a opinião é de um sociólogo. Que seria, na verdade, um romance ecológico? O mestre que responda.

*

Ideia para um estudo: Álvares de Azevedo, o cantor de Satã, de Macário e outros mitos poéticos do romantismo, contra Castro Alves o cantor naturalista dos escravos. Aliás poderia haver uma separação mais profunda e que viesse até nossos dias: Álvares de Azevedo, Machado de Assis e Graça Aranha (o do prefácio às cartas de Machado e Nabuco) como líderes de uma corrente que se opõe nitidamente a Castro Alves, Lima Barreto ou Aluísio Azevedo, até os escritores regionais de hoje. Neste último caso, penso particularmente em Jorge Amado.

*

Envelheço como as tempestades — encaminhando-me sem ressentimento para as cores alvas da bonança. Perco os meus relâmpagos e as minhas violências — entrego-me à luz que nasce, humilde e de cabeça baixa. Mas dos céus revoltos por onde andei, conservo o segredo de uma melodia que não é feita somente de paz, mas que na sua última aquiescência, relembra ainda o amontoado negro das paisagens devastadas.

18. Luís Jardim (1901-1987), escritor e pintor brasileiro.

*

Sonho quase todas as noites, e sonhos de uma tal tristeza, que acordo transido e sem coragem para me mover na cama. São continuamente cenas de um destino amargo e truncado, crimes que vejo cometer, com a arma em riste e o sangue golfando vivo e violento, momento de tragédia em que todo o ser recua alvoroçado, instantes de pura ansiedade. E assim é desde menino: ouço frases inteiras que me são ditadas, assassinatos que se repetem quase monótonos na sua identidade, atos de violência que se parecem misteriosamente uns com os outros. Que significam, que signo secreto traduzem, ou serão apenas projeções de uma consciência esterilmente atormentada? Não sei, talvez não o saiba nunca. Mas às vezes, mal refeito dessas pungentes visões, imagino que carrego tremendas culpas que não me pertencem. Que talvez nunca tenham pertencido a ninguém.

*

As cores que são vistas em estado de embriaguez, cores álgidas ou mornas para as quais seria preciso criar novos nomes. Cores semelhantes a rochedos se dissolvendo, a golfos se abrindo, olhos, como rosas acesas na massa fria dos muros. Cores magnéticas e febris, que nos percorrem como espasmos, grandes auras circulares semelhantes a rajadas de vento, cascatas de luzes que ainda não foram inventadas, sóis de firmamentos em fuga e satânicas alvoradas — música do nada, apenas.

*

18 — Não é perder que me aflige — porque perdemos tudo, e seria inútil lutar. É perder dessa maneira, sem uma palavra, como uma flor viva que atirássemos ao fundo de uma sepultura. Ai, como eu me enganava, como eu me engano a meu próprio respeito! Julgo-me muito mais frio do que sou, e na verdade a ausência das pessoas me causa uma profunda perturbação. (Sei que despisto, que não me refiro exatamente ao que devo — porque ao certo, era de X., era da sua ausência que devia falar...)

*

Divago, apenas divago sem encontrar motivo para tantas horas difíceis — e sei apenas me lamentar, defendido contra todo ataque da realidade, que não me é possível suportar de modo algum. O amor para mim é uma alucinação perfeita, um estado de transe e de obsessão. Nisto, o movimento é idêntico ao que processa o romance no meu íntimo: ambos me dão a sensação de que romper aquela atmosfera mágica, é como destruir a força latente, os limites talvez de um mundo proibido, meu, somente meu.

*

Dia nublado, que me faz lembrar os de Itaipu. Como tudo vai longe, e como é triste escrever assim, sentindo que apenas demandamos distâncias maiores...

*

Estreia hoje de *Almas adversas*, que tanto trabalho me custou. É verdade que serviu para mim como uma profunda experiência, mas não posso constatar senão que se trata de uma grande esperança fracassada. Com que ingenuidade acreditei que estivesse trabalhando a favor de uma grande tarefa! — e convenhamos, o defeito não é dos outros, é meu. Não tive a alma pequena que era necessária para empregar nessas coisas... E só compreendi isto tarde demais.

*

19 — Encontro ontem com Nelson Rodrigues, que me fala acerbamente do teatro no Brasil. Há um ponto em que não lhe é possível negar razão: mais vale uma peça bem montada do que uma fortuna ganha. *Hélas*, a conversa me parece um pouco sem razão de ser, pois eu que não conheço a fortuna, muito menos sei o que é uma peça bem montada.

*

Depois de algumas "batidas", o ator Fregolente[19] encontra a seguinte definição a meu respeito: "O irreal cavalgando o real".

*

21 — Outro crime em Niterói, quase que absolutamente idêntico ao da praça da República. Reaparecimento dos mesmos tipos, isto é, os jovens sem escrúpulos. E neste, como naquele, a presença também de um velho sem escrúpulos, que atrai o crime como sob o impulso de uma força secreta. Talvez não esteja me exprimindo bem, pois não é exatamente força, mas uma profunda fraqueza, o que caracteriza essas naturezas vocacionais de vítimas. Uma fraqueza sombria, mole, efeminada, que se dilui através dos gestos e das palavras embebidas em morna capciosidade. É assim, com esse dom oculto, que essas naturezas transitam até o momento em que surge outra constituição "equívoca" — o drama então toma forma e o crime se realiza. Nas paredes manchadas de sangue e de um quarto suspeito, o que se inscreve é um esquema traçado há muito: o húmus

---

19. Ambrósio Fregolente (1912-1979), psiquiatra e ator brasileiro.

quente que borbulhou da vida humana sacrificada, é apenas o clímax de uma diabólica predestinação levada a termo.

*

Nem sistemas, nem partidos — ainda é o único lema que me serve. Os sistemas apenas nos oferecem uma determinada imagem da verdade, ou melhor, as suas aparências. Os partidos, estes, só conseguem nos transmitir uma visão errônea da vida. Tudo o que é saudável, flutua, brilha e não se deixa jamais apreender. O melhor símbolo do pensamento livre continua sendo a vaga alta, errante, senhora absoluta do infinito. Sejamos pois como a vaga que roça a orla de todos os continentes e não se detém em nenhum.

*

s/d — O crime dos fanáticos de Muriaé possui um "tom" que lembra muito o clima de Dostoiévski — como em geral o "crime", tocando de perto problemas fundamentais da essência humana, lembra sempre algumas das verdades apontadas pelo grande romancista russo. Neste caso de Muriaé, onde alguns fanáticos, guiados por um jovem de dezenove anos que se intitulava "Anjo", assassinaram uma pobre mulher que consideravam possessa, assistimos subir à tona alguns dos elementos mais primitivos e mais recuados da natureza do homem. Seres aglomerados num total desconhecimento de tudo (por exemplo, nunca tinham visto um trem de ferro) entregues ao processo do seu próprio destino como simples animais, inventaram, através dessa carência nostálgica que dá à natureza humana um dos seus signos mais perfeitos de grandeza, um deus absurdo e sanguinolento, erigido pelo medo de se perderem no vazio, no grande vazio que é o espectro de todos nós. Tanto a liberdade absoluta é um peso quase impossível de ser suportado.

*

Certos caprichos são mais perigosos do que as paixões. Pelos caprichos fazemos tudo, continuamos sempre, porque afinal caprichos significam apenas prazeres que não nos ofendem. Quanto às paixões, ou destroem de uma vez, ou o nosso egoísmo, a nossa contínua tendência ao repouso as expulsa, porque nas paixões, ao contrário dos caprichos, tudo é traição ou atentado à sensibilidade. Assim é bom desconfiar das paixões duradouras — no fundo, não passam de simples caprichos de um temperamento que não ousa ou não quer se comprometer inteiramente, mas vai pagando o seu tributo, sem sequer suspeitar das ciladas que existem nessas corredeiras fáceis.

Por que digo isto agora, não sei, mas este é o meu estado de espírito hoje, olhando o bom sol da manhã lá fora e imaginando que, afinal, minhas enormes paixões são apenas caprichos exagerados.

*

22 — Esse caos que atravessamos (tanto e tão assustadoramente proclamado...) onde vários fatores difusos se misturam, onde tipos possivelmente fixos e duráveis se alternam com simples fantasmas, e manifestações de uma corrente oculta e sadia em momentos rápidos revela sua existência — esse caos onde o espírito brasileiro tantas vezes parece naufragar e desaparecer, afinal de contas bem pode ser necessário à nossa existência. Tínhamos talvez de viver esse longo período de adaptação a fim de encontrarmos o que poderíamos chamar de verdadeira expressão da nossa personalidade — assim como depois das chuvas fortes as águas das enxurradas se misturam ao livre mar, assim como o corpo são absorve os venenos de um mal estranho, convertendo-os maravilhosamente em germes de vida.

*

O problema essencial não é ensinar o brasileiro a *ser*, mas a *querer ser*. Ainda não temos consciência para sermos coisa alguma, mas é preciso tentar vislumbrar a possibilidade de *querer ser*. Um país com fome de futuro é um país que existe. Aliás, bem pensado, *ser* apenas não é importante — tudo repousa exclusivamente na vontade de existir, de sentir o sangue arder em função de uma perspectiva qualquer quanto ao futuro. As únicas nações vivas são as condenadas ao futuro.

*

"Querer ser" é o que deve caracterizar o possível tipo desse novo brasileiro. Onde está, quem é, não sabemos — mas sentimos, com a dilacerada esperança que nos subsiste, que nalgum lugar deve existir. O novo brasileiro é uma fatalidade oriunda da lei dos contrastes. Assim como se formou o estado de caos e se caracterizou o estado de barbarismo, assim se produzirá a reação e haverá o nascimento do exemplar voluntarioso e cheio de dramática nostalgia, que encarnará o tipo representativo do futuro homem nacional.

*

(Uma teoria do *caos* — que está longe de ser a *catástrofe*, como o julgam tantos. Caos quer apenas dizer desagregação e falta momentânea de qualquer padrão estabilizador de civilização. Por exemplo, se fomos durante algum tempo um povo "essencialmente agrícola", sem conseguirmos ser uma nação industrializada, somos uma decorrência de vários fatores sem preponderância certa. Não somos definitivamente isto ou aquilo, mas isto e aquilo ao mesmo tempo, em correntes alternadas. O que positivamente é um mal, pois é o estado de caos permanente — quer como povo, quer como espírito — que gera o desastre definitivo.)

*

Outro lado grave do problema é que participamos de um continente informe, sem fisionomia própria. Os velhos impérios índios modelaram uma fisionomia morta na poeira dos tempos e, decepados do tempo em movimento, constituem mais um motivo de paradoxo do que uma tradição em vigília. São apenas altares de povos sem rumo certo. Quem quiser modelar seus próprios traços, terá de arrastar após si, de roldão, o resto das nações sul-americanas. Não temos espaço para vários matizes de existência — criamo-nos ao mesmo tempo, servidos ao mesmo tempo por inúmeros fatores adversos. Prisioneiros de revoluções mesquinhas, de ingênuos movimentos patrioteiros, assistimos conjuntamente à efêmera ascensão de heróis sem autenticidade, mitos sem verdade e ditadores de impostura, sem raízes na terra e sem compreensão de sua missão; é essa ausência, em suma, que cria os tiranos de opereta, tão comuns em nosso continente, esvaziados de grandeza e dessa fatalidade que ergue os reis e os governos puros até a efígie — já exemplo e História.

Sim, está para vir o grande homem de todas as pátrias, o deus capaz e solitário, o mais sul-americano dos brasileiros. Porque nenhum outro país terá forças para arrastar em sua cauda lactescente, esse mundo inorgânico, cheio de projeções indistintas, de ambições esfumadas e anseios extraordinários que é o Brasil — que também será o Brasil um dia, no enigmático tumultuar do seu sangue.

*

Se examino um pouco, não é propriamente o fato de ser caos que considero grave para o Brasil — mas o fato de ser exclusivamente caos. O caos em si, repito, não é um mal, é antes demonstração de pletora de riquezas. Mas no nosso caso não temos qualidades salientes a reivindicar, somos apenas uma massa bruta e amorfa, fragmentada por experiências negativas e de desistência. Ora, quem quiser *ser, existir*, é indubitável que terá primeiro de se abraçar a esse caos, de se constituir nas dobras de sua flagelada vestimenta. Isolar-se seria criar uma virtude bizarra, um vitral de luxo para uma casa em ruínas. É preciso integrar-se no sangue difuso e bárbaro, a fim de se fortalecer e levar avante as linhas do destino.

(Tanto é verdade que a uma manifestação de coragem logo se seguiriam outras, e que desse movimento poderia, quem sabe, surgir o almejado espírito brasileiro... Da força de um depende a coragem dos outros, e toda uma bandeira poderia ser posta em movimento, com alguns nomes que bastassem para dar caráter à Nação. Mas, ai de mim, vejo que já estou divagando, que já vou muito longe nas asas do sonho — o que imagino já são os princípios de uma ação política.)

Assim é preciso dar expressão ao caos. Ou melhor, torná-lo assimilável; existente, sem dúvida, não mais como uma verdade difusa, mas como manifestação de um espírito vivo, firme além das secreções pantanosas de um mundo, por assim dizer, assassinado.

Para que lado marcha o mundo? É inequívoco, para o abandono de determinadas formas caducas, caóticas em si — e consequente utilização de estados mais avançados de civilização. Nós ainda estamos em épocas muito recuadas, em estado larvar de afirmação, e os outros já veem mais alto, e já planejam o salto sobre o abismo, sem cogitar se devem ou não esperar que nos eduquemos convenientemente. Que fazer? Rompermos com o passado, amadurecermo-nos de um só jato. Nosso futuro é instantâneo, tem de se cumprir agora. É esta a única oportunidade de sermos nós mesmos, a nossa "chance", porque ainda não fomos nada, nunca nos erguemos à altura de povo liberado de seu ranço primitivo e efetivado como fatalidade histórica. Se não soubermos distinguir este momento dentro da noite escura, é que depois de quinhentos anos ainda estamos destinados a continuar adormecidos nas areias do antigo Atlântico das descobertas, que desde então nos embala saudosamente.

*

Todos esses pensamentos levam-me a um ponto adiante das considerações feitas tempos atrás. A "linha branca" que supus como única capaz de nos caracterizar, não seria uma flor de estufa, uma espécie de produto raro de viveiro, criado sem o conhecimento das forças desencadeadas com a queda do Império, mas a imposição de um tipo, novo, diretamente oriundo daquele, e invulnerabilizado por todos os elementos colhidos na aventurosa travessia. Voltamos ao ponto de partida, é verdade, mas com o espírito enriquecido pelos valores novos apreendidos na jornada. Tornamo-nos desconfiados e sonhadores — algo de enigmático se introduziu em nossa natureza bruta. Assim é que devemos encarar a corrente do pensamento novo.

*

Às vezes, relendo essas desordenadas notas que escrevo ao sabor da inspiração, sinto a tristeza de supor tudo isto apenas um eco da minha solidão. E serão realmente sonhos, deformações de um homem que se sente irremediavelmente — por que castigo, por que privilégio? — fora do tempo? Mas não, não pode ser, uma voz me diz que há alguma verdade dentro de tudo isto, um pressentimento certo. Não criei esses sentimentos, não alimentei essas coisas como produto de estufa. Tudo isto se revolve obscura e tumultuosamente dentro de mim, sem que eu saiba distinguir ao certo qual a sua forma definitiva, qual a expressão acabada de sua existência. Outros encontrariam talvez expressões mais adequadas, ou coordenariam melhor essa informe visão política, que, afinal, entre um sentimento vivo e uma impossibilidade total de realização, conduz meu pensamento a uma espécie de dilaceramento, de incoerência. Examino, peso, procuro penetrar com os olhos cegos da intuição esse mundo que imagino erigir-se na sombra. E sinto então que represento uma verdade ainda não dita — nem sei de que espécie, nem sei negação de que mentira — mas que já toda se arma nas profundezas inconscientes do meu pensamento.

*

Levanto-me, passeio, escuto avidamente o que os outros me dizem. Como que um segredo me esconde o julgamento alheio. Reajo, tento em vão explicar o meu ponto de vista. Não é possível que não se compreenda que não podemos e nem devemos aceitar as pequenas virtudes, os benignos proventos de uma politicazinha qualquer, dessas que vemos servidas ao crepúsculo melancólico do Ocidente, e cujas sobras se adaptam à fisionomia inerte da existência brasileira. Não somos povo ainda para nos deixarmos entregue[s] ao nosso próprio destino. Temos necessidade de crueldade e de prepotência. Basta olhar, basta ver, basta sentir esse imenso vento carregado de miasma que vem do interior, para compreender que as fáceis qualidades de uma elite macia apenas nos sufocam. Quem quiser constatar o Brasil que apodrece aos poucos, basta viajar e assistir chegar do sertão mineiro, por exemplo, um daqueles sinistros vagões de vidraças descidas, com um rebanho pálido, amontoados uns sobre os outros, e protegidos por um cartaz exterior que diz "Moléstias contagiosas". Se me perguntarem agora se é um estado fascista, um ditador comunista o que eu reclamo, responderei simplesmente que não sei — apenas sinto que precisamos ser sacudidos, atirados ao bojo das mais inomináveis catástrofes. É tempo de nos transformarmos em abismo, antes de temê-lo tanto. À beira estamos, desde que nascemos, e agora é preciso que nos afirmemos, ainda que seja pela morte, pela violência ou pelo sacrifício, que conquistemos a nossa possibilidade de existir. Teremos de produzir a nossa própria forma de governo, teremos de encontrar uma solução pessoal através do mais extenso e profundo dos choques. Não há valores a salvar, porque ainda temos de criar os nossos verdadeiros valores. Sim, agora sei o que responder: é por isto que me bato, pelo advento dessa consciência reivindicadora, pelo Brasil realmente na posse de seus males e de seu destino. Sei também que esta tragédia nos erguerá, porque o nada não engendra o nada, mas a proximidade da destruição cria a necessidade da defesa. Sejamos um vasto vagão de moléstias contagiosas, um veículo imenso que exala os vapores mortais da revolta e da violência — mas em movimento.

*

Quanto mais escrevo — e às vezes é necessário que eu me detenha, que eu reflita um pouco sobre esse impulso que me leva constantemente a extremos onde não pensava ir — mais encontro razões para minhas aversões políticas. Um sistema de governo democrático, tal como é praticado, em país como o nosso, assume uma única acepção: organizar, conduzir, coordenar o existente. É o que se poderia chamar de visão imediata e presente das coisas — e o que julgo necessário, é um sistema político que tente reunir as forças abstratas dispersas, no esforço para criar, antes de organizar, um ideal correspondente a uma realidade mais avançada, mais fundamentalmente brasileira, um captar de energias obscuras e latentes, que nos encaminhem perpetuamente ao futuro. Toda nação que coordena daquele modo, faz suas contas — e apodrece. Ainda é tempo para somarmos apenas nossos rudes instintos e nossas vitalidades esparsas. Criemos a nossa esperança. E eu sei, sinto que não me bato por uma tirania, mas por uma política de ação intrinsecamente dinâmica. Não há dentro dela ideais estáticos — mas uma natureza em evolução. Todos os tiranos acabam por ver indefinidamente, em todas as formas de vida, apenas sua própria imagem. Não apregoo, não grito por um ditador. O que procuro é a nossa alma, a nossa inspiração, capaz de produzir, de modelar sem fraqueza a sua equação política. Mas que esta alma seja realmente nossa, e assim não nos detenhamos nunca, olhos fixos na distância.

*

23 — Completa impossibilidade de trabalhar. Assim nos perdemos, aos poucos, aos pedaços, como um bloco de sangue e espírito que se desfaz. Não adiantam as palavras, as invectivas, nada — tudo tem de pertencer à grande

sombra, à noite eterna que nos acompanha. E a única coisa certa é que, sempre que voltamos à tona, é mais difícil recompor a vida. Agora compreendo, nessas sucessivas perdas, os lados por onde vim desmoronando — e tenho de concordar que a derrota começou há muito, quando eu ainda me julgava um pequeno príncipe entre as coisas. Paguei, pago muito caro o meu sentimento de orgulho e de poder: jamais me vi tão baixo quanto agora me vejo. Outrora, não me era possível pensar que fosse tão longe e que experimentasse com tão desavorado prazer este sentimento de esmagamento e de inutilidade. Agora tenho de remover um mundo de entulhos, para tentar esta coisa exangue, amarga e sem piedade, que se chama ressurreição.

*

É com esta consciência de miséria que luto para sair de mim mesmo, para esclarecer até o final esses pensamentos erguidos em mim, tenho certeza, como um sinal de vitalidade e de salvação.

Sim, não podemos nos considerar uma operação resolvida, uma forma estabilizada de povo — temos de revolver, de buscar sem descanso, de perquirir em todas as direções, abandonando o conforto que nos ameaça e que em definitivo pode nos fornecer a máscara sumária da morte. (É pelos pés do desastre que o futuro caminha: não nos enganemos, foi como homem, dilacerado e abjeto, que Deus veio ter conosco — dilacerados e abjetos é que estaremos à altura de qualquer céu.) Como os indivíduos, há povos suicidas: são os que absorvem os próprios venenos, os fermentos contínuos que vêm de sua nostalgia ao primitivo, ao bárbaro, ao primeiro desenho de sua face inexperimentada, e que assim constroem o seu inferno, através de gerações sem vitalidade e de um porvir sem significado. Ousemos a nossa futura civilização, sejamos a nossa explosão e o nosso desentendimento. Que todos os tóxicos fáceis — e os vemos servidos ao povo com o molho das mais repugnantes teorias, em mistura a lembranças de ritos africanos e outras efervescências de uma raça que ainda não soube se afirmar — apenas sirvam para nos denunciar que sob a roupagem das heranças nativas ou seminativas, brilha o corpo de um adolescente que contempla o céu e o mar a serem conquistados.

*

25 — O desespero nos vem, é certo, da consciência de que o mundo é totalmente vazio — somente nós o povoamos, e nossas sombras.

E se não temos fé suficiente, com que povoá-lo senão com pedaços de esperanças arruinadas? Ou com um grande ídolo de face escondida, em cujo pé escrevamos inflexivelmente as letras ensanguentadas da Esperança.

*

Mas onde colocar essa Imagem, a verdadeira, para que ela não fuja e não se desvaneça, e não se torne miragem e nos pareça afinal um simples punhado de cinza que se dissolve em contato com o cotidiano? Teremos de escrever, não há dúvida, um catecismo em que os dogmas sejam traçados sob a égide ardente do Medo.

*

Seria mais fácil se o cristianismo não exigisse de nós, ao mesmo tempo, como observa Pascal, que nos rebaixássemos tanto e nos elevássemos simultaneamente às alturas de Deus. Mas só temos essa dura condição, ou saber que tudo é pó, que apodrecemos e somos apenas um pouco de esterco que alimenta a eclosão de um campo azul de primaveras, ou dar a este vazio o significado de um grande emblema divino, cuja significação total nos é vedada. Restauremos pois os velhos tempos do sacrifício: que neste vazio, sangre a vítima que jamais cessamos de oferecer para que os deuses ocultos nos deem um sinal de sua existência.

*

Desatadas aos pés dos ídolos traídos, as flâmulas da lei ostentam as marcas imperecíveis da nossa desgraça. Ah, miseráveis os sensíveis para quem as formas deste mundo assumem aspectos de coisa eterna! Miserável a arte que ostenta a cor, o som ou a linha pagã, antes de formular o seu *Deo gratias* à força bloqueada dos mares e à estabilidade inatingível do céu! Miseráveis todos nós, que plantamos no perecível e ausente de Deus, um estandarte novo de vermelho e sombra. E desatentos, juramos a felicidade. E juramos, por tudo o que seja fácil e sem sacrifício.

*

Dormi e acordei sob a impressão de estranho mal-estar; sentimento de um destino obscuro e truncado. Responsabilidade em destinos alheios, sensação de culpa e de total incapacidade para erguer a vida a um nível sereno e justo. (Este nível sereno, justo — realmente, fundamentalmente eu o desejei alguma vez na minha vida?) Profundeza de certas impressões — como uma aura que circulasse no mais íntimo do ser — e que não se constituíram ainda em sentimento firme. Agitamo-nos no sono ou semiacordados — e as vagas se sucedem sobre nós, arrastando os secretos detritos que povoam nosso inconsciente, a vida nas trevas da alma, o que em última análise deve constituir nosso supremo movimento diante da morte: o medo incaracterizado do animal, palpitando às expensas da consciência, crivado de raios escarlate de remorso e pressentimento, como veios súbitos riscando o cerne duro das pedras.

*

Vem quase todo o mal, eu sei, da minha enorme incapacidade de mentir. (Penso nas vezes em que me disseram o contrário, alegando mesquinhas razões, que jamais atingiram essa estrutura última e fundamental do caráter e do ser.) Nem mesmo é porque deixe de considerar às vezes o que existe na mentira como maior sabedoria, maior *souplesse*[20] para a vida. Mas há em mim, maior do que o orgulho, uma ferocidade que me impede isto. Se me calo, não significa que esteja pactuando com a mentira — é que, no trânsito comum da vida, as pessoas que encontramos não suportam toda a verdade de que somos capazes. Há nuances, gradações a serem servidas — e como certos tóxicos, só atuam ingeridas em pequenas doses.

*

Tudo já foi mais ou menos dito — e em geral, melhor do que o repetimos. Mas é só por nosso próprio entendimento que descobrimos as coisas; o novo reside na arte de reunir sob o comando de uma única personalidade, elementos esparsos em várias, e através deles elevar um todo harmonioso. A mais velha das sentenças é aquela que afirma que somos uma efígie reduzida do mundo — deste mundo que, afinal, é tão extenso na sua perfeita identidade e na sua infinita monotonia.

*

Aqui está alguém que eu conheço e cujo retrato encontro estampado em todos os jornais. T. possui dezoito anos, tez pálida, cabelos muito pretos e olhos intensamente azuis. Olhos que vivem nesta face com a melodia agreste dos felinos. Quando o conheci, surpreendeu-me a força que manifestava, calada e secreta. Fugiu de casa, agrediu algumas pessoas, roubou perto de trezentos mil cruzeiros, foi condenado e eu o revi, mais tarde, na penitenciária, numa visita que fiz àquela casa. Não trocamos palavra, ele trabalhava na seção de consertos de rádio e eu o reconheci imediatamente, pela extraordinária particularidade de seus olhos agudos, vigilantes, se bem que tivesse crescido muito e guardasse em todos os

---

20. Em francês: leveza.

gestos um jeito novo de defesa. (Lembrei-me particularmente de um dia de Carnaval, quando me levou à casa onde então morava, um sórdido barracão, em companhia de um preto que ele espancava continuamente. Embriagou-se nesta noite e quebrou todos os móveis que existiam lá dentro. Eu o contemplava, cheio de admiração.) Agora acaba de fugir pelos esgotos da prisão, onde esteve durante dezoito horas, emergindo rasgado, mordido pelos insetos e coberto de lama, num dos bueiros da cidade. Preso de novo, declarou aos jornais que não suporta a monotonia da vida. E eu me lembro mais uma vez daqueles olhos sem repouso, autoritários, capazes de todos os extremos, que tentei evocar numa peça que nunca saiu da gaveta, intitulada *Olhos de gato*. O que ousei pensar, decerto fica muito aquém da realidade. Ó grande Deus, equívoco da paixão e do crime!

*

26 — Acordo sob nova impressão, numa manhã agradável e de suaves claridades. Não há dúvida, eu sei muito bem qual é o caminho, mas é preciso paciência, pois toda reconstituição — de um crime, como de uma virtude — requer habilidade e nervos longamente experimentados. Afogo os olhos em pequenas imagens da vida — uma folha nova que palpita numa réstia de sol, um grito que se prolonga na distância, o vento manso — tento calar as batidas do coração, dizendo — é tempo — enquanto tudo me parece um preparativo e revejo através da memória outras manhãs em que me senti tão moço quanto agora.

A verdade é que devo recomeçar tudo. Não me desagrada muito esta ideia de começar de novo, há nela um sopro de mocidade, de desafio, que afaga todos os meus mais latentes impulsos, mas o número de defeitos, de maus hábitos adquiridos, é agora muito maior a combater. (Não sei, minha mão treme, meu pensamento se obscurece: que são maus hábitos, que são defeitos, neste acúmulo de vida em que tão dificilmente podemos separar o bem do mal, o que nos é útil do que nos é inútil? Além do mais, sou da raça dos que se alimentam de venenos.)

Repito comigo mesmo: nenhuma complacência. Os lados por onde me deixei ir são os que mais facilitaram meus dons fáceis, e o momento é chegado de cultivar os mais difíceis. Penso que talvez seja isto o que se chama melancolicamente de maturidade. Enquanto moços, o sentimento da medida não é o que mais nos distingue e exibimos orgulhosamente nossos tesouros. Depois é que nos contemos e achamos de melhor alvitre contar o nosso ouro provável. O resultado é fácil de se ver, as moedas postas em circulação são de melhor peso, de brilho mais duradouro e mais autêntico. Diz Bernanos que não há romancista antes dos quarenta anos. Talvez, por isto, é que sinta tão frágil tudo o que escrevi até agora. E é com esta disposição à severidade que me encontro mais uma vez, frente a frente com o meu destino, esse companheiro de face sempre velada.

*

27 — Enquanto esperava X., detive-me lendo algumas folhas do último *Journal* de Gide, de pé, sobre o balcão de uma livraria. Curiosa aventura — se bem que já não nos sirva nenhuma novidade, o jogo desse espírito ainda tem todo o fascínio da juventude, justamente dessa juventude que ele próprio é o primeiro a reconhecer em si, e que notifica ao público com tão cautelosa minúcia. E depois, que resistência, que *attachement*[21] às suas ideias e aos seus princípios... Se descobrimos aqui e ali algumas brechas que nos fazem lembrar sua idade, é sem evitar certa tristeza, semelhante à que sentimos se abandonamos no caminho um pouco do que nos constituiu — e que no caso são as primeiras leituras de Gide, a surpresa dos *Faux Monnayeurs*,[22] as grandes discussões, em intermináveis noites caminhadas a esmo, a favor ou contra o cantor dos alimentos terrestres.

Tudo isto envelhece, enquanto sentimos o *Journal* empalidecer — aqui e ali, como uma nota mais forte que vibra, um ressaibo das antigas lutas. Talvez seja isto o signo mais visível de sua durabilidade. Visível, mas não o único — ou melhor, aquele apenas, que mais nos retém à música permanente de suas páginas.

*

O segredo é simples, não se arrisca tudo no jogo. Ou dizendo de outro modo, não podemos romper totalmente com os laços que nos prendem aos pontos de origem. Isto dito assim pode parecer um tanto enigmático, mas confesso que não é fácil exprimir o pensamento que me ocupa. Somos como parcelas de um único todo, lançadas numa pista inclinada — quanto menos voltamos o olhar para trás, mais nos distanciamos de nossa verdadeira essência. Qualquer coisa que fosse mais ou menos o contrário do conselho que o anjo deu à mulher de Ló. Isto quer dizer simplesmente que muitas das pessoas que hoje vejo, tão diferentes do que foram, fizeram arder uma essência muito íntima, uma espécie de pureza protetora contra esse rio anônimo que é a vida de todo mundo. Não sei por quê, mas sinto que hoje elas se entregam com fome a esse ardor de viver — e percebe-se no entanto que perderam algo elementar e que agora são apenas seres esvaziados,

---

21. Em francês: apego.
22. *Os moedeiros falsos* (1925), mais conhecido romance de Gide.

catalogados para não sei que ceifa sem data certa, mas que já transparece no futuro, escuro e aberto como uma imensa vala comum.

*

[29] —[23] Não, não compreendo a minha tristeza. Há certos dias em que ela é tão forte, tão densa; que parece subtrair outras parcelas do meu ser, enquanto me transformo numa nebulosa estranha, vagando entre as coisas como um condenado. Não há dúvida, nunca houve ninguém tão triste quanto eu. É um sentimento caudaloso, lento, sem nenhuma possibilidade de solução — e[,] ai, tudo isto não me pertence, fui colhido de repente em meio à correnteza, servem-me a condenação de pessoas que atiraram fora seus próprios males, revestem-me de um destino sobrecarregado de vários destinos, uma melancolia que me satura inteiramente, que eleva suas mãos de pesadelo às minhas faces, que se cola ao meu corpo, que anoitece minhas veias, que se torna eu mesmo, como um excesso de luz ou de saúde. Tristeza, minha alegria.

*

30 — Vi ontem, de perto, Jean-Louis Barrault. (Estava num desses famigerados bares que sempre se enchem de intelectuais, e alguém mostrou-me também a filha de Jacques Copeau —[24] vi um ser alto, de cabelos louros, mas tudo isto sob uma bruma mansa de uísque.) Barrault pareceu-me mais baixo e mais jovem do que supunha. Imaginava um homem anguloso e magro: vejo surgir um homem de estatura mediana, cheio de corpo e muito moço. Seus movimentos são extraordinariamente livres, e de todo ele vem um calor, um fluido constante, que deve ser o segredo de sua presença no palco. Lembro-me de Louis Jouvet,[25] que tantas vezes vi em bares da Lapa, e que era habitado pelo mesmo dom de presença. Não é este, afinal, o que caracteriza o verdadeiro artista, sua capacidade de comunicação e domínio da plateia? Atores são feiticeiros que prendem o público pelos efeitos da magia, que o subjugam através desse poder estranho da persuasão — e se são grandes, como Barrault, não precisam de acessórios, luzes e cenários. Basta que surjam, como agora, sem nenhum preparativo, para que a magia se produza.

*

---

23. No *Diário I*: 25. Provável lapso do autor.
24. Jacques Copeau (1879-1949), diretor, autor, dramaturgo e ator de teatro francês.
25. Louis Jouvet (1887-1951), ator, cineasta e diretor teatral francês. Apresentou-se em São Paulo e Rio de Janeiro e morou no Brasil, por quatro meses, em 1942.

31 — De novo, sono perturbado de pressentimentos e visões angustiosas. Uma a uma desfilam faces conhecidas, e parecem exprimir um aviso que não compreendo e que há muitos e muitos anos se repete. Acordo com o coração pesado, cheio de uma nostalgia, de um remorso que não consigo explicar. Sei apenas que é um sentimento — ou seria melhor dizer uma sensação? — que me vem das regiões mais distantes, mais intransitáveis do ser, e que só aparece quando estou dormindo, livre portanto das camadas impostas pela força do cotidiano.

*

Ontem à noite, longa conversa com Marcier, que deve receber hoje o certificado de sua naturalização. Rememorei esses dez anos de conhecimento e, feita a soma de sua vida durante esse período, forçoso lhe é reconhecer um certo senso prático (direi melhor: um sistema de autodefesa) que o conduziu até o ponto onde hoje se encontra. Não sei se sua pintura empobreceu, conforme ele próprio diz, mostrando-se tão apreensivo — mas lembro-me agora, particularmente, das primeiras vezes em que o vi, ou no quarto de Murilo Mendes[26] ou num pequeno atelier escuro, entre espantosas telas de homens degolados, anjos e aleijados. Daí para cá, os quadros trágicos transformaram-se em grandes painéis da vida de Cristo. Dentro do pintor a harmonia foi sendo feita, até conseguir ele ser este homem que hoje janta diante de mim, proprietário de um sítio em Barbacena, de cinco filhos e de uma naturalização no bolso.

Não pode dizer que não tenha vencido a batalha, e com os elementos mais leais. Agora, prestes a voltar à Europa, há de reconhecer que o seu trabalho frutificou e que, por bem ou por mal, é da mesma qualidade de alma, da mesma simplicidade, do mesmo cunho austero, que um dia, caminhando pelas ruas de Sabará, ele distinguiu através de um silêncio que designava, indubitavelmente, as condições essenciais para que se manifestasse um verdadeiro espírito criador.

*

Desconfiar, reagindo sempre. Não aceitar nunca. Todo pacto com o tempo presente é uma forma de trair o futuro. Os homens, as coisas, os sentimentos de hoje, são restos de antiguidade, dos sentimentos, das coisas e dos homens que já

---

26. Murilo Mendes (1901-1975), poeta, prosador e crítico de artes plásticas brasileiro. Foi grande amigo de Lúcio. Em 2016, o cineasta Luiz Carlos Lacerda roteirizou e dirigiu o filme de longa-metragem *O que seria deste mundo sem paixão?*, sobre um suposto encontro entre Lúcio e Murilo e seus personagens.

exprimiram, que já se manifestaram como elos de crescimento. Não nos lançar-mos à compreensão fácil e nem nos situarmos nos terrenos de uma aceitação superficial: o que é duradouro exige paixão, e paixão significa ao mesmo tempo repulsa e atração. Os homens de hoje nos compreendem pelos lados que nos são mortos, sem resistência para o futuro; aqueles que nos aceitam são os que o fazem sem compreender o que em nós é substância imatura, destinada a nos fazer perduráveis ao longo do tempo. O tempo presente é o nosso túmulo — e a única coisa a que se pode dar o nome de ressurreição, é o futuro.

*

A extraordinária doçura de Mozart — que escuto agora, como escutei tanto em dias passados, através de horas mais calmas, horas que hoje sei de importância bem maior do que eu próprio supunha… — nada mais traduz senão uma longa intimidade com a morte. Ou melhor, com o mundo em deliquescência, a fuga do tempo e o permanente choque dos sentimentos em alternância no fundo do ser. Ao contrário do que se julga, Mozart não é o músico da euforia, mas o cantor do luto. A atmosfera que banha sua melodia deixa à mostra, como uma arquitetura dentro d'água, os alicerces escuros da responsabilidade e do remorso.

Junho

1 — Lá se vai maio — mais um maio da minha vida. Que este tenha sido de mistérios e de soluções ocultamente resolvidas, não me resta a menor dúvida. Não passou impune, não desapareceu sem deixar nenhum eco — ficou como mais uma dura etapa dessa existência que levo, à espera da minha transformação. Não posso resignar-me a ser apenas o que sou neste instante — este de agora é apenas uma das possibilidades escolhidas a esmo, e que se demora, sem forças para abandonar a forma atônita que habita. Este é possivelmente o erro, pois devemos ser tudo ao mesmo tempo, sem sermos definitivamente coisa alguma.

Que outro maio me encontre menos frio, menos triste, menos egoísta. Menos desesperado, menos orgulhoso, menos fátuo, menos incapaz e, ai de mim, menos solitário. Não sou senão uma grande solidão sem rumo certo. Que outro meio me ache com melhores sentimentos, sob o signo claro da minha infância. Sob a luz de maio coloquei um dia a minha vida, e se bem que agora ela me traia sob todos os aspectos, espero que sua Divina Protetora me permita reuni-los um dia — todos os maios — em largas pausas onde possa enfim reconhecer que nelas deixei transpirar o que em mim era mais sereno e mais iluminado. Pausas brancas que falem entre períodos de febre e sombra. Que o tempo, para nos dar um mês entre puras braçadas de flores, nos dá onze trabalhados de espinhos, amarguras e confrangidos horizontes.

E chegamos finalmente a junho, que a Igreja celebra como o mês do coração ensanguentado, rodeado por uma coroa de luz. Façamos votos também, para que corações como os nossos, que tão orgulhosamente erguem sua tiara de trevas, assistam todo o sangue que esgotam com fartura, transformados em gestos de amor e de caridade. Os votos são próprios dos poetas — e que pode dizer um poeta como eu, empedernido, senão louvar com lábios trêmulos esse junho que já começa, e que também já se desfaz, erguendo bem vivo, com as mãos trêmulas, o coração de Jesus Cristo, tão desamparado em seu emblema?

*

Poema a ser feito, sobre o vento.

A morte não é um fato isolado, um mal que nos sucede, tudo morre em todos os instantes, tomba, seca, rui e desaparece sem que nada possa reter esse imenso movimento de extermínio, levado a termo pela mão invisível da sombra. (Disse "sombra" porque este é o termo mais poético para designar essa coisa informe e sem identidade que é o nada.) É verdade que recriamos tudo, que levantamos continuamente novas expressões de vida, que inauguramos sem descanso manifestações destinadas a perdurar, levados pelo nosso anseio de fazer permanente alguma coisa, um nome, uma coluna, um teto de igreja, como na infância traçamos nos troncos das árvores um coração com as iniciais do nosso amor — mas a morte vem em nosso encalço como uma nuvem cheia de invernos, e que avançasse de confins arrebentados. Os símbolos do nosso esforço se transformam em imagens duras e sem expressão, como galhos tornados negros pela tempestade que passa. Tudo morre em todos os momentos, como um vasto rito no mundo, e o mundo também é destinado a desaparecer. No fim de tudo, só o vento rodará pelos espaços vazios, senhor da sua vontade e dos infinitos abismos, onde sua cólera cega vagueará desamparada. (Éolo, príncipe antigo e de mente turbada…)

*

Necessidade de organizar a vida, de trabalhar de modo mais ritmado. Se até hoje nada consegui, será possível obter um resultado algum dia?

Ao mesmo tempo acho inúteis tentativas desta natureza. É que o resultado não importa. Enquanto vivemos, realizamos perpétuas tentativas que nos esboçam o caráter e definem nossa liberdade. Que Deus me livre de um resultado qualquer, pois são os meus fracassos que me alimentam para novas investidas. E bem pensado, não é isto que se chama estar vivo? Vivo me sinto, e puro de todos os resultados.

*

Leitura: *Journal* de Delacroix. Prazer de encontrar novamente alguém que "veja", mais do que "ouça". É como se de repente a paisagem do mundo readquirisse suas cores — e compreendemos que esta é a grande novidade, pois realmente os regatos são azuis, há céus verdes de inverno e a terra, de quando em quando, cobre-se de rosas amarelas.

*

2 — Tudo começa mal neste mês de junho. Até quando irá assim a minha vida, sem um ponto de apoio real, não sei…

*

Repassando estas páginas, vejo que falta quase tudo o que me sucedeu — e examinando as notas escritas até agora, pergunto se um determinado gênero de palavras — ou de sensações — em vez de criar a impressão de realidade, não levantaria, ao contrário, uma outra, substituindo a verdadeira e se impondo com uma autonomia cheia de força? Sim, o uso de certas expressões acaba criando uma realidade nova — talvez eu não esteja completamente dentro dela, e o seu manto, que é imposto a despeito meu, traduza somente os suspiros e as falhas de uma existência que não conseguiu se expressar.

*

Poderia citar fatos: estive com X., fomos ao cinema, depois jantamos. Mas são estas coisas, exatamente, as que devem figurar aqui nestas páginas? Ou, ao contrário, devem elas cair no esquecimento? Prefiro o sentimento que me causaram, e se algum houve digno de nota, este é que deve figurar aqui, ainda que seja expresso numa linguagem capenga e só corresponda a uma parcela reduzida da verdade.

(Nestes momentos difíceis, nem um olhar para o alto. Por quê, meu Deus, se o meu coração tão aprisionado às coisas terrenas prefere a miséria em que vive, à paz da solidão? Por que é que as forças me faltam, e o mistério se cumpre, tão nitidamente escrito através do meu sofrimento? Que a Graça de Deus, mesmo assim, não me desampare — pois sem ela nada sou, e tudo é escuridão no meu ser, e nesta pobre carne selvagem.)

*

3 — Hoje, depois de muito tempo, visitei Roberto Burle Marx. Achei-o como sempre, entre tintas, plantas e mapas, naquele excesso de afazeres que o caracteriza e que, a meu ver, se rende financeiramente, afasta-o da pintura. Falou-me longamente sobre amigos comuns, traçou-me mais uma vez o itinerário de sua vida e mostrou-me seus últimos quadros. Quieto um instante, naquele ambiente de atelier saturado de tintas e cheiro a óleo, senti desenlaçar-se em torno do meu silêncio aquele mundo de cores e formas abstratas. Há uma magia, uma música particular naquelas coisas, e o homem que sabe manejar aquelas linhas e ângulos coloridos possui alguma coisa de um fauno, de um duende em misteriosa conexão com os seus pincéis e suas paisagens. Ele vibra, estremece, brilha, enquanto mostra suas telas — e ao mesmo tempo é azul, verde, vermelho, as cores todas, enquanto sua, metido numa velha roupa manchada. Com os olhos inquietos, penetrantes, onde há uma desconfiança e uma inteligência bastante peculiares à sua raça, examina o efeito dos quadros na minha face. Sinto que quero bem a esse atelier, a esse mundo em fusão; que importa que os jardins nem sempre sejam perfeitos, e os quadros nem sempre definitivos — há neles, contudo, algo de um universo primitivo, elevando-se à força de um impulso secreto, com o ímpeto das primeiras e mais fecundas energias da criação.

*

4 — Escrito num café:

— Se imagino o quadro, vejo-o com tal nitidez, que o cinema me parece a única maneira de transmiti-lo — daí talvez o meu erro. (Houve erro, não há dúvida. Eu não devia, eu não podia atirar-me assim ao trabalho de realizar um filme. Confesso agora que fui levado pela minha vaidade, e pelo desejo de mostrar-me apto a fazer tudo. Quis demais, com cega confiança em meu poder. Se tivesse dinheiro, é possível que conseguisse terminar o filme, mas não teria então, como tenho agora, oportunidade de julgar a aventura apenas como uma resultante dos fumos que me subiram à cabeça…)

Mas se há culpa nisto, é que o lápis me trai e vai mais lento do que a minha imaginação. Queria que as coisas assim vistas através do pensamento se transformassem em formas vivas — e precipito, e comprometo. A impaciência é o meu grande pecado. A fotografia talvez fosse mais direta, mas os variados mecanismos que são exigidos para a confecção de um filme complicam-me, impedem-me de atingir imediatamente o ideal sonhado. Não sei se deva entristecer-me, mas volto ao romance com os mesmos quadros à minha vista, talvez mais desiludido, mas também um pouco mais seguro do que tenho a fazer.

*

Neste momento, de tão grande tristeza para mim, queria escrever uma ou duas frases sobre a ingratidão. Há qualidades negativas, como existem as positivas — somos, enquanto personalidades, tanto uma coisa como outra. E conhecer esses corações parados, essas veias sem sangue e esses olhos que nenhuma ternura ilumina, é desenhar um tipo que revela muito do nosso próprio mal: a complacência. O amor ao abismo. A vida é tão extraordinária, que amamos particularmente aquilo que menos se parece conosco: os grandes desertos, os infinitos de enormes corações sem motivo.

*

Ouço — e nada me diz além das palavras frias que escuto. E também sei, neste silêncio que me retém prisioneiro de sua fantasmagoria.

*

Decerto a voz, a presença, a chama, seriam exatamente o que eu procuro. Mas estas coisas não compõem as verdades que são minhas, apenas eu as sonho na vastíssima paciência do meu coração.

*

Marasmo da política — ou desta coisa a que dão o importante nome de política. Dias de penumbra e de indeterminação. No entanto, pressente-se por trás de tudo o acúmulo cada vez mais extenso de turvos elementos de tempestade.

Que venham, que venham logo as furiosas chuvas, pois são elas que lavam a terra e purificam os corações cansados de ódios mesquinhos.

*

(Mesmo dia, à noite)

Não sei o que já me une a este caderno — aqui estou de novo, aprisionado às suas páginas. Escrever nele torna-se um hábito que, na minha constante dispersão, considero de grande utilidade. Será este "diário" um dos caminhos por onde recuperarei o que tenho perdido ultimamente, com tanto descaso, como se tivesse um fundo inesgotável à minha disposição?… Sem dúvida é o meu inconsciente — ou o meu Anjo da Guarda — que dia a dia me faz mais unido a estas folhas. É um processo de defesa onde entra muito desse instinto de conservação que faz certos doentes graves se apegarem a pequenos detalhes da vida...

*

Visita a Rosário Fusco,[27] que depois de muito tempo revejo na mesma exuberância, no mesmo transporte de imaginação e de magnífica *insouciance*[28] que é uma das características fundamentais do seu temperamento. Como sempre dá-me dois livros que acaba de publicar, mostra-me provas de outro, os originais de um romance inédito, suas últimas pinturas, decorações e até mesmo Rita, sua filha recém-nascida. Mesmo ambiente desordenado, fácil e ligeiramente alucinado que já vi tantas vezes. As diversas moradias (e as diversas mulheres) onde e com que tenho visto o escritor possuem sempre alguma coisa de improvisado, como um campo de ciganos. Sente-se que amanhã, possivelmente, o morador já terá levantado suas tendas e pelo chão só restarão sinais de uma vida abandonada para sempre. Mas através de tudo isto, e de suas eternas promessas nunca cumpridas (... este mentiroso demônio da facilidade, que eu tão bem conheço!) escorre um calor bom, de sangue que, afinal, é realmente generoso e quente.

*

No bonde, de regresso, penso mais uma vez no desmantelo da minha vida. Compreendo a existência de Rosário Fusco, mas sei que é assim apenas porque não consegue que ela seja de outro modo; sente-se permanentemente no fundo de sua natureza, uma indisfarçável nostalgia da ordem. Quanto a mim, bem sei que é tempo de retomar as rédeas. Percebo cada vez melhor o que devo fazer e experimento-me, como um doente que tateia seus males, a fim de verificar se ainda doem as partes machucadas.

*

Da casa de Lêdo Ivo, aonde vou levado por esse desassossego que parece me consumir, trago dois livros que para lá enviaram endereçados a mim: um de Cassiano Ricardo e outro de uma senhora paulista sobre Goethe. Mas no momento, não são estes os que mais me interessam, e sim o último *Journal* de Gide, que não hesito em confiscar, e a cuja leitura me atiro, com uma curiosidade que nada retém.

---

27. Rosário Fusco (1910-1977), escritor e advogado brasileiro. Importante nome do modernismo mineiro e um dos fundadores da revista *Verde*, de Cataguases (MG). Foi amigo de Lúcio.
28. Em francês: imprudência.

Penso — e acho que tudo ainda está salvo, quando me toca um desejo tão grande de me aperfeiçoar. — Em quê, por quê? A expressão talvez não seja certa — o que eu procuro, e obstinadamente, é atingir a mim mesmo. Ser eu — o meu futuro.

5 — Já começa, já chegamos à época das grandes publicidades eleitorais. Numa rua de Copacabana, enormes microfones transmitem hinos e sambas em horrendo tom metálico, enquanto poderosos refletores iluminam a jatos uma multidão pálida e sem repouso, que evidentemente nada compreende do que se passa. A única coisa pura em tudo isto, o vento da noite, balança mansamente as faixas de propaganda.

Que época é esta em que vivemos, onde os produtos são impostos a tão rudes golpes de publicidade, que época é esta, onde o que é mais feio — a casa, os refletores, o ambiente — é duramente imposto a homens anestesiados, sem nenhuma capacidade de defesa e julgamento? Saudemos: é o reino da grande deusa Liberdade, a era em que a Democracia inaugura seus folguedos atômicos.

*

6 — O mais difícil — não direi o impossível — é aquilo que o cristianismo, em última instância, comanda: esteja neste mundo, mas com a condição de não participar dele. Horrível situação, que está bem longe de ser a de um Kafka, quando ainda contam a saúde, o belo e a alegria. Estou pois neste mundo, e pobre de mim, dele não sei me separar. Às vezes, nos meus momentos de grandeza e de fastígio, acredito que sou a última das testemunhas do terrível, um homem que traz sobre a testa a mão escura do pecado. Mas, isto, são apenas rajadas que me sacodem ao longo das ruas transfiguradas. Quieto, estendido no meu quarto, peço a Deus que faça com que essa rebeldia, que eu vejo se aproximar de mim com tanta força, seja um hino de louvor a essa criação, cuja espantosa beleza me revolve muito mais do que todas as palavras dos santos e dos moralistas. E acaso a culpa é minha?

*

Sem dúvida, o ideal como "diário" não é um processo constante de autoanálise — convenhamos que nem sempre há dentro de nós grandes novidades, já somos tão conhecidos — e sim alguma coisa que participe da invenção. Gênero híbrido, a ser tentado.

*

Tudo o que sentimos é verdade? Grandes correntes nos atravessam, de ideias contraditórias e sentimentos bizarros — mas que é duradouro, existente e exprime com autenticidade a realidade viva do nosso ser?

Ou talvez não sejamos o que é permanente senão por um esforço lúcido da vontade; nossa certeza é, ao contrário do que imaginamos, apenas o que é indeterminado e sem raízes fixas no tempo.

*

Leitura: antes de terminar o *Journal* de Delacroix, que me é impossível ler de um só jato, lanço-me ao *Martin Chuzzlewit* de Dickens —[29] exclusivamente por necessidade de um longo romance à moda antiga.

*

A inutilidade de confiar em pessoas como Rosário Fusco: resolvem tudo, mas apenas porque é fácil imaginar as coisas. O que quer dizer que o impulso é bom, mas a realização é difícil. Há um ponto qualquer da realidade que lhes escapa, e sem que os possamos chamar de mentirosos, são pessoas em eterno déficit com a verdade. Ou com a promessa, o que é mais poético e mais justo.

*

Sim, a saúde, a alegria, o belo existem para mim, mas como destroços de um mundo incoerente. As tristezas que tenho, se não parecem minhas, de tão arbitrárias e violentas, são como as alegrias: vindas não sei de onde e que me apanham de repente no caminho. Não há um motivo persistente, um estado definitivo, há vagas que me devoram.

*

Já com a luz apagada, levanto-me de novo, sob pressão dos mesmos pensamentos angustiosos que me obsedam. Aqui estão eles mais uma vez, como cães furiosos que me mordessem os calcanhares. Tudo o que fiz me parece inútil e errado, e o que é pior, sem nenhuma esperança de conserto. Autor de uma obra falha, levado pela vaidade a todos os extremos, mais do que deficiente nas minhas relações com os outros, negligente em tudo, cruel e egoísta para com os meus — assim, rolo em vão sobre os lençóis, procurando um sono que não chega. Serão assim, eu sei, molhadas de suor e de remorso, as minhas madrugadas do futuro.

---

29. *The Life and Adventures of Martin Chuzzlewit*, conhecido como *Martin Chuzzlewit*, livro de Charles Dickens (1812-1870), considerado seu último romance picaresco, originalmente publicado seriado entre os anos de 1843 e 1844.

Houve tempo em que sofri assim a obsessão da ideia da morte, e tudo o que me sucedia era como o pressentimento de um fim próximo. O que sinto agora é mais ou menos idêntico, se bem que eu não saiba precisar exatamente o que está em agonia dentro de mim. Há um poder desumano, excessivo, que me esmaga, e não tenho nenhuma força para banir isto a que sempre chamei de "meus fantasmas". Rememoro todas as oportunidades perdidas e o destino que despedacei, por cegueira e tola ânsia de viver.

Mas só agora compreendo, através dessas crises de susto e pessimismo, o quanto me interessa realmente aquilo que tenho a fazer. Eu sou como um homem levado por uma correnteza brava, mas que conserva ainda nas mãos um punhado de terra da ribanceira de onde se desprendeu. Dia a dia, tudo o que compõe essa coisa secundária e sem viço que se chama o "resto", tem menos interesse para mim; só o trabalho, aquilo que eu considero como trabalho merece alguma coisa e, fora dele, só há a magia fictícia dos sentidos, febre enganadora, tempo gasto à toa.

*

S. devolve hoje as minhas peças. Ela fala com bastante exuberância, observações certas e erradas — e jamais vi ninguém se exprimir tão pateticamente sobre um ideal que, afinal de contas, é perfeitamente falso. Esse teatro que ela diz amar acima de tudo, não lhe pertence — o que ela ama é um mito, uma vocação que não é a sua, tomada de empréstimo, com essa violência e essa ousadia das mulheres que elegem aqui, motivos para encobrir fracassos acontecidos mais longe. Como tanta gente, subsiste através de uma mentira, e pelo furor que emprega, parece mais armada do que todo mundo. Toda esta arquitetura de fortaleza, no entanto, circunda apenas um grande vazio.

Trago as duas peças para casa, certo de que não aceitarei seu oferecimento para montar uma delas. Não, em coisas assim é que mais se consome o tempo e eu não estou mais disposto a empregar minhas vaidadezinhas errantes. Um dia, talvez, volte ao teatro, mas não agora. A resposta é pois idêntica à que dei a alguém, quando se falou no reaparecimento do Teatro de Câmera — um "não" sem maiores explicações.

*

Fim do *Journal* de Gide, lido com um interesse sem esmorecimento. Curioso, ele parece preocupado com os julgamentos à sua obra e defende-se continuamente de alguém invisível que o acusa de um *échec* — aqui e ali alega que suas páginas hoje o desgostam, que as acha fracas, exatamente porque presta muita atenção ao que lhe dizem. Lembro-me de ter ouvido Bernanos dizer que o diabo, quando já nos fez muitas, sopra aos nossos ouvidos a última de suas tentações: que perdemos o tempo e elaboramos apenas uma obra que não vale nada.

*

Contam-me que Jean-Louis Barrault falou, antes da apresentação de *O processo*, que tudo é teatro — menos o que nos causa tédio. Opinião que considero profunda e de alguém que conhece perfeitamente teatro. A verdade é que o teatro, como expressão artística, é um gênero mais do que secundário. Não quero rememorar aqui os famosos julgamentos de Nietzsche, Pascal e Bossuet — mas basta abrir um dos nossos jornais para se constatar que só pode ser infinitamente secundário aquilo que se presta a ser examinado sob o ponto de vista de "carpintaria teatral", esse conto para enganar os tolos que inventaram os autores destituídos de senso poético, que "arrumam" pequenas situações domésticas, onde sobra a famosa "carpintaria" e há uma total, uma esmagadora ausência de qualquer voo dessa poesia que, afinal, foi o elemento forte com que contou a obra de um Shakespeare, por exemplo.

*

7 — Evidentemente Gide deve sentir que este mundo é muito frágil para justificar a nossa alegria, ou melhor, a sua famosa alegria. De onde vem possivelmente a afirmação de que "Deus está por vir — e que ele depende de nós". Que é por nossos meios que chegamos a Ele, nenhuma dúvida, mas Gide não aceita o fato paradoxal de que seja por meio do sofrimento. Por outro caminho, a que espécie de Deus chegaremos?

*

René Schwob,[30] que antigamente li no maior dos transportes, hoje me causa uma enorme repulsa. Faz-se "diário" por todos os motivos, menos pela intenção de se ser santo. Tentativas desta natureza, misturadas a pesquisas literárias, soam com um insuportável tom de vaidade — e é triste reconhecer que é o mesmo de tantos católicos de todas as terras. Há certas coisas, cuja dignidade é tão profunda, que só devem vicejar, só devem encontrar seu elemento natural, no silêncio.

*

---

30. René Schwob (1895-1946), judeu francês que se converteu ao catolicismo aos trinta anos. Escreveu uma biografia de André Gide e livros de filosofia.

9 — Ontem, passeio de automóvel com Amalita até Jacarepaguá. Em caminho, ia ela enumerando detalhes do seu problema, tão triste e insolúvel, e tão desesperadamente terreno. Enquanto isto, uma paisagem maravilhosa desnudava-se aos nossos olhos: viva, com um frêmito que parecia subir das mais extremas profundezas da terra, a natureza palpitava à brisa nova da manhã. As folhas das bananeiras, recortadas ao longo do céu azul, emergiam intactas da água da lagoa. Horizonte denso, de uma cor cheia de nobreza e antiguidade, expelindo já a luz quente do meio-dia. E que distância, como parecíamos fechados dentro do mesquinho mecanismo do nosso mundo, enquanto tudo aquilo nos era ofertado, aberto à nossa necessidade, à nossa admiração!

Eu sentia tornar-me aos poucos primitivo e ingênuo, prestes a resfolegar sobre aquela pureza toda, como um animal pela primeira vez abandonado à alegria do mundo.

*

Cansaço de que as coisas ainda existam porque não têm por onde acabar — cansaço simplesmente. Nada nos pesa mais do que os sentimentos que se tornaram hábitos. Talvez não tenhamos o direito de existir antes de atravessarmos determinadas zonas de sofrimento; estas onde caminho agora, dão-me a impressão de porões de sofrimentos idênticos, já experimentados noutra época, mas que me são revelados, em seus corredores obscuros, como terrenos de experiências novas, além daquelas, e que me sugerem uma inédita profundeza em nossa capacidade de suportar as coisas. É espantoso como podemos ir longe, acompanhando simplesmente os nossos impulsos, alimentando-os, revolvendo sem descanso a terra onde atiramos as sementes desses sentimentos, para colhermos afinal, como de uma terra saturada de estrume, somente este roxo girassol da desolação.

Palavras. As próprias manhãs me cansam — e acordo exausto, doente, com uma perfeita antevisão da minha velhice.

(Como eu já sofro da minha futura velhice — como me dói ela, quando consigo surpreendê-la. E no entanto, quem sabe — a velhice talvez seja apenas paz e desconhecimento.)

*

10 — Alguém, há tempos, achou esquisito que eu afirmasse não ser um escritor, e sim uma atmosfera. Há dias em que me sinto um personagem, e não eu mesmo. Alguém está contando uma história em que sou um dos acessórios. Só

me reconheço, só encontro de autenticamente meu, a obstinação com que levo esse ser imaginado a costear todas as rampas do precipício.

*

11 — Começo o domingo relendo *Os sertões*, de que só guardava uma confusa lembrança, como leitura de adolescência. Surpreende-me que não encontre mais as famosas dificuldades que deparei na época — a linguagem me parece menos preciosa, e os problemas também diminuíram de tamanho. O que equivale a dizer que a leitura agora tornou-se mais agradável.

*

12 — Dias vazios, desoladoramente vazios. Passo as horas ocupado em resolver meros problemas financeiros, e em encontrar essa coisa difícil que se chama dinheiro. Difícil e repugnante — mas Valéry[31] tem razão, é ele o óleo que alimenta as engrenagens do mundo.

*

14 — Nada escrevi ultimamente neste caderno, todo entregue à releitura de *Os sertões*. E confesso que, apesar de tropeçar aqui e ali no arquicélebre estilo de Euclides da Cunha, de sentir perfeitamente o envelhecimento de certos trechos, pela aplicação e exaltamento de teorias caducas (Darwin etc.) o livro pareceu-me conter uma autêntica grandeza e assumir, em certos instantes, a altura vertiginosa de uma epopeia. Não sei, não vejo no sertanejo a nossa "rocha viva". Alguma coisa, é certo, falou em Canudos, desse espírito que poderia ser o nosso, mas elementos diferentes e variados (o fanatismo, a ignorância etc.) entraram na composição desse tipo, emprestando-lhe um caráter transitório, revelando indubitavelmente traços de uma personalidade oculta e firme, mas com elementos fugitivos e parciais.

No entanto, a indicação de Euclides é sincera. Se aponta um possível tipo representativo, não comenta entretanto por que caminhos conduziríamos as águas de uma futura civilização a que, segundo ele, estamos condenados. Decerto — e mais do que decerto — seu livro acusa, e se acusa, é a força dessa bárbara República que trucida homens ignorantes em vez de conduzi-los até horizontes mais largos.

De há muito o nosso jornalismo se habituou a um gênero cujo sensacionalismo prima pela mais extrema grosseria; Euclides devia ser o modelo de todos

---

31. Paul Valéry (1871-1945), poeta simbolista, ensaísta e crítico de arte francês.

os que, para inquirir e prestar um depoimento, e desejassem fazê-lo, perfeita ou imperfeitamente, se apoiassem em esteios de honestidade e de justiça.

*

Ontem, almoço na penitenciária, em companhia de Jorge Lacerda. Encontramos no gabinete do diretor, o jornalista Francisco de Assis Barbosa que me apresentou o famoso bandido Carne Seca.[32] Durante alguns minutos dei vazão a uma curiosidade sem limites. Carne Seca pareceu-me antes um menino assustado, cheio de tatuagens, ignorante e simples. De vez em quando, fita-nos com magníficos olhos verdes. Conta, de cabeça baixa, rapidamente, várias ocorrências de sua vida. Percebe-se que sob o peito, bom ou mau bate um coração extraordinariamente vivo, que nem as prisões e nem os castigos fizeram adormecer ainda. Nada que lembre ferocidade ou esse ar machucado de certos criminosos. Apenas confusão, falsa noção de bravura — ou autêntica que sei eu... — e mais do que tudo isto, pobreza. Uma indizível pobreza. E o que ele chama, timidamente, de "cabeça quente".

*

Regresso a *Martin Chuzzlewit.*

*

18 — Inteiramente afastado deste caderno — e de tudo o mais — com as novas perspectivas que se oferecem de terminar *A mulher de longe.* Agora não se trata mais de vaidade, porque não encontro nenhum prazer em reiniciar as filmagens. Trata-se apenas de salvar o que já comprometi anteriormente, e que me pesa bastante, por não ser dinheiro meu. Encontros, projeções das partes já feitas, fotografias — a mesma ronda de sempre, à espera de que a solução apareça. Desta vez, no entanto, tudo que parece mais fácil. Vejamos o que me reservam os dias futuros.

*

As mesmas quedas, os mesmos tristes efeitos. Mas não é a salvação em si que importa, e sim o esforço para atingi-la.

*

Decerto isto é o que se pode chamar de *bem.* E é o que nos convém, já que aquilo que convém aos outros deve nos convir também. Mas que podemos nós se não amamos isto, e o *bem* que o nosso coração elege é um bem condenado pelos outros? Não quero morrer, e o mal que escolho, é o bem que me dá vida.

---

32. Carne Seca era o apelido de João da Costa Rezende (1928-[?]), bandido conhecido pelos olhos verdes e pelas tatuagens. Nascido no Rio de Janeiro, tornou-se célebre na década de 1950.

(Poderia dizer, como num fim de carta que não se envia nunca: sinto não corresponder a esse fervor, a essas positivas demonstrações de amizade. É que são outros os elementos de que necessito para ser feliz. Esta é a perpétua tentação: fazer dos elementos que me devoram a razão que me faz continuar — e não é, em último caso, querer tornar as coisas melhores e fazer do mal; inerente ao mundo, um dos motivos da sua grandeza?)

*

Não sei, mas caso o filme continue, terei os meus horários completamente baralhados. Na minha vida já tão desordenada, terei de reconstruir uma ilha, um "tempo" diferente, a fim de salvaguardar o meu trabalho diário — obrigações que cada dia afasto mais — e que afinal, é a única coisa que realmente ainda prezo. (Há momentos em que de súbito essas repetidas afirmações soam dentro de mim num tom perfeitamente falso — e pergunto se a necessidade de reafirmar essas intenções não traduz um respeito que vai morrendo, uma ilusão a que eu tento me agarrar com a ânsia dos agonizantes… Não posso evitar um vago sentimento de medo. Qualquer coisa em meu íntimo, ousada e nova, parece anunciar o advento de um homem recente — mas logo tudo desaparece e o eu antigo volta a retomar sua primitiva posição.)

Desespero desses caminhos tão distantes a que me entrego. Mas também não é um sinal de caráter, permanecer neles até um total esgotamento?

*

Artigo de Tristão de Athayde[33] sobre "Palco". Segundo ele o teatro no Brasil passou a existir depois do movimento pós-modernista. Admiro-me que o sr. Tristão de Athayde, tendo assistido à representação de peças minhas, conhecendo o meu esforço para levantar o Teatro de Câmera e sendo a pessoa que é, omita tão cuidadosamente o meu nome, datando esse esforço novo a partir de Nelson Rodrigues e, finalmente, enumerando pessoas que me parecem inteiramente destituídas de valor. Ora, *O escravo*[34] é anterior ao *Vestido de noiva* —[35] e creio ter

33. Alceu Amoroso Lima (1893-1983), pensador católico brasileiro que adotou o pseudônimo Tristão de Athayde em 1919, quando começou a fazer crítica para *O Jornal*.
34. Peça de Lúcio e terceiro espetáculo encenado pelo grupo Os Comediantes, apresentado no Teatro Ginástico, no Rio de Janeiro, em 10 dez. 1943. O diretor de cena foi Adaucto Filho; os cenários ficaram a cargo de Santa Rosa, e as atuações de Luiza Barreto Leite (Augusta), Nadyr Braga (Izabel), Maria Barreto Leite (Criada), Walter Amendola (Marcos) e Lisette Buono (Lisa).
35. *Vestido de noiva*, de Nelson Rodrigues (1912-1980), foi levada à cena, pela primeira vez,

sido por intermédio de *O filho pródigo* que o sr. Tristão de Athayde tomou conhecimento do Teatro Experimental do Negro. Certos silêncios, certas omissões, significam mais do que várias críticas de ataque, se partem de pessoas que aprendemos a admirar desde muito cedo.

*

(Meia-noite)

Aqui estou eu, de novo, em pleno silêncio, depois de um dia inutilmente movimentado e cheio de palavras vazias. Agora percebo que vivo, converso e rio, mas que realmente não estou presente, que há muito me ausentei, como alguém que se afasta de uma paisagem sem interesse. Para onde vou, não sei — mas não me assusto e nem me precipito. A menos que estejamos definitivamente danados, ninguém deixa de cumprir sua missão. Se às vezes é difícil, se demoramos no caminho, não quer dizer que tudo esteja perdido. O coração vela, e é ele que nos guia, como uma lanterna que reconhecêssemos no escuro apenas pelas suas desordenadas palpitações.

*

Conversando ontem com alguém, falei que sabia muito bem os meus defeitos, e que o maior deles, sem dúvida, era a ausência de detalhes. Não sou maleável e nem sei me adaptar às pequenas junturas da vida: sinto-me um monstro rude e sem vivacidade, no meio da infinita, da minuciosa sabedoria alheia.

Às vezes percebo que os outros fingem que não dão acordo da minha pessoa, e é melhor assim, pois poupam-me o sofrimento de me sentir tão diferente, tão alheio aos esforços que fazem para me adaptarem a uma medida que não pode me conter. Não sou culpado dos desastres que me acompanham. Sei apenas que existo. E por onde sei, é geralmente pela boa vontade com que aceito e compreendo o meu desterro. Todos os homens parecem melhores quando vistos de longe — e só tenho assistido crescer em mim, o interesse e o amor que poderia lhes dedicar. Não há nenhum orgulho nestas pequenas confissões, há o resultado positivo de uma improfícua série de esforços para me adaptar à visão alheia, e a

---

no dia 28 dez. 1943, no Teatro Municipal do Rio de Janeiro, dirigida pelo polonês Ziembinski (1908-1978), e, curiosamente, com o mesmo grupo da peça de Lúcio. Muitos críticos dão *Vestido de noiva* como o marco zero do moderno teatro brasileiro. Apenas o crítico teatral Sábato Magaldi dá crédito à peça de Lúcio, que, segundo ele, se enquadrava no que se fazia de mais moderno no Brasil naquele momento.

convicção final de que nasci com alguma coisa monstruosa, exagerada e aberrante, que faz por exemplo, com que todos os olhares se voltem surpresos para mim, quando entro pela primeira vez num salão. Pode ser que isto delate uma medida de importância, mas não há dúvida de que evidencia também algo do que de pior existe no mundo.

Quanto ao resto — tudo passa na dilatada paciência do tempo.

*

Pela segunda vez este ano, um ladrão levou-me todas as roupas. Esqueci tudo da primeira, sem nenhum remorso, e desta, confesso que me punge a perda de um escapulário que se achava num dos bolsos, e que há muito me acompanha. (Foi este mesmo escapulário que sobressaindo um dia com o seu grosso cordão acima do meu colarinho aberto, Fregolente apontou-o e disse: "Quem usa isto, não há dúvida de que está salvo".)

*

Civilização — assim como a compreendemos, uma máscara colada artificialmente a um rosto sem linhas firmes. O que é preciso é aceitar o estado em bruto — e compor uma fisionomia própria. Mas somos tão deliberadamente imbecis, que nos julgamos assim ao abrigo de um esforço maior — e atingimos sem esforço a maturidade. Mas como povo, apenas marchamos nas cegas planícies onde viajam as nações menores, que à custa de permanentes sacrifícios constroem com sua miséria o conforto das nações maiores.

A pobreza entra muitas vezes na composição da grandeza de um povo — não a miséria, que apenas traduz seu estado de vassalagem.

*

19 — Jacques,[36] que regressa dos Estados Unidos, diz ter muita vontade de me rever, pois lhe haviam dito que eu envelhecera muito nesses dez meses. E é verdade — não se vive impunemente tudo o que eu tenho vivido. Sinto a vida devorar-me, gastar-me de todos os lados — e que sobra, meu Deus, que adiantam tantas ambições frustradas?

*

20 — Aparentemente é fácil distinguir o bem, aquilo que uma consciência justa deve escolher — mas como é difícil perceber não o bem aparente, mas aquele

---

36. Jacques do Prado Brandão (1924-2007), intelectual, poeta, amante de cinema e um dos fundadores do Centro de Estudos Cinematográficos de Belo Horizonte. Foi amigo de Lúcio.

cujas raízes estão mergulhadas no mais íntimo do nosso ser, que nos custa o sangue e a dor do mais livre discernimento!

Justiça — sim, a justiça que se parece com frieza do coração. Aceitemos a outra, onde entra toda a criação, num grande rasgo de humildade, um pouco ao deus-dará, como se recolhêssemos sem escolher os pedaços de um ideal mutilado — e não apenas os pedaços melhores, os mais puros desse mesmo ideal. A Justiça deve andar misturada à Caridade, nesses dias em que a sombra de Jesus Cristo parece tão afastada de nossas misérias. Em último caso, necessitamos mais da Caridade do que mesmo da Justiça. Há momentos em que a Justiça é inútil.

*

(Jesus — não o Cristo.)

O que me causa medo numa certa espécie de catolicismo é a formação de uma casta, a consciência de uma superioridade como os melhores, os que souberam aceitar mais livremente esse dom de escolher a "verdade" — a difícil verdade, finalmente. Ora, se somos católicos, somos mais iguais a todo mundo, somos mais os outros do que nós mesmos, somos a mistura, a fraqueza que não se vence, o desespero, o erro comum. Não há pior espécie de salvação do que a solitária — é a salvação dos fariseus. Os santos, que de todo o gênero humano são os que mais intimamente existem na convivência de Deus, dedicam-se ao martírio, que é a convivência total com todos, com os enganos e a impiedade de todos.

É justo que pensemos em homens como Léon Bloy ou Bernanos, de cólera tão espontânea e acusadora — mas neles existe também outra coisa. E quem poderá supor o que ardeu em suas almas como interesse, ternura e paixão por esse triste gênero humano? Sim, Bloy, Bernanos, homens impacientes. Ambos tiveram direito à cólera, fizeram parte de uma casta perigosa que fulmina épocas tardas no conhecimento da Verdade. Mas que casta gelada e horripilante geraram eles, esses falsos demagogos da Igreja, esses pequenos príncipes da verdade que é de todo mundo, beleguins do Direito, para quem o mundo é um enorme campo perfeitamente dividido entre os que prestam e os que não prestam — partidários e inimigos, transformando a Igreja, que é a coisa mais ampla possível, uma espécie de coração do próprio mundo, num antro fechado, esquivo e antipático como um partido político.

A humildade é uma virtude difícil, é uma virtude de amor. Para nós não é ela senão uma ocasião a mais de exaltação, de compreensão e de aceitação desses que julgamos do lado comprometido, os participantes do erro, os únicos a quem nos pode interessar a revelação de Jesus Cristo, porque são os únicos que ainda não corromperam sua Imagem, os únicos que podem nos ajudar, permitindo que os ajudemos.

Sem dúvida, o mundo que dia a dia aprimoramos com suas engrenagens de tortura está chagado até o âmago por isto que se chama mediocridade — mas antes um Universo atolado no erro, capaz de atrair a justiça fulminante de Deus. Só assim o homem viveria novos e terríveis dias de revelação; só assim deixaria de ser essa humanidade de cordeiros satisfeitos, essa seara de almas pacificadas e bem tratadas que se apresentará no último dia aos olhos do único Juiz. (Vou mesmo mais longe: acho que devemos disseminar todos os germes da desagregação, para que se produza uma nova época de terror. É o único modo de reerguermos um Cristo vingativo e terrível, que vimos perdendo desde a Idade Média...) Não — e este é o erro das doutrinas políticas do nosso tempo, erro que a Igreja absorve sem descanso como um veneno que fosse esclerosando suas veias — não devemos igualar tudo, não devemos banir o pobre, não devemos extinguir o pecado, não devemos ocultar o mal, não devemos salvar metade, fazendo dessa salvação uma acusação à outra metade. Façamos com que o pecado nos seja caro, e a renúncia a ele uma autêntica virtude. Não aceitemos depressa a nossa conversão — que as conversões rápidas são prêmios, sinais de eleição aos olhos de Deus, inundação veemente e categórica da Graça. Não sejamos, portanto, únicos. Que o jogo seja de todo mundo, que nos sintamos ligados uns aos outros, não pela diferença do resto, mas pela certeza da infinita complacência de Jesus Cristo. O amor do próximo é bem mais difícil do que parece, é quase impossível. Mas o próximo é tudo, é a ponte e o termo. "O inferno são os outros" — grita Sartre. Os outros são as brasas sobre que caminhamos em direção à salvação.

Tenho visto muitas espécies de católicos desagradáveis — nenhuma tão irritante quanto o democrata católico. É ele o homem do equilíbrio mediano, das virtudes medianas, dos transportes medianos. Em artigo de fé, todos os sentimentos devem ser extremos. À força de imaginarem uma democracia católica, o que é mais ou menos inimaginável, acabam criando um catolicismo democrático, que só pode ser encarado como uma heresia.

Talvez não seja aqui o lugar para repisar tais coisas, mas se o faço, ainda que não contenham grande novidade, é apenas para afirmar que, católico, é ao lado do pior criminoso que encontro o meu lugar.

*

Num jornal literário alguém se lembra de um artigo meu sobre poesia, condenando muito justamente a frase: "Nenhum poeta verdadeiramente grande deixará de cantar o mar para cantar o peixe". Quis dizer se não me engano, que ele preferirá o grande tema ao detalhe. Mas talvez isto tenha sido mal expresso — e hoje, confesso que tudo é importante, desde que o poeta se realize.

*

Evidentemente, há uma escola de poesia que substitui a pesquisa pela inspiração. Não falo do "jato iluminado", do "relâmpago", mas simplesmente da natureza poética em si. Esta escola permite a toda gente dotada de certa inteligência, realizar exercícios poéticos, substituindo a habilidade pela emoção. Evidente, mais do que evidente — este é o motivo por que aumentam os poetas "difíceis". Há poetas desse gênero em todos os cantos, cada dia que passa multiplicam-se assustadoramente. E Mallarmé, que realmente era poeta e situado "difícil" no seu tempo (hoje, apoiado em Pound,[37] todo mundo monta sua barraca no adro do templo obscuro) é o responsável por essa fabricação de versos enigmáticos e vazios. Acho que o "difícil" não deve ser levado em consideração senão quando existe por trás dele algo que o justifique. Pelo menos "difícil" neste sentido comum, que toda gente emprega. Pois a verdade é que um verdadeiro poeta já é, por si, acontecimento difícil, extremamente difícil.

(Acusar Mallarmé peca por excesso contrário, isto é, por facilidade. Há numerosas raízes à base desta convenção, e uma delas, que sem dúvida não é a menor, é T.S. Eliot. Talvez corresponda também a alguma necessidade oculta do nosso tempo, esse gosto de aparar e cauterizar os versos, substituindo o que antes era derramado e eloquente, por um tom menor, que parece corresponder mais imediatamente à concepção do modesto e melancólico humano. É um determinado ângulo, um modo particular de encarar as coisas, onde percebemos de início a dose imposta pelo conhecimento do cotidiano, como uma música permanente, que percorresse e agrilhoasse durante todo o tempo, qualquer voo mais exagerado ou menos circunspecto da inspiração…)

*

37. Ezra Pound (1885-1972), poeta e crítico literário norte-americano.

21 — Ontem com Octavio [de Faria] e Vanessa.[38] Conversa sobre tudo, inclusive política. Octavio pensa que o Brigadeiro, caso seja eleito, correria o perigo de se transformar num pequeno ditador. Possível, mas penso comigo mesmo que nada existe de pior do que um ditador medianamente bem-intencionado.

*

24 — O mundo é cheio de correntes, relâmpagos e eletricidades ocultas; tudo se passa muito independente de nossos pobres gestos. A verdade é escrita em linhas firmes do outro lado. Onde? Não sei — apenas sentimos, entre premonições e espantos, a certeza de que a vida completa existe na distância — como alguém que ao crepúsculo, vê no horizonte os sinais de uma tempestade longínqua.

*

25 — Não, nada importa. Quem quiser, que viva como lhe agradar. O importante, a única coisa que conta, o que nunca devemos perder de vista, é o amor que Deus alimenta por nós. E se este amor existe, que importa o resto? Nada importa.

*

O amor de Deus pelo gênero humano é idêntico ao do criador que ama sua obra, e não pedaços da sua obra. É um amor inteiro, absoluto. Se nos salvamos alguns, que adianta? Deus espera recolher toda a Criação em seus braços, de onde sua infinita paciência. Somos cegos e desatinados, mas caminhamos, caminhamos desde o primeiro dia. E se Ele nos enviou o Filho, foi para provar o seu amor e mostrar a Lúcifer, através desse grande resgate, que seus domínios ficarão vazios para a eternidade.

*

Novamente se esfumam as possibilidades de continuação de *A mulher de longe*. Há em mim um surdo contentamento: levar avante este projeto não passaria agora de uma simples obrigação, cumprida com esforço e penoso sentimento do dever.

---

38. Vanessa Netto Grajinera (quando solteira: Vanessa Leite Netto), prima-irmã de Lúcio, filha de Ordália Leite e Oscar de Souza Netto, irmão mais novo de Maria Wenceslina Cardoso. Vanessa teve três irmãos. Era linda e escrevia crônicas para os jornais. Foi musa dos intelectuais de Belo Horizonte da sua época. Embora fosse bem mais jovem do que Lúcio, foram muito amigos. Vanessa teve uma morte trágica. Quando morava em Nova York, e se preparava para o retorno definitivo ao Brasil, foi atropelada por um automóvel.

*

Quando um homem possui certa dose de poder, de energia, de eletricidade fecundante e criadora, distingue-se pelo dom de acordar maior ou menor número de espíritos, de projetar-se, em escala mais superficial ou mais densa, sacudindo em graus diferentes, naturezas até aquele momento alheadas de problemas que nem sequer poderiam imaginar que existissem. Este é o motivo por que todo grande homem é antes de tudo uma comoção nacional — quer seja ele grande no terreno político, estético ou científico. Não falo da natureza de sua grandeza, mas simplesmente do que o torna diferente dos outros, sua força interior.

Ora, em terreno político, não tivemos nenhum homem que produzisse comoção nacional — quero dizer, que sublevasse a superfície calma dos acontecimentos, arrastasse as multidões e impusesse uma nova organização de leis e uma forma diferente de viver. Tivemos cultos de interesse coletivo, mas jamais um ser de trajetória fatal, de densidade magnética, capaz de acordar esse mar obscuro e sem amplos entusiasmos que é o povo — o povo brasileiro.

Do Império para a República, impusemos sem grande esforço um ideal conquistado ao estrangeiro — e fizemos eleições democráticas a troco de negociatas e cabalas mesquinhas, sem nenhum espírito de justiça para com os ideais que acabávamos de conquistar. O resultado tem sido a política que praticamos aos saltos, sem vitalidade, sem fé, sem qualquer demonstração de esperança — criando um sistema de eleições verdadeiramente colonial, com o mito dos coronelões dominando o espírito primitivo do sertanejo, numa luta de pequenos partidos regidos pelo guante de tiranetes de província.

Não é difícil imaginar que este cenário infenso às emoções realmente profundas seja o mais propício ao aparecimento de aventureiros que simulam o grande homem nacional. É o sistema em que vivemos atualmente. Mas esses aventureiros são de tal modo perceptíveis, que só conseguem fabricar arremedos de grandes intrigas. São deuses de uma ínfima política, à espera de que a oportunidade os favoreça; são ditadores de aldeia, trabalhados na tocaia para povos que ainda não contam com uma vontade própria.

*

Pobres de leitura, de trabalho, de sentimentos, de tudo, esses dias não me oferecem nada que possa recolher ou guardar como testemunho da minha vida. São dos que não servem para um "diário", pois nem tudo deve sobreviver, e muito do que vivemos pertence necessariamente ao passado, já é passado antes de ter acontecido. Só vale o instante que dá nascimento a uma ideia, a um sentimento, a uma sensação, a qualquer coisa que exprima melhor e dê mais luz à nossa personalidade — não essa colheita de ramos áridos, de ervas daninhas, que é a única vegetação dessas regiões caladas onde se erguem os nossos limites. Regiões que tantas vezes percorremos com um coração diferente como se não fosse o nosso, os olhos secos, ardendo numa impiedade que nos faz considerar a morte como um lenitivo.

"Os limites do principado" — como me disse um dia Cornélio Penna.[39]

*

30 — Desviam-se as atenções para o início das hostilidades na Coreia. Procuro os jornais, ansioso, esperando que seja afinal a catástrofe definitiva. Quase toda gente que conheço prenuncia o fim do mundo. Para mim, no entanto, cujo cansaço é tão mortal, apenas atingimos o começo. Não é o homem que perece, mas o homem antigo, esmagado pelas ideias, pelo sistema de vida e concepções caducas que o ampararam até agora. (Sei por que falo: a verdade é que, contra todas as aparências, não consigo me culpar de coisa alguma. Acredito apenas que estou vivo, e que as coisas me ferem, e por vezes até me cobrem de sangue. Não aprecio e nem compreendo o mundo tal como está elaborado. Com a arquitetura mesquinha com que foi levantado, destina-se a um rebanho de homens passavelmente medíocres, mas nunca para quem não consegue fazer das coisas um engano, e suportar o erro como uma virtude.)

Criamos uma tal série de preconceitos, falsas evidências e verdades discutíveis, que não é mais possível controlar o mundo com esses dogmas. O que iremos conhecer no futuro será uma civilização revolvida até suas estruturas lacerada de todos os lados pelos venenos que engendrou e que a destruíram. Já há, evidentemente, sinais desta nova humanidade. Possivelmente o homem será livre, belo, cheio de rancor e de paixões agressivas, desalojado das infindáveis minúcias com que o aviltam os tempos modernos. Mas totalmente, tal como será nos dias que vão vir, ainda é cedo para divisá-lo. Apenas deixemo-lo vir, e que seja de confiança a nossa palavra.

*

Mas é fácil ver: uma determinada espécie de conformismo, de cultivo das qualidades medianas de equilíbrio e bem-estar (o homem casado, pai de família,

---

39. Cornélio Penna (1896-1958), romancista, pintor, gravador e desenhista brasileiro. Foi grande amigo de Lúcio.

democrata etc.), criou pecaminosamente um cristianismo adaptável às suas ambições, um cristianismo que seria tudo, menos uma violência, menos uma exacerbação dos sentimentos. Uma religião tranquilizadora. Necessitamos urgentemente de voltar aos tempos da Inquisição. Precisamos das grandes fogueiras e dos punhais aguçados à sombra das sacristias. Nunca houve santos conformistas e democratas — e o ideal cristão é o dos santos, de que a Igreja cada dia tem mais necessidade.

Julho

1 — Dia em que julgo se ter encerrado um período importante da minha vida.

*

2 — Depois das palavras de ontem, o silêncio de hoje; penso no que me sucede. Não, nada se encerra, tudo se transforma, a essência, inalterável, permanece muda no fundo das coisas. Não sei se é melhor assim, mas a tantos golpes repetidos, sinto que me esvaio, que me torno outro, como uma figura nova que aos poucos vai saindo de um mármore lacerado pelo escultor.

Nunca me senti tão perdido, tão vazio, tão inutilizado. Adeus, planos heroicos de reforma. Eu apenas me adapto, covardemente, aos meus males. Mas até quando?

*

7 — Durante dias afastado deste caderno, vivendo uma existência de animal sem rumo, sem vontade e sem discernimento. Este é o período sombrio, o inverno da minha vida. Nunca pensei que se pudessem passar horas tão desprovidas de esperança, atirado contra essa última parede que o homem exausto levanta nos limites da razão. Acredito que já não há mais nenhuma rebeldia, nenhum heroísmo na minha atitude, mas somente um apelo fundo e desatinado pela destruição final.

Não resta dúvida de que certos períodos são épocas de provação; Deus nos experimenta até o cerne, para ver se conhecemos de que têmpera somos formados. Eu sei qual é a minha triste natureza. Conheço o fascínio que a exorbitância exerce sobre mim, o gosto do mal subindo até a garganta como um fluido escuro, a necessidade de reconhecer o pecado a fim de me fazer vibrar e sentir que palpita no meu íntimo, um terror que me faz menos banal e menos tristemente moldado às misérias do todo dia. E sei o sofrimento desses indivíduos que seguem tão encarniçadamente suas paixões, que se entregam completamente a um signo delas, esperando uma redenção imposta às avessas, uma luz que venha de qualquer espécie de abismo, mas que seja diferente deste acanhado mundo em que vivemos. Um mundo de santos danados.

É verdade que eu não saberia viver sem a paixão; mas é verdade também que são tão poderosas suas forças na minha alma, que o seu tumulto me mata. Sobrevivo, pela graça de ser poeta.

*

Nada lido e nada feito. Somente planos e títulos que se amontoam, enquanto a vida escorre. Viajar seria a grande solução. Mas como? Não tenho senão dívidas a recompor, cifras a devolver, que não sei de onde tirar. Uma existência assim me parece um fato quase sobrenatural. Há momentos em que tudo se escurece diante de mim… Penso, penso se não seria melhor… Apalpo e reconheço o caos que tenta me absorver. Mas ah, não devo, não posso, não tenho o direito de perder de vista a secreta ordem que, apesar de tudo, sempre me habitou. A ordem dos amotinados, é verdade, mas contudo a que me permitiu viver até agora e realizar alguma coisa. A ordem, sem a qual existir não é possível… A ordem.

*

Eu me analiso, espio, condenso meus sentimentos. No silêncio do quarto em que escuto meu coração bater, quase não me reconheço. Mas é forçoso convir, ESTE também sou eu. Mas eu, quem sou? Quem?

*

9 — Artigo de Sábato Magaldi[40] sobre *O escravo*. É o primeiro que situa essa peça no tempo exato do seu aparecimento. Escrita em 1937, representada pela primeira vez em 1943 pelos Os Comediantes — e mais tarde pelos Teatros do Estudante de Paraná e Santa Catarina, esse pobre drama não correspondeu ao muito que esperei dele. Lembro-me das discussões que tive com Ziembinski, então recém-chegado ao Brasil e das divergências que desde então nos afastaram. E encontro razão nesta falta de eco: relendo agora alguns trechos, percebo suas deficiências e todo o enorme fraseado que a entulha. Mas também não estou certo de apreciar as que fiz mais tarde…

---

40. Sábato Magaldi (1927-2016), crítico teatral, dramaturgo, jornalista, professor, ensaísta e historiador brasileiro. Foi amigo de Lúcio.

*

Domingo, e um domingo com o calmo sentimento dos domingos, com o sol frio lá fora, os jornais desdobrados sobre a cama, o coração livre. O coração mais livre do mundo, como o dos pássaros e o das crianças. Necessitava há muito de um dia como este. Assim é que eu gostaria de viver, como se a cada momento estivesse nascendo de novo, e tudo fosse tão puro como se enfrentasse pela primeira vez a luz dos minutos que passam...

*

20 — Se um dia tivesse a veleidade de dar nome às diferentes épocas da minha vida, chamaria a esta que vivo agora "os anos de obscuridade". Obscuridade, lento mergulho no conhecimento de mim mesmo, do desespero que até agora alimentou meus passos, das fronteiras invisíveis que sempre senti em torno de mim. (Alguma coisa impede a minha explosão; sinto-me crescer de todos os lados, mas uma ordem vinda não sei de onde retém a febre no meu sangue. Olho o mundo com pupilas que vedam uma tormenta.)

Quantas vezes, regressando destas infindáveis noites de desperdício, a que me obrigo e que realmente tanto detesto (só uma coisa no mundo me interessa, a ordem) sinto que sou apenas uma máquina desatinada e cega, roendo não sei que indevassável trabalho. Disse não sei onde que me conheço, o que não é exatamente a verdade. Componho-me, com carências que me criam de necessidades e ausências. O sangue arde em minhas veias, enquanto um impulso profundo, de origem quase monstruosa, encaminha-me para um destino certo, uma paragem que sei existir na distância, com a fatalidade do vento que se forja do nada.

*

Não só a ordem: a pureza, na sua extensão absoluta.

*

21 — Depois de em vão ter tentado conciliar o sono, levanto-me, acendo a luz, procuro o papel. E não compreendo: ontem dormi mal, esses dias todos...

Falta-me o ar; minha vida me aparece sob o ângulo mais detestável, sinto-me esgotado, lento, sem possibilidades para o futuro. Que fiz, que tenho feito? É horrível essa impressão de fracasso. Que exprimem estas notas coligidas aqui? Não são expressões truncadas, balbucios sem tradução exata, palavras destinadas a morrer? Que subsiste de mim, que ficará como eco desta doença que me fez nascer, que deitará raízes e numa época em que já não serei mais, crescerá sobre a minha memória como uma árvore de galhos negros e poderosos? Ah, perdi tudo, fui longe demais… Possivelmente terei desperdiçado minhas energias melhores, destruindo-me com uma selvagem obstinação. Inútil indagar o que penso, como existo, onde estão meus amigos… Errei tudo porque acreditei que tudo havia sido inventado por mim. Disse-me Marcier que o meu grande mal — todo mundo pressente que há em mim um grande mal — era que eu próprio não acreditava na minha existência, não me levava a sério. O que é inexato, pois o que atravesso agora decorre exatamente de ter acreditado demais. Quis profundamente, com excessiva paixão — ai de mim, como tudo o que quero — coisas que só deveriam me interessar superficialmente. Acreditei no meu teatro, no meu cinema, no meu orgulho, no meu amor, na minha liberdade. Onde estou? Devorado por todos os sonhos que converti em paixão, sugado, traído, desamparado.

Mas não vencido.

*

24 — Leio, sem nenhum interesse, uma medíocre vida de Púchkin.[41] Detenho-me na frase: "Todo poeta vale mais do que sua vida". Todo mundo vale mais do que sua vida.

*

Não, as pessoas não se modificam tanto. Se à medida que envelhecemos, verificamos o quanto são diversas entre si, quanto mais aprofundamos nosso conhecimento, mais decepcionados ficamos. É que as qualidades, os traços que admirávamos antes, se são vincados posteriormente, não delineiam mais uma personalidade forte, e sim uma caricatura. (Exemplo clássico: o Barão de Charlus. Feito o retrato desde o início, Proust vincou de tal modo o seu esboço, que ele se tornou um tipo *hors série*, um puro monstro caricaturado. Com feroz alegria, é certo, com esse brilho e essa feérica decisão com que Beethoven atinge finalmente o apogeu de um motivo insistentemente manuseado ao longo de um dos seus grandes quartetos, mas de qualquer modo endeusado pelo grotesco e retalhado pelo excesso de suas linhas até à majestosa aparição do último volume…) Os retratos em tom natural são raros; o tempo é uma espécie de lente de aproximação que engrossa os detalhes e deforma a nitidez das linhas. Vivemos num mundo de imagens deterioradas, o que não resta dúvida, é mais do que uma simples verdade.

---

41. Aleksandr Púchkin (1789-1837), o mais importante poeta russo, autor do romance em versos *Evguiêni Oniéguin*. Morreu em um duelo.

＊

Ainda não tinha sabido, nem de longe, como se pode ser sozinho no Brasil. Não sozinho para as coisas mais graves, como apregoa Rilke, que para isto sempre somos afortunadamente sozinhos, mas numa completa ausência de amparo, de interesse, de solicitude, numa completa carência de compreensão, de eco, de amizade — num abismo de frieza, de hostilidade e até mesmo de desprezo. Às vezes, em horas tão escuras como as que vivo atualmente, costumo imaginar que não há possibilidade de existir sem provações desta natureza. É necessário que se experimente até o âmago o desdém dos imbecis, que a luta se trave em nosso próprio ser, e nos sintamos coisa espoliada e miserável aos olhos de uma sociedade feita para o que é ocioso e fútil. Há uma inércia, uma estabilidade em mim que impede o meu arrolamento na hierarquia dos valores manuseáveis; não sou bom senão como medida de desequilíbrio e desconforto. Não há nenhuma vaidade nestas afirmações, pois sei muito bem o que significam esses transes em país como o nosso; não temos nem sequer uma pobreza digna, mas apenas uma miséria sem compostura.

Sinto que devo recomeçar tudo de novo, renascer diferente do que fui — nada sou neste instante senão o resultado de um esforço perdido, e deixar de reconhecer isto, é perpetuar este fracasso. Devo ser o homem novo que ainda não conheço. Como quem se acha no interior de um vagão prestes a partir, olho tristemente os que passeiam na plataforma, com o vago sentimento de que desta vez a viagem é definitiva… O que eu amo é a plataforma, pois sempre imagino ficar, calculando, erradamente, que o amor é que fica, e jamais o que parte.

＊

Acabo a vida de Púchkin. Curioso, só me identifico com a existência de poetas através dos livros, por um instante único que é o mesmo para todo o mundo: a morte. Vivo realmente uma agonia que me pertence. E costumo imaginar que tantos males me foram poupados durante a existência, para que possa morrer de uma morte longa e que contenha todas as mortes. A mim, divindade oculta, mas que sei à espreita numa esquina qualquer do tempo.

＊

O que eu atravesso agora, certamente estava no meu caminho e eu devia sofrê-lo, porque todas as vidas são assim, cheias de altos e baixos e, sobretudo na vida de escritores — que me perdoem, mas não encontro outro jeito de me designar, nem sei direito o que faria, caso não pudesse intitular-me de escritor — há um momento de obscuridade densa, de incompreensão, ciúme e hostilidade — e é como se suas forças fossem experimentadas e as fibras de sua natureza postas à prova. Se atravessam esse país escuro, tornam-se maduros e fortes, e ganham, quem sabe, o futuro. Henry James tem razão: todo futuro é violento. E é no presente que ele nos busca, com forças de astúcia e de luta. Há os escritores que fogem, sem coragem para essa inóspita viagem: são os que se traem e não reconhecem elementos de grandeza na privação humana. Mas uma das grandes provas que o mundo moderno exige do artista é precisamente esta: a coragem de ser autêntico até às proximidades da morte. Não querem apenas o testemunho da nossa obra, querem também a do nosso martírio. Nos tempos que vão vir, todo poeta para subsistir deverá também ser um santo. Todo passe de glória virá colado a um passe de morte. Os artistas fáceis, sem compromisso com o silêncio e a miséria, estarão destinados a desaparecer com o clamor das turbas: a aprendizagem do futuro é uma herança de escorchamento.

Quanto a mim, não sei, talvez não tenha forças para atravessar esta "linha de sombra" de que Conrad[42] não nos fala. Resta-me então sonhar com todos os meus grandes planos, porque os planos são a única positiva fidelidade que conservamos ao nosso orgulho da juventude. Talvez aceite em cheio o desafio, pois afinal o que eu prezo é muito pouco para temer tanto a destruição.

*

(Não acredito que Deus vigie constantemente nossas pequenas misérias — mas há instantes, fases de luta, em que sentimos perfeitamente que é a nós que seu olhar acompanha…)

*

Nós nos cansamos, e cansamos as pessoas que nos amam. É que a vida é fornecida de um modo total, sem perda alguma de sua terrível espessura. Não há possibilidade de nos escondermos com nossas impaciências e misérias cotidianas. Somos, enquanto duramos. Por isto é que a morte nos restitui nossa verdadeira grandeza, nossa medida exata porque elimina arestas e excessos. E o curioso é que, tantas vezes somos só o excesso, que um morto nos surpreende, parece-nos um desconhecido, na sua calma e no seu isolamento. Tínhamos acostumado a ver nele somente o que não conseguíamos lhe perdoar. Mas ele é ele — e o será

---

42. Joseph Conrad (1857-1924), escritor britânico de origem polonesa. *A linha de sombra* (*The Shadow-Line*), de 1917, é o último livro do autor.

sempre, enquanto for morto. Nós continuamos, e o perdão não interessa a ninguém. Porque vivemos, e nos transformamos.

*

Sem leitura certa, abro ao acaso um dos tomos do *Journal* de Julien Green e encontro uma frase que me perturba: "O verdadeiro romancista não domina seu romance, ele se torna seu romance, mergulha nele". Por que motivo não havia reparado antes nesta anotação? Julien Green, que nunca se arrisca, que é todo compromisso e exclusão — Julien Green é o melhor romancista mineiro — dá uma regra sem segui-la. Ele sabe de que se amputou.

O pior é quando se começa a duvidar de tudo, pois tanta indiferença deve evidentemente ocultar uma razão. Merecemos realmente a atenção dos outros, poderemos produzir alguma coisa, o que está feito tem algum indício de valor? E o diabo — pois só pode ser o diabo quem nos sopra uma angústia dessa espécie — diz "não" ao nosso ouvido, para que as horas fiquem mais escuras e o coração esvaziado de toda esperança.

*

27 — A sufocante questão do dinheiro. Não tenho a mínima intenção de fazer literatura a respeito, mesmo porque sou visceralmente contra a diabólica noção burguesa, de que a obra de arte deve nascer da miséria. Acredito, ao contrário, que esta mesquinha procura diminui qualquer espécie de dom criador e que o artista se torna estéril nesta luta para encontrar meios de subsistência. A ideia do poeta pobre e necessitado foi inventada expressamente pelos homens que desejam fugir à responsabilidade de amparar os artistas; este é o grande erro do nosso tempo, pois esses homens pagam com ódio, a única coisa que os torna maiores perante o senso da história: as obras de arte, o produto do espírito humano livre e criador.

Mas o dinheiro — aquele de que vivo, é uma conquista diária — vivo de ganhar aquilo de que eu morro.

*

29 — Deitei-me, dormi, acordei de novo. Como sempre, levanto-me, acendo a luz, escutando acordes que vêm de longe — sempre, sempre a mesma melodia — e o vento. O que o vento diz é sempre estranho e diferente. O vento não diz nada.

Se presto mais atenção, julgo perceber também restos de vozes, mas tudo entrecortado, esfumado como se eu ainda estivesse sonhando. O ambiente é de paz, e não de angústia. Há muito tempo que não me sentia assim tão sereno; minhas próprias dificuldades, essa tormentosa busca do dinheiro, a má vontade alheia, tudo desaparece. Sou infinito na enorme quietude. Na sala próxima o relógio bate — o mesmo relógio, as mesmas pancadas que ouço desde menino, e que me trazem a noção de uma voz familiar e amiga. Tudo o que acontece comigo é puramente temporal; há um momento em que tudo se dissolve no tempo e se incorpora à serenidade das coisas libertas e confundidas num único todo. Vagaroso, meu ser se dilata na obscuridade. Mil raízes me confundem à coisa anônima que a noite protege. E inexplicavelmente, sinto-me menos pobre e menos sozinho. (Um tempo: o sozinho de Deus não é o meu sozinho. Sou um sozinho do nada. Sou eu mesmo, quieto e humilde. Digo: Deus? Deus só atende, ao que parece, aos que falam alto.)

*

Telefonou-me hoje alguém pedindo que eu desse minha peça à Maria Sampaio.[43] Desfeita a ligação, pensei um pouco nos belos tempos da [A] *corda de prata* e na voz quente e cheia de vivacidade da atriz, que naquela época tanto me entusiasmava. Falei com ela em seguida e, pelo telefone, essa voz pareceu-me irreconhecível. Alguma coisa deve estar mudada.

Não creio também que ela se interesse por *Angélica*.[44] De tudo o que escrevi para teatro, é no momento o que me parece mais difícil de ser aceito. Não me engano a este respeito, mas não custa fazer uma tentativa a mais.

*

Estamos acordados, e os outros dormem. São os mesmos que riem, conversam e se divertem conosco. Mas é de repente, fugindo o sono que os domina, que sentimos que eles não estão conosco, que é IMPOSSÍVEL. As vozes do mundo, as fisionomias, os atos aparentes são exatamente como os que cumprimos, mas não há como negar, a razão é sempre deles. Um dia, é verdade, não sei quando, acordarão definitivamente e nos olharão com espanto — estarão então conosco, seremos ainda os amigos.

Temos medo de assustá-los, vivemos em surdina, uma pequena comédia de nuances, sem pompa e sem vivacidade — é que nos preferimos assim, menores em nosso silêncio, a sermos muito altos, solitários. O que vivemos sozinhos já basta para nos dar vertigens; agora é bom que simulemos um pouco o jogo das

---

43. Maria Sampaio, nome artístico de Maria Elisa de Andrade Sampaio (1904-1988), atriz, radioatriz e produtora portuguesa. Radicada no Brasil desde 1937, foi integrante do grupo teatral Os Comediantes; trabalhou na peça *A corda de prata*, de Lúcio, em 1947 e 1953.

44. Peça em três atos escrita por Lúcio e apresentada no Teatro de Bolso, no Rio de Janeiro, em 1950.

criações. Mas sempre com o coração transido pelo que omitimos, pelo que não somos lealmente, obrigados por esta dura lei do mundo, e a certeza de que os amigos só nos amam à altura de suas suposições. Jamais perdoariam o excesso, e o excesso é o elemento primordial que nos compõe.

*

Alguém, creio que um desses poetas novos que começam com tanto orgulho e tanta ingênua hostilidade, afirmou que eu me repito. Discordo em parte: apenas me componho. Com pedaços do mesmo colorido, é certo, até poder atingir o todo harmonioso que forma o painel. O meu painel. Se conseguirei alcançar o objetivo, não sei, mas não tenho nenhum receio de reforçar as voltas de um desenho que ainda julgo muito longe de estar terminado. E depois, há maneiras mais infiéis de se repetir, por exemplo, a dos que copiam o próprio vazio e nunca dizem nada, convictos de que estão sendo originais, ou difíceis. A recusa é uma pauta de música rara, e convenhamos, não é muito adequada à mocidade. Usá-la é traçar o itinerário de uma velhice precoce. A falta de expressão não é qualidade, é inexistência.

*

30 — Penso, com uma insistência que parece se misturar ao meu sangue, numa fazenda qualquer, num sítio, onde possa atirar-me para escrever histórias, as infindáveis histórias que me enchem a cabeça, os olhos, as mãos, e que formam esse angustiado personagem que transita pela vida diária.

Uma mesa, sob uma árvore, um velho eucalipto talvez; e essas vozes que são mais fortes do que eu, que cochicham segredos que não me pertencem, e que me iluminam por dentro, com essa estranha luz que os outros descobrem no meu rosto e que me faz sozinho, um homem acompanhado por uma multidão de fantasmas inquietos e inexoráveis.

Agosto

(DIÁRIO DE PENEDO)[45]

14 — Há exatamente um ano, iniciava eu este *Diário*. Através de tantas lacunas e tropeços, de tantas ausências e esquecimentos, vem sendo ele, na verdade,

---

45. Negrito de Lúcio Cardoso.

o único itinerário válido da minha vida. Não sei qual é a força que comanda a necessidade das coisas, mas sinto-me percorrido por tendências e opiniões tão contraditórias, que o esforço para fixar-me é a origem do nascimento destes cadernos.

Há um ano atrás estava eu em Charitas, Niterói. Hoje me acho em Penedo, nos arredores de Resende, e um grande silêncio me envolve. Não que se tenha aquietado o meu coração — mas já não me era possível suportar o rumor da cidade, nem a pressão dos últimos acontecimentos.

Não sei o que dizer de Penedo — as mesmas estradas, pinheiros, eucaliptos, um céu azul e enorme. Eu me investigo, enquanto as mangueiras recém-floridas expelem um cheiro novo e intensamente vegetal. Sou diferente do que era há um ano atrás? Também seria difícil responder; creio simplesmente que sou mais calmo. Às vezes experimento-me para ver se ainda existo tal como me conheci, tantas são as diferenças que sinto no meu íntimo. É como se uma vida diversa e ininterrupta nascesse sem descanso na minha alma. Mas não são talvez sentimentos de morte os que me sacodem e sim, provavelmente, sintomas de vida, agreste e futura. Daí talvez a impossibilidade de coordenar as forças disparatadas que agem em meu espírito; à medida que o tempo passa, no entanto, a quietude se vai fazendo, e dia virá, certamente, em que o equilíbrio dentro de mim será perfeito.

Projetos de trabalho, é claro. Mas apenas projetos. Não desisto contudo de começar o longo romance que imagino, a história de uma cidade talvez, com suas ruas, suas casas, seus tipos raros acautelados à sombra de antigas janelas coloniais…

Espero o jantar e ouço a fabulosa vida do campo, palpitando na escuridão. Campos e nuvens se estendem em silêncio — e fechado num pequeno quarto que dá para o imenso vazio, contemplo uma rosa amarela, quase viva, que alguém colocou num copo d'água, sobre a minha mesa.

*

Adoro o campo, e ele me causa certa angústia: o vazio, sua existência enorme e singular, independente da presença humana. Uma energia arbitrária e azul sacode a terra e ergue as árvores vitoriosas no fundo do horizonte. Ah, como a humanidade me interessa, suas intrigas e suas vozes… Quando, meu Deus, quando poderei suportar de coração leve um alheamento como este?

*

15 — Passeio a cavalo por estradas vazias e pedregosas. X. caiu do cavalo e tem o rosto cheio de equimoses. Sentimento de que me habita a alma poderosa e antiga de um senhor feudal. As paisagens desfilam tocadas de extraordinária nobreza — estradas, igreja humilde numa volta do caminho, campo nublado onde trabalham homens minúsculos como formigas.

Aprendo nomes e palavras finlandesas, que soam diferentes, sonoras e cheias de saúde. As horas fogem rapidamente.

*

Leitura: *Minha formação* de Joaquim Nabuco,[46] sem nenhum entusiasmo. As ideias colhidas ao sabor do tempo, como envelhecem depressa! E os autores, e os livros! Só permanece o pensamento criador que nasce de uma experiência funda, pessoal — o resto, esparso no ar, o vento das épocas carrega para longe.

*

Penedo: uma antiga fazenda, como tantas que tenho visto, com inumeráveis quartos vazios, que agonizam sob o pó e a umidade. Antigas casas sem serventia — e lá fora, uma fila de coqueiros que se move brandamente sob um céu de cinza.

*

16 — Continuo a leitura do livro de Joaquim Nabuco com bem maior interesse. Aqui e ali recolho frases que me parecem significativas: "Nós, brasileiros, o mesmo pode-se dizer dos outros povos americanos, pertencemos à América pelo sedimento novo, e à Europa, por suas camadas estratificadas". Tem razão — e convenhamos que se trata de uma velha verdade. Mas se ele diz adiante que "talvez a humanidade se renove um dia pelos seus galhos americanos" — então é preciso supor que tal milagre só possa se operar no dia em que deixarmos de ser um espírito *flutuante*, mas estratificado, autônomo, com sua fisionomia peculiar facilmente reconhecível. Comparando tais ideias, vejo que não ando aqui longe do espírito nacional que eu tanto gostaria de encontrar em nossa gente, e que me parece imprescindível a qualquer espécie de emancipação.

*

Relendo notas escritas tempos atrás, verifico a diferença de estados — a calma de hoje, com a angústia de outras épocas — e então Penedo me parece um

---

46. *Minha formação*, de 1900, livro autobiográfico do escritor, diplomata e deputado abolicionista Joaquim Nabuco (1839-1910).

vasto banho de verdura e de serenidade. Tudo aqui é despropositadamente verde, verde que vai se transformando e esmaecendo em cinzas variados, até as serras azuis que se elevam na distância. Pouco a pouco, como um doente que se apalpa, reconsidero e reavenho o que me formou antes desse imenso conflito. Conflito, no sentido de que explodiu e fragmentou-se o que antes estava unido e formava um todo... Não posso esconder a alegria de sentir-me ainda vivo, com um coração mais do que ardente sob a aparência de uma forma morta, inédito ainda, com olhos selvagens e bem abertos à claridade, à luz de fogo e de mistério que banha todas as paisagens da existência.

*

Finalizo *Minha formação* sem grande entusiasmo. Nabuco, que evidentemente foi um homem culto, um digno representante dessa bela raça que o último Império nos legou, era um espécime do seu tempo, um ser todo voltado às questões da época, à abolição, ao banimento ou não do imperador etc. Na verdade, tudo isto é simpático, é exato, há nobreza na confissão de suas deficiências literárias, e até mesmo beleza no rápido bosquejo de Massangana. Mas ainda aqui não há o homem profético, o iluminado — não quero me referir ao denegrido "homem carismático" que de quando em quando sobe à tona das correntes políticas, e que o abuso converteu nestes últimos tempos numa espécie de fantoche grotesco e temível — mas simplesmente o "vidente", o que poderia atravessar com olhar seguro as energias latentes, vislumbrar o espírito em ebulição, e denunciar finalmente o advento do futuro, que será nosso de qualquer modo, com deficiências, lacerações e outros males sobrevindos do enorme trabalho de recompor um país vivo com trechos de desertos e caatingas desalentadas.

Nabuco viu o seu tempo — mas também não previu nada. Não sentiu a corrida desabalada da troica de que nos fala o escritor russo, não pressentiu o advento do "quarto estado", não tomou nas mãos a charrua a fim de trabalhar o destino — não viu enfim, na sua essência de caos e de miséria, o gigante se recompondo com formas anquilosadas, aos poucos, em recônditos abalos sísmicos — e nem sequer pôde conceber nesse soterrado latejar, a época distante em que a Nação poderia reverdecer como o mais poderoso dos "galhos americanos"...

Eu sei, palavras de confiança, não palavras de entusiasmo. Manifestações de amor, e não rasgos de orgulho. Mas a verdade é que, terra pobre, esturricada e embebida em sangue pouco generoso, é a única que tenho nas mãos. Dela é que eu me constituo, como uma árvore seca e cheia de ansiedade.

Às afirmações de Nabuco, prefiro o silêncio duro, hostil e carregado de suspeita, desse outro grande do seu tempo, cujo nome ele mal aflora, e que, afinal, não consegue arrolar na sua lista doméstica de pequenos deuses políticos: Machado de Assis.

*

Sondo a vastidão do campo, e como que me incorporo à vida obscura e humilde dessas terras quentes de sol — paro, contemplo uma mangueira carregada de flores e que ressoa povoada de abelhas. Escuto o córrego que canta nas pedras — e vejo a noite surgir com a queda do sol, em mil pequenos murmúrios cegos e melodiosos. Então a vida já me parece sem tanta angústia, meus fantasmas esmorecem, subtraio-me aos pensamentos, e torno-me objeto, respirando, solidário e mudo, incorporado à enorme inocência de todas as coisas.

*

O mistério da fazenda de Penedo me obseda — que vida houve lá, que ecos de civilização sacudiram seus muros, que nomes de poder e de fartura viveram ali a sua legenda? D. Siri, proprietária da casa onde me acho, e cujo marido morreu há quatro anos numa cheia do córrego (o mesmo Iaaco de que Marcier me havia contado a história…) avisa-me que a fazenda é mal-assombrada. E não me resta nenhuma dúvida: tão grande casarão, abandonado ao silêncio e à devastação, só pode constituir um pesadelo. Em torno dele a vida foge espavorida, só os espinheiros e as urtigas crescem com sombria ferocidade, enquanto os camaleões, as cobras e os escorpiões se aninham sob as pedras esverdeadas pelo musgo.

No entanto, não estaria aqui, como um aviso a ser decifrado, a história desse espírito que tantas vezes eu procurei encontrar, uma manifestação pessoal, autêntica, da nossa maneira de ser? À medida que o Brasil se afasta para o interior, sua alma se torna mais forte e mais positiva; foi em Minas Gerais, nos becos e vielas de suas cidades mortas, que vi se erguer mais alto e mais cheio de grandeza o espírito da nossa gente. Todo esse passado é como o estrume que alimenta o porvir; a terra estua ao poder desses fermentos e a alma, tanto tempo oculta, irradia uma fosforescência miraculosa e nova. Não há dúvida, neste casarão brasileiro há um tom de grandeza indescritível; quem quer que tenha vivido aqui, encarna hoje essas raízes sem as quais é impossível criar um sedimento de povo ou de nação. A legenda que o acompanha, e que faz a gente ingênua guardar distância dele ou traçar o sinal da cruz à sua simples lembrança, é o prestígio que o mantém de pé e que o transforma num monumento vivo: o caráter de uma possível raça se estrutura ao longo de suas colunas semiderrocadas, e o que se vê de suas velhas janelas, é a paisagem conquistada da terra que se exprime por meio dessa voz que desafia o tempo.

*

17 — O demônio é pequeno, magro e fala quase sem cansar. Está, como eu, estirado nu numa das tábuas da prateleira da sauna, e não parece estonteado com os vapores, tal como me acontece. De vez em quando comunica-me que o meu banho está errado e que não sigo exatamente as regras finlandesas: tenho de descer do canto sufocante onde me abrigo e deixar-me vergastar furiosamente com um chicote de folhas de eucaliptos. Em seguida sentar-me numa tina cheia d'água fria — e logo após subir de novo para a minha prateleira, onde quase sufoco, mal divisando o meu interlocutor através de espessas ondas de vapor. Não há dúvida de que era precisamente aqui que eu devia encontrá-lo. Revela-se logo um velho amigo da minha família, enquanto eu tremo interiormente, pensando em tudo o que poderá suceder. Possui um sítio não sei onde, uma máquina fotográfica com que apanhará instantâneos nossos, mil e uma pequenas utilidades. Recuso-me ao ridículo de sair da sauna correndo nu para me atirar ao rio; prefiro vestir-me calmamente, e só assim consigo livrar-me do importuno mestre de banhos a vapor.

Escrevo para L. —[47] os indescritíveis resultados das minhas determinações — e que não me é mais possível adaptar o que penso atualmente a um sistema de vida que considero morto. Por bem ou por mal, aos tropeços ou não, somos levados a determinadas concepções sobre as coisas, e é impossível condicioná-las a certas formas de existência inerte. (Oh, essas concepções sou eu mesmo; não as inventei, não as tomei de empréstimo. Já existiam no fundo do meu ser, e apenas amadureceram e revestiram-se de identidade para surgirem à luz do dia. Como renegá-las pois, como dizer que não me pertencem?) Se falo por exemplo a respeito da minha religião, no íntimo tão confusa, ou sobre os meus ressaibos políticos e morais, ou sobre tudo enfim que resume meus defeitos e esforços, especifico um fator vivo que fatalmente cria uma forma nova de existência. Sei o quanto é perigoso, o quanto é fácil falar assim; mas não devo ter medo do que digo, pois custou-me caro aprender as palavras que uso agora.

47. No manuscrito: Lelena.

Não sei se L.[48] compreenderá o que quis dizer — eu próprio, numa outra época, perceberia sem susto tudo o que reponta dentro de mim? — e todo o desespero que há na minha carta. Tentei apresentar a questão com dados imediatos, mostrar que ela própria... Eu sei, é necessário esclarecer tudo isto. Mas enquanto o drama se passa, é impossível extirpá-lo da minha carne. Somente assim é que os dramas têm algum significado. Com sangue é que se paga, que todos nós pagamos, quando temos coragem para pisar sem véus e sem mistificação a arena dura dos tempos que estão chegando.

Ah, se as ideias fossem leis sem vitalidade, sistemas sem energia, seria inútil nos debruçarmos sobre elas — mas existem, são verdadeiras, é ao seu calor que nos transformamos, que abandonamos o homem antigo, o ser ultrapassado, que nos tornamos o "outro", o "novo", a fim de não perecermos. Porque, queiramos ou não, temos de nos ultrapassar um dia. É quando chegamos em casa, depois de perambularmos em vão pelas ruas, ou depois de conversarmos horas com um amigo que não nos entende mais, ou de verificarmos que os objetos que admirávamos já não correspondem em nosso espírito a nenhuma espécie de entusiasmo, é que descobrimos que a mudança se processou. Temos de ser outros, com todo o heroísmo de que formos capazes, pois afinal, essas ideias que nos trabalham tão vivamente, exigem em primeiro lugar que sejamos heroicos ao abandonar na estrada o ser que fomos, e que o amor dos outros se obstina tão desesperadamente em guardar dentro de casa, como um defunto na grande sala de receber visitas.

Aliado a tudo isto, um sentimento de angústia inexprimível: a sensação da morte próxima.

*

Jan Zach,[49] pintor, fala-me da atual vida de Y.[50] e comenta: ele jogou uma partida perigosa e agora está aprisionado para o resto da vida. Não há dúvida que extinguiu até mesmo toda possibilidade de trabalho.

*

19 — O sentimento do pecado é que nos faz avaliar o quanto estamos vivos; é pela angústia, pelo sentimento aterrorizante que me habita (acordo durante a

---

48. Lelena.

49. Jan Zach (1914-1986), artista plástico tcheco, que passou uma temporada no Brasil nos anos 1940, onde se juntou à cena artística do Rio de Janeiro, trabalhando e expondo seu trabalho.

50. No manuscrito: Marcier.

noite, dentro de um silêncio sobrenatural, com a impressão de que cometi onde e não sei quando, um ato irreparável) que avalio o quanto estou longe de possuir esse espírito tranquilo e isento de outras preocupações que não seja o meu tormento de todo dia. Eis um momento em que sofro, e tudo me parece incerto, pesado e sem claridade — o mundo perfeito da consciência culpada, do espírito marcado pelo remorso, pela noção do pecado entranhando na carne, orientando a existência como um câncer ramificado no ser, e que chamasse a si toda manifestação de vida.

*

Campos plúmbeos, de ameaça e de morte: contorcido, o mato flameja dentro da tarde que expele todos os seus miasmas — ao longe o céu se fende num único traço sanguinolento.

*

20 — Nenhuma notícia do Rio. O dia se desenvolve cheio de lentidão, espreguiçando-se ao sol quente da roça. Abelhas invisíveis zumbem, e erra no ar um cheiro novo de limoeiro.

*

Há momentos em que compreendo com espantosa nitidez fatos brumosos e recuados, que surgem de repente com uma luz tão forte e sobrenatural, que quase chega a me cegar. Fatos que evidentemente não me pertencem, que não vivi, que só conheço através da aura morta que se desprende do papel. Por exemplo, a loucura de Gógol.

*

Duas odes que eu imagino incansavelmente, sem forças para transportá-las ao papel: ["]Ode ao pranto["] e ["]Ode a uma varanda inexistente["].[51]

*

22 — Visita, num quarto puramente estilo europeu (não sei como, conseguido com velhos móveis de Minas) a Garina Simon Studenic (este último nome, creio que tomado de empréstimo).[52] Seu marido Hugo Simon, morto de câncer

---

51. Estes poemas, de acordo com as minhas pesquisas, nunca foram escritos.

52. Lúcio estava correto: o nome dela era Karina Simon. O marido era Hugo Simon (1880- -1950), banqueiro e político alemão. Quando estavam fugindo da França para a Espanha, depois Portugal e, finalmente, para o Brasil, usaram passaportes falsos com os nomes de Garina Studenic e Hubert Studenic.

há dois meses, foi uma das cinco maiores fortunas da Alemanha. O casal privou com Rilke, Wassermann, Stefan George e outras celebridades. O marido, grande conhecedor de pintura e escultura, foi o introdutor da arte moderna na Alemanha e orientou grandes museus na Europa. E hoje, sozinha, dentro desse verde denso e agreste de Penedo, vive ela entre estampas e objetos que lhe revivem sem descanso o passado. Fala de tudo isto com olhos ligeiramente úmidos — e depois de ter possuído palácios que foram confiscados por Hitler, termina dizendo que a vida cabe inteira dentro de um simples quarto. Segundo ela, foi este o último ensinamento de seu marido, cujas memórias, no momento, estão sendo editadas por uma importante casa de Berlim.

Mme. Garina fala sobre Hoffmann com uma volubilidade, um conhecimento de autêntica alemã. E diz: "Sua vida…". Eu a retenho com um gesto — conheço tão bem essas vidas surdas, cujo mistério jamais surgiu em pleno, e que se esgotam vagarosas ao sol de uma suspeita que não se confirma nunca… Lembro-me particularmente de Hawthorne, acusado pelos testemunhos de Emerson e de Melville (sim, de Melville, ele próprio tão implicado nesse processo de sombras…). Mme. Garina compreende o meu gesto e suspira. E durante algum tempo fita o vago, como se escutasse uma música vinda não sei de onde.

*

Este *Diário* todo, reparo agora, parece conter uma única nota, monótona e triste: a queixa, o remorso, a tentativa de justificação de alguém que não conseguiu ainda, e que provavelmente nunca conseguirá dominar as forças contraditórias que o movimentam.

É verdade, alguém que procura, que examina sem descanso seus próprios impulsos e os dos outros, alguém que sofre de uma única e constante melancolia, a de estar vivo, e vivo num mundo de signos indecifráveis.

Quando moço, já era assim; maduro, sou moço por uma espécie de hábito, confrangido pela visão do que não consigo compreender, talvez um pouco mais leve e mais contente do que na mocidade — como quem respira mais livremente, já que o fim da jornada não parece tão distante.

*

23 — Última visita a Jan Zach, que me faz ouvir numa vitrola de mão, discos de Prokófiev, acompanhados de uma batida de mel. As árvores de Penedo se movem docemente ao sol da manhã. Penso no Rio, com suas ruas acanhadas e sujas. Amanhã estarei lá, e a vida antiga retomará seu ritmo. E quando voltarei a

Penedo, quando sentirei roçar meu rosto este vento novo que cheira a essas hortas bem tratadas que vejo ao longo do caminho?

*

25 — Afinal, notícias do Rio. Além de um telegrama de L.[53] uma carta do meu irmão. Há também, graças a Deus, uma carta de Octavio [de Faria]. "Apenas, as areias do deserto são insaciáveis…" diz ele. E eu conservo a carta entre as mãos durante muito tempo, a fim de não me sentir tão sozinho e nem tão desgraçado.

Setembro

10 — Depois de tantos dias, volto a este caderno, tendo atravessado mais uma tempestade e posto o barco remendado a navegar de novo, porém sem nenhuma vontade, apenas por uma espécie de obrigação. Não há dúvida de que a vida é bem insípida — a tenacidade com que nos fere nos mesmos pontos!

Acredito que a idade traga um certo apaziguamento e que, à margem das coisas, o espetáculo talvez deva ser mais interessante, os homens mais diversos, a vida mais variada em suas surpresas. Mas enquanto estamos dentro dela, e mergulhando até os olhos nos seus acontecimentos — *sound and fury* —[54] o seu insuportável vazio é como um cáustico que nos devora.

*

s/d — Revi um filme visto há dez anos atrás, se não me engano: *Vive-se uma só vez*. Apesar das grandes qualidades de Fritz Lang,[55] os segundos planos desta fita são esfumados, indistintos, e a fotografia parece constantemente mergulhada na neblina. Creio que foi a partir do *Cidadão Kane* que Gregg Toland inventou o *pan-focus*, e não há dúvida, como se pode verificar neste filme relativamente novo, que foi uma descoberta de extraordinária importância.

*

s/d — Todas as nações têm o seu instante. Se não o percebem, se o desvendam ou o traem, são questões diferentes, mas há um momento determinado em que elas são chamadas a corresponder ao voto que Deus lhes fez e, cegas ou

---

53. Provavelmente, Lelena.
54. Em inglês: som e fúria.
55. Cineasta e ícone do expressionismo alemão.

lúcidas, cristãs ou agnósticas, são obrigadas a assumir no minuto preciso o papel que lhes foi determinado. (Qual foi, como caracterizá-lo? Talvez o saibamos desde o primeiro minuto, talvez o ignoremos para sempre.)

Nenhuma nação foi criada sem destino, o que equivale a dizer que não há povo sem história. E em qualquer sentido que seja olhada a História, do ponto mais próximo como do mais recuado em que se colocar o observador, ela se divide em duas únicas partes, ou melhor, em duas partes fundamentais, atraindo para esse centro divisor todos os acontecimentos desenrolados na Terra, que sob este denominador adquirem seu verdadeiro sentido. Esse centro comum, que rompe a história humana em duas partes distintas, é o aparecimento de Jesus Cristo, e foi Ele quem lançou os fundamentos da Era Nova, ou a participação de um mundo até aquele instante adormecido, à responsabilidade do Livre-Arbítrio.

Ora, repetimos, nada haverá e nada houve de tão importante quanto este aparecimento de Deus entre as criaturas humanas — e deveríamos dizer o "primeiro" aparecimento, porque ainda que este mesmo Deus viesse uma segunda vez, já o fato não teria mais esse caráter "inicial", de "primeira correspondência", de "evidência em primeiro plano" dessa espantosa demonstração física de uma presença divina. Deus seria assim como uma confirmação, e jamais poderia surpreender novamente o homem no êxtase do seu primeiro assombro. E isto, ainda que se quisesse encarar esse fato da Encarnação como qualquer pensador ateu, que geralmente o sugere sob a espécie de um mito supremo, uma das grandes e generosas mentiras do homem, pois é o fato exorbitante de sua existência, que nos põe calados e com o coração permanentemente pactuando do *outro lado*. Jesus Cristo mistura aos limites materiais das ocorrências humanas, de qualquer modo que seja olhado, uma noção de transcendente que de súbito torna o caminho fulgurante, e nos faz maiores. Não é só o caminho que Ele ilumina, mas aumenta também a estatura do viajante. Tudo o que acontece, tudo o que aconteceu fora disto, está situado dentro das contingências terrenas, pertence ao estreito catálogo dos nossos erros ou das nossas vitórias, é "humano, demasiado humano", como situou um pensador que, ateu, tudo fez para transmitir a essa coisa aprisionada em seus limites que é o homem, uma noção superior, uma grandeza maior que, ai dele, ai de nós, pertence, não à nossa perecível arquitetura, mas à entidade suprema que nos criou.

Deuses não somos, é certo; mas por esse misterioso decreto que nos elegeu para este ou aquele instante preciso (os povos são ampliações da noção individual;

se possuem seu "instante", mais acertado ainda é dizer que imitam o "instante" decisivo que há na vida de todos os homens) devido a essa enigmática lei que faz emergir das trevas uma nação até esse momento esquecida não somos "deuses" nem participamos de um território divino, mas quase o somos, neste minuto preciso em que da distância Deus nos aponta na penumbra do caos.

Daí então passamos a existir, vitoriosos ou não, errados ou não, pobres ou não, mas com a alma, a verdadeira alma que nos foi insuflada por um momento de graça, e sem a qual não é possível a nenhuma nação subsistir, porque os mortos não subsistem, e uma nação sem alma é uma nação morta, assim como o homem sem a graça é um ser amputado na sua majestade.

*

Se demorei na palavra "instante", ou "destino", ou "eleição", enfim em toda a velha terminologia que o mundo materialista e oportunista do nosso tempo baniu do seu empobrecido dicionário, poderia esclarecer melhor a minha ideia, caso quisesse citar um exemplo — neste caso, há um exemplo clássico para povo "eleito", para "destino", como missão prefixada ou castigo a cumprir. O povo "eleito" por excelência, "eleito" porque o foi no instante nuclear da história e do destino do homem, "eleito" porque foi exatamente o chamado a colaborar na grande tragédia da Encarnação, e assim representar o homem na sua tragédia fundamental, é o povo judeu, arrancado às margens dos seus rios pacíficos e dos seus tradicionais costumes, para a manifestação máxima de sua vida e da vida de todos os homens. Não é uma história de vitória, nem de supremacia, nem de claro espírito de justiça, a história do povo judeu; antes, por um secreto desígnio em que hoje reconhecemos a implantação das bases mais nítidas da nossa humilhação e da obscura condição humana, foi o povo escolhido para "errar", para prestar no minuto majestoso do seu chamado, a recusa de sua esperança, de sua crença e da superioridade do seu destino. Mas que tem isto, ou nos salvamos todos ou jamais nos salvaremos, como tanto se tem dito. Desde a aurora dos acontecimentos terrenos, com os olhos voltados para os princípios mais materialistas da existência — foram eles que ergueram o "bezerro de ouro" — era a gente talhada para "negar", para fechar os olhos à esperança que acalentavam há séculos, e trazerem à Cruz, entre sangue, fel e lágrimas, o Único que os arrancara daquela abjeção, no intuito de transformá-los em povo remido. Mas é terrível o peso de um destino de eleição. Cego, o povo judeu cindiu a história e precipitou a humanidade no limiar dos tempos novos, onde a aguardavam as noções trágicas do pecado e da responsabilidade. E criou-se para a eternidade.

*

s/d — Abro *O idiota* de Dostoiévski que tanto me deslumbrou outrora. Insensivelmente uma pergunta me vem ao pensamento: que é o senso, o bom senso? A capacidade de se adaptar ao nível comum em que todos vivem. Neste caso, os que não podem, os que possuem arestas que não se adaptam às engrenagens da realidade comum, serão loucos simplesmente? Ou há um nome especial para esta exaltação, este sentimento de impotência e ao mesmo tempo de plenitude?

Ah, como sinto, como vejo, como percebo a ausência de Jesus Cristo — o nome assim atirado, fere a página, estremece, lacera a terra morna do hábito, acostumada à visão materialista das coisas... e eu próprio, tão destituído de rumo, um instante perplexo, paro, repito a palavra, sentindo até onde poderia ir, se quisesse aprofundar o sentimento que me ditou essa pequena descoberta...

Oh miséria, não há como fugir, o mundo é a nossa própria morte. Não há possibilidade de entranhar na sua essência egoísta, o que poderíamos chamar de verdadeiro espírito cristão. O espírito cristão é exatamente a loucura, a falta de senso. Ao longo do tempo, como vimos perdendo suas linhas essenciais, seus ensinamentos, sua própria figura! Como mentimos, como substituímos, com que habilidade, com que fidelidade à nossa permanente atração pelo nada!

Foi Ele, não há dúvida, foi Jesus Cristo quem mais se insurgiu contra a dura tirania da realidade, o despotismo do bom senso e da complicada maquinaria dos fatos comuns. Penso um minuto, rapidamente, no sistema burocrata tão pateticamente denunciado por Kafka, através dos seus funcionários, juízes, escriturários: há, nele, uma espantosa imagem do inferno. O funcionalismo público, com suas redes de controle e seu sistema de mecanização, é uma das mais perfeitas invenções do diabo. Que louve, quem quiser louvar, esta mentira trágica do poeta funcionário: este monstro esvaziado de sua verdadeira essência, é a última invenção de Satanás para planificar o mundo e reduzir-lhe o espírito poético. O poeta funcionário é um escárnio só admissível no mundo aterrorizante de hoje, é o toque final do diagrama da decomposição, o fecho, o cimo da obra de abastardamento e de diminuição dos valores maiores que a nossa época assiste sem defesa.

Por esse processo de eleição de valores que nos trucidam e que nos matam, é que esquecemos a doença que o Cristo representa, seu perpétuo embate contra o sono e as forças passivas do senso comum. E em nome de quê, por que trocamos tudo isto?

Testemunhos trágicos têm se erguido contra o burguês — inutilmente, porém. O burguês deve existir como ponto de referência à nossa revolta. Porque a missão de alguns poetas é empunhar o chicote para lacerar a maioria cega e domesticada pelo hábito de existir sem sofrimento.

Outubro

9 — Aí estamos com a realidade insofismável: praticamente o sr. Getúlio Vargas está eleito. As forças inconscientes que o elegeram, nada mais fizeram do que corresponder a um estado de coisas latente, a um espírito de rebaixamento e de preferência por elementos heterogêneos e impuros, que desde há muitos anos vêm trabalhando o espírito brasileiro. O sr. Getúlio Vargas corresponde a um falso ideal de liberdade e de relaxamento das massas: o "pai dos pobres" é na verdade um lisonjeador do espírito reivindicador e anarquista que existe no fundo estagnado do povo.

Chegamos finalmente a uma fase de plenitude: teremos um governo absolutamente constituído de cafajestes. Desvenda-se no horizonte uma das horas mais sombrias para o Brasil — e é certo, seria ocioso esconder, que o desnivelamento que presenciamos desde há tanto produzirá a nova forma de país que vamos ser. Ou vitorioso, através de suas fórmulas mais deprimentes, ou vencido, íntegro contudo no seu espírito mais aristocrático, que poderá reter as sementes a fazer germinar no futuro, e que agora só poderá se constituir como sustentáculo de uma oposição inteligente.

*

Leitura dispersa e lenta: o *Moby Dick* de Melville, alguns romances de Graham Greene, que é hoje a leitura de todo mundo. Mas o melhor do meu tempo emprego em dirigir e montar *Angélica*, que deve subir à cena no próximo dia 16. Não encontro nenhum prazer nesta forma de trabalho, mas sou obrigado a isto, em vista dos compromissos que assumi com o SNT...[56] Mas se Deus quiser, encerrarei por aqui as minhas manifestações de "realizador".

56. Serviço Nacional de Teatro.

*

Planos de uma vida nova, é certo. Mas depois de um minuto, não verifico que são os mesmos planos de sempre, e que nunca levo avante? Mas se não fossem os planos, nunca teríamos coragem para prosseguir em nossa magnífica ociosidade.

*

Um homem com a obsessão de criar alguma coisa é alguém que só interessa a reduzido número de pessoas. É o habitante de um universo fechado. Não há dúvida de que o nosso tempo perdeu o interesse pelos artistas e despreza a arte de um modo geral: abordamos um mundo altamente mecanizado. A doença é um mal menos terrível, e acostumamo-nos à morte, assistindo-a aos milhares. A razão é que podamos todas as nossas raízes no sobrenatural; tornamo-nos espantosamente uniformes e comerciais. Mas se é este o signo bárbaro por que se distinguirá a nossa era, mesmo em tempos mais afortunados o artista criador sempre foi mais um importuno do que outra coisa. Em última análise, o possuidor só interessa ao possuído, o artista portanto ao demônio — *daemon* — como diria Goethe, seu destino, sua fatalidade.

*

21 — Volto a este caderno como quem persegue uma sombra. Para me readquirir, para me reajustar, que esforço, que penoso trabalho de reconquista e de exclusão dessa ganga recebida no extenso trajeto em que venho me gastando, e onde não vejo mais os termos da minha autodestruição, mas apenas turvos caminhos da minha descoberta. Porque sempre nos descobrimos naquilo que mais amamos, como naquilo que mais sofremos. E até mesmo naquilo que não nos representa e traça por sobre as linhas habituais do nosso ser a identidade nova de alguém desconhecido e alucinado. Sempre nos descobrimos, enquanto a morte não chega. E não é ela a grande descoberta final, a que nos revela íntegros e perfeitos, nessa imagem esculpida através de dias álgidos ou ardentes, o barro luminoso com que levantaremos dentro de nós o ser vivo que substituirá a perecível matéria de que se compõe nosso corpo?

Trabalho na composição da minha identidade com um furor cego e desatinado; que Deus me dê forças para revelar inteira a minha essência de frio e de demência.

*

Leitura: ainda Graham Greene, com a vaga desconfiança de que tanto prazer deve proceder de uma facilidade que mais tarde irá destruí-lo aos meus olhos.

Novembro

2 — Leio o livro de Maurice Heine sobre Sade[57] com a maior curiosidade. Sim, ninguém nega mais (pelo menos os que não repelem Sade à primeira vista, com nojo e violência) que ele tenha sido um homem de atributos geniais. Depois de Otto Weininger[58] e de tantos, já é lugar-comum falar em proximidade dos extremos. Não há dúvida também, quanto ao fato de que ele foi martirizado e injustiçado pelos de sua época. Mas seu ateísmo, levado àqueles limites do absoluto a que alude seu biógrafo, levou-o naturalmente à destruição da concepção do homem segundo uma imagem divina. Não suportando tal coisa, porque não é da natureza do homem suportar o Nada absoluto, Sade se volta contra a matéria num cego furor, invectivando-a, blasfemando — e o que é pior, perdendo o controle e o respeito — porque era um homem ardente e apaixonado nos seus movimentos — suja essa imagem, tortura o amor como um sentimento considerado superior, cria finalmente seus numerosos e tortuosos processos de lubricidade, resultantes unicamente de um fator fundamentalmente ontológico: sua falta de amor e de respeito pelo gênero humano.

Que poderiam fazer os dignos burgueses da época, ante tão espantosa manifestação de desprezo — desprezo de origem religiosa, blasfemo, criminoso? Adotar uma atitude de represália — e foi o que fizeram, lançando à prisão, sucessivamente, e por longos espaços de tempo, aquele que expunha com tão delirante veemência, seu desespero pela falibilidade da obra do Criador.

*

Sonhei esta noite com uma personagem de romance, cujo nome era Lucrécia ou Albana, não sei mais; a cena surgiu de repente como se fosse uma "tomada" cinematográfica, e ela ria, sentada no alto de uma escada pouco iluminada. Havia qualquer coisa antiga na sua figura, e ela trazia no colo alguns grampos de prata. Dita assim, a visão perde a sua intensidade e adquire um aspecto bastante literário, mas o que era extraordinário, e que eu não consigo renovar, era a força, a realidade desta figura de sonho.

*

57. Maurice Heine (1884-1940), escritor francês; o título do livro é *Le Marquis de Sade* (1950).
58. Otto Weininger (1880-1903), filósofo austríaco.

A opinião de J.,[59] a quem confiei este *Diário*, paralisou-me durante algum tempo. Volto agora, não com o objetivo de realizar qualquer espécie de ideal literário, mas apenas por uma... vamos dizer, uma disciplina do espírito, já que carecemos de alguma, por mais leve que seja. Não quis, pelo menos até agora, transformar este caderno numa exposição de ideias. Nem sei se há nele, realmente, a intenção de apresentar uma ideia nítida — fui escrevendo naturalmente, e é possível que reflexos alheios (é disto, sobretudo, que ele me acusa: não serem novas minhas ideias...) reminiscências de conversas ou leituras, tenha aflorado com certa insistência a estas páginas. Mas neste caso, acho quase inútil esclarecer — é o que legalmente se incorporou a mim: sigo de novo o caminho, pensando que talvez um dia estas folhas me sirvam. E com a certeza de que se a opinião dos amigos ajuda, muitas vezes atrapalha. Impossível uma visão geral, um conceito definitivo sobre o todo, quando o autor é tão desconhecido nosso e as qualidades que prezamos se ramificam em tão sabidos e numerosos defeitos. Também, é verdade que os amigos acertam, indo direto ao objetivo, sem prestar atenção aos detalhes. Mas em obras como esta, sem pretensão e sem objetivo, não são precisamente os detalhes que mais nos interessam?

*

Leitura: Dickens mais uma vez, o *Dombey e filho*, desta vez com maior felicidade. Pena que o mundo tão intensamente colorido de Dickens, seus colossais preparativos, seus tiques e características de personagens, sirvam de veículo a paixões comumente tão pobres, e de entrecho tão banal. Adivinha-se tudo desde o princípio, o castigo dos maus e a recompensa dos bons. Mas seus retratos são inesquecíveis e, por si apenas, bastariam para garantir o lugar que ele ocupa entre os grandes romancistas do mundo.

Nota curiosa: este universo de caricaturas e fantasmas está cheio de crianças. De crianças perseguidas e maltratadas, idênticas e tristes no seu martirizado convencionalismo. Como aqui estamos longe das soturnas e misteriosas crianças de Dostoiévski! Ou sem ir tão longe, das simples e trágicas crianças de Thomas Hardy...[60]

*

---

59. No manuscrito: Jacques [do Prado Brandão].
60. Thomas Hardy (1840-1928). A história de *Judas, o obscuro* (1895), seu livro mais conhecido, foi traduzida no Brasil por Octavio de Faria, amigo de Lúcio.

Ainda *A vigésima quinta hora*, da autoria de um escritor romeno.[61] Opinião muito exata de um amigo: os homens são espancados, e evidentemente sentem prazer em lembrar que o foram.

*

4 — É bastante interessante o livro de Claude-Edmonde Magny[62] sobre a *Idade do romance americano*. Desvenda-se com segurança o parentesco entre romance e cinema, que são, indubitavelmente, as artes mais próximas entre si. Não creio que nenhum romancista autêntico, e conhecedor seguro dos processos técnicos do cinema, aliado a um instintivo conhecimento da arte de representar, possa se sentir intimidado com uma câmera — ele se tornará fatalmente um diretor, e criará também no filme o seu estilo, tal como no livro. Eis as palavras finais de um dos capítulos de [Claude]-Edmonde Magny: "Vai-se caminhando cada vez mais, parece, ao momento em que o filme, como o romance, poderá ser atribuído sem ambiguidades nem restrições a um autor único, e não é interdito imaginar o momento em que, nas cinematecas do futuro, seções inteiras, poderão se intitular orgulhosamente *Obras completas* de René Clair, de Fritz Lang ou de Preston Sturges".

*

Apesar de tudo, apaixonante experiência esta, que levo a efeito com *Angélica*:[63] sente-se a peça desagregar-se entre os nossos dedos, decompor-se como uma malha de xadrez que se desfaz, tornar-se em nada, finalmente. Meditando um pouco na obscuridade da plateia, enquanto os artistas repisam várias vezes uma mesma cena, acho inacreditável que palavras tão vazias tenham condensado alguma emoção, ou tivessem significado um momento de inspiração minha. São frases sem calor, indiferentes, como se pertencessem a acontecimentos banais, cotidianos, e não a uma obra fechada, que limita o drama.

*

Resolução de viver cada vez mais sozinho. Não por orgulho, nem por desencanto, que estas são reações da mais extrema mocidade — mas pela certeza de que assim esgoto menos rapidamente as minhas possibilidades.

---

61. O romance *A vigésima quinta hora*, de 1949, tornou conhecido o escritor romeno Constantin Virgil Gheorghiu (1916-1992).

62. Claude-Edmonde Magny, pseudônimo da escritora francesa Edmonde Vinel (1913-1966).

63. Peça em três atos, escrita por Lúcio e apresentada no Teatro de Bolso, no Rio de Janeiro, em 1950.

*

5 — Avanço o ensaio de Claude-Edmonde Magny com muito menos interesse. Dos Passos, Sinclair Lewis... Sim, não há dúvida, autores que muito eu li no começo da minha vida literária, e que tanto influenciaram escritores daquela época, Jorge Amado por exemplo. Lembro-me particularmente deste, falando-me do desenvolvimento do romance através dos odores, segundo John Dos Passos. Creio ter sido esta técnica que ele empregou no seu romance *Suor*. Como explicar hoje a voga desses romancistas na França?

De Faulkner[64] e Hemingway, nada falo — que ainda hoje os conheço mal. Mas a própria ensaísta afirma que em suas últimas obras Dos Passos volta a um ponto mais moderado na arquitetura de seus romances, por assim dizer mais próximo à fatura clássica. A extrema brutalidade da vida americana na época do *The Big Money* e *Manhattan Transfer* [65] (prelúdio sem dúvida da época em que resvalamos) suscitou a forma esquemática e entrecortada dessas novelas, na aparência de tão agressiva e causticante novidade. Essa época, como as outras, tem os seus mártires, e o mais notório deles, incontestavelmente, é Scott Fitzgerald.

Enquanto dia a dia o mundo vai se jungindo às fórmulas simplistas e materialistas da vida norte-americana, sua arte é a resultante de uma força sem alma; não procede de uma ideia nacional ou de um martírio coletivo, como no caso da Rússia ou da Alemanha, que são possivelmente as duas nações que mais acalentam esses fogos em suas entranhas, mas de um estado de fastígio e de progresso, que sepultou uma consciência trágica do homem e do seu destino. Dos Passos, Sinclair Lewis, que a França tanto ama (lembro especialmente a atmosfera irrespirável de *Babbitt*,[66] que li aos dezesseis anos de idade), são os profetas de um mundo nascente naquela época, o mundo da máquina, da impersonalidade, da técnica enfim. Não há nesses romances a noção do bem e do mal, há apenas o mal-estar social, oriundo da alteração dos fatores econômicos, a compressão do indivíduo por forças automáticas e monstruosas. Não existe

---

64. William Faulkner (1897-1962), escritor norte-americano, ganhador do prêmio Nobel de Literatura de 1949. Lúcio o conheceu e o entrevistou no I Congresso Internacional de Escritores, ocorrido em São Paulo, em 1954. Foram fotografados juntos na ocasião.
65. *The Big Money* e *Manhattan Transfer* são livros do escritor norte-americano John dos Passos.
66. *Babbitt*, de Sinclair Lewis (1885-1951), publicado em 1922. O romance apresenta uma visão crítica da classe média americana da década de 1920.

o demônio — mas o patrão — como não há pecado, e sim contingências sociais. Não há sombras, apenas reflexos da luz obsedante e fria do gás néon. Esta é a alma metálica e impiedosa dos grandes cantores do mundo em que vamos mergulhando rapidamente.

E agora indago, se existisse hoje, que pensaria um Scott Fitzgerald, que pensam todos os autores dessas espessas fotografias de um mundo frustrado?

*

s/d — *Angélica*, levada à cena ontem, num teatro minúsculo e pouco confortável, constituiu mais um fracasso para se ajuntar à série que me vem perseguindo ultimamente. Os motivos eram visíveis: cena estreita, artistas que ignoravam completamente o texto, má vontade de muitos e direção deficiente. Que mais para constituir outra coisa além do lamentável espetáculo de ontem? No entanto, houve um momento em que, ajudando Luíza Barreto Leite[67] a se vestir, fitei-a de longe, envolta na sua roupa cor de ouro, com o longo véu de filó negro sobre os ombros, senti, pela simples presença daquela figura, toda a indestrutível "verdade" que a peça poderia representar.

Mas depois que o pano desceu, abateu-me um grande desalento e compreendi que não é possível deixar de reconhecer que há uma força que impulsiona os mesmos ocultos desígnios que presidem nestes últimos tempos ao desastre de tudo o que empreendo. O que vivo, teria de viver como uma lei a que não posso me furtar; é mais uma palavra dessa misteriosa frase escrita por trás dos acontecimentos, e que marca o meu destino com o seu mais triste signo de veracidade.

*

Aí estão os restos de *Angélica* — e eu reconheço sem grande pena que não poderia ser de outro modo. Há certo furor, certa impaciência na mão que me fere. Provavelmente não estou muito longe de adivinhar tudo o que foi escrito a meu respeito, e que jaz indecifrado na sombra.

*

Não, não, é completamente inútil voltar ao teatro. *Angélica* marcou definitivamente a minha última tentativa. Agora o caminho é um pouco mais estreito, o desenlace mais próximo. Mas não me sinto amargo e nem hostil a

---

67. Luíza Barreto Leite (1909-1996), atriz, diretora teatral, professora de arte dramática e crítica de teatro brasileira. Atuou em *O escravo*, de Lúcio, em 1943, com o grupo Os Comediantes, do qual foi uma das fundadoras.

ninguém; ao contrário, tenho a alma leve e é com alegria que imagino planos diferentes, viagens etc.

*

s/d — João Maria dos Santos[68] fala-me em Cavalcanti[69] com bastante entusiasmo. Segundo ele, estamos numa época bem melhor para o Brasil. Com alguns uísques, não é difícil concordar: chego mesmo a declarar que há indícios de que estamos salvos. Ouço rumores de que estão para chegar Cocteau[70] e René Clair. Ele lamenta: "Pena que tenha sido interrompida a filmagem de *A mulher de longe...*". Eu acrescento comigo mesmo um rosário de infindáveis penas. Novos uísques e eu acabo confessando o meu grande, o meu maior desejo: filmar *Os sertões*. João Maria dos Santos, à minha descrição, ainda se entusiasma mais. E eu, pensando de repente em tudo o que se disse, regresso ao meu nada, fugitivo e desamparado. Já não é permitido sonhar, nem mesmo com uísques.

*

s/d — Um novo livro de Charles Morgan.[71] Leitura fria e sem interesse. Com que espantosa velocidade Charles Morgan envelheceu nestes últimos dez anos!

*

s/d — Encontro à saída de um cinema com Octavio de Faria. Falamos dos velhos tempos, de Cornélio Penna, dos nossos encontros no Café Cinelândia, dos dias cada vez piores que vivemos. E há em tudo isto uma grande melancolia, parecem fatos acontecidos há séculos. Conta-me ainda que alterou completamente o plano da *Tragédia burguesa* e que o próximo livro se chamará O *retrato da morte*. Segundo ele, o tempo, o instante no tempo que passa, é o único autêntico retrato da morte que possuímos. Faz também alguns comentários sobre Julien Green, de quem ambos acabamos de ler *Moïra*, lamentando que este autor não tenha coragem para dizer tudo, de ir até o fim.

*

---

68. João Maria dos Santos, diretor de arte e premiado cenógrafo da Companhia Cinematográfica Vera Cruz.

69. Alberto Cavalcanti (1897-1982), diretor, cenógrafo e produtor cinematográfico brasileiro. Com carreira consolidada no exterior, retornou ao Brasil em 1949, para assumir o cargo de produtor geral da Companhia Cinematográfica Vera Cruz.

70. O escritor e cineasta Jean Cocteau.

71. Charles Morgan (1894-1958), dramaturgo e romancista inglês.

s/d — Decisão de abandonar hoje o famigerado Teatro de Bolso. Aliás, o teatro de qualquer espécie, com que tanto perdi e nada recebi em troca. Toda gente de teatro se mira perpetuamente num espelho de duas faces: egoísmo e vaidade. Agora compreendo — e sem esforço, apenas deixando subir ao meu pensamento o ranço das coisas — por que Pascal disse que o teatro era prostituição.

*

30 — Visita ontem a frei G.[72] a quem narro as dificuldades da minha vida. Compreendo que há um certo nervoso, uma certa dubiedade nos meus propósitos. Ele me escuta com interesse e fala-me, primeiro em Álvaro Lins,[73] depois em Cavalcanti. Pergunta-me se eu não gostaria de trabalhar com este último — e eu digo sim, desamparado, olhando as paredes como quem se afogasse aos poucos.

Dezembro

2 — Visita a um feiticeiro, em Nilópolis, que nos recebe entre gente que cheira a cachaça e fuma charuto. Deve haver uma dignidade especial nesses dois hábitos, mas o que percebo bastante vivo, é o resquício africano de tudo isto, o sentimento da cubata, do sacrifício e do poder supremo do curandeiro. Há qualquer coisa cega e abandonada neste mundo mergulhado na escuridão: os olhares mansos, humildes, submetem-se a um poder que possui mais de malefício do que propriamente de generosidade paternal. O pior é que esta gente sofre real, miseravelmente.

*

Viajo num trem de subúrbio e examino as fisionomias vulgares, tristonhas, que enchem o vagão; no fundo, perdida na massa indistinta e relaxada de cabeças, alguém canta com voz embriagada um refrão sobre o "baixinho" que, segundo essa pobre gente, foi eleito pelos "pais de santo". Que esperar de um povo como este, sem horizonte e sem possibilidade de espécie alguma, e que se agarra como última tábua de salvação a esse mito que se chama Getúlio Vargas? Triste povo, triste raça! De que maltratada matéria se comporá sua fisionomia

---

72. No manuscrito: Gastão.
73. Álvaro Lins (1912-1970) foi professor e um dos críticos literários mais influentes de sua época.

futura, por que meios se fará existente, como será perceptível através da imensa bruma em que sobrevivemos?

Os instantes se diluem sem força na fluidez do tempo. Não é a nossa hora ainda. Temos de esgotar toda a ração de tristeza, de obscuridade e de indigência que nos sobra. Um dia, talvez, aprenderemos a chamar pela sua designação certa aquilo que desejamos. Até lá, como as crianças, daremos nomes de gente aos fantoches meio esburacados que o destino nos serve. Mas o impulso que nos leva tão desatinadamente para a frente, fará o deserto se consumir às suas próprias necessidades; aprenderemos a distinguir nossa própria voz, e volveremos os olhos para o lado da verdade.

A necessidade do mito, aí está. Só não somos suficientemente fortes para gerá-lo à altura de nossas carências. Idealizarmos forças subsidiárias, que servem unicamente a males passageiros. Mas o grande mal, feito pela doença e pelo atraso que nos consomem, ainda são impunes e vivem o seu grande momento. Até que surja o homem, o acontecimento ou a ideia (falo tanto de um movimento político quanto de uma catástrofe; tudo nos serve desde que faça explodir o chão do habitual que vivemos, e arraste uma inspiração na sua cauda flamejante) que faça desaparecer esses sintomas de impotência, e nesta ascensão, crie na sua ânsia a nossa própria alma.

*

Vago, escuto, assisto — sombra de mim mesmo, vazio, paralisado de que sentimentos, de que continuadas ausências? Acaso existo fora deste ser solitário e cinzento, acaso ousei imaginar mais do que esta silhueta cabisbaixa e devorada de ambiciosos desejos? Em que dia, em que minuto de alucinação e fantasia? Ainda queimo, mas de fatigadas ambições.

*

A janela aberta, a música e a chuva. E eu me renovo ao influxo de lembranças antigas — sim, eu mesmo, finalmente — sentindo-me de novo perdido e infantil, dentro deste corpo desconhecido que envelhece, que a cada minuto se torna diferente, como a vela que escorre, deforma-se, ao mesmo tempo que a chama renasce, no íntimo, azul e pura.

*

A um certo momento, coesos, em *grupo*, imóveis, sentimos a transformação: deixamos de ser simples pessoas, tornamo-nos legenda. O que éramos, fomos;

agora somos, não sei por que inesperada feitiçaria, material de um mundo estratificado no sonho.

*

3 — Artigo de determinado crítico sobre *Angélica*, respirando uma tal estupidez, uma tão grande má vontade, uma desonestidade tão veemente, que me põe perplexo, apesar da minha larga experiência. Isto é que é o pior no teatro: colocar-nos ao alcance de imbecis desta espécie. Para quem não leu a peça, e diante da hesitação dos artistas, é fácil pensar que o defeito maior é do próprio texto. E aí estão, dogmáticos e estúpidos, os críticos como este, que não hesitam em apontar a causa do fracasso no drama mal apreendido, mal decorado e mal assimilado.

*

20 — Tudo o que vivi, vivi como um estrangeiro. O bem, como o mal, sempre me pareceu um excesso, e a dor que a desordem me causa, é idêntica à angústia que me vem ante as dilatadas purezas. O apito dos trens, as belas paisagens, os muros frios e altos, as casas de cimento avaro, tudo retine em mim e me faz sofrer, porque exatamente tocam no meu íntimo a corda que está sempre em desacordo com o mundo.

Gostaria de caminhar e não me deter nunca; todas as paisagens me ferem. O repouso — ordem, serenidade, trabalho — é para mim quase constantemente um estado inatingível.

*

22 — Sinto-me no limiar de uma nova vida. (O número de vezes que repetimos estas palavras! São elas, ou melhor, o sentimento que condicionam, que nos garantem a permanência da vida no fundo do ser. Se mudamos, é porque a esperança não nos abandonou, é porque ainda estamos acordados.) Tudo me diz que de agora em diante as coisas serão mais serenas, que terei menos febre, e os desejos se aquietarão no fundo do meu peito. (Penso, e durante um minuto, a visão estremece nova no meu pensamento: estradas que avançam sem chegar jamais às cidades que imaginamos, ruas atentas à aventura, janelas entrefechadas através das quais um vento morno sopra todas as possibilidades...)

Repito sem descanso, como um convalescente (e ainda como eles, experimentando o corpo, sem ter certeza de que tenha forças para chegar até o outro lado) o meu programa de trabalho. O que significa dizer que renovo os meus protestos de isolamento. Adeus belas tardes de sol, noites nos bares, conversas arrastadas em inúteis horas de simpatia e de tóxicas promessas. Adeus tudo o que eu fui. Devo estar atento ao homem novo que se levanta dentro de mim. Às vezes, as crises de crescimento têm os sintomas de morte — e muita vez supus divisar neste ser despojado e atônito, a imagem de um homem vencido, quando apenas me tornava mais eu mesmo, mais próximo ao centro das verdades que me constituem.

Adeus, homem de sonho, encostado ao poste da madrugada — como Leonardo da Vinci no *Codex Atlanticus*, poderei dizer agora: "Não me despreze porque eu não sou pobre — pobre é aquele que tem grandes desejos".

*

Leituras feitas com dificuldade e a esmo, a atenção dispersa. Um romance brasileiro sem maiores qualidades, um romance americano[74] qualquer, também sem maiores atrativos.

Refaço com esforço artigos velhos sobre Hawthorne e Henry James. Ambos me parecem superficiais e vazios. Copio e recopio coisas passadas. Sinto a impressão de que tudo isto são pegadas, símbolos de uma existência esvaída, e que vim tateando no escuro, sem nenhuma esperança. Não é sem um certo sentimento de alívio que vejo o ano se esgotando. Nada fiz e nada me trouxe o Ano Santo. (Penso melhor, talvez seja injustiça ou ignorância minha: que sabemos ao certo do que traz ou do que não traz um tempo? Talvez tenha sido agora o instante em que fui mais desapiedadamente vivo. Este coração pesado, bem mais pesado do que antigamente, não se enriqueceu com o amargo suco das mentiras com que tentei me envenenar? Não morremos ainda desta vez — e é possível que para mim toda a verdade destes últimos tempos esteja na verificação de que não nos extinguimos segundo a nossa vontade, mas que mãos de infinita misericórdia nos acolhem sempre no minuto exato em que nos traímos e anulamos nossas mais penosas conquistas...)

Abandono artigos e cópias. Sinto no entanto que é com otimismo que devo encarar os novos dias que vão começar. O sol brilha. A vida, a vida inteira me espera. Viver é arriscar-se permanentemente, e o que mais me anima, é a coragem do lance.

*

26 — Nesses últimos dias, com Fregolente e alguns amigos, fomos de automóvel por essas estradas afora. E assim, até Ubá, Minas Gerais, tive ocasião de

---

74. No datiloscrito Lúcio menciona a autora do romance: Dorothy Canfield (1879-1958).

redescobrir as pequenas cidades que tanto me apaixonam — e as paisagens sempre desoladas, com a monotonia dos milharais subindo encostas. Tudo isto, cortado pelo velho Paraíba, em curvas fundas, coroadas de espuma, enquanto a música ressoando no vale, denuncia a violência solitária das águas.

Jamais me esquecerei do azul desses dias. Enquanto paramos na estrada para trocar um pneu, experimento na concha das mãos a água fria que escorre das pedras. Uma cidade ingênua e feliz que dorme ao sol: Sapucaia. Vieram outras depois, onde saciei a minha constante fome de paisagens: Guidoval, antiga Sapê, a mais bonita de todas, de aspecto mais caracteristicamente mineiro. (Guidoval — quando voltarei lá um dia, eu que me senti apenas no começo da nossa amizade?) A cidade morre aos poucos, enquanto o que sobra de vida se concentra numa única rua, estreita e calçada de grossas pedras, onde erra um perfume bom de quitandas e doces familiares. Em certos momentos, lembra Congonhas, menor, sem dúvida, e também sem a imponência dos profetas. Mas é o seu encanto maior, esse beco abafado, onde a sombra se comprime entre janelas de guilhotina, e o ferreiro bate o seu martelo plangente, na forja eriçada de faíscas.

Vieram depois Cataguases, Ubá — e pareceram-me cidades de trânsito, bem maiores do que Leopoldina, Sapucaia ou Guidoval, mas feias, pobres nas suas graças de vilas erguidas a esmo para caixeiros-viajantes, entrecortadas em pleno meio-dia pelo som dos rádios escandalosamente abertos nas praças públicas. Mais tarde chegaram outros campos cheios de gente triste. Desço e tomo café com rapadura num casebre de telhas-vãs: o caboclo me fala de suas dificuldades, das feitiçarias de sua mulher e da mordedura de cobras. Eu escuto, sentindo vir a tarde com uma imponência repleta de melancolia. E assim tão desamparado, como o Brasil me parece uma realidade ao alcance de todas as previsões!

*

Releio alguns ensaios de Mário de Andrade,[75] procurando rememorar as duas ou três vezes em que o vi. Tenho presente na memória uma máscara contraída, desconfiada sob linhas sem muita amenidade. Quando o encontrei pela primeira vez, menino ainda, falou-me todo o tempo em Augusto Frederico

---

75. Mário de Andrade (1893-1945), escritor, crítico de literatura e de arte, musicólogo e pesquisador do folclore brasileiro. Lúcio trocou alguma correspondência com Mário, inclusive enviou para ele os manuscritos de *A luz no subsolo*, hoje pertencente à Coleção Mário de Andrade do IEB-USP. Mário publicou poemas de Lúcio na *Revista Acadêmica*.

Schmidt, de quem então ele me considerava um admirador e um discípulo. Admirador, sim — e sabia até alguns poemas de cor. Discípulo, não sei... tenho sido tão mau discípulo de tanta gente grande!

Outra vez, no consultório de Jorge de Lima,[76] encontrei Mário de Andrade em palestra com o poeta Deolindo Tavares. Falamos em Cézanne e Van Gogh — eu, com aquela incontinência de quem está começando a descobrir as coisas, o autor de *Belazarte* provavelmente com um acerto de que não me recordo mais... Hoje, que rememoro isto, não estão vivos nem Mário de Andrade, nem Deolindo Tavares. No entanto, as figuras permanecem nítidas, e eu os revejo agora, bloqueados num mútuo desconhecimento — a selvageria, a sensibilidade em carne viva de Deolindo Tavares! — enquanto eu também, um pouco desnorteado, esforçava-me para brilhar numa conversa que não interessava a ninguém.

*

31 — Hoje. Uma única palavra para terminar um ano de complicados acontecimentos — e dizer da época nova que começa.

---

76. Jorge de Lima (1893-1953), escritor, artista plástico, médico e político brasileiro. Foi amigo de Lúcio.

1951

Janeiro

2 — Começo o novo ano num estado de espírito difícil de ser explicado. Não há como negar, por mais que disfarce e procure encontrar designações que me apresentem uma realidade diferente, o certo é que minha vida, tal como eu a tinha imaginado, como até agora me habituara a considerá-la, arquitetada sobre bases definitivas, rui — e rui sem nenhuma possibilidade de continuação.

Não há em mim nem medo e nem covardia. Também não posso pensar em hesitações e recuos — sou finalmente obrigado a tomar partido, e a seguir, mesmo com o coração transido, o caminho novo que se abre diante de mim. (Revejo tudo agora, com olhos que já se distanciam dessas paisagens familiares — minhas fraquezas, minhas desoladoras fraquezas! Horas que eu perdi numa dispersão quase criminosa, amizades que desprezei, oportunidades esmagadas sem piedade, compromissos rompidos, dívidas contraídas sem nenhum escrúpulo, tudo o que eu possuía queimado e atirado ao vento, promessas esquecidas, votos não levados a termo, todos os sintomas de um homem ausente de si mesmo e visitado pelos ventos das paixões mais contraditórias... ó triste eu mesmo, cego coração de poeta, alma desvairada e sem repouso — que outra contemplação exiges de ti, além dessa sacrificada imagem que exibes com os olhos cheios de lágrimas? Deus que tenha pena, e levante até o seu peito o esforço dessa vontade — talvez possa fazer ver através da sua misericórdia, o ser integral, no trabalho e na solidão, que deve constituir a tua imagem nesse futuro que já se aproxima, que já te envolve, que já se faz irrecusável realidade…)

Sim, nada vejo de alegre e nem de compensador neste começo de ano, a minha existência é uma estrada morna e sem grandes horizontes. Trabalho num jornal que apregoa e divulga ideias que não estimo por considerá-las erradas; vivo uma existência pacata de burguês, compondo uma fisionomia adequada com o senso das proporções alheias. (E não o consigo, é verdade; há nos meus olhos alguma coisa alucinada que não engana a ninguém…)

Nunca entro no jornal sem cometer uma violência contra mim mesmo; todo o falso espírito de ordem, de bom comportamento e velada hipocrisia que lá reinam, é mais do que suficiente para revolucionar-me o estômago. E fora, andando pelas ruas, indago de mim mesmo quem sou, de que modo resolver este mistério que há tantos anos me segue, tal é a intensidade com que me sinto à parte, flutuando à margem das pessoas e das coisas.

Mas agora pergunto, depois de todo esse esforço para adaptar-me às circunstâncias: afinal, eu mesmo, onde estou? E eis o retrato de pé, o homem que surge íntegro na sua essência nova: meio morto pelas salas de redação, sonâmbulo nos bondes, indiferente nas esquinas, ausente de tudo o que me cerca e de tudo o que assisto. Ausente, ausente, ausente. E quem nunca se sentiu assim esvaziado de todo conteúdo real, não pode saber também o que é o ímpeto da vida, e o acúmulo de suas tormentosas vagas sobre o coração! Tudo vem então com o furor de uma tempestade — e tudo nos deixa como uma praia bruscamente varrida pelos ventos.

É verdade, como diz um amigo, que estamos acostumados a satisfazer nossas vontades, a satisfazê-las demais. Ai de nós, como queremos aquilo que nos toca, como acariciamos e exalçamos nossas ambições… Mas se no entanto essas vontades são fundamentais, como sermos diferentes, como nos tornarmos outros? Podemos nos recusar pequenos caprichos, ambições sem grande vulto, massacres sem dilaceradas auras — mas não é verdade que quase sempre, no final de tudo, somos apenas nossas próprias ambições? Somos aquilo que desejamos com mais intensidade. Defendo pois as crises violentas, as mutações que nos revolvem a estrutura do ser, como se nos alimentassem tempestades; são elas que nunca deixam de fazer ferver o sangue pálido que erra em nossas veias.

＊

Minha insensibilidade, minha frieza, minha falta de amor — este "coração de pedra" a que minha mãe aludiu um dia... — talvez. Ou coração sem lugar para muitas coisas, como um porão atravancado de objetos velhos. Alguns inúteis e fora de uso — mas tão preciosos como o supérfluo para certos maníacos. Ser amável, atento, "presente", no sentido mais extensamente social da palavra — não são os apanágios de um coração fútil, cheio de vagares e compartimentos vazios? Tenho o coração cheio com toda a minha alma. Bem pensado, o tempo é pouco para me destruir por tudo o que amo. Assim é que o silêncio, para mim, é a manifestação de um coração pleno; no silêncio de uma sala, reconheço imediatamente os que batem sua concentrada sinfonia, fechados, solitários, enquanto o estrépito dos outros percorre o espaço indiferente como uma gama leviana de guizos...

＊

Parado, fixo no instante, contemplo-me enquanto em torno tudo se move. A hora regela-se, inapelável, no gesto de adeus: o silêncio sobe até mim como se viesse de uma permanente noite escura.

＊

s/d — Resposta a uma enquete sobre a posição do artista, e que nunca foi publicada:

— Não sei o que mais se possa dizer sobre a posição do artista em face dos tempos que correm — os desgraçados tempos que vivemos tão entranhadamente marcados pela fúria das ideologias e dos interesses políticos em choque. Não é em nenhuma dessas ideologias que faço o meu ato de fé, pois as ideias políticas passam, os processos se renovam, a fatalidade constrói e destrói o destino dos povos, e tudo se rende ao eterno esquecimento.

Quero afirmar uma vez mais, com calor e humildade, minha crença no artista, no valor da sua missão e na superioridade da sua vocação. Não sei se existiram muitos artistas nas épocas de paz e de bonança — antes me parece que esses são os terrenos próprios ao desenvolvimento dos meios, à apreensão segura e lenta dos processos, à geração obscura e vagarosa, no âmago anônimo dos povos, da massa prestes a explodir, a tornar-se força, movimento e voz. Acho que a maioria dos grandes artistas com que conta a humanidade é produto de épocas profundamente perturbadas, que o caos dos tempos tem fornecido o ímpeto para o aparecimento desses a que outrora Baudelaire chamava os *phares*.[1] É que as épocas castigadas têm necessidade dos seus grandes homens. Nos momentos de profundo pessimismo, de desistência e negação do homem, é que é necessário fazer vibrar mais alto a voz da esperança. Todos os poetas são filhos da tempestade.

E que diria dos dias em que vivemos, tão turvos, tão pejados de sangue e sofrimento? Não sei, acho talvez que vivemos uma época de grandes artistas. Se é exato o que Valéry disse sobre a obra de arte, que ela é uma concha depositada pela mão do homem à margem do tempo, é justo esclarecer que são as águas, no seu maior ou menor furor, que trabalham a riqueza de suas linhas e arestas. Não há dúvida, os artistas, os grandes, os únicos que contam para nós, foram também grandes mártires. Essas épocas de luta são férteis em castigos. Em última análise, acredito que os artistas são criados e lacerados pelo tempo em que vivem. Não fosse a mais profunda carência de tempos como os nossos, a de santidade. Necessitamos de santos, como de artistas. Mas os santos são raros neste mundo imperfeito, e enquanto isto, são os artistas que vão pagando pelas ausências de que tanto sofremos.

*

7 — Li hoje uma entrevista de Faulkner que muito me impressionou, não pelo que contém de novidade, mas pelo que se aproxima do que penso quanto ao miserável tempo em que vivemos. Segundo o autor de *Sartoris* (que em vão eu me esforço por terminar…) estamos penetrando numa época de absoluto materialismo. Não estamos penetrando, já a vivemos, já absorvemos insones os seus miasmas, esparsos pelo ar. O menosprezo de Faulkner pela profissão literária, alegando-se exclusivamente um fazendeiro, já é um triste sintoma desses tempos negros que vivemos — tempos em que os artistas se demitem, por falta de convicção ou por vergonha. É a época dos pelourinhos e das arruaças, e o vilipendiado é o que o homem possui de mais nobre. É a época em que surge, no campo das artes como em todos os outros campos onde o autêntico é poluído e amesquinhado, a raça numerosa e sem escrúpulo dos aventureiros. A mediocridade substitui a deusa Razão. É o que estamos assistindo diariamente, *hélas*, sem nenhuma esperança de recomposição.

*

---

1. Em francês: faróis.

Hoje, num cinema, distraí-me do filme pensando no estilo de Cornélio Penna, e não sei por quê, lembrando com extraordinária intensidade certas palavras, certos motivos que lhe são peculiares. Tudo aquilo vinha a mim como as notas de uma sinfonia solene e surda, e eu imaginava que tal poder musical e encantatório só pode pertencer, na verdade, a um grande artista.

*

Nenhuma leitura no presente momento. Falta-me disposição até mesmo para abrir um livro.

Escrevo *O viajante*,[2] com o mistério e a lentidão de quem abrisse aos poucos uma janela para uma paisagem inteiramente agreste e desconhecida.

O modo pelo qual matamos as pessoas (viver é um permanente acesso a um estado de consciência e de liberdade; somos uma conquista que se multiplica através dos minutos, que se afirma e também se esgota ante as numerosas manifestações alheias de egoísmo e negação) — o modo pelo qual matamos as pessoas, repito, é pela simples forma com que recusamos seu pedido à vida. Sabemos que elas se sentem à margem e que necessitam daquela confirmação de existência. Mas nossos lábios se fecham e o silêncio consuma o crime.

(A ideia exposta acima é confusa, mas a emoção que a originou é verdadeira. Pena que não consigamos transmitir geralmente o que sentimos com tanta força — mas há coisas, realmente, que ainda pertencem de modo exclusivo ao domínio do segredo. Nada é mais enigmático do que aquilo que aproxima e separa os seres; não falo, é claro, de amor, amizade ou qualquer outro sentimento catalogável, mas desse jogo íntimo e sem visibilidade à luz nua da razão, dessas correntes constantes e ocultas que percorrem e deflagram os seres, tantas vezes insuspeitadas, mas tantas vezes também conduzindo-os cegos e desatinados, como se poderosos ímãs os atraíssem de esferas invisíveis. Há um diálogo subterrâneo, que se manifesta sem cessar, e que nos transforma neste mundo, em tentos de uma partida jogada no invisível.)

*

8 — É quase incompreensível o que sinto: como que o meu ser se comprime de todos os lados e, tanto sofro pelo que em mim não consegue se expandir, como pelo que faço sofrer, com os meus transbordamentos. (Lembro-me de frei G.[3]

---

2. *O viajante*, romance póstumo inacabado, foi organizado por Octavio de Faria e publicado pela José Olympio, em 1973.

3. Provavelmente, frei Gastão. Assim como nas menções seguintes.

que disse: você jamais terá sossego no que empreender, porque é um místico amputado.)

Necessito estar só para me transformar — e o coração me prende a tantas ilusões, a tão desgraçadas aparências de sentimento! Se A, B, ou C me obsedam, sou absolutamente lúcido nestas obsessões, pois sei que é um sentimento alimentado pelos meus lados mais turvos e que, no fundo, é a carne, apenas a carne que me retém prisioneiro...

Ah, quando obterei essa harmonia que tanto desejo, quando aplacarei essa "inquietação de felino" de que me fala um amigo?

*

Faulkner tem razão, têm razão todos os que denunciam a escuridão e a decadência do nosso tempo. Assistindo hoje a um filme italiano, descobri de repente a presença do inferno, do sufocado inferno em que vivemos. Têm razão também os russos, quando denunciam os festivais de Cannes, onde é permanente a mostra de filmes pessimistas, trágicos, doentios, atestando a deliquescência e a desesperança no gênero humano. Só que os russos nos acenam com uma irrisória proposta de esperança — e aqui ou lá, deste lado do campo ou do outro, os tempos sem Deus trazem aos olhos dos homens as mesmas lágrimas de sofrimento.

*

s/d — Carta escrita a um frade e que nunca foi enviada:

Frei...

Sento-me para escrever-lhe, ainda um pouco perplexo com o que se passou ontem. Quando fui procurá-lo, é porque minha irmã[4] me tinha dito que o senhor era "um amigo" e que desejava se aproximar de mim "como amigo". E a palavra, entre todas, que tanto me perturbou, que eu "não tinha nenhum amigo". Foi assim, neste estado de espírito, que naquela tarde, só e em luta franca contra os elementos práticos deste mundo, que eu tão pouco compreendo, bati à sua porta, esperando, não uma solução para meus velhos problemas espirituais, e sim um "ato de amizade". Para mim, e naquele instante, ato de amizade era um ato de confiança, de confiança plena e sem indagações. E não lhe ocultei nada — o que não

---

4. Provavelmente, Lelena.

disse, foi talvez por julgar inoportuno ou simplesmente porque não me foi perguntado.

Tenho para mim, e isto há vários anos, que a misericórdia de Deus para comigo, e a total iluminação da minha alma, só se farão através do meu trabalho. Lidando com essas tristes almas obscuras que invento que eu não escolhi, mas que me foram dadas na sua solidão e no seu espanto — perdoe-me falar deste modo — aprendi o quanto de ternura e de infinita piedade vai numa vocação. Eu sei talvez elas não sejam nem mesmo esteticamente acabadas, mas ainda assim, essas figuras desajeitadas é que me fariam ver, através de tão áridos caminhos, a verdade parcial ou total para que Deus me reserva. De supor tantos seres transidos na sua miséria, é que sonhei um dia a possibilidade da infinita misericórdia de Deus.

Preparado para escrever, a vida prática como que amputou-me os meios. Na tentativa de solucionar definitivamente tudo, ocupando uma situação estável, perdi o pouco que ainda me sobrava. Não sei por quê, aquilo que era permanente, isto é, minha incapacidade para a vida prática e, além do mais, defeitos básicos da minha natureza, aos olhos de muitos pareceram sintomas de uma grave crise, de uma tragédia espiritual que precisava ser resolvida a todo pano. A crise existe, a tragédia é permanente. Fui compreendendo aos poucos o que se pensava a meu respeito — através de meu irmão, por exemplo, de quem tanto me lembrei, ao escutá-lo aí no último dia em que o procurei. Sua falta de confiança, seu receio, não de que eu me perdesse, mas de perder-se não me salvando, fizeram-me pensar singularmente nos meios drásticos que meu irmão, no seu excesso de zelo, costumava aconselhar-me.

Não, meu caro Frei…, não nos salvamos com um retiro de um mês, e nem coordenamos assim tempestades que não existem. Um problema existe, sim, e grave, mas há vinte anos que eu me debato dentro dele, e é possível que, ultrapassando-o, nada mais me afaste desses sacramentos que são a base de toda a vida eterna. Este problema sou eu mesmo, simplesmente. Não preciso ferir a natureza particular de meus defeitos, para confessar que unicamente eles me impedem uma submissão total à Igreja — é que, lá dentro, esses defeitos que sou eu mesmo, não teriam lugar e, sem eles, no momento eu não consigo imaginar-me bem. Explico melhor: o romancista é um ser voltado para o mundo, para as paixões do mundo, para a história dos sentimentos e do destino dos seres. Calar aquela parte dentro de mim, tornar-me simples espectador, seria a solução, mas a força que me obriga a estar constantemente presente a essas crises e tormentas alheias também me trai e me imiscui na correnteza geral. Até agora não consegui afastar-me do mal que escrevo, ou simplesmente representá-lo — esse mal sou eu mesmo, e a paixão do homem, nas suas auras e nas suas ânsias, é idêntica à paixão do romancista. Quem sabe, um dia poderei estar de fora e narrar o curso dos acontecimentos sem uma participação muito viva. Mas lembro-me aqui de que alguém já disse que não há um único santo que tenha sido romancista. Terá o senhor compreendido, terá visto por que até agora, sem colocar-me contra, ainda não pude, definitivamente, dizer que sou um católico?

E deverá isto, que constitui um problema tão antigo para mim, impedir que eu tenha um pouco de calma e que trabalhe com relativo conforto? Por que devo, num mês, resolver problemas que não me parecem inferiores, mas apenas de permanência mais extensa do que as miseráveis questões práticas que me assaltam?

Seria fácil, imensamente fácil, retirar-me um mês para um convento qualquer e à saída dizer que estava pronto e que queria o meu emprego. Mas eu não sou desses. Prefiro afastar a possibilidade desse emprego e aguardar que meus problemas espirituais se resolvam de um modo mais sereno. Depois disto, então, poderei bater à sua porta e reclamar o meu emprego.

Resta ainda uma afirmativa. Questão de fé e de amizade, sempre foram para mim um pouco a mesma coisa. Numa como noutra, o bom senso nunca teve grande parte. Esclareço: a fé é antes de tudo uma questão de falta de senso, pois não se exige tão grande soma de sacrifícios em nome de coisa tão abstrata. O céu, em certos dias, não passa aos nossos olhos de uma miragem. A fé é uma questão de loucura absoluta. E a amizade também, já que em nome dela nos cegamos, abrindo o coração aos gestos mais largos e sujeitando-nos a provas que muitas vezes são árduas e dolorosas.

Segundo compreendi, suas palavras outro dia aí nesta pequena sala pareceram-me cheias de razão e de bom senso. Não se ajuda assim um louco como eu. E chegamos ao âmago do erro, do erro que cometi involuntariamente, se bem que levado pelas suas palavras anteriores: eu fui exatamente lhe pedir que acreditasse e auxiliasse este louco, que não lhe faltasse neste instante e se munisse de toda a sua indulgência para com a sua cegueira e sua incapacidade de acertar com o que todo mundo afirma que deve andar certo. Em vez disto, encontrei agora alguém que me propôs uma reforma básica na vida, e que afirmou não me poder ser útil materialmente, porque, caso me perdesse, Deus não o perdoaria também. Não sei, mas às vezes acredito que Deus espera também que apostemos contra Ele. Mas isto é um pensamento meu de horas ociosas, e a forte dose de razão que havia em suas palavras, inutilizam-se pelo menos quanto às minhas pretensões anteriores.

Não sou, nunca fui um *fin de siècle*, misturado a resquícios românticos e heranças ancestrais. Sou totalmente um romântico, com más heranças próprias e sem responsabilidade de ninguém. Sou isto, se é possível assim reduzir uma pessoa viva a um esquema. Sei também que a verdade inteira nem sempre se diz, porque nem sempre é fácil aceitá-la. Peço-lhe portanto, em nome da verdade relativa a que somos obrigados, que não me condene muito, e nem julgue que sou inteiramente despido de alma. Mas o dia em que puder aceitar um emprego após trinta dias de retiro espiritual, neste dia, pode estar certo, estarei de novo à sua porta e cheio de confiança de que ganhamos o céu para nós dois.

Até lá, despeço-me com imenso reconhecimento por tudo,

L.C.

P.S. Não veja orgulho nesta carta, mas uma grande tristeza. Sinto que as minhas possibilidades se reduzem, e o tempo passa. Talvez seja exatamente isto o que Deus queira de mim, que faça alguma coisa no medo e na insegurança. Estou pronto.

*

s/d — Atormentado, sem destino, vagueio pelas ruas, sem nenhuma vontade de voltar para casa. Não, não posso estar errado — nem mesmo é uma ideia, mas um sentimento, o que é diferente e me faz compreender que realmente fui lesado nalguma coisa. Baixo, enquanto as sombras das árvores se agitam sobre as calçadas escuras, repito o nome de Cristo, o nome de Jesus, com os olhos cheios de lágrimas. Não posso estar errado. À força de me sentir expulso dessa comunidade cheia de ordem, começo a imaginar um Cristo diferente, um Jesus estranho ao da minha infância, mais próximo de mim e mais distante deles. A visão se impõe e a cada momento vai se fazendo mais nítida. Não acredito que tenhamos perdido Jesus Cristo, como tantos homens de ideias gostam de apregoar, o drama é mais fundo e mais trágico: nós o substituímos e criamos uma espécie de sucedâneo mais de acordo com nossas pequenas necessidades. Reflito isto amargamente, enquanto penso num outro Jesus Cristo, despojado e nu, com o corpo coberto de cicatrizes. E passo e torno a passar diante da igreja iluminada, sem coragem para entrar, sentindo que o meu lugar não está ali, e que lá dentro só existe um grande espaço esvaziado da verdadeira grandeza. Uma grande onda de ternura se apossa de mim e caminho mais depressa, sentindo que o ar se torna mais leve e que já não me acho tão sozinho.

*

s/d — Devagar vejo se expandir a ideia de *O viajante*. Já agora o romance toma vulto, e vejo próximo o instante em que ele poderá ser levado a termo sem dificuldade. Os personagens criam formas, o ambiente se caracteriza definitiva-mente. Vejo o hotel antigo em que "ele" vai bater uma noite, a janela que se abre, a sinistra quietude da rua. Numa época qualquer da minha vida, não sei quando, devo ter atravessado uma rua idêntica, ocupado com os mesmos sentimentos. Vejo depois o corredor e a placa de metal na porta do quarto. Também isto me é conhecido. E lá dentro, o longo fio da lâmpada, escuro de mosquitos, preso a um dos lados da cama miserável.

Agora sei que a história irá sem tropeço até o fim. Mas quando, quando meu Deus, serão aplacadas essas negras vagas que ainda me percorrem o coração?

*

10 — São as noites como a de ontem, que eu não suporto mais. Creio que já me falta mocidade para esses longos desperdícios, para esse vaguear contínuo de café em café, bebericando e desfiando conversas que, de tão fúteis até cons-tituem um atentado a Deus. Se somássemos tudo o que foi dito no decorrer dessas horas, não encontraríamos uma só palavra que valesse a pena ser mencionada. É a morte, pura e simples, num presente sem nenhuma reserva para a memória.

*

Encontro M.[5] que me diz: "O fundamental na natureza de Mário [Peixoto][6] é sua alergia à verdade. E isto é levado a tal ponto, que ele próprio chega a acreditar no que inventa. É o que o inocenta, pois a realidade causa-lhe espasmos".

Conheço várias pessoas atacadas em graus diferentes dessa mesma doença.

*

13 — Grande cansaço de tudo. Vivo com a impressão de realizar um enorme esforço e sem outro desejo que o de descansar, descansar, infindavelmente, sem ver e sem ouvir ninguém. Tenho o Rio de Janeiro nas minhas veias como uma doença. Cheguei a um ponto de saturação em que tudo me faz mal e parece excessivo: ando como quem carrega um peso superior às suas forças, e escuto o que me falam, sem calor e sem compreensão.

Até mesmo o romance *O viajante*, não caminha — minhas mãos pendem inúteis, sem nenhuma capacidade de vibração. Abro um livro[7] de Faulkner, e leio sem o menor sopro de paixão, distanciado como se ouvisse alguém contar tudo aquilo, de muito longe.

*

Por quê, que me conduziu a isto? Agora sei como se pode ser esvaziado de sua essência mais íntima e assim se converter num fantasma; não há nenhuma realidade em mim, e este ser incolor que transita pelo mundo, é uma aparência de mim mesmo, sobrevivência do que fui, imagem refletida não sei em que diabólico e sobrenatural espelho. O outro, o verdadeiro, deve me contemplar cheio de angústia de algum lugar que não alcanço mais...

Escuto num lotação, pintores que regressam de Paris: Milton Dacosta e Bandeira.[8] Compreendo agora, ouvindo-os falar da França, naquela linguagem que em geral os artistas plásticos consideram como a mais própria e a mais inteligente para se expressarem, o motivo por que não devo pensar em sair do Brasil. Pelo menos agora. Numa terra que acolhe tão generosamente artistas estrangeiros, é

5. No manuscrito aparece o nome e o cargo da pessoa: Moreira, espécie de secretário de Mário Peixoto.
6. Mário Peixoto (1908-1992), escritor, roteirista e diretor de cinema brasileiro. Dirigiu o longa-metragem *Limite* (1931), filme mudo e experimental.
7. No manuscrito, Lúcio menciona o título: *Sartoris*.
8. Milton Dacosta (1915-88), pintor, desenhista, gravador e ilustrador brasileiro. Manoel Bandeira (1900-1964), pintor, aquarelista, desenhista e ilustrador brasileiro.

fácil perder de vista a paisagem onde nascemos. E eu sei, tenho algumas tentativas a fazer, antes de me permitir esse mergulho na euforia. Não quero ser francês, nem internacional, nem europeu. Se tiver forças, se Deus me ajudar, desejaria apenas transmitir a tristeza peculiar e cheia de dolência que vi em tantos tipos diferentes da minha infância, que reencontrei mais tarde, que descubro em mim mesmo, e que é uma das qualidades de "alma" dessa gente enferma e escravizada que é a nossa. Essas coisas me constituem; se eu não tiver tempo de ir às terras de França, já acho muito, já considero uma graça de Deus, ter visto com bons olhos de amor, esses caminhos difíceis, sulcados pela lembrança de tantas jornadas trabalhosas que cortam as montanhas de Minas Gerais, e onde vive uma velha gente puritana, que se achega à beira da linha férrea, quando o trem passa, emergindo da bruma matinal com grandes latas de leite, e um olhar tranquilo que, desde longe, acolhe o viajante como um secreto voto de boas-vindas.

*

Há dois ou três dias, Henrique Carstens[9] se achava num bar e bebia sozinho. Impressionou-me sua solidão. Pálido, parecia cercado por uma barreira invisível. Contam-me que morreu ontem, de repente, devido ao excesso alcoólico. Do bar em que se achava, ele deve ter saído diretamente para a morte.

*

Eustáquio Duarte[10] e Luís Jardim conversam numa das mesas do Juca's Bar. Eu os escuto, flutuando infinitamente distante do ambiente já bastante turvo. A certa altura, Jardim arregala os olhos e proclama que é impossível viver sem amor. A velha, a inútil verdade!

*

21 — Vou com Fregolente à Barra da Tijuca, onde durante algum tempo, infeliz e sem repouso, viajo através de uma multidão feia, triste e sem nenhuma dúvida profundamente desgraçada. Só a desgraça alimenta uma tal sede de divertimento. Aliás, é sempre este o aspecto de um aglomerado que se reúne à procura de esquecimento: os limites humanos surgem com avassaladora nitidez e o rebanho festivo adquire um aspecto confrangedor, de coisa abandonada e

9. Henrique Carstens ([?]-1951), poeta bissexto, que publicou, em colaboração com Odilo Costa, filho, o *Livro de poemas de 1935*, em 1937.
10. Provavelmente Lúcio se refira ao médico pernambucano radicado no Rio de Janeiro.

amaldiçoada. Não é precisamente nesses minutos, nesses e não em outros, que ousamos desejar para toda essa gente uma catástrofe comum, uma guerra, uma inundação ou até mesmo um ataque coletivo de insânia ou de crueldade — qualquer coisa enfim que agite essas carnes moles que se estendem ao sol, domesticadas pela preguiça, pelo álcool e por uma sensualidade grosseira e sem profundidade?

Talvez o amanhã pertença a gente dessa espécie — talvez sejam eles os coordenadores do mundo em que começamos a viver. Mas são tão melancólicos e tão estritamente confinados à sua miséria, que possivelmente estão muito longe de perceber o que se passa. O Deus antigo, o Deus do terror e das hecatombes, bem poderia agora esparzir esse sangue bruto ao longo das areias mornas — bem poderia brandir um raio ou soprar uma rajada morna de demência — qualquer coisa finalmente que fizesse sangrar essas almas cativas, tornando-as acordadas e viris. Há uma determinada sonolência da alma, que só o castigo e o medo conseguem afastar. Os ferros do tempo dos escravos ou as tenazes ardentes da Inquisição, tudo serviria para fazer vir à tona das faces uma sombra de sentimento ou de espírito. Mas é inútil sonhar, eles apenas vivem uma agonia sem sentido, enquanto aconchegam ao sol brando, sem amor e sem piedade, as velhas carnes maltratadas.

(Inútil conter, é muito forte o sopro de impiedade que me atravessa. Ó carnes abastadas e domingueiras! Custa a crer que tenha havido um mistério da Encarnação, e que um Deus autêntico tenha descido a este mundo para redimir tal rebotalho… Sim, as revoluções, que são exteriores, podem lidar com isto — mas a religião, que fará desta vontade assassinada?)

*

Jantar ontem em casa de Otto,[11] com Murilo Mendes e Emílio Moura.[12] Este último parece guardar um segredo que todo mundo ignora — calado, dorme sobre si mesmo, sem perder no entanto uma palavra do que se passa. M. Mendes, grandiloquente e procurando o efeito, como sempre — e como sempre numa nota fora do diapasão. Em certos momentos, humano —, intervém então Maria da Saudade que lhe faz alguma observação irônica, com a maldade peculiar a certas mulheres egoístas.

---

11. Otto Lara Resende (1922-1992), cronista, contista e jornalista brasileiro. Foi amigo de Lúcio.
12. Emílio Moura (1902-1971), poeta brasileiro. Foi amigo de Lúcio.

＊

Artigo de Sábato Magaldi sobre os melhores de 1950. A melhor revelação: Accioly Netto.[13] Assim acontece quando não acreditamos em Deus e não possuímos nenhuma medida de ordem sobrenatural para julgar as obras de arte. Toda tentativa tem de ser computada pelo que representam em si mesmas e somos obrigados a reconhecer e testemunhar imbecilidade daquela espécie.

＊

[22] —[14] Cada dia compreendo mais nitidamente que não perdemos o Cristo, como tantos pensadores modernos gostam de afirmar, mas fizemos pior, porque o substituímos. Não foi um mergulho na negação, um ato total, que poderia nos fazer voltar ao ponto primitivo com a mesma violência com que o abandonamos — foi antes uma crise de cegueira lenta e voluntária. Cristo, tal como o herdamos dos antigos, exigia que estivéssemos à altura de sua grandeza. Mas preferimos adaptar um outro às nossas minúsculas necessidades, um Cristo ideal ao tempo que vivemos, estandardizado, sindicalizado, racionalizado. Como o personagem do conto famoso de Flaubert,[15] que se ajoelhava diante de um papagaio empalhado, imaginando que fosse o Espírito Santo, assim nos ajoelhamos diante de um Cristo talhado à medida para um tempo sem estatura. É este, sem dúvida, o grande crime da Igreja: ter fornecido às multidões cegas um Deus tranquilo e sem vitalidade, um Cristo sem martírio e sem lágrimas, trabalhado nas sacristias e nas confrarias, nas Ações e nas Sociedades de classe. Não é este o que encontramos, quando em nós há uma convulsão ou uma ânsia pelas coisas extremas: o que deparamos então é um vácuo que não corresponde mais aos pobres mistifórios, sucintos e bem-comportados, que nos serviram como sucedâneo da Verdade.

＊

23 — Agora sei: nenhuma força, nenhuma tentação me afastará novamente do caminho do romance. Eu o sinto desenvolver-se em mim, como uma árvore secreta que alongasse pelo meu sangue seus galhos estuantes de sombra.

13. Accioly Netto (1906-2001), médico, escritor e jornalista brasileiro. Foi diretor da revista *O Cruzeiro* por quarenta anos.
14. Aparece no *Diário I*: 21. Provável lapso do autor.
15. Lúcio se refere ao conto "Um coração simples" ("Un Coeur simple"), publicado no livro *Três contos* (*Trois Contes*), de 1877.

Desordem apenas aparente — a fim de facilitar o aparecimento do que é belo, do que é puro, do que é verdadeiro, e que a esclerose mantém prisioneiro do habitual. No fundo, uma enorme serenidade, uma grande confiança, que são a tradução mais fiel de uma grande certeza. Talvez se possa dizer que isto se chama dar um estilo clássico a uma essência romântica.

*

Vejo minha tia,[16] vítima de um espasmo cerebral, estendida numa cama e falando com dificuldade. Assim — com que mágoa, com que coração cerrado o constatamos! — a morte vai erguendo suas vitórias sobre o nosso corpo, e o que foi, o que existiu com tanto calor e vivacidade, não será mais, nunca mais.

*

Curiosa sensação de vazio, de inutilidade e desconhecimento, no jornal onde trabalho. Na varanda há um busto de Rui Barbosa, discutem-se ideias eminentemente democráticas e pontos de vista católicos. Sinto-me mal, cheio de meus pensamentos como de um conteúdo inútil: para que servem, quem me ouviria, quem me daria crédito? E para mim a vida que se processa ali dentro é uma vida morta, sem nenhuma repercussão nos centros nervosos onde a vida verdadeira, o futuro, a esperança se agitam.

*

25 — O que me faz perder tantas possibilidades, o que torna inúteis tentativas de aparência tão firme, realizações que surgem fortemente vinculadas à realidade, é o impulso único, a espécie de paixão, onde há um "quê" delirante, com que me abraço às coisas. Se houvesse mais calma, ou num sentido mais amplo, se eu visasse uma extensão menor a transpor e não dilatasse tanto os limites das minhas pretensões — se eu soubesse medir tudo pelo seu aspecto mais imediato e mais humano, se eu pudesse ver até que ponto me acompanham aqueles que tento trazer comigo e, ai, se eu amasse menos o gosto de todos esses obstáculos acumulados, em última palavra, se eu tivesse sido feito para elaborar na paz e não para traçar o meu caminho em plena guerra, talvez levasse avante os meus sonhos e os visse presentes aos meus olhos, sob a graça das coisas finalmente materializadas. Mas se há "graça" no caso, uma só deve contar: a de fracassar sempre, a de ver esses sonhos somente pela metade ou apenas na caricatura

---

16. No manuscrito aparece: Tidoce. Era o apelido de Eudóxia de Souza Netto, irmã de Maria Wenceslina Cardoso, mãe de Lúcio.

de sua verdade mais funda — para que eu possa recomeçar perpetuamente, e dentro de mim seja continuamente jovem essa fonte que nos dita os grandes sonhos e nos faz, neste mundo de agressivas formas realizadas, escravos de ideias e de possibilidades que jamais encontrarão aqui o seu lugar.

*

Lamento o tempo que desperdiço ou que não encontro para escrever *O viajante*. O livro está de tal modo maduro, tão presentes sinto seus personagens e o frêmito que lhes dá vida, que às vezes vou pela rua e sinto que não sou uma só pessoa, mas um acúmulo, que *alguém* me acompanha, sardônico e vil, repetindo gestos que agora são duplos, embaralhando minhas frases, com uma ou outra palavra que não pertence à realidade, mas ao entrecho que me obseda.

*

Dia de calor e de inutilidade. Estendido, sem coragem para tomar o lápis, deixo desfilar em meu pensamento, uma vez mais, os personagens de *O viajante*. Fora disto, tudo o que se refere ao espírito parece morrer e desaparecer ante essa onda bruta de sol e de decomposição. Uma decomposição ardente, úmida, cheia de estilhaços luminosos. Uma morte lenta entre fagulhas.

O problema da subsistência é aflitivo e primário, enquanto as horas escorrem numa insuportável lentidão.

E no entanto: mais firme do que nunca nos meus propósitos de ordem e de trabalho. A vida refloresce em mim, como do fundo de um velho tronco causticado pela tempestade, brotam algumas folhas macias e novas, nascidas de alguma raiz poupada entre os destroços.

*

Mais firme do que nunca no meu lema de ordem: já está passada a época dos grandes desatinos.

*

30 — Sinto dia a dia o romance dilatar-se em mim — dilatar-se ao máximo, a ponto de transbordar e começar a ser outra história. E é estranho: quando o silêncio se faz em torno, verifico o levantamento dessas paredes, desses becos, dessas casas fantasmais que se erguem do nada, dessas paisagens ao vento, desse pequeno mundo inexistente de que conheço o mais ínfimo odor, a mais humilde fenda na parede, a luz que bruxuleia na maior distância — e que, no entanto, como nos delírios dos toxicômanos, só existe dentro de mim.

Jamais poderia precipitar de um milímetro o aparecimento desta visão; tudo vem no seu momento oportuno e sem intervenção de nenhuma força estranha. Penso nas minhas lutas e no esforço que tenho feito ultimamente para escrever, sem conseguir alinhar senão palavras geladas e frases sem a menor vibração. Nada poderia fazer antes de ouvir essas vozes que agora ouço, e estabelecer a alucinação em que agora vivo — pois o romance nos separa violentamente da realidade, e, se há autenticidade na sua gestação, cria uma segunda vida secreta e parasitária, nessa existência segregada do exterior. Gesta, hino ou saga — a obra de criação é a maneira mais perfeita de nos trazer voluntariamente aos domínios da loucura.

*

Sonhei esta noite que tinha um livro entre as mãos, escrito por mim. Logo à primeira página havia a seguinte dedicatória: "À real, ao ser verdadeiro e autêntico, que serviu de modelo ao pálido esboço que tentei nestas páginas…". Que livro era, de quem se trata?

*

Mergulhado há dias na leitura de vários romances americanos: Hemingway e Erskine Caldwel.[17] Confesso que o primeiro me desperta maior interesse. Mas sem arrebatamentos, sem grandes lances, sem extasiantes descobertas: apenas leitura fácil e sem tropeços.

Fevereiro

3 — Com a minha velha mania de encontrar um dia o lugar que me sirva — o suspirado lugar onde leremos os livros que guardamos para "depois", onde escreveremos a nossa "obra" e onde viveremos em paz o resto dos dias — visitei ontem uma casa no alto de uma encosta, na estrada do Joá. Ó, o azul do mar, o mar dessa hora, o mar chispando em rasgos brutos, verdadeiros socavões de luz abertos no flanco das ondas… Mar criança ainda, babando toda uma espuma de festa e de juventude ao longo das ilhas nuas, todo frêmito e festival contra as areias abandonadas…

---

17. Erskine Caldwell (1903-1987) foi um escritor norte-americano. Escreveu romances que retratam a vida dos fazendeiros e dos negros de seu estado natal, a Geórgia.

A casa, meio escondida pelo mato, ostentava uma ou outra rosa nos canteiros maltratados. Apanhei uma, vermelha e enorme, para Amalita que me esperava embaixo — e sozinho — sozinho e alegre, em instante como só o permite uma extrema saúde — aspirei com força, longamente, tudo aquilo que eu sabia, jamais, jamais viria a me pertencer um dia...

*

Leio nos jornais o caso de sete negros da Virgínia, acusados de terem violentado uma moça branca. Quatro deles serão eletrocutados hoje, o que me faz pensar bastante no romance de Caldwell que acabo de ler, *Trouble in July*. Acho esquisito que eu tenha certa dificuldade em apreender perfeitamente, na extensão da importância que parece ter, esse problema do negro nos Estados Unidos, de tal modo a questão é diferente no Brasil. Mas não há como duvidar, as notícias aí estão palpáveis, e os romancistas e relatores nada exageram quanto aos processos terríveis que existem por lá. Isto nos traz à lembrança, de um certo modo, o que sucederia, caso quiséssemos adotar os mesmos métodos por estas bandas...

Não, é inútil, a verdade é mesmo horrível, e só podemos verificar, sem muita complacência, o que existe de animal, de ruim, de capcioso na natureza do homem. Homem, obra suprema do Criador, levantado à sua imagem e semelhança! Nem besta nem anjo, como quer o cético inglês, ou melhor, anjo devorado por todas as raivas malignas da besta, tal como o descreveram, nos transportes de suas trágicas invectivas, Hawthorne, Melville, Poe, esses americanos testemunhos do anjo aprisionado em sua ignota matéria perecível.

*

Li não há muitos dias, que Cavalcanti acabara de sair da Vera Cruz. A notícia me espanta, pois não julgava tão acelerados os fermentos da decomposição. Leio agora que pretende filmar *Os sertões*. É um sintoma grave, os grandes sonhos nos momentos de maior depressão...

*

B.,[18] com quem passeio interminavelmente de carro, parece-me, à luz forte das duas horas, mais velha e mais nervosa. Não sei se persegue antigos ideais com o mesmo afã, mas a verdade é que está chegando ao período em que não lhe é mais possível esperar, em que tudo — principalmente os "velhos ideais" — têm de ser resolvidos depressa, porque a vida se esgota, desaparece implacável no

---

18. No manuscrito, suprimido por Lúcio, aparece: Amalita. No datiloscrito, ele anotou: A.

conta-gotas do tempo. Não há possibilidade de fuga: ela se acha no momento exato em que as pessoas se calam... ou se tornam cínicas.

*

8 — Obrigado, meu Deus. Como sei, neste instante, que minha vida até agora tem sido apenas um erro, um enorme, estranho e confuso erro! (E no entanto, se pudesse recomeçar, não há dúvida de que repetiria tudo; é que estes erros também são inerentes a mim e completam certas lacunas, certos claros que me são peculiares. Sem eles, sinto-me diferente, como as reentrâncias e os riscos tortos que fazem parte de um desenho.)

E se hoje sei isto, se posso avaliar o caminho que já percorri, se posso imaginar quanta ilusão armazenei tolamente no fundo do coração, é que posso avançar ainda, é que as barreiras não me vedaram o caminho, nem tudo está perdido.

O que se fala, o que se afirma das pessoas sem conhecê-las! Escuto casos que correm a meu respeito, maldades e desconhecimentos intencionais — e nada posso fazer, senão medir através do silêncio e do susto, a imagem do que tenho sido. O que mais louvo em mim é o que me fez diferente dos outros. Não quero saber se é bom ou mau, mas todo o mal que me tornou assim sozinho, é um bem cuja medida só eu tenho nas mãos.

Essa ingenuidade que tantas vezes me levou longe, é a mesma que me traz de volta, e me faz repetir agora, baixinho, neste tom em que se conversa com os velhos amigos: obrigado, meu Deus, por me ter feito assim rebelde e assim despojado de tudo.

*

O plano do romance[19] avança. Já agora, transpostos os limites da novela, derrama-se numa vasta extensão e, unindo-se a ideias antigas (todo eu sou o mapa antigo de um romance que ideei na adolescência; quando aprofundo muito os veios novos, converto-os em afluentes do mesmo rio dominador e soberano; quando deixo as ideias vicejarem espontâneas, acondiciono ilhotas e pequenos territórios ao país oculto que trago em mim...) converte-se numa série inteira: o velho, o nunca abandonado "Apocalipse",[20] que já mudou de nome várias vezes. Durante o dia inteiro caminho, imaginando situações após situações e, lentamente, as figuras continuam a emergir do fumo. O panorama é o de uma cidade, uma cidade inteira,

---

19. No manuscrito: Apocalipse.
20. Os manuscritos do romance incompleto "Apocalipse", datado de 1951, encontram-se no ALC.

com suas praças e cantos sombreados, suas velhas casas onde se escondem ainda tonéis de vinho, pipas portuguesas, com suas varandas que já não retinem mais ao rumor dos bailes, seus mexericos e seus tipos peculiares.

Imagino que nessa cidade as paixões rivais se entrechocam sem descanso; enquanto os idílios antigos esmorecem no esquecimento ou se transformam em inapeláveis rancores, os novos repontam, e se desenvolvem à sombra dos jardins que nunca cessam de florescer. As lutas se sucedem e, num ritmo largo, se bem que acelerado, o mesmo vento de insânia e crueldade percorre as suas páginas. (Ó suprema ambição! Mas sonhar já é um prêmio compensador a tudo o que não obtemos...)

Através da cidade, o mito de um país agonizante. Nessas lutas sem tréguas, a descrição de sentimentos envenenados que corroem o espírito desse país, que o torna inerte e sem viço para o futuro.

Bem sei como será difícil levar avante semelhante plano. Mas quero que a cidade ressuscite e se levante claudicante de suas ruínas, enquanto o sino faz rolar através das encostas suas primeiras badaladas desde que o esquecimento amortalhou aquelas ruas. Nas lágrimas dos ressuscitados, imagino ver não o emblema de uma vitória, mas de uma esperança, que é como um vento saudável e novo sobre as terras requeimadas...

Para povoar este pequeno mundo, imagino seres duros e intratáveis — seres habitados por todos os crimes, por todas as redenções. Suas paixões devem ser impetuosas e eloquentes, para que possam grifar, na sombra, o espectro da falta em consumação que, em última análise, é a alma soterrada da cidade, entregue a todos os poderes da destruição.

(Que Deus me perdoe a ambição desses sonhos; nas longas horas de desânimo e de injustiça, é com eles que iludo a minha esperança e faço calar os toques desesperados do meu coração. Que a ambição, às vezes, não é um simples vício dos sentimentos, mas um sistema pessoal de caridade, um modo de não deixar morrer, definitivamente, uma alma cansada de lutas inúteis e sem grandeza.)

*

Volto da casa de Lêdo Ivo, acompanhado pelo poeta Tomás Seixas,[21] numa bela noite cheia de estrelas. Lêdo Ivo rememorou anedotas com a exuberância de sempre, e mostrou-me depois o rascunho de uma *Ode equatorial*.

---

21. Lêdo Ivo (1924-2012) e Tomás Seixas (1916-1993), poetas brasileiros.

Agora Tomás Seixas vem falando ao longo do caminho e, é visível, nada lhe é desconhecido nesses terrenos vizinhos ao suicídio. Trêmulo, numa emoção em que se percebe uma sinceridade quase primitiva, rememora sua vida e traça planos para o futuro. Sim, não há dúvida de que ele já se acha salvo, pelo menos salvo dessas fúrias incansáveis que tantas vezes nos perseguem pelas ruas caladas e sem fraternidade. São as fúrias sem nome, as soberanas esfaimadas e obsedantes da desordem e do desespero. Tomás Seixas, em linguagem mais amena, fala agora sobre os anjos que se encontram nas grandes cidades — e eu os imagino recônditos e de olhos cintilantes, que se saúdam, uns e outros, reconhecendo pelas esquinas os que trazem consigo o fantasma de uma morte enclausurada.

*

10 — Comumente tenho a impressão de que repito, repito incansavelmente, as mesmas palavras, as mesmas queixas, os mesmos gritos e temas que percorrem este *Diário*. Mas não é de repetições que se compõe a verdade de cada um, como as notas destacadas, incisivas, da mesma extensa e amargurada melodia?

Digo isto porque, à força de ver repetidas neste caderno as mesmas coisas, a anotação dos mesmos erros, das mesmas frases e conceitos, assalta-me a suspeita de que tudo isto possa parecer "literário", "composto", no pior sentido. Alguém já me falou exatamente a esse respeito. Revolvo as páginas, indago, tentando descobrir onde se localizam as frestas através das quais escorrega a verdade. Momentaneamente tudo me soa falso, sem densidade, quase ridículo. Mas logo após, num momento de maior serenidade, sinto que é assim mesmo, que deve ser assim, pois se é verdade que existem muitas anotações deficientes, não é porque deixem de corresponder a uma verdade, a um sentimento ou emoção real, mas apenas porque no momento em que escrevo, minha alma se acha num estado pouco propício, de ausência e de aridez. Foi um coração sem voz que ditou a informação velada — e se ela nada exprime, é porque substituímos pela verdade mais funda uma verdade de momento. É que, às vezes, nem sempre a oportunidade é boa para se tocar no que é mais autêntico — ou porque a soma inteira da experiência ainda não formou uma verdade completa, ou então porque a perturbação que ela causa obriga-nos a tomar de empréstimo uma verdade menos essencial.

Porém, tudo é verdade, tudo é essência, e se prestarmos atenção a isto, veremos que as palavras apenas nos soam sem consistência, porque realmente *só a morte consegue dar às frases que escrevemos* — sobretudo quando se referem a nós, à nossa vida — toda a solenidade de que carecem, toda a luz que lhes é precisa para existirem. Tal ou tal pressentimento, tal ou tal abafado gemido, tal alusão à busca do dinheiro — não parece tudo isto falso e ilusório quando ainda estamos aqui, quando os amigos nos encontram todos os dias de invariável humor, quando o sol se deita sem estremecimentos e surgem as manhãs sempre lavadas à luz da esperança?

*

11 — Ontem, com Otto Lara Resende, quase toda a noite num bar. Concordamos em que a única vantagem de reviver essas experiências mortas, é o fato de poder constatar o quanto nos achamos afastados delas. Tédio das mesmas faces entrevistas nos mesmos lugares — tédio das mesmas conversas, repetidas — quando? — em momentos idênticos. A vida torna-se mesquinha e avara, recolhida a essas pequenas lagoas sem alma. Saímos diminuídos dessas noitadas, com a sensação de que apenas ferimos a essência do que nos era vital.

*

14 — À medida que o tempo se esvai, compreendo melhor que o sucesso é o sinal mais vivo da velhice. Deus me livre de ter "chegado", de nada mais me mover senão o sentimento da plenitude. É uma felicidade poder constatar que ainda estamos bem longe no caminho, e que esse permanente fracasso — não encontro outro nome para designar o resultado de minhas variadas tentativas — que às vezes, momentaneamente tanto me oprime, é apenas o sinal mais sério da minha existência, da minha possibilidade e desse constante poder de renovação sem o qual não existe nenhum artista vivo.

*

16 — Abandono finalmente o jornal[22] onde vinha trabalhando; se bem que sinta interiormente um imenso desabafo, sinto-me oprimido por ter de começar uma outra vida, uma nova aventura. Desta vez, é bem verdade, não o faço com o coração ligeiro de outros tempos: o tempo passa e esta brincadeira de se adaptar aos lugares não me parece tão interessante. Não posso dizer que tenha me adaptado à folha onde trabalhei — ao contrário, em poucos lugares me senti tão infeliz, tão deslocado, e tão humilhado no cerne mesmo da minha condição de escritor. Mas começar uma nova vida não é mais o jogo sem consequências de antigamente; agora, parece-me um transe estranho e cheio de dubiedade.

22. No manuscrito: *Tribuna da Imprensa.*

*

Aqui estou de novo, com a fisionomia dos velhos tempos, sugerindo aos outros, hipocritamente, que o mundo é um acontecimento habitual. Talvez me acreditem, o que é uma pena, pois dia a dia sinto com mais intensidade que tudo é exorbitante e descomunal. Nesse acúmulo de fatos extraordinários, compreendo que o meu destino é o de uma completa obscuridade. Não sei que força sorrateira e impetuosa vem desde há muito levando meus amigos e conhecidos, atirando-os no vórtice, apagando gradualmente as luzes de seus nomes. Há momentos em que me sinto apenas rodeado de sepulturas. Sei que não devo fugir e nem temer; se é assim, assim será. Inútil repetir que para fugir ao silêncio e ao esquecimento que me esperam, faltam-me maleabilidade, disponibilidade e até mesmo gosto de viver. Sou uma presa com destino mais do que certo. E depois, meu Deus, é tão pequeno o número de coisas que realmente me interessam!

*

Flores que cheiram a carne, a carne nova e sensual; flores que se debruçam sobre os muros, que esparzem um odor de lençóis úmidos, de saliva e de sangue.

*

É curiosa a repugnância que sinto hoje: sempre tive este sentimento, mas agora é mais profundo, mais enraizado no meu ser — contra toda espécie de publicação literária, manifestações de "progresso intelectual", congressos, "movimento" de novos, enfim, tudo o que faculta à literatura a condição de uma classe organizada, de profissão. De tal modo eu a considero uma coisa íntima, e seus problemas são tão graves, e tão fundamentalmente ligados ao nosso ser, que um único estado lhe é compatível: a solidão. A total, a absoluta solidão. O resto, são conversas de desportistas e amadores de jogos literários, o que é bem diferente da trágica e mística condição a que me refiro.

*

19 — Quando somos novos, e escrevemos avaramente os nossos papéis, imaginamos que todo mundo tem os olhos voltados para nossas atividades e que coisa alguma passa despercebida aos olhos do público; depois amadurecemos, e começamos a desconfiar que muito pouca gente se interessa pelos nossos gestos. Contamos e recontamos os prováveis leitores: talvez meia dúzia. E no fim de tudo, sem grande interesse, constatamos que ninguém nos lê; foi tudo uma cegueira da mocidade. É que as pessoas que leem ou se interessam pela literatura estão tão ocupadas consigo mesmas que não têm tempo de prestar atenção nos outros.

*

Eu criei o ódio e o silêncio com que me vejo cercado. Mas o meu grande erro, o que hoje mais me oprime, foi não ter acreditado na inveja dos outros. É que eu supus que a partida se processasse num plano de sentimentos mais elevados...

*

20 — Está enfim satisfeita a curiosidade de André Gide: desde ontem à noite não pertence ele mais a este mundo.

Quase sem querer, rememoro minhas primeiras leituras de Gide, as frases que sei de cor (*par coeur*, como dizem impecavelmente os franceses...) os livros que ainda reabro — e sem dúvida parece-me estranho que não mais exista este homem que nunca vi, mas que ocupou lugar tão proeminente na minha vida, que foi matéria de tantas discussões, e com quem tanto aprendi a discernir o que é bom e o que é mau neste mundo. Gide morto, nossa época como que extingue mais uma das suas luzes — e o carro escuro que nos transporta, avança mais um pouco neste futuro de metálicas paisagens. Ainda é possível vê-lo no horizonte: Gide é uma das últimas figuras, das derradeiras grandes personalidades que encheram nossa mocidade com a força de pequenos e autênticos deuses. Com o seu desaparecimento, tornam-se mais nítidos os duros dias que se anunciam: muita ilusão, muito reflexo de vida, muita crença se despede com este que se vai. Mas ao mesmo tempo eu me pergunto se toda a veneração que tivemos por Gide não corresponde ao respeito que sempre sentimos por uma época morta, se Gide realmente não estava morto há muito, no esvair deste século que deu seus últimos grandes relâmpagos com Proust, Claudel, Valéry e outros — e que, ao emergir, fez subir à tona esse monstro incoerente e desapiedado que é o mundo em que vivemos hoje.

*

Releio com enorme curiosidade o *Destino do socialismo* e acho difícil não se vislumbrar Octavio de Faria inteiro em suas páginas. Curioso também verificar os lados por onde ele progrediu e se afastou na medida estritamente política de suas teorias. Certos momentos, no entanto, certos trechos veementes e apaixonados, já denunciam plenamente a nota eloquente e trágica de seus romances. Por exemplo, quando traça o perfil de Marx, parece-nos hoje, pela sua "dramaticidade" em reerguer aquele "destino", traçar o esquema futuro de Ivo ou Pedro

Borges.[23] Não deixa de ser extraordinário como as coisas se iluminam com o correr do tempo.

*

Não sei se essas contradições todas não são exatamente o conteúdo vivo que me forma: essa aspereza, essa impaciência (que me faz as mãos frias, a garganta cerrada) essa incapacidade de aceitar a vida nos seus planos mais simples, esse desconforto, esse amor ao desmedido, ao trágico...

E apesar de tudo, somos outros, somos muito diferentes do que o que fica dito num caderno como este. Somos ainda muito mais o que não cabe aqui, os impulsos incertos e sem categoria definida, o que se distancia das afirmativas, e nos faz erguer outros, solitários até mesmo na profunda incompreensão de si mesmos.

*

21 — João Augusto, que vem lendo este *Diário* desde o seu nascimento, aconselhou-me a ser mais sincero e a tocar em pontos que até agora, segundo ele, venho escamoteando. Não vejo, na verdade, nenhuma necessidade disto, primeiro porque não tenho nenhuma tese por assim dizer... gidiana, a defender, segundo porque não vejo nenhum interesse em enumerar fatos que me parecem mais desdenháveis do que outra coisa. E depois, finalmente, porque fatos, quando não projetam uma claridade qualquer pela qual possam subsistir, são apenas fatos, e portanto destinados a serem arrolados na imensa lista de coisas devidas exclusivamente ao esquecimento.

*

Sim, vivemos, vivemos isto e aquilo, que ocupa em nossas existências um tão complexo espaço; vivemos essas e outras coisas, que talvez, quem sabe, merecessem uma ou duas notas. Mas no silêncio do quarto, quando nos detemos com o próprio pensamento, não vem à nossa consciência um sentimento de inutilidade, não percebemos que o jogo se acha frustrado desde o início, e não elegemos em nosso íntimo outras considerações como maiores?

Que o tempo leve, pois, o que só pertence ao tempo.

*

23. Provável lapso de Lúcio ao anotar os nomes de dois dos líderes da Revolução Praieira, ocorrida na província de Pernambuco, entre 1848 e 1850. O correto seria: Pedro Ivo Veloso da Silveira (1811-1852), militar e revolucionário brasileiro, e Antônio Borges da Fonseca (1808--1872), jornalista brasileiro.

25 — Ainda um dia, ontem, como tantos do passado. O hábito se une a nós como uma erva que custasse a se desprender do velho tronco. Saí com Sábato e Nellie,[24] esbanjando inutilmente o tempo, comentando horas e horas a fio num bar, sem interesse e sem profundidade, casos e coisas do momento. É talvez o que se chama viver o "dia a dia", compor o cotidiano — ou melhor, extrair dos fatos toda parcela de grandeza, toda possibilidade de tragédia ou de aventura, sujeitarmo-nos apenas, seguindo com o que nos vive, antes de vivermos em sua plenitude o momento que nos é dado...

É este, possivelmente, o caminho certo. Mas não posso viver sem remorso essas demonstrações de pobreza e de descrença espiritual. Não há outro nome a dar a esses tateamentos, a essas tentativas vãs para atingir o cerne comum, o centro de desinteresse geral que constitui a vida de todo mundo. Sinto que o tempo urge, e no entanto compreendo que é preciso paciência, ainda um pouco mais de paciência, a fim de suportar o vazio desses momentos de pausa, dessa monotonia que é o próprio âmago das grandes renúncias. Mas olho as ruas com olhos turvos, e sinto que me tratam como se fosse um doente, um convalescente de não sei que estranha e insidiosa moléstia.

*

Converso com Marcos [Konder Reis], que me fala em Jean Genet.[25] Coisas da alma fechada de cada um, estremecimentos que são sempre os mesmos — manifestação viva da alma e do sangue que alimenta a poesia, quota de sofrimento que somos obrigados a pagar pela régia graça de poder "ver" a verdade nua das coisas. "Que é a verdade?" — lá está no Evangelho.

A verdade, talvez, seja o calafrio com que contemplamos a gravidade, a imortal gravidade de tudo o que nos rodeia: o silêncio, a calma, a música profunda e miraculosa que escorre na essência de tudo o que existe, e que faz da sombra mais pura, da forma mais inconsequente, uma entidade atenta e compreensiva ante o espantoso milagre de viver.

*

24. Nellie Magaldi, primeira mulher de Sábato Magaldi.
25. Jean Genet (1910-1986), escritor e dramaturgo francês, autor de *Diário de um ladrão*. Na prisão, é descoberto por Jean-Paul Sartre e Jean Cocteau, e inicia intensa atividade literária. Em 1948, recebe indulto, após campanha de intelectuais franceses.

METAMORFOSE — A lei da mudança é permanente, o que quer dizer, ou nos modificamos ou apodrecemos.

*

Há deformações de linguagem que exprimem uma época: "infernal", como sinônimo de belo, formidável, extraordinário.

*

Após ter dormido algumas horas, acordo em meio da noite, com o coração inquieto e sentindo pesar em torno de mim o enorme silêncio. Lembro-me de alguns anos atrás e um nome se impõe à minha memória, o de Rachel de Queiroz.[26] Lembro-me como naquela época fui grosseiro, voluntarioso e tolo; como desconhecendo completamente os valores efêmeros deste mundo, esmaguei uma amizade com os fumos do meu orgulho e da minha leviandade. Ah! É que naquele tempo eu não era senão um pequeno idiota embriagado com a certeza do meu talento e da minha liberdade...

Lembro-me do pequeno apartamento onde ela morava, e que eu tanto frequentei, com uma janela aberta sobre a área do Castelo (creio que é o mesmo onde hoje mora Maria Sampaio); lembro-me das visitas que fizemos a d. Francisca Azevedo Leão,[27] com uma bela casa onde havia um terraço cheio de plantas; lembro-me dos nossos jantares em Santa Teresa, das idas à casa de Cornélio Penna, dos encontros no Café Cinelândia. Mas tudo isto parece ter sido há séculos, há séculos — e o que sobe ao meu coração é através de uma densa onda de remorso.

Hoje seria diferente, completamente diferente. Mas não é vantagem porque não há melhor calmante para as vaidades exaltadas do que o tempo; e grande, realmente, teria sido se eu soubesse na época perceber o erro que cometia e evitado ferir alguém que me havia oferecido espontaneamente uma autêntica amizade. Mas foi assim que estraguei quase tudo o que havia de bom na minha vida.

A verdade, pelo menos a verdade que se procura neste mundo, não existe. Mas devemos acreditar sempre que ela está nalgum canto, e que o melhor será continuar a procurá-la — pois, bem pensado, qualquer que seja, a verdade em si não tem nenhuma importância, e sim o fato de andar continuamente em sua busca.

---

26. Rachel de Queiroz (1910-2003), escritora, tradutora, jornalista e dramaturga brasileira; a primeira mulher a ingressar na Academia Brasileira de Letras e também a primeira a receber o prêmio Camões, em 1993. Foi grande amiga de Lúcio.
27. Francisca Azevedo Leão (1874-1947), pintora brasileira.

*

26 — Numa das notas finais do *Destino do socialismo*, Octavio de Faria comentando o livro de Tristão de Athayde, *Política*, observa que "Na sua parte geral parece visar todo o tempo um 'inimigo invisível' que, à primeira vista, se diria ser o fascismo, mas que logo se percebe que não é outro do que 'exagero do fascismo' — como se a doutrina não pudesse ser concebida senão desvirtuada, exagerada… Por toda parte parece ver mais as possibilidades de erro por ampliação do que a própria doutrina".

Depois dos campos de concentração, é impossível deixar de pressentir algo profético nessas palavras. Não há dúvida, o melhor será ler essa *Política* que ainda não conheço.

*

28 — Rompendo ontem com X., atingi o final de um movimento que vem caminhando há muito tempo. Pensando hoje nos detalhes, imagino que talvez tenha sido injusto — mas ainda assim, não é mais tempo para recuar, já que no futuro a única coisa que me espera é o longo trabalho que tenho a fazer. Pensando em certos detalhes da vida de X., sua pobreza, suas dificuldades, o escuro porão em que mora, sua timidez mista de orgulho e em geral suas dificuldades na vida prática, sinto uma enorme pena. É uma coisa triste não poder auxiliar as pessoas como seria necessário; mas também não posso me sacrificar mais e, tudo o que foi vivido, vai para este poço fundo onde guardamos as lembranças, algumas delas, como esta, das melhores de nossa vida.

*

Sábato, com quem estive ontem à noite, conversando sobre estes cadernos, testemunha contra a fraqueza de meus argumentos "políticos" e ressalta o lugar--comum de minhas ideias religiosas. Mas Deus, inicialmente, não tive a menor intenção de escrever um tratado de teorias políticas quando iniciei este *Diário*. E quanto às ideias religiosas, é que a minha fé talvez não seja suficientemente forte para encarar o fato sob pontos de vista mais ousados e interessantes. Num assunto como no outro, anotei simples sentimentos — e não ideias. Que estes sentimentos não sejam muito profundos, é possível. Mas nem por isto são menos autênticos.

*

Luto estes dias no dentista, sofrendo fisicamente de um modo terrível: minha pobre alma parece se concentrar inteira na mão que maneja a agulha de injeção. Lembro-me de Rilke e dos sofrimentos que passou em dentistas, segundo afirmativa sua. Se hoje, com todos os recursos, sofremos assim, que seria então naquela época?

Março

2 — Agora somente, e depois de um amigo[28] me ter chamado a atenção sobre a franqueza de minhas anotações religiosas, procuro entender os motivos que me levaram a escrevê-las, ou melhor, os sentimentos que me conduziram naqueles determinados momentos. Sobretudo os de invectiva contra certa espécie de católicos, cujo comportamento muito me irrita, e que em geral me faz ficar de sobreaviso quando ouço alguém afirmar "sou católico". Ora, refiro-me a uma casta religiosa muito em voga ultimamente, a dos "coléricos" ou de "espada desembainhada", segundo o exemplo já clássico de Léon Bloy ou mesmo de Bernanos. São católicos que criam um clima de intolerância, de detenção especial da verdade, que rugem, gritam e ameaçam pelas coisas mais simples, como se de repente, este velho mundo que é um quintal de sujeiras e de misérias que nos ofendem, mas que é nosso e a que devemos prestar o nosso amparo — como amparamos a nós mesmos — no caminho da remissão, como se este velho mundo, de repente, devesse se empertigar, redimir-se e tornar-se um vasto campo de paz e de almas apaziguadas. Ah, que o mundo bem precisa dos Bloy e dos Bernanos — mas a verdade é que nada tem a fazer com os seus imitadores, pois se um relâmpago de cólera é sempre belo, nada existe de mais triste do que um relâmpago simulado, uma caricatura de cólera. E o direito de esbravejar, queiram ou não os sabidos deste mundo, não é um direito de justiça, mas um direito de amor. Não estou fazendo uma concessão, ou pactuando com a fraqueza deste mundo — é apenas temor de que estejamos banindo a caridade, que é o amor absoluto, desses terrenos marcados pelo pecado. Dos nossos terrenos, aliás.

Lembro-me de ter dito, não sei mais onde, que não condizia comigo uma religião que não me permitisse sentar ao lado do último dos homens. Lugar-comum, talvez, já romanticamente explorado por muita gente, mas no momento a mais natural das reações. Pode quem quiser vislumbrar aí resquícios de literatura ou não sei que mais, afloramento de ideias e atitudes "decadentes" — não

---

28. No datiloscrito: Sábato [Magaldi].

está hoje tão em moda o gosto pelo *noir*, pela manifestação das últimas e mais secretas podridões da nossa natureza? Mas não, não há uma ESCOLHA na minha atitude, uma preferência especial pelo "último dos homens". E é isto que torna as minhas palavras isentas de suspeita.

Acredito sim, que a graça de Deus não foi feita para um número restrito de "eleitos", que todos podem recebê-la, como Ele próprio diz que o sol e a chuva foram criados para todos. Oh, é verdade, e ninguém me afasta deste ponto de vista: o ensinamento de Jesus Cristo, na sua totalidade, é quase impossível de ser praticado. Mas aí é que está o mistério da infinita paciência de Deus, pois foi Ele próprio quem afirmou que viera para "salvar o que estava perdido", viera para pregar entre os "publicanos e pecadores". E se os seus ensinamentos são impossíveis na íntegra — por motivos cujo exame me levaria muito longe e portanto muito afastado das intenções destas simples notas — basta o movimento de tentar aceitar tais ensinamentos, nem mesmo isto, basta considerá-los, para já se ter posto a caminho e começar a jornada inversa à da Queda. As coisas não se dividem assim — Deus num extremo, o mal na outra. Se estou num extremo (como se julgam tantos católicos), estou portanto com Deus e posso acusar o mal — o que é um pensamento nitidamente farisaico. Deus está presente desde a primeira fissura que sofre o mal ou a natureza queimada do pecador, está desde o menor início, desde o balbucio que pôs a Graça em movimento, e que fez deste homem aparentemente empedernido, o último talvez de seus semelhantes, um caminhante progressivo no caminho do bem.

Não, não podemos supor como os puritanos, como os protestantes, que a palavra de Deus deve ser vivida imediata e in totum, com toda a energia e severidade, para que haja "salvação". A palavra de Deus não é uma ordem esclerosada, é um voto fluido de amor. Desde que se crê na palavra de Deus, não é possível fazer do pecado um hábitat natural, mas também não devemos julgar irremissivelmente perdidos os que, louvando a palavra de Deus, ainda fraquejam diante do pecado, sem forças para preferir o bem ao mal. Imaginar que todos pudéssemos escolher de pronto, sem titubear, é criar apenas uma casta fria de presunção e de orgulho. O catolicismo, vangloriemo-nos ou não disto, prevê quedas, desfalecimentos, redenções. Se há alguém que possa viver de outro modo, muito bem, que desde o berço recebeu predisposições à santidade. Mas o resto dos homens, o resto que sobra, que sobrará eternamente, e que tanto como aqueles privilegiados motivou o mistério da Encarnação — mais até — será possível desdenhá-los e considerá-los perdidos, se o próprio são Paulo disse que "todo pecador é escravo do pecado"?

Seria duvidar da misericórdia de Deus.

*

(Penso… e hesito se tudo o que disse acima não é um elogio, a favor da lentidão, da pouca pressa em se ir ao encontro de Jesus Cristo. Não, não é — unicamente tenho medo de abandonar no caminho aqueles que não podem nos seguir muito depressa. E que adianta salvar uns, se não nos salvamos todos? Vamos depressa ao martírio, como queria Léon Bloy, mas não desesperemos se o mundo nos retiver alguns instantes no seu caminho. Pois segundo a sua frase famosa, "só há uma tristeza: a de não se ser santos".)

*

Penso em particular no romance de Octavio de Faria, onde Branco denuncia o "pacto" (não sei se estou me exprimindo corretamente, pois só o faço de memória) ou melhor, a "contemporização" da Igreja com a fraqueza humana. É belo, é forte, é tudo o que quiserem, mas quem mais "pactuou" com a fraqueza humana foi Jesus Cristo, que para nos redimir, aceitou a injustiça dos homens, o martírio da carne e a ignomínia da morte.

(Sim, aquele amigo meu tinha razão — sei que não devo falar assim sobre o Cristo, que é pretensão minha, que talvez não esteja suficientemente identificado com Ele para dizer as coisas que digo… Sei que outros falam melhor do que eu, e com direitos bem mais evidentes. Mas que não se veja nestas linhas senão um esforço para discernir meu próprio pensamento e encontrar também o meu caminho, que é tão cheio de quedas e de recuos como o de qualquer homem… Eu procuro, eu me procuro, agarrando-me a essas fissuras de luz com todas as forças da minha alma, sabendo que se Deus me concede isto, é que talvez possa romper definitivamente as velhas paredes desta alma empedernida e deixar — ai de mim! — que eu seja apenas um espaço vazio, onde flutue livremente, sua gloriosa e ambicionada Presença…)

*

Inquieto, achando talvez que meu pensamento não seja justo, procuro *Os renegados* para reler suas últimas páginas, aquelas que a meu ver sintetizam não só o pensamento do autor, mas mais ou menos todo o chão metafísico da *Tragédia burguesa* — uma espécie de síntese geral, de motivo sinfônico, que dá relevo e significação aos diversos movimentos de seus personagens. É verdade que, por culpa minha, hoje vejo pouco Octavio de Faria e, muitas vezes, comigo mesmo, tenho indagado em que ponto se acha ele no desenvolvimento de suas ideias. E quem sabe realmente o que se passa no fundo do seu coração?

Mas quando escreveu aquelas linhas, se bem que reconhecesse a "loucura" de Branco, não renegava o seu destino. Ao contrário. Decerto, é "no meio do caminho que surge o super-homem". Como certa é a pompa de toda essa filosofia que embriaga, e que na sua aparente "aristocracia", no seu verbo objurgatório, promete tanto, confia tanto, supõe tanto dessa miserável coisa que somos nós...

Mas apesar de tudo, há aqui nestas páginas, algo que soa arbitrário, que não nos convence, apesar da visível emoção do autor — é que nos lembramos que a Cruz foi plantada entre dois ladrões, que Jesus Cristo viveu entre "publicanos e pecadores", que relevou a mulher adúltera, Maria Madalena e toda uma corte de "possessos" daquilo a que o nosso romancista chama "o demônio da carne". Ah! Como ele tem razão: carne degradada, sim, rebaixada, atingida até o âmago pelo estigma da Queda — mas carne redimida, carne salva e apertada entre os braços de Deus, desde que se pôs dolorosa, sofredoramente a caminho, e que sem trocar o rosto iluminado da Santidade pelo da máscara blasfema da Pureza cheia de orgulho, sabe que a renúncia humilde e sofredora de cada dia está mais próxima da complacência de Deus, do que o grande grito que nos impele de um só jato, não para a redenção do estigma trazido pela Queda, mas para a desolada região do inumano — onde é inútil a piedade do Criador.

É curioso, até reler essas linhas finais de *Os renegados*, ainda não tinha podido discernir com tanta nitidez os traços mais fundos de Octavio de Faria, do que constitui propriamente o vinco essencial de sua personalidade. Aliás, não é fácil surpreendê-lo intimamente no seu movimento de rebeldia — porque de rebeldia é a sua atitude, e de rebeldia são as palavras que ele entende melhor, quer elas prometam uma subversão a favor da ordem neste mundo, quer prometam elas o outro mundo, em troca de uma subversão neste. Talvez não consiga me expressar perfeitamente, mas esta natureza de combate não tem capacidade para aceitar o "pecado", a Queda, como elementos "componentes", "imanentes" da nossa natureza — ai de nós, elementos que nos fazem vulneráveis, rebaixados, simples "homens", "escravos do pecado", segundo a palavra de são Paulo. Não quer aceitar ele a contingência dessa "baixeza" que só a morte resgata — "eu pago a baixeza da minha natureza", disse Léon Bloy no instante de morrer — não a reconhece Octavio de Faria como um miserável fardo que é preciso relevar ao longo do caminho, obstruindo aqui e ali as chagas por onde escorre o sangue de nossas fraquezas, na medida de nossas forças ou ao influxo da Graça de Deus — o que ele vê é a nossa natureza cruelmente ofendida, mutilada em sua essência pelo drama da Queda, manchada por uma nódoa que devemos extirpar a todo custo, rebelando-nos, jamais nos sujeitando à desprezível condição que nos foi imposta de "escravos do pecado"... Isto, porque fomos feitos à imagem e semelhança de Deus, e devemos nos salvar de "igual para igual", como se a horrenda marca que nos diminuísse, também nos alterasse a condição semelhante de "deuses". Ora, o que quer que tenha dito este ou aquele filósofo (e penso em Nietzsche. Na verdade, é terrível, é uma dura prova para a vaidade do homem, acumular as qualidades de santo sem ser santo.) — quer se interprete desta ou daquela maneira determinada palavra de um santo, "deuses" não seremos nunca. É o próprio Octavio de Faria quem diz: "não somos deuses" — sem no entanto parecer acreditar muito na afirmativa... Deuses nunca, heróis talvez. Criaturas humanas, sempre, e só como criaturas humanas, pelo esforço e pela virtude, podemos nos aproximar do Deus único.

Não digo Octavio de Faria — mas, no fundo, na sua rebelião, é o contrário do que está dito acima que pensa Branco. Poderei citar: "... ser decaído, a esse herdeiro da Queda que, de cabeça baixa, resignado à sua miséria, vai aceitando todas as migalhas que alguém lhe atira do alto da sua piedade e, quem sabe, do seu desprezo".

Assim pensa Branco Barros, conduzindo seu pensamento às fronteiras da mais absoluta descrença na Misericórdia. Ou melhor, desconhecendo-a, no que ela tem de mais justo e de mais inclinado sobre o nosso drama: o seu infinito amor.

Mas é bom salientar que o autor de *Os renegados* nos confessa: "só o corpo e o espírito permanecem — o coração já não está mais na aventura...".

*

3 — Apesar de tudo, é trágico pensar que uma pessoa não existe mais assim para nós — que fomos juntos a tantos lugares, discutimos tantas coisas e sofremos em comum a impaciência oriunda de tantas incompreensões! Meu Deus, como é difícil resignar-se a essa decomposição fatal das coisas. Como é difícil fechar os olhos a este mundo, para abrir no íntimo as invisíveis pupilas que contemplam atônitas a verdade, a única verdade...

Podemos de novo voltar aos mesmos lugares, diante do mesmo mar, nas mesmas ruas amolentadas de sono: já não ouviremos sua voz e nem comentaremos as mesmas emoções.

A ausência é como se nos despojassem de uma parte das nossas possibilidades; qualquer coisa nos falta, que nos impede de traduzir as fórmulas exatas do mundo. Somos um pouco cegos, um pouco surdos — e é assim, voluntariamente, que a vida se distancia de nós.

Alguém me fala sobre a "injustiça" dos meus conceitos. Respondo que, se houvesse justiça, só os santos entrariam no céu.

*

4 — Quanto às minhas "ideias políticas" (impossível afastar o aspecto ligeiramente ridículo da expressão...) confesso que por mais que me examine, não vejo modo algum de chegar a um "acordo" definitivo, a uma maneira exata de exprimir tudo o que sinto e penso. (Quem aliás pensará sobre qualquer coisa uma única ideia morta e imóvel? Tudo o que é fruto de uma experiência está em constante movimento, ora adquire esta, ora aquela tonalidade. Se são águas correndo no mesmo veio profundo, se há nelas — as ideias — um chão imutável que traduz a força de uma convicção adquirida com esforço e sofrimento, passam no entanto sob todas as ramagens e ora são claras de sol ou escuras de todas as sombras... Não foi à toa que Dostoiévski encarnou sua concepção do "homem" no pecador que ora seria um ateu, ora um indivíduo profundamente crente...)

Terminado este longo parêntese, voltemos ao ponto de partida. Quando falo aqui contra a "democracia", quero dizer simplesmente, sem nenhuma possibilidade de segunda interpretação — a democracia — ou determinada forma de governo, com suas características populares, seu direito de voto, constituição das câmaras etc. Mas não apenas exclusivamente isto, mas também tudo o que adere espontaneamente às teorias políticas postas em prática (cada teoria política engendra suas formas especiais de aderências, seus venenos particulares, seus terrenos fecundos à corrupção) às adaptações, manejos e "aperfeiçoamentos" do sistema — porque, a meu ver, essas "reformas" de conteúdo democrático sobrevêm de um mal sem remédio, são consertos feitos num todo cuja base de apoio é que merecia reforma — e a reforma mais ampla possível. Porque, como sistema de governo, a democracia oferece um flanco vulnerável ao ímpeto das ambições de todos os aventureiros, é a instituição do reino da inferioridade, do espírito comum de tolerância e apaziguamento, do abastardamento das qualidades mais ardentes do homem. Estamos numa época em que temos necessidade dos nossos sentimentos extremos; precisamos de nossas qualidades viris e de nosso fascínio pela tormenta. A democracia é a forma de poder que nega os heróis, de que este mundo tanto carece, para exaltar os patriarcas, que é o começo de um gênero pastoril e decadente.

Seria fácil ir por este caminho e demonstrar tudo o que afirmo, mas repito, não estou escrevendo um tratado de ideias políticas, e sim vulgares anotações de um Diário. Dirão agora que eu talvez sonhe com uma espécie romântica de nacionalismo. Sei que, para muitos, o que eu tento vislumbrar é apenas uma manifestação retardada de "fascismo". Ou uma deturpação de "comunismo". Confesso no entanto que, encarado assim como partido político, definido e organizado, pronto para as lides práticas, não sinto e não vejo pactuante o meu entusiasmo. Um Estado forte jamais poderia deixar de ser um Estado prepotente — e um Estado prepotente não demoraria muito em se tornar um Estado arbitrário. Não, mil vezes não. O que eu imagino — e é claro que sei muito bem como é fácil tachá-lo de "ideal romântico", de "política de artista", de "sonho sem consequência" e outras baboseiras com que se costuma esmagar o que não segue pela bitola comum das ideias postas em moda — o que imagino, repito, é uma forma de governo nacional e conservadora, isenta talvez de arroubos conquistadores e imperialistas. Também não sei — um Estado forte, talvez, mas voltado para o seu destino interior e à conquista de uma verdade própria como meio de expressão universal. No fundo, o que apenas importa: a autenticidade.

*

O nosso inferno, o inferno particular de cada um, é a obrigação de suportar aquilo que mais profundamente nos fere e do qual procuramos fugir com insistência. O meu inferno, por exemplo, seria uma câmara gelada, onde perdesse de vista o resto da humanidade, porque o que mais me oprime, o que mais me desespera e me dá noção do que seja o ser amaldiçoado, é a ausência do contato humano. Não digo solidão, porque há uma espécie de solidão que não só eu suporto, como até mesmo me é imprescindível em certos momentos — mas falo da total ausência de calor humano, desta espécie de frêmito onde o espanto se mistura à ternura, e que nos vêm ante a contemplação da face do homem (os olhos, a boca, as rugas, as mãos inquietas, o calor que emana do corpo inteiro, e que exprimem sentimentos e ambições variadas, a luz que se desprende do todo, de cores tão surpreendentes e de sortilégios dotados de capacidades tão diferentes, tudo enfim o que pertence à criatura, e que tanto me inspirou e me inspira sempre, com uma espécie de aterrorizado êxtase…) ah! e cuja ausência me atira num abismo de contradições e de falta de sentido, como se eu sozinho, com as minhas constantes tristezas, fosse insuficiente para povoar o vasto mundo que me rodeia e que, afinal, tão pouco me interessa.

*

Não compreendo que diante do Cristo de Holbein — o Cristo morto, estendido, com a barba em ponta e a boca estranhamente aberta — Dostoiévski pudesse se perturbar tanto e gritar mais tarde, pela boca de um dos seus personagens, que a contemplação "daquilo" podia extinguir toda fé que um homem possuísse…

Não, não compreendo. Sobretudo, porque o ar "corruptível", "humano", "perecível" do pobre corpo massacrado, é feito para nos obter uma emoção funda e um movimento autêntico de contrição. O que consegue. Mas o que observamos neste fato é a verdade de que um dos mistérios mais vivos do cristianismo é o "corpo de Cristo" — ou melhor, não é um dos mistérios mais vivos, mas o seu próprio centro, aquele que atinge em cheio o mistério da Encarnação. Há uma grande quantidade de cristãos que veneram o Cristo como uma entidade abstrata, uma força ou uma chama viva — e quando deparam com a nua realidade desse Deus feito carne, assustam-se, porque até agora, apenas imaginaram que Jesus Cristo houvesse, sob forma humana, "representado" o drama da Paixão, e não o vivido em toda a sua angustiosa magnitude de sacrifício humano. Não é fácil imaginar que cada golpe, cada chibatada daquelas, tivesse sido sentida como nós as sentiríamos. E que o pobre corpo humano que Holbein pintou, é de alguém que realmente passou pelos transes da morte, que esfriou e cujos tecidos começaram a se desagregar ao esforço da decomposição. Sem este valor humano, no entanto, Jesus Cristo seria apenas uma entidade "espiritual", que "viajou" entre nós, sem ter vivido a nossa vida. E, ao contrário, de tal maneira ele se integrou na fraqueza do homem, que sua morte é duplamente uma morte, como salienta Romano Guardini, pois sendo Ele "a própria vida", teve de sofrer muito mais essa coisa absurda e humana que é a morte.

Além do mais, no fundo, Dostoiévski era um irmão de Nietzsche, e acreditava que, um dia, talvez, o homem pudesse ser um Deus. Quase todos os seus personagens principais sofrem dessa obsessão. E é realmente para causar choque, deparar de repente com o corpo magro e devorado pelo silêncio que a tela imortal de Holbein nos desvenda — e queiramos ou não, é terrível pensar: este é o "corpo" do Deus que veio para nos redimir, "isto" é a imagem de nossa redenção, "isto" é a reprodução exata do que somos, dos deuses que imaginamos ser, quando o "super-homem nasce a meio do caminho…".

5 — Lembro-me de ter visto no Convento do Carmo, na Bahia, e cuja entrada é interdita às senhoras, um enorme Cristo em tamanho natural deitado sob um dos altares. É uma imagem aterrorizante, quase negra de tão massacrada, com os joelhos esfacelados e em sangue, o rosto violáceo. Informaram-me que essa imagem, com os braços deslocados e seu aspecto realmente assustador, era a que saía antigamente durante as procissões. Tal coisa, no entanto, havia sido proibida, devido ao escândalo popular que levantava: grande número de mulheres desmaiava, homens eram tomados de crises de choro, toda uma celeuma era provocada à passagem do Crucificado. Hoje, descansa essa imagem entre lençóis brancos e rendados, numa inviolável urna de vidro. O Cristo que acompanha as procissões, é outro bem mais ameno, e não provoca mais tais distúrbios na multidão.

*

Se passo a vista nalgumas folhas deste caderno, sinto que deslizei sem atingir coisa alguma — que nada foi tocado em sua profundidade. Melhor fora então que em vez de anotar sentimentos que me ocorrem, apenas arrolasse fatos, como tantos o fazem. Pelo menos não teria, como o tenho neste minuto, a sensação de uma coisa frustrada, pois o puro vazio das páginas escritas, corresponderia perfeitamente ao puro vazio das minhas intenções.

Neste instante em que escrevo, por exemplo, em vão procuro algo que traduza o coração opresso que me bate no peito — todas as fórmulas me parecem diluídas e leves, traduzindo apenas uma mostra sem consequência de meus desânimos e perturbações. E não é isto, meu Deus, não é isto! O mal é mais profundo, é uma sombra ancorada no fundo extremo do meu ser, uma palpitação de doente; talvez nada consiga traduzir este mal-estar profundo (penso no "espinho cravado na carne" de Kierkegaard), esse desconforto sem remédio, essa severa inaptidão para o jogo diário — tão sem perspectiva! — que se chama a obrigação de viver. Eu me sinto velho de todas as decepções que ainda me sobram, de todas as derrotas que ainda não vivi — apesar do sentimento que tenho de já ter concluído há muito o aprendizado e só me restasse agora repetir a lição enfadonha e decorada há muito, diante de um público distraído, cioso talvez de palavras que para mim já não oferecem nenhum sentido.

*

6 — O que é difícil no teatro não é propriamente suportar a vaidade dos artistas, que é imensa — é suportar a arrogância dos autores — ou melhor, dos

autores chamados "vitoriosos". O teatro, para subsistir, necessita do sucesso — é lógico, é óbvio. E o sucesso, que significa o agrado indistinto de determinada massa chamada público, é uma palma obtida somente por autores fáceis, acessíveis, ou para dizer mais claramente, de "voo baixo". Em última análise, esta afirmativa quer dizer apenas que os autores vitoriosos são tolos, grosseiros e medíocres. (Não me venham falar de Shakespeare ou de qualquer outro grande poeta do teatro — o público não os suporta.)

Mais ainda: o teatro é um gênero bastardo, porque é o que mais permite o vicejamento à sua sombra de espíritos dessa espécie. A famosa "carpintaria teatral", com que tantos autores procuram encobrir o vazio de suas criações, é uma receita para idiotas que desejam elaborar peças em três atos e, no fundo, fartamente desdenhável por quem quer que tenha um átomo de ideia na cabeça. Se uma peça apresenta uma ideia ou esboça por mais longínquo que seja o traço de um pensamento, é logo tachada de "intelectual", como já observou Giraudoux.[29] Para se situar fora desta nefanda categoria, é preciso que a peça nada conte, nada sinta, nada preveja — e assim teremos as obras dos pequenos deuses do nosso teatro moderno. Aliás, no Brasil, onde tudo se torna ainda mais mesquinho e as medidas de medíocres passam a ignóbeis e miseráveis, o teatro tem produzido os maiores aleijões, as mais tristes deformações que é possível a um público citar como exemplo. E essas peças produzem dinheiro, divertem um público anestesiado e estúpido, iluminam as pequenas gloríolas que enchem de rumor os corredores mal frequentados da nossa arte dramática. Até que o silêncio para sempre se apodere delas.

*

8 — Andando ontem sob a chuva, apareceu-me de repente o caráter de *Baltazar*, a novela que encerra o pequeno ciclo de "O mundo sem Deus".[30] Ou melhor, surgiu em meu pensamento, com nitidez perfeita, o significado deste mundo destituído de Graça. O pecado de Baltazar é a perda do sentido da realidade, a tentativa de projeção de um mundo vedado, neste mundo em que vivemos,

---

29. Jean Giraudoux (1882-1944), escritor, diplomata e dramaturgo francês.

30. A trilogia *O mundo sem Deus* (*Inácio*, *O enfeitiçado* e *Baltazar* — póstuma, inacabada), idealizada por Lúcio, só foi completada em 2002, quando André Seffrin reuniu as três novelas num só volume, para a Civilização Brasileira. As duas primeiras em terceira edição e *Baltazar*, em primeira.

assim como a dilatação ou a deformação insuportável das formas habituais que tocamos e sentimos, uma alteração da verdade pelo crescimento do pecado e do erro. Se quiséssemos tentar tornar "visível" o mundo onde só a maldição governa, teríamos por exemplo um Universo visto sob a luz caótica e sinistra do dia em que Jesus foi crucificado, com suas nuvens de tormenta, seus mortos fora dos túmulos, seus gritos, terrores e imprecações — o mal como um tumor crescido no campo indefeso da realidade. *Baltazar* é a história do esforço para subverter a ordem natural das coisas e criar, não um mundo perfeito, mas a máquina terrível cuja sombra é apenas pressentimento para nós.

*

9 — Estive ontem à tarde com Octavio de Faria, que deve partir dentro de breves dias para a Europa. Como sempre quando nos encontramos — e um pouco instigado por mim — falou sobre a *Tragédia burguesa* e de suas remodelações no plano geral da obra. Enquanto ele falava, eu o examinava, lembrando-me de tudo o que tenho escrito aqui ultimamente, e se na verdade as ideias que me vieram ao pensamento condiziam com a pessoa que se achava diante de mim. Perguntei-lhe depois o que os católicos (e lembrei-me particularmente de Tristão de Athayde) haviam achado de *Os renegados* — ele sorriu, confessando que fora acusado de heresia etc. Mas acrescentou que encara novos caminhos para o prosseguimento da obra, o que sem dúvida virá alterar qualquer colocação que neste momento se fizer a esse respeito.

*

10 — Sim, não há dúvida, estão com a razão todos aqueles que afirmam que estamos perdendo o Cristo de vista. É que forças estranhas ao ideal cristão estão nos acenando com a imagem de um Cristo diferente. Ah, como parece fácil dizer isto, de tal modo a verdade se repete nos lábios dos que ainda têm coragem para clamar, de tal modo a vimos repetida nestes últimos anos em claves tão diversas entre si — e no entanto, como é complexa essa afirmativa em suas raízes, como nelas se acumulam todos os erros e venenos diferentes do nosso tempo, como se aprofunda no escuro chão das épocas que vieram vindo desde há muito, arrastando no alto de suas vagas as ideias mais sujas, os movimentos e agitações de classe, as rebeldias isoladas…

Há um principal culpado a meu ver, e é a própria Igreja. Temerosa do seu isolamento — e era ele que devia prevalecer como um ponto de referência a que pudesse retornar a cristandade cansada — ofereceu aos homens um Cristo mais luminoso — e também mais distante em sua essência. E nós necessitávamos de um Cristo mais próximo, com o mistério do seu corpo presente, mais nosso e mais sombrio. Se nos falta cada vez mais o sopro da Idade Média, é que fo[ram] banid[os] da sagrada imagem do Salvador, o terror e o sangue do pecado. Diminuído o sentimento do pecado, foi fácil negá-lo — e assim trilhamos os largos caminhos do ateísmo moderno. Servem-nos ainda, é verdade, um Cristo social e sem cicatrizes — mas este é o Salvador das paróquias e das associações de classe, dos clubes caritativos, quando o que necessitamos é o Deus flagelado e nu, o corpo exânime presente, a carne divina que torturamos e perdemos, o Cristo de ânsia e de paroxismo que os mestres antigos nos legaram.

*

Povos divinizados, povos brutalizados. De dois modos afastamos o Cristo do nosso mundo: assassinando-o ou desconhecendo-o. Essas duas grandes raízes do ateísmo moderno, e que implicam uma profunda e diabólica alteração da fisionomia do Filho de Deus, exprimem-se através do processo divinizador dos homens, ou desse outro, mais direto, que é o esforço coletivo das nações sem fé. Assassinato e desconhecimento — ambas as formas representam o repúdio do pecado, sua negação e seu afastamento.

*

Ou melhor: arrancar o Cristo da Terra, das suas raízes miseráveis e humanas, separá-lo da nossa compreensão de agonia e de sacrifício, furtá-lo finalmente ao terror — e projetá-lo no fundo do céu, seu ponto de origem, como um protetor luminoso e fictício. Arrancar o homem do seu ponto de origem — pois ambos os movimentos são simultâneos, ligados, como dependentes entre si — e projetá-lo à cúpula de um céu inexistente — estes são os dois movimentos que vêm devorando a fé humana.

*

Ora, a este movimento de fuga, a Igreja correspondeu e corresponde de um modo que apenas auxilia o imenso desprestígio da ideia do sobrenatural no mundo de hoje; em vez de acentuar a noção da miséria do pecado, acentuou a noção da miséria do homem, não da sua miséria pelo conceito da natureza decaída, mas substituindo esta noção pela da miséria devido à sua condição terrena. Assim, adaptou-se às lutas do nosso tempo, tornou-se uma Igreja sindicalizada e socializada, se assim podemos dizer, banindo o sobrenatural de seus altares e deformando de modo terrível a imagem de Jesus Cristo, em troca da imagem dessa pobreza remediada, que, no entanto, sempre existirá, segundo a palavra divina.

*

10 —[31] Sem a noção do pecado, não há fé possível.

A Igreja, em vez de acentuar esta verdade, transportando assim o homem ao seu seio, ajudando-o a se fortalecer na sua noção de culpa e de remorso, auxiliou-o apenas a acreditar que Deus foi quem nos abandonou. Movimento inverso e de terríveis consequências, pois à força de se acreditar abandonado, o homem passou a acreditar que o céu estivesse vazio. Mas como é impossível ao homem viver sem a ideia de um Paraíso futuro, passou a querer construí-lo neste mundo mesmo. E a Igreja, cuja posição seria a de reação, de isolamento, pactuou, tentando realizar neste mundo o imenso sonho de uma felicidade imediata. De há muito colabora ela nesse pacto criminoso. Foi assim que chegamos ao limiar da dura época que vamos viver, toda ela feita do mais negro e impiedoso materialismo. A este momento de fuga e de vertigem, a Igreja, diminuída nos seus elementos sobrenaturais, só tem para oferecer um Cristo sem pena, sem luto e sem grandeza, uma espécie de Comissário acumpliciado com todas as desgraçadas reivindicações sociais dos homens murchos do nosso tempo.

*

O corpo de Cristo, sua presença, seu sangue e suas chagas — Ele é o próprio centro do mistério e da razão da fé, o que nos demonstra insofismavelmente a unidade existente entre Deus e o homem, pois sendo Deus, é na forma de homem que se apresenta aos nossos olhos.

*

Ao mesmo tempo, perdendo de vista a imagem de Cristo, perdemos de vista a imagem do homem. Esquecendo a imagem de Cristo, esquecemos a imagem de Jó — e o templo já não é mais o recinto onde vamos chorar o nosso terror e a nossa miséria — sem as quais, é inútil, não há fé — e procuramos outros templos, e nesses templos sucedâneos erigimos ídolos sem consistência e que possuem todos, não a semelhança de Deus, mas a nossa própria e perecível semelhança. Aí está a nossa heresia e o princípio terrível que fragmenta nossa unidade com Deus. Sem crença em nossa culpa, no fundo é a nós mesmos que adoramos.

*

---

31. Talvez por lapso, Lúcio repete a anotação desta data.

16 — Todos esses dias andando de um lado para outro, cuidando do meu novo emprego no IAPC.[32] Enquanto isto, leio uma entrevista de Schmidt, em que ele afirma: "… o desinteresse pelo autor chega aqui a um ponto jamais conhecido antes". E termina fazendo um apelo para que se protejam as vocações.

Todo mundo hoje em dia protege as "vocações", e creio mesmo que se elas todas reunidas não apresentam um caldo muito suculento, é por excesso de trato, como acontece a certos legumes de luxo. Não são mais as vocações que têm necessidade de amparo, mas as "confirmações", como outrora falava o próprio Schmidt. (É claro, penso em mim, mas com certo ceticismo e uma forte dose de ironia.) É verdade que a maioria dos escritores organicamente constituídos como tal — há, é claro, os que "vencem", mas isto é uma raça à parte, inacessível para mim — agonizam hoje sob o clima do mais absoluto desinteresse. Mas a quem culpar, aos míseros leitores brasileiros? Não, o problema é mais profundo, está ligado à degenerescência do tempo em que vivemos, e é um dos mais vivos sinais da consciente degradação do mundo, do seu afastamento de tudo o que pode testemunhar a favor da grandeza espiritual do homem.

E para isto, não há nenhum remédio momentâneo. Temos de viver até o âmago a crassa época de egoísmo e barbárie que nos foi destinada. Talvez desapareçam todos os sinais da inteligência sadia, talvez sejam tragados todos os valores com que fomos criados, e que prezamos desde a infância.

Talvez. E acho que diante de tantos casos dolorosos de desconhecimento e indiferença, que o gênero Diário valerá para o futuro — nesse futuro que teimamos em acreditar que servirá de berço para o renascimento do homem — não mais como um índice de confissões pessoais gênero Amiel, mas pela descrição do itinerário pelo qual conseguiram subsistir alguns espíritos. Porque subsistir, malgrado os sinais de desinteresse e de hostilidade de que somos vítimas, é o autêntico problema do homem que escreve nos dias de hoje. O homem que escreve, ou melhor, o indivíduo para quem as forças espirituais ainda contam, e que é o deserdado, a grande vítima das furiosas correntes contraditórias que agitam os tempos apocalípticos que nos são servidos.

---

32. Instituto de Aposentadorias e Pensões dos Comerciários, criado durante o Estado Novo e que, após 1945, expandiu suas áreas de atuação, passando principalmente a financiar projetos de habitação popular nas grandes cidades. Em 1952, Lúcio torna-se redator desse instituto, obtendo dele um empréstimo. O dinheiro foi usado para realizar um velho sonho: comprar uma fazenda perto de Rio Bonito, no município fluminense de Silva Jardim.

*

(Tudo o que está escrito acima me desgosta e me enerva, lembra-me palavras de qualquer ensaísta francês, soa-me artificial e vão — no entanto, para produzi-lo, tive a morte diante dos olhos e sei o que é viver "presente" a cada minuto de nossa terrível época, com as humilhações e as agonias que cada minuto desses encerra... Não, decididamente, o silêncio ainda é a melhor coisa para exprimir o que se passa conosco; o silêncio pelo menos não nos trai e nem altera o nosso sofrimento, como as palavras...)

*

Eu vivo, ando, ausculto o que se passa no fundo do meu coração. Tantos anos, e aqui estou, atravessando as mesmas formas primitivas de vida, e que se adaptam, se restringem ou se deformam ao contato do mundo sensível. Depois de tantos anos, e trilhando os mesmos caminhos de subserviência, não é difícil constatar que me falta, e de modo alarmante, aquela ferocidade que Poe achava característica do homem destinado a "amealhar" — a enriquecer, finalmente.

*

Estrelas em combustão, riscando o céu vencido da existência, vi muito talento cair, que eu julgava apto a sobreviver no tempo. Por quê? Que lhes faltou? Uma única coisa, que verifico com espanto que falta a quase toda gente: coração. Coração para defender a mocidade e os elementos necessários à vitalidade da alma. E se é possível atropelarmo-nos com essa maioria estagnada — já que desde cedo nos acostumamos a transitar entre fantasmas — não é espantoso verificar a face muda de um artista que vive sem coração?

*

Há os que são assassinados, e talvez sejam exatamente os que padecem de excesso de coração. São os que trazem o "espinho na carne", os loucos e os repudiados. Nossa época, aliás, é fértil nesses crimes: possui a mais exemplar coleção de instrumentos de tortura de que se tem notícia.

*

Todos estes pensamentos me vêm enquanto atravesso gelados corredores, deparo faces estandardizadas na indiferença e no mecanismo das salas de trabalho, escuto diálogos que nada significam, gracejos sem esperança e risadas sem caridade. São as três forças banidas do mundo burocrático: a fé, a esperança e a caridade. Ah, como tinha razão Kafka em representar o seu mundo angustiado e sem solução, nessa rede de burocratas e empregados de escritório que enchem suas páginas...

*

Ordem aparente — tudo domesticado e guindado ao esforço de boletins, ordens de serviço e papeletas. Mas no íntimo, que desordem tremenda, que grande conspiração a favor do vazio e do crime, que trágica manifestação de poder diabólico!

*

Este é pois o terreno da "salvação". Não é tão difícil atingi-lo, e nem nos repugna muito no primeiro instante. A constância, eis tudo. E mais do que a constância, o coração ligeiro para suportar o morno sopro do deserto. Pois é no deserto, em pleno e irremovível deserto, que se situa a zona ambicionada da salvação.

*

17 — Jamais pude viver toda a minha vida sensatamente; sempre senti forças poderosas se digladiarem no meu íntimo, e acredito que, se Deus me deu a possibilidade de encontrar o caminho da salvação, é também porque me permitiu que costeasse livremente os caminhos do abismo. O mal, para mim, não foi uma entidade literária, ou uma sombra apenas entrevista no horizonte humano. Soube com pungente intensidade o que ele significa em nossas vidas, e muitas vezes, toquei seu corpo ardente com meus dedos queimados. Não inventei e nem idealizei a minha salvação; eu a vivi humildemente como homem, no recesso mais fechado da minha alma. E se falo de "salvação", não quero dizer que tenha de chofre conquistado a beatitude eterna, mas simplesmente declarar ter alcançado a graça de poder repelir o mal, e assim pedir a Deus que me afaste dele, já que a dura contingência humana me fez tão propício ao seu fascínio e tantas vezes confundiu a nitidez do meu olhar, fazendo com que eu preferisse ao que me elevava, aquilo que me devorava, e lançando-me nas trevas. Com o terror, a impaciência e a brutalidade de um animal ferido. Mas hoje, sei o que devo escolher e onde estou; e poder pronunciar o nome da escolha, já é um bem que me dilata o coração e me faz crer que em melhores dias, para o futuro, eu seja, não uma alma eternamente dividida, mas um coração finalmente apaziguado.

*

Termina aqui o primeiro volume do meu *Diário*. Repasso as páginas, que tanto tédio já me causam. Não tentei me ocultar, nem me fazer melhor do que realmente sou. Nem melhor, nem pior. Se de nem tudo falei, se sobre aquilo que provavelmente constituiria o interesse do público mais numeroso calei-me ou apenas sugeri o que devia ser a verdade, é que um arrolamento constante de fatos sempre me pareceu monótono e sem interesse para ninguém. A questão sexual, por exemplo, que alguns leitores provavelmente reclamariam, que adiantaria estampá-la, destituída de força, apenas para catalogar pequenas misérias sem calor e sem necessidade? Mas por outro lado, procurei, para com as minhas ideias e os meus sentimentos, ser tão exato quanto possível.

A maior maldade, a única incomensurável, é a maldade imaginada. Durante muito tempo, sem conhecer meus próprios limites (quem poderá jamais se vangloriar de ter viajado impunemente até os bordos extremos que nos circundam?) julguei que de dentro da minha casa, das minhas afeições e dos meus compromissos poderia sondar todos os horizontes da culpa e do pecado. Ora, não há angústia e nem sentimento do mal que não pressuponha uma capacidade inata para o mesmo. Se não fui muito longe, se tudo o que me rodeia me deteve na estranha jornada, pelo menos entrevi em raros instantes o que é o fruto luminoso e solitário do desastre. Não acredito no homem senão através da convulsão.

No entanto, este livro é um puro fruto do medo. Não ousei tudo o que imaginei, não imaginei tanto quanto o poderia ser. (Sempre tive medo. Tudo o que fiz, tudo o que faço, este livro mesmo, é em reação ao medo que tenho. E do medo de chegar a um Universo branco e sem terrores, leva-me ao medo supremo, que é o de afrontar todos os medos, e saber que existo, ainda que isto me faça tremer, e de corpo e de alma...)

Este *Diário* é uma súmula de remorso e de consciência culpada. Tenho agora outro remorso, é o de não ter ido até o fim, de não ter perseguido até à fronteira, as sombras que sempre me acenaram de lá. Renuncio, mas sem fé no bem que pratico.

Se um dia puder atingir a serenidade que procuro, não a terei alcançado com o coração tranquilo e pisando a estrada macia dos outros, de quase todos. Terá sido acaso o meu único mérito. Quando Pilatos fez a revelação terrível — *Ecce Homo* — que aspecto tinha a face conturbada e silenciosa que apresentou à multidão?

Jamais poderei dizer do meu amor, da curiosa paixão que a face humana sempre me despertou. E foi esse amor que me fez atravessar todas as veredas, onde tantas vezes vi fulgurar a luz crua da destruição. Ao terminar este caderno, e ao despedir-me deste que fui eu — e que já vejo ao longe, misturado à bruma que devorou tantos seres caros, tantos nomes, tantas almas que eu próprio criei e alimentei com meu sangue e minha fantasia — repito, não creio que um escritor, um ser humano, se encontre jamais senão na vibração contínua de seus sentimentos extremos. Através de tantos gestos equívocos, os pensados e os realizados, nada tenho a acrescentar, senão que tentei reencontrar apenas uma unidade perdida. Em torno de mim, tudo via adormecido como sob efeito do éter — é que para mim estávamos rodeados de venenos soporíferos e tranquilizadores. Através de todas as convulsões, o que tentei erguer foi a imagem primitiva do Homem. E ele, como a divindade de Cristo naquele supremo instante de silêncio em que Pilatos o designou, sempre foi mais nítido, sempre foi mais puro, sob a marca candente do Ultraje.

Bibliografia

DIÁRIOS DE LÚCIO CARDOSO

"No meu tempo de estudante…" (depoimento). *Diretrizes*, Rio de Janeiro, ano IX, n. 63, p. 18, 4 set. 1941.

"Confissões de um homem fora do tempo" (depoimento). *Diario Carioca*, Rio de Janeiro, ano XVII, n. 4833, 19 mar. 1944. Caderno Domingo, pp. 3 e 7.

"Diário de terror" (fragmento anotado em caderneta). Rio de Janeiro: ALC, AMLB, FCRB. S.I., s/d., 27 fls. Pasta LC14pi.

"Livro de bordo". Rio de Janeiro: ALC, AMLB, FCRB. S.I., s/d, 4 fls. Pasta LC15pi.

"Minas Gerais". Rio de Janeiro: ALC, AMLB, FCRB. S.I., s/d, 1 fl. Pasta LC61pi.

"Ubá". Rio de Janeiro: ALC, AMLB, FCRB. S.I., s/d, 2 fls. + 2 fls.-cópia. Pasta LC12pi.

"[Há muitos anos]". Rio de Janeiro: ALC, AMLB, FCRB. S.I., s/d, 1 fl. Pasta LC13pi.

"Diário não íntimo". *A Noite*, Rio de Janeiro, ano XLV, n. 15.405, 30 ago. 1956. 2º Caderno, p. 1.

"Diário não íntimo". *A Noite*, Rio de Janeiro, ano XLV, n. 15.406, 31 ago. 1956. 2º Caderno, p. 1.

"Diário não íntimo". *A Noite*, Rio de Janeiro, ano XLV, n. 15.408, 3 set. 1956. 2º Caderno, p. 1.

"Diário não íntimo". *A Noite*, Rio de Janeiro, ano XLV, n. 15.409, 4 set. 1956. 2º Caderno, p. 1.

"Diário não íntimo". *A Noite*, Rio de Janeiro, ano XLV, n. 15.410, 5 set. 1956. 2º Caderno, p. 1.

"Diário não íntimo". *A Noite*, Rio de Janeiro, ano XLV, n. 15.411, 6 set. 1956. 2º Caderno, p. 1.

"Diário não íntimo". *A Noite*, Rio de Janeiro, ano XLV, n. 15.412, 7 set. 1956. 2º Caderno, p. 1.

"Diário não íntimo". *A Noite*, Rio de Janeiro, ano XLV, n. 15.414, 10 set. 1956. 2º Caderno, p. 1.

"Diário não íntimo". *A Noite*, Rio de Janeiro, ano XLV, n. 15.415, 11 set. 1956. 2º Caderno, p. 1.

"Diário não íntimo". *A Noite*, Rio de Janeiro, ano XLV, n. 15.416, 12 set. 1956. 2º Caderno, p. 1.

"Diário não íntimo". *A Noite*, Rio de Janeiro, ano XLV, n. 15.417, 13 set. 1956. 2º Caderno, p. 1.

"Diário não íntimo". *A Noite*, Rio de Janeiro, ano XLV, n. 15.418, 14 set. 1956. 2º Caderno, p. 1.

"Diário não íntimo". *A Noite*, Rio de Janeiro, ano XLV, n. 15.420, 17 set. 1956. 2º Caderno, p. 1.

"Diário não íntimo". *A Noite*, Rio de Janeiro, ano XLV, n. 15.421, 18 set. 1956. 2º Caderno, p. 1.

"Diário não íntimo". *A Noite*, Rio de Janeiro, ano XLV, n. 15.423, 20 set. 1956. 2º Caderno, p. 1.

"Diário não íntimo". *A Noite*, Rio de Janeiro, ano XLV, n. 15.424, 21 set. 1956. 2º Caderno, p. 1.

"Diário não íntimo". *A Noite*, Rio de Janeiro, ano XLV, n. 15.426, 24 set. 1956. 2º Caderno, p. 1.

"Diário não íntimo". *A Noite*, Rio de Janeiro, ano XLV, n. 15.427, 25 set. 1956. 2º Caderno, p. 3.

"Diário não íntimo". *A Noite*, Rio de Janeiro, ano XLV, n. 15.432, 1 out. 1956. 2º Caderno, p. 1.

"Diário não íntimo". *A Noite*, Rio de Janeiro, ano XLV, n. 15.433, 2 out. 1956. 2º Caderno, p. 1.

"Diário não íntimo". *A Noite*, Rio de Janeiro, ano XLV, n. 15.434, 3 out. 1956. 2º Caderno, p. 1.

"Diário não íntimo". *A Noite*, Rio de Janeiro, ano XLV, n. 15.435, 4 out. 1956. 2º Caderno, p. 1.

"Diário não íntimo". *A Noite*, Rio de Janeiro, ano XLV, n. 15.436, 5 out. 1956. 2º Caderno, p. 1.

"Diário não íntimo". *A Noite*, Rio de Janeiro, ano XLV, n. 15.438, 8 out. 1956. 2º Caderno, p. 1.

"Diário não íntimo". *A Noite*, Rio de Janeiro, ano XLV, n. 15.441, 11 out. 1956. 2º Caderno, p. 1.

"Diário não íntimo". *A Noite*, Rio de Janeiro, ano XLV, n. 15.442, 12 out. 1956. 2º Caderno, p. 1.

"Diário não íntimo". *A Noite*, Rio de Janeiro, ano XLV, n. 15.445, 16 out. 1956. 2º Caderno, p. 1.

"Diário não íntimo". *A Noite*, Rio de Janeiro, ano XLV, n. 15.446, 17 out. 1956. 2º Caderno, p. 1.

"Diário não íntimo". *A Noite*, Rio de Janeiro, ano XLV, n. 15.447, 18 out. 1956. 2º Caderno, p. 1.

"Diário não íntimo". *A Noite*, Rio de Janeiro, ano XLV, n. 15.448, 19 out. 1956. 2º Caderno, p. 1.

"Diário não íntimo". *A Noite*, Rio de Janeiro, ano XLV, n. 15.451, 23 out. 1956. 2º Caderno, p. 1.

"Diário não íntimo". *A Noite*, Rio de Janeiro, ano XLV, n. 15.452, 24 out. 1956. 2º Caderno, p. 1.

"Diário não íntimo". *A Noite*, Rio de Janeiro, ano XLV, n. 15.453, 25 out. 1956. 2º Caderno, p. 1.

"Diário não íntimo". *A Noite*, Rio de Janeiro, ano XLV, n. 15.454, 26 out. 1956. 2º Caderno, p. 1.

"Diário não íntimo". *A Noite*, Rio de Janeiro, ano XLV, n. 15.459, 1 nov. 1956. 2º Caderno, p. 1.

"Diário não íntimo". *A Noite*, Rio de Janeiro, ano XLV, n. 15.461, 5 nov. 1956. 2º Caderno, p. 2.

"Diário não íntimo". *A Noite*, Rio de Janeiro, ano XLV, n. 15.462, 6 nov. 1956. 2º Caderno, p. 1.

"Diário não íntimo". *A Noite*, Rio de Janeiro, ano XLV, n. 15.464, 8 nov. 1956. 2º Caderno, p. 1.

"Diário não íntimo". *A Noite*, Rio de Janeiro, ano XLV, n. 15.465, 9 nov. 1956. 2º Caderno, p. 1.

"Diário não íntimo". *A Noite*, Rio de Janeiro, ano XLV, n. 15.467, 12 nov. 1956. 2º Caderno, p. 1.

"Diário não íntimo". *A Noite*, Rio de Janeiro, ano XLV, n. 15.468, 13 nov. 1956. 2º Caderno, p. 1.

"Diário não íntimo". *A Noite*, Rio de Janeiro, ano XLV, n. 15.470, 16 nov. 1956. 2º Caderno, p. 1.

"Diário não íntimo". *A Noite*, Rio de Janeiro, ano XLV, n. 15.474, 21 nov. 1956. 2º Caderno, p. 1.

"Diário não íntimo". *A Noite*, Rio de Janeiro, ano XLV, n. 15.478, 26 nov. 1956. 2º Caderno, p. 1.

"Diário não íntimo". *A Noite*, Rio de Janeiro, ano XLV, n. 15.479, 27 nov. 1956. 2º Caderno, p. 1.

"Diário não íntimo". *A Noite*, Rio de Janeiro, ano XLV, n. 15.480, 28 nov. 1956. 2º Caderno, p. 1.

"Diário não íntimo". *A Noite*, Rio de Janeiro, ano XLV, n. 15.481, 29 nov. 1956. 2º Caderno, p. 1.

"Diário não íntimo". *A Noite*, Rio de Janeiro, ano XLV, n. 15.482, 30 nov. 1956. 2º Caderno, p. 1.

"Diário não íntimo". *A Noite*, Rio de Janeiro, ano XLV, n. 15.485, 4 dez. 1956. 2º Caderno, p. 1.

"Diário não íntimo". *A Noite*, Rio de Janeiro, ano XLV, n. 15.488, 7 dez. 1956. 2º Caderno, p. 1.

"Diário não íntimo". *A Noite*, Rio de Janeiro, ano XLV, n. 15.489, 8 dez. 1956. 2º Caderno, p. 1.

"Diário não íntimo". *A Noite*, Rio de Janeiro, ano XLV, n. 15.491, 11 dez. 1956. 2º Caderno, p. 1.

"Diário não íntimo". *A Noite*, Rio de Janeiro, ano XLV, n. 15.492, 12 dez. 1956. 2º Caderno, p. 1.

"Diário não íntimo". *A Noite*, Rio de Janeiro, ano XLV, n. 15.497, 18 dez. 1956. 2º Caderno, p. 1.

"Diário não íntimo". *A Noite*, Rio de Janeiro, ano XLV, n. 15.499, 20 dez. 1956. 2º Caderno, p. 1.

"Diário não íntimo". *A Noite*, Rio de Janeiro, ano XLV, n. 15.500, 21 dez. 1956. 2º Caderno, p. 1.

"Diário não íntimo". *A Noite*, Rio de Janeiro, ano XLV, n. 15.505, 28 dez. 1956. 2º Caderno, p. 1.

"Diário não íntimo". *A Noite*, Rio de Janeiro, ano XLV, n. 15.510, 4 jan. 1957. 2º Caderno, p. 1.

"Diário não íntimo". *A Noite*, Rio de Janeiro, ano XLV, n. 15.512, 7 jan. 1957. 2º Caderno, p. 1.

"Diário não íntimo". *A Noite*, Rio de Janeiro, ano XLV, n. 15.513, 8 jan. 1957. 2º Caderno, p. 1.

"Diário não íntimo". *A Noite*, Rio de Janeiro, ano XLV, n. 15.514, 9 jan. 1957. 2º Caderno, p. 1.

"Diário não íntimo". *A Noite*, Rio de Janeiro, ano XLV, n. 15.516, 11 jan. 1957. 2º Caderno, p. 1.

"Diário não íntimo". *A Noite*, Rio de Janeiro, ano XLV, n. 15.518, 14 jan. 1957. 2º Caderno, p. 1.

"Diário não íntimo". *A Noite*, Rio de Janeiro, ano XLV, n. 15.519, 15 jan. 1957. 2º Caderno, p. 1.

"Diário não íntimo". *A Noite*, Rio de Janeiro, ano XLV, n. 15.520, 16 jan. 1957. 2º Caderno, p. 1.

"Diário não íntimo". *A Noite*, Rio de Janeiro, ano XLV, n. 15.522, 18 jan. 1957. 2º Caderno, p. 1.

"Diário não íntimo". *A Noite*, Rio de Janeiro, ano XLV, n. 15.525, 22 jan. 1957. 2º Caderno, p. 1.

"Diário não íntimo". *A Noite*, Rio de Janeiro, ano XLV, n. 15.526, 23 jan. 1957. 2º Caderno, p. 1.

"Diário não íntimo". *A Noite*, Rio de Janeiro, ano XLV, n. 15.527, 24 jan. 1957. 2º Caderno, p. 1.

"Diário não íntimo". *A Noite*, Rio de Janeiro, ano XLV, n. 15.528, 25 jan. 1957. 2º Caderno, p. 1.

"Diário não íntimo". *A Noite*, Rio de Janeiro, ano XLV, n. 15.530, 28 jan. 1957. 2º Caderno, p. 1.

"Diário não íntimo". *A Noite*, Rio de Janeiro, ano XLV, n. 15.532, 30 jan. 1957. 2º Caderno, p. 1.

"Diário não íntimo". *A Noite*, Rio de Janeiro, ano XLV, n. 15.533, 31 jan. 1957. 2º Caderno, p. 1.

"Diário não íntimo". *A Noite*, Rio de Janeiro, ano XLV, n. 15.538, 6 fev. 1957. 2º Caderno, p. 1.

"Diário não íntimo". *A Noite*, Rio de Janeiro, ano XLV, n. 15.539, 7 fev. 1957. 2º Caderno, p. 1.

"Diário não íntimo". *A Noite*, Rio de Janeiro, ano XLV, n. 15.540, 8 fev. 1957. 2º Caderno, p. 1.

"Diário não íntimo". *A Noite*, Rio de Janeiro, ano XLV, n. 15.544, 14 fev. 1957. 2º Caderno, p. 1.

Diário. Rio de Janeiro, 1957, 660 fls. + 241 fls. ("Diário" parte não publicada (1942-1947) — cópia. Anexo: Cadernos-diários e notas esparsas. Rio de Janeiro: ALC, AMLB, FCRB.

Diário I. Apres. de Walmir Ayala. Rio de Janeiro: Elos, 1960.

"Diário proibido — páginas secretas de um livro e de uma vida". *Senhor*, Rio de Janeiro, ano 3, n. 11 [na lombada aparece: n. 33.], pp. 68-74, nov. 1961.

"[Trechos do Diário]". *O Cruzeiro*. Rio de Janeiro, ano XL, n. 40, p. 120, 5 out. 1968.

"Inédito do DIÁRIO de Lúcio Cardoso — Ubá". *Suplemento Literário Minas Gerais*, Belo Horizonte, ano III, n. 118, p. 9, 30 nov. 1968.

Diário completo. Rio de Janeiro: José Olympio; INL, 1970.

"Diário completo — (1949 a 1962) — trechos". *Tribuna da Imprensa*, Rio de Janeiro, 21 out. 1973. Tribuna Literária, ano I, p. 13.

"Diário do terror". In: CARELLI, Mario. "Écrits intimes de Lúcio Cardoso". *Caravelle: Cahiers du Monde Hispanique et Luso-Brésilien*, Toulouse, n. 45, pp. 63-78, 1985.

"Diário do terror (um texto inédito)". *Letras & Artes*, Rio de Janeiro, n. 13, jun. 1991, pp. 25-6.

"Diário completo", "Diário de terror", "Pontuação e prece", "Confissões de um homem fora do tempo" e "Depoimento de Lúcio Cardoso a Fausto Cunha". In: CARDOSO, Lúcio. *Crônica da casa assassinada*. Ed. crítica coord. por Mario Carelli. 2. ed. rev. Madri; Paris; México; Buenos Aires; São Paulo; Rio de Janeiro; Lima: ALLCA XX, 1996. pp. 739-41, 743-9, 751-3, 762-3 e 764, respectivamente. (Col. Archivos, 18).

"Diário completo" (trecho). *O Globo*, Rio de Janeiro, 22 jan. 2000. Prosa & Verso, p. 2.

Diários. Ed. de Ésio Macedo Ribeiro. Orelhas de Cássia dos Santos. Rio de Janeiro: Civilização Brasileira, 2012.

Diários. Ed. de Ésio Macedo Ribeiro. Orelhas de Cássia dos Santos. 2. ed. Rio de Janeiro: Civilização Brasileira, 2013.

OBRAS SOBRE OS DIÁRIOS DE LÚCIO CARDOSO

ALBERGARIA, [Maria] Consuelo [de Pádua]. "Diário de Lúcio: O itinerário de um escritor". In: II Congresso Abralic [Literatura e memória cultural], 1991, Belo Horizonte. *Anais...* Belo Horizonte: UFMG, v. III, pp. 207-12.

AMADO, Jorge. "Página de diário sobre um diário". *Leitura*, Rio de Janeiro, ano XIX, n. 42, p. 11, dez. 1960.

ATHAYDE, Tristão de. "O antidiletante". *Jornal do Brasil*, Rio de Janeiro, 6 jan. 1961. 1º Caderno, p. 3.

_____. "O antidiletante". *O Jornal*, Rio de Janeiro, 6 jan. 1961.

_____. "O jesucentrismo". *Jornal do Brasil*, Rio de Janeiro, ano LXX, n. 10, p. 3, 12 jan. 1961.

_____. "Como a planta que volta ao solo antigo". *Jornal do Brasil*, Rio de Janeiro, ano LXX, n. 11, p. 3, 19 jan. 1961.

_____. "O antidiletante". *Suplemento Literário Minas Gerais*, Belo Horizonte, ano III, n. 118, p. 4, 30 nov. 1968.

AYALA, Walmir. "Sobre Lúcio Cardoso: Notas de um diário". *Correio do Povo*, Porto Alegre, 31 ago. 1958.

_____. "Lúcio Cardoso considera-se um grande pecador, porém confia na indulgência divina" (entrevista). *BBB*, Rio de Janeiro, A Estante Publicações, v. VII, n. 4, pp. 172-3, maio 1959.

_____. "Diário: Lúcio Cardoso". *Jornal do Brasil*, Rio de Janeiro, 10-11 set. 1960. Suplemento Dominical, p. 1.

_____. "Servir a Deus e ao diabo". *Jornal do Brasil*, Rio de Janeiro, 24 dez. 1960. Suplemento Dominical.

BANDEIRA, Manuel. "Lúcio Cardoso". *Jornal do Brasil*, Rio de Janeiro, 30 nov. 1960. 1º Caderno, p. 3.

_____. "Lúcio Cardoso". *Folha de S.Paulo*, São Paulo, 3 dez. 1960. 2º Caderno, p. 2.

_____. "Diário de romancista". In: BANDEIRA, Manuel. *Andorinha, andorinha*. Sel. e coord. de textos de Carlos Drummond de Andrade. Rio de Janeiro: José Olympio, 1966. pp. 231-2.

BESANÇON, Guy. "Le Journal intime de Lúcio Cardoso". *Caravelle: Cahiers du Monde Ibérique et Luso-Brésilien*, Toulouse, n. 52, pp. 73-90, 1989.

BESSA, Marcelo Secron. "Os diários de Lúcio Cardoso". *Sui Generis*, Rio de Janeiro, ano IV, n. 40, pp. 21-2, 1998.

CARDOS, Lucios (Arnoldo Mondadori Editore). "Carta a Lúcio Cardoso". Datada: "Milano, 30 de abril de 1962", 1 fl. Rio de Janeiro: ALC, AMLB, FCRB, Pasta LC18cp.

_____. "Carta a Lúcio Cardoso". Datada: "Milano, 18 de junio 1962", 1 fl. Rio de Janeiro: ALC, AMLB, FCRB. Pasta LC18cp.

CARELLI, Mario. "Les Écrits intimes de Lúcio Cardoso". *Caravelle: Cahiers du Monde Hispanique et Luso-brésillien*, Toulouse, Université de Toulouse/Le Mirail, n. 45, pp. 63-78, 1985.

CHRAIM, Rosi Isabel Bergamaschi. *Escrita, morte-vida: Diários com Lúcio Cardoso*. Florianópolis: CCE-UFSC, 2017. 236 pp. Tese (Doutorado em Literatura).

COUTINHO, Luiz Edmundo Bouças. *O depoimento da errância: A experiência da palavra entre o provisório e o permanente*. Rio de Janeiro: FL-UFRJ, 1978. 96 pp. Dissertação (Mestrado em Poética).

_____. *O desastre da imortalidade e a crônica do sujeito na poética do Diário*. Rio de Janeiro: FL-UFRJ, 1985. 174 pp. Tese (Doutorado em Poética).

_____. "O *Diário completo* de Lúcio Cardoso: Um travesti da ficção?". *Revista Carmina*, Rio de Janeiro, n. 1, pp. 3-9, 1989.

_____. "Ideias e provocações no *Diário completo* de Lúcio Cardoso". *Revista Confraria, Arte e Literatura*, n. 6. Disponível em: <http://www.confrariadovento.com/revista/numero6/ensaio03.htm>. Acesso em: 31 ago. 2022.

DAMASCENO, Beatriz dos Santos. *Lúcio Cardoso e a experiência-limite com o corpo e a escrita*. Rio de Janeiro: DL-PUC-RIO, 2010, 135 pp. Tese (Doutorado em Letras).

DAVID-PEYRE, Yvonne. "Introduction à une étude psychocritique de Lúcio Cardoso (1912-1968): Poemes, journaux, intimes, dernier roman". *Arquivos do Centro Cultural Português*, Lisboa: Fundação Calouste Gulbenkian; Paris: ACCP, n. 23, pp. 1005-22, 1987.

DINIZ, Domingos. "Um diário de Lúcio Cardoso". *Tribuna Literária*, Pirapora, dez. 1970. S.I.

DUARTE, José Afrânio Moreira. "Breves notas sobre Lúcio Cardoso". *Estado de Minas*, Belo Horizonte, 1968. Caderno 3ª Seção, S.I.

_____. "Breves Notas sobre Lúcio Cardoso". *Suplemento Literário Minas Gerais*, Belo Horizonte, ano XIII, n. 624, p. 10, 16 set. 1978.

FARIA, Octavio de. "Lúcio Cardoso: Diário". *Jornal do Commercio*, Rio de Janeiro, 5 nov. 1960. S.I.

_____. "Lúcio Cardoso: Primeiras aproximações do diário". *Jornal do Commercio*, Rio de Janeiro, 9 dez. 1960. S.I.

_____. "Lúcio Cardoso: Novas aproximações do diário". *Jornal do Commercio*, Rio de Janeiro, 15 dez. 1960. S.I.

_____. "Lúcio Cardoso: Novas aproximações do diário". *Diário de S. Paulo*, São Paulo, 17 dez. 1960. S.I.

_____. "Lúcio Cardoso: Aproximações finais do diário". *Jornal do Commercio*, Rio de Janeiro, 22 dez. 1960. S.I.

_____. "Carta a Lúcio Cardoso". Datada: "Teresópolis, 13 de abril de 1967", 4 fls. Rio de Janeiro: ALC, AMLB, FCRB. Pasta LC90cp.

_____. "Memória de Lúcio Cardoso (I)". *Jornal do Commercio*, Rio de Janeiro, 27 out. 1968. S.I.

_____. "Memória de Lúcio Cardoso (II)". *Jornal do Commercio*, Rio de Janeiro, 2 nov. 1968. S.I.

FIGUEIREDO, Guilherme de. "Carta a Lúcio Cardoso". Datada: "Rio, 8 de março de 1961", 1 fl. Rio de Janeiro: ALC, AMLB, FCRB. Pasta LC95cp.

FORTUNA, Daniele Ribeiro. "Uma vida em 'branco': Os *Diários* de Lúcio Cardoso". *Revista Ecos*, Cáceres, MT, Unemat, ano 16, v. 26, n. 1, pp. 44-63, 2019.

GUIMARÃES, Adriana Saldanha. "Obra de Lúcio Cardoso precisa ser redescoberta". *Jornal do Brasil*, Rio de Janeiro, 10 out. 1998. Ideias/Livros, p. 2.

GUIMARÃES, Adriana Saldanha . "A caixa de joias: Os papéis de Lúcio Cardoso". *Revista do Centro de Estudos Portugueses*, Belo Horizonte, Faculdade de Letras da UFMG, Dossiê Lúcio Cardoso, v. 28, n. 39, pp. 11-23, jan./jun. 2008.

HOLLANDA, Haroldo de. "Lúcio Cardoso, diário das contradições". *Mundo Ilustrado*, n. 42. S.I.

INOJOSA, Joaquim. "Diário triste". *O Jornal*, Rio de Janeiro, 16 dez. 1970. S.I.

LEITE, Luiza Barreto. "Lúcio Cardoso". *Jornal do Commercio*, Rio de Janeiro, p. 5, 29 set. 1968.

———. "Diário de Lúcio, em busca de sua alma". *Jornal do Commercio*, Rio de Janeiro, 31 out. 1970. Caderno Folhetim.

LIMA, Diogo Andrade de. *Niilismo, religião e política nos diários de Lúcio Cardoso*. Belo Horizonte: FL-UFMG, 2021. 214 pp. Dissertação (Mestrado em Letras: Estudos Literários).

LIVRARIA José Olympio Editora. "Contrato com Maria Helena Cardoso para a publicação do *Diário Completo* de Lúcio Cardoso". Rio de Janeiro, s/d, 3 fls. Rio de Janeiro: ALC, AMLB, FCRB. Pasta LC01dc.

MEIRA, Mauritônio. "'Diários íntimos' de Lúcio Cardoso serão publicados finalmente: pela Simões". *Jornal do Brasil*, Rio de Janeiro, 31 maio 1960. 1º Caderno, ano LXX, n. 126, p. 6.

———. "Que é que se pode fazer com rodas?". *Jornal do Brasil*, Rio de Janeiro, ano LXX, n. 127, p. 6, 1 jun. 1960.

MELLO, Dante de. "Diário de Lúcio Cardoso". *Correio do Povo*, Porto Alegre, 25 fev. 1961. S.I.

MENDES, Murilo. "Carta a Lúcio Cardoso". Datada: "Roma, 18 abril 1961", 1 fl. Rio de Janeiro: ALC, AMLB, FCRB, Pasta LC146cp.

MONTENEGRO, Olívio. "Um romance imoral". *Diário de Pernambuco*, Recife, 26 abr. 1959. S.I.

———. "Um romance imoral". *Diario Carioca*, Rio de Janeiro, 17 maio 1959. Letras e Artes, p. 3.

MOREIRA, Daniel da Silva. *Escritas de si e homossexualidade no Brasil: Os diários de Lúcio Cardoso, Walmir Ayala e Harry Laus*. Juiz de Fora: DL-UFJF, 2017. 319 pp. Tese (Doutorado em Letras: Estudos Literários).

———. "A fundação de uma escrita autobiográfica dissidente: Os diários de Lúcio Cardoso, Walmir Ayala e Harry Laus e a tematização da homossexualidade". *Litterata: Revista do Centro de Estudos Portugueses Hélio Simões*, Ilhéus, v. 8, n. 1, pp. 42-62, jan./jun. 2018.

MOUTINHO, José Geraldo Nogueira. "Diário (1º) de Lúcio Cardoso". *Jornal da Tarde*, São Paulo, 5 nov. 1961 [ou 5 maio 1961].

"NOTA da Editora". In: CARDOSO, Lúcio. *Diário completo*. Rio de Janeiro: José Olympio, 1970. pp. vi-ix.

OLINTO, Antonio. "Perigos do ócio". *O Globo*, Rio de Janeiro, [1952]. Coluna Porta de Livraria. S.I.

OLIVEIRA, Cinthia Lopes; VOLPINI, Javer Wilson; LISBOA, Adriana Kelly Furtado. "*Diários*: a escrita confessional de Lúcio Cardoso à luz da teoria de Philippe Lejeune". *Revista Entrelaces*, Fortaleza, v. 2, n. 9, pp. 104-21, jan./jun. 2017.

PEIXOTO, Mariana. "Sem medo das profundezas". *Estado de Minas*, Belo Horizonte, 24 set. 1998. Espetáculo/Memória, p. 5.

———. "Retratos da alma humana". *Estado de Minas*, Belo Horizonte, 24 set. 1998. Espetáculo, p. 1.

———. "Todas as artes de Lúcio". *Estado de Minas*, Belo Horizonte, 24 set. 1998. Espetáculo, p. 5.

———. "Literatura superlativa". *Estado de Minas*, Belo Horizonte, 3 fev. 2000. Espetáculos, p. 7.

PIRES, Antonia Cristina de Alencar. "A voragem da escrita: Considerações sobre o diário de Lúcio

Cardoso". In: BRANDÃO, Ruth Silviano (Org.). *Lúcio Cardoso: A travessia da escrita*. Belo Horizonte: Ed. UFMG, 1998. pp. 94-105.

QUINTANA, Suely da Fonseca. "Lúcio Cardoso: *Diário completo*, memórias incompletas". *Revista Brasileira de Literatura Comparada*, Porto Alegre, Abralic, v. 10, n. 12, pp. 297-311, 2008.

RANGEL, Egon de Oliveira. "Em torno do discurso e da perversão". *Cadernos de Estudos Linguísticos — O Discurso e Suas Análises*. Campinas, Unicamp, n. 19, pp. 159-72, jul./dez. 1990.

_____. *Sexualidade e discurso: O verbo feito carne*. Campinas: IEL-Unicamp, 1994. 281 pp. Dissertação (Mestrado em Linguística).

_____. "Em torno do discurso e da perversão". *Cadernos de Estudos Linguísticos — O Discurso e Suas Análises*, Campinas, Unicamp, n. 19, pp. 159-72, jul.-dez. 1990.

REIS, Marcos Konder. "Carta a Lúcio Cardoso". *Suplemento Literário Minas Gerais*, Belo Horizonte, ano III, n. 118, pp. 10-1. 30 nov. 1968.

_____. "Um diário de fogo". *Revista do Livro*, Rio de Janeiro, MEC/INL, ano 13, n. 41, pp. 76-84, abr./jun. 1970.

_____. "Lembrança de um caderno". *Tribuna Literária*, Rio de Janeiro, ano I, pp. 14-5, 20 out. 1973.

REVISTA *do Centro de Estudos Portugueses*, Belo Horizonte, Faculdade de Letras da UFMG, Dossiê Lúcio Cardoso, org. de Ésio Macedo Ribeiro, Silvana Maria Pessôa de Oliveira e Viviane Cunha, v. 28, n. 39, pp. 9-174, jan./jun. 2008.

RIBEIRO, Ésio Macedo. "Os Diários de Lúcio Cardoso". *Musa Rara e Adjacências*. Disponível em: <www.musarara.com.br%2Fos-diarios-de-lucio-cardoso>. Acesso em: 1 out. 2012.

_____. "*Poesia completa* e *Diários* de Lúcio Cardoso: As edições". *Revista Ariticum*, Montes Claros, Unimontes, v. 6, n. 2, pp. 29-41, dez. 2012.

ROCHA, Hildon. "Diário e solidão de um romancista". *Anuário da Literatura Brasileira*, Rio de Janeiro, ano 2, n. 2, pp. 71-3, 1961.

_____. "Diário e solidão de um romancista — Lúcio Cardoso — sua história e sua obra". In:_____. *Entre lógicos e místicos*. Rio de Janeiro: São José, 1969. pp. 109-22.

_____. "Lúcio Cardoso — confissões sem omissões…". In: _____. *Memória indiscreta: De Getúlio, Juscelino, Prestes etc. a Drummond, Vinicius, Bethânia etc.* Rio de Janeiro: Francisco Alves, 1981, pp. 216-28.

SABINO, Fernando. "Sobre livros". *Jornal do Brasil*, Rio de Janeiro, 2 dez. 1960. 1º Caderno, p. 7.

SANTOS, Cássia dos. *Uma paisagem apocalíptica e sem remissão: A criação de Vila Velha e da Crônica da Casa Assassinada*. Campinas: IEL-Unicamp, 2005. 282 pp. Tese (Doutorado em Teoria e História Literária).

_____. "Vicissitudes de uma obra: O caso do *Diário* de Lúcio Cardoso". *Revista do Centro de Estudos Portugueses,* Belo Horizonte, Faculdade de Letras da UFMG, Dossiê Lúcio Cardoso, v. 28, n. 39, pp. 51-78, jan./jun. 2008.

_____. *Um punhal contra Minas*. Campinas: Mercado de Letras, 2022.

_____. "Escatologia e mito cosmogônico na obra romanesca de Lúcio Cardoso", 2022, 25 pp. Inédito.

SANTOS, Odirlei Costa dos. *Retratos do mal(-)estar no Diário completo, de Lúcio Cardoso*. Juiz de Fora: FL-UFJF, 2005. 97 fls. Dissertação (Mestrado em Letras — Teoria da Literatura).

_____. "Imagens do amante/amador em *Diário completo*, de Lúcio Cardoso". *Ipotesi — Revista de*

Estudos Literários 15, Juiz de Fora, Universidade Federal de Juiz de Fora, v. 9, n. 1/2, pp. 113-22, jan./jun. e jul./dez. 2005.

SANTOS, Odirlei Costa dos. "Considerações sobre *Diário de terror*: A provocação na meta-escrita de Lúcio Cardoso". *Espéculo — Revista de Estudos Literários*, Madri, Universidad Complutense de Madri, n. 40, 2008. Disponível em: <https://webs.ucm.es/info/especulo/numero40/cardoso.html>. Acesso em: 11 maio 2022.

SILVA, Alvaro Costa; WERNECK, Paulo. "Cardos de luz — Lúcio Cardoso e a tradição literária do diário íntimo". *Folha de S.Paulo*, São Paulo, 20 mar. 2011. Ilustríssima, pp. 4-5 e 10 ("Estranho dom").

SIMÕES, Maria de Lourdes Utsch Moreira. "O diário de Lúcio Cardoso". *Suplemento Literário Minas Gerais*, Belo Horizonte, ano VI, n. 234, p. 7, 20 fev. 1971.

SOUSA, Rafael Batista de. *Itinerário de um escritor: Projeto estético e interpretação da nação no Diário completo de Lúcio Cardoso*. Brasília, DF, Universidade de Brasília, Instituto de Letras, 2019. 246 pp. Tese (Doutorado em Literatura).

SILVEIRA, Alcântara. "O diário de Lúcio Cardoso". *O Estado de S. Paulo*, São Paulo, 2 set. 1961. Suplemento Literário, p. 1.

_____. "O diário de Lúcio Cardoso". *Suplemento Literário Minas Gerais*, Belo Horizonte, ano III, n. 118, p. 12, 30 nov. 1968.

_____. "Diário íntimo, uma forma de autoconhecimento". *O Estado de S. Paulo*, São Paulo, 18 ago. 1974. Suplemento Literário, p. 6.

SOLEDADE, Juliana. "Lúcio Cardoso: Um ser para a morte ou a leitura de um diário filosófico". Disponível em: <http://www.verbo21.com.br>. Acesso em: set. 1999.

STAROSTA, Isaac. "A morte que nos acompanha". *Correio do Povo*, Porto Alegre, ano IV, v. VII, n. 168, 6 mar. 1971. Caderno de Sábado, p. 5.

VIANNA, Lúcia Helena. "Lúcio Cardoso, o sujeito ex-cêntrico". *Gragoatá: Revista do Programa de Pós-Graduação em Letras*, Niterói, Universidade Federal Fluminense, n. 17, pp. 151-69, 2. sem. 2004.

OUTRAS OBRAS DE LÚCIO CARDOSO

Maleita. Capa de Santa Rosa. Rio de Janeiro: Schmidt, 1934.

Salgueiro. Capa de Santa Rosa. Rio de Janeiro: José Olympio, 1935.

A luz no subsolo. Capa de Santa Rosa. Rio de Janeiro: José Olympio, 1936.

Mãos vazias. Capa de Santa Rosa. Rio de Janeiro: José Olympio, 1938.

Histórias da lagoa grande. Il. de Edgar Koetz. Porto Alegre: Globo, 1939. (Col. Burrinho Azul).

Morro de salgueiro (*Salgueiro*). Trad. do português e pref. de Benjamín de Garay. Buenos Aires: Claridad, 1939.

"10 poemas de Lúcio Cardoso". *Cadernos da Hora Presente*, Rio de Janeiro; São Paulo; Belo Horizonte, ano I, n. 3, pp. 122-9, jul./ago. 1939.

O desconhecido. Capa de Santa Rosa. Rio de Janeiro: José Olympio, 1940.

Céu escuro. Il. de Jeronymo Ribeiro. Rio de Janeiro: Vamos Lêr!; A Noite, 1940.

Poesias. Rio de Janeiro: José Olympio, 1941.

Dias perdidos. Capa de Santa Rosa. Rio de Janeiro: José Olympio, 1943.

Novas poesias. Capa de Santa Rosa. Rio de Janeiro: José Olympio, 1944.

Inácio. Rio de Janeiro: Ocidente, 1944.

O escravo. Rio de Janeiro: Zélio Valverde, 1945.

A professora Hilda. Rio de Janeiro: José Olympio, 1946.

O anfiteatro. Rio de Janeiro: Agir, 1946.

"Inácio". In: CONDÉ, João (Org.). *Dez romancistas falam de seus personagens*. Pref. de Tristão de Athayde. Rio de Janeiro: Edições Condé, 1946. pp. 55-7.

"O filho pródigo". *Colégio — Revista de Cultura e Arte*, São Paulo, ano II, n. 5, pp. 41-87, 1949.

O enfeitiçado. Capa de Luís Jardim. Apres. de M. S. [Carlos Moreira Souto]. Rio de Janeiro: José Olympio, 1954.

"Arquivos Implacáveis: o romancista responde a 10 perguntas indiscretas". *O Cruzeiro*, Rio de Janeiro, 8 fev. 1958. S.I. [Entrevista a João Condé].

"Arquivos Implacáveis: flash". *O Cruzeiro*, Rio de Janeiro, 19 abr. 1958. S.I. [Entrevista a João Condé].

"Colchão velho" (conto). *O Estado de S. Paulo*, São Paulo, 23 ago. 1958. Suplemento Literário, ano II, n. 95, p. 3. (Il. de Darcy Penteado).

Crônica da casa assassinada. Desenho da capa de Darel. Rio de Janeiro: José Olympio, 1959.

"Como nasceu a sua vocação? — Depoimento do romancista Lúcio Cardoso". *Correio da Manhã*, Rio de Janeiro, 9 maio 1959. Literatura, S.I. [Depoimento a Renard Perez].

"[Apresentação]". In: SALDANHA, Ione. Rio de Janeiro, Museu de Arte Moderna, 1959. S.I. Catálogo de exposição, MAM.

"[Apresentação]". In: SALGADO, Zélia. Rio de Janeiro, Museu de Arte Moderna, 1960. S.I. Catálogo de exposição, dez. 1960, MAM.

"[Apresentação]". In: NOLASCO. Rio de Janeiro, Galeria Módulo Arquitetura e Decoração, 1960. S.I. Catálogo de exposição, 10 maio 1960, GMAD.

"Lúcio Cardoso (patético): 'Ergo meu livro como um punhal contra Minas'". *Jornal do Brasil*, Rio de Janeiro, 25 nov. 1960. Caderno B, "Vida Literária", p. 2. [Depoimento ao INTERINO: Fausto Cunha].

"Lúcio Cardoso rejeita prêmio de romance do INL e dá suas razões!". *Jornal do Brasil*, Rio de Janeiro, 6 dez. 1960. Caderno B, "Vida Literária", p. 2. [Entrevista a Mauritônio Meira].

"Apresentação do pintor Toni Fertonani". In: FERTONANI, Toni. Rio de Janeiro, [?], 1961. Catálogo de exposição, 1961, Galeria Penguin.

"O filho pródigo". In: NASCIMENTO, Abdias do. *Dramas para negros e prólogo para brancos: Antologia do teatro negro brasileiro*. Il. da capa de Mário Cravo. Rio de Janeiro: Teatro Experimental do Negro, 1961. pp. 29-72.

"Morador Lúcio Cardoso, de Ipanema". *Chuvisco*, Rio de Janeiro, n. 36, fev. 1961. [Entrevista concedida a Tatí Bueno].

O Aleijadinho. Tiradentes. Il. de Fernando Pieruccetti. Rio de Janeiro: MEC, s/d. (Col. Brasil, n. 1, Série As Figuras, v. I).

Fernão Dias Pais. Heroínas brasileiras. Il. de Barboza Leite & Fernando Pieruccetti. Rio de Janeiro: MEC, s/d. (Col. Brasil, n. 2, Série As Figuras, v. II).

Dois sábios (Padre Bartolomeu de Gusmão e Osvaldo Cruz). Ana Neri. Il. de Ênio Damázio. Rio de Janeiro: MEC, s/d. (Col. Brasil, n. 3, Série As Figuras, v. III).

Vieira. Anchieta. Il. de Ênio Damázio; Fernando Pieruccetti. Rio de Janeiro: MEC, s/d. (Col. Brasil, n. 4, Série As Figuras, v. IV).

Rosa da Fonseca. A Preta Ana e Jovita. Il. de Ênio Damázio. Rio de Janeiro: MEC, s/d. (Col. Brasil, n. 8, Série As Figuras, v. VIII).

Joaquim Nabuco. José do Patrocínio. Il. de Fernando Pieruccetti. Rio de Janeiro: MEC, s/d. (Col. Brasil, n. 27, Série As Figuras, v. XII)

Álvares de Azevedo. Gonçalves Dias. Il. de Fernando Pieruccetti. Rio de Janeiro: MEC, s/d. (Col. Brasil, n. 28, Série As Figuras, v. XIII).

Machado de Assis. Castro Alves. Il. de Fernando Pieruccetti. Rio de Janeiro: MEC, s/d. (Col. Brasil, n. 29, Série As Figuras, v. XIV).

Mauá. Il. de Fernando Pieruccetti. Rio de Janeiro, MEC, s/d. (Col. Brasil, n. 30, Série As Figuras, v. XV).

I-Juca-Pirama. Adaptação do poema de Gonçalves Dias. Il. de Fernando Pieruccetti. Rio de Janeiro: MEC, [1961]. (Col. Educar, n. 5, Série Ficção, v. II).

Iracema. Adaptação do romance de José de Alencar. Il. de Fernando Pieruccetti. Rio de Janeiro: MEC, s/d. (Col. Educar, n. 13, Série Ficção, v. IV).

Índios e negros do Brasil. Il. de Fernando Pieruccetti. Rio de Janeiro: MEC, s/d. (Col. Brasil, n. 21, Série Os Hábitos, v. I).

O ouro. Il. de Fernando Pieruccetti. Rio de Janeiro: MEC, s/d. (Col. Brasil, n. 23, Série Os Hábitos, v. III).

O vaqueiro nordestino. Jangadeiros do Nordeste. Il. de Fernando Pieruccetti. Rio de Janeiro: MEC, s/d. (Col. Brasil, n. 24, Série Os Hábitos, v. IV).

O Descobrimento. Os jesuítas. Il. de Fernando Pieruccetti. Rio de Janeiro: MEC, s/d. (Col. Brasil, n. 11, Série Os Acontecimentos, v. I).

O Quilombo dos Palmares. Guerra dos Mascates. Il. de Fernando Pieruccetti. Rio de Janeiro: MEC, s/d. (Col. Brasil, n. 15, Série Os Acontecimentos, v. V).

A descoberta de Minas. Borba Gato. Il. de Fernando Pieruccetti. Rio de Janeiro: MEC, s/d. (Col. Brasil, n. 16, Série Os Acontecimentos, v. VI).

O Grito do Ipiranga. Il. de Ênio Damázio. Rio de Janeiro: MEC, s/d. (Col. Brasil, n. 17, Série Os Acontecimentos, v. VII).

"[Apresentação]". In: SALDANHA, Ione. Rio de Janeiro: Galeria Relevo, 1962. Catálogo de exposição, Galeria Relevo, S.I.

O mistério dos MMM. Coord. e apres. de João Condé. Rio de Janeiro: O Cruzeiro, 1962.

"[Prefácio]". In: AYALA, Walmir. *Cantata* (poemas). Pref. de Lúcio Cardoso. Rio de Janeiro: Edições GRD, 1966. p. 5.

Três histórias da província (Mãos vazias, O desconhecido e A professora Hilda). 2. ed. Pref. de Maria Alice Barroso. Rio de Janeiro: Bloch, 1969.

Três histórias da cidade (Inácio, O anfiteatro e O enfeitiçado). 2. ed. Pref. de Marcos Konder Reis. Rio de Janeiro: Bloch, 1969.

O viajante (inacabado). Ed. e intr. de Octavio de Faria, nota de Adaucto Lúcio Cardoso. Rio de Janeiro: José Olympio, 1973.

"Depoimento". *Ficção*, Rio de Janeiro, Ed. Ficção, v. ii, n. 2, pp. 71-2, fev. 1976. [Depoimento a Fausto Cunha].

Poemas inéditos. Apres. e ed. de Octavio de Faria. Pref. de João Etienne Filho. Rio de Janeiro: Nova Fronteira, 1982.

"Marcos Konder Reis: A poesia". In: reis, Marcos Konder. *Praia brava*. 2. ed. Rio de Janeiro: Cátedra/Pró-Memória; Brasília: inl, 1983. pp. 9-13.

Chronique de la maison assassinée (*Crônica da casa assassinada*). Trad. do português (Brasil) e posf. de Mario Carelli. Paris: A. M. Métailié; Mazarine, 1985. (Bibliothèque Brésilienne).

"A voz do um profeta". In: fonseca, Edson Nery da (Org.). *Três poetas brasileiros apaixonados por Fernando Pessoa: Cecília Meireles, Murilo Mendes e Lúcio Cardoso*. Recife: Fundação Joaquim Nabuco/Massangana, 1985. pp. 31-44. (Documentos, 24).

"Apresentação". In: saldanha, Ione. *Resumo de 45 anos de pintura*. Rio de Janeiro: Individual Bank Chase, 1988. 24 pp. Catálogo de exposição, 12 set. a 1 out. 1988, Anna Maria Niemeyer Galeria de Arte, Galeria Paulo Klabin e Galeria Saramenha, p. 16.

Crônica da casa assassinada. Ed. crítica coord. por Mario Carelli. Espanha, Archivos/csic, 1991. (Col. Archivos, 18).

Inacio (*Inácio*). Trad. do português (Brasil) e apres. ["inacio, l'ensorceleur"] de Mario Carelli. Paris: A. M. Métailié, 1991. (Bibliothèque Brésilienne).

O desconhecido e Mãos vazias. 3. ed. Pref. e sel. de André Seffrin. Apres. de Leo Gilson Ribeiro. Rio de Janeiro: Civilização Brasileira, 2000.

Inácio, O enfeitiçado e Baltazar. Pref. e org. de André Seffrin. Apres. de Nelson de Oliveira. Rio de Janeiro: Civilização Brasileira, 2002.

Chronique de la maison assassinée (*Crônica da Casa Assassinada*). 2. ed. Trad. do português (Brasil) e posf. de Mario Carelli. Paris: Éditions Métailié, 2005. (Collection Suites).

Teatro reunido. Org. e posf. de Antonio Arnoni Prado. Curitiba: Ed. ufpr, 2006.

Poesia completa. Ed. crítica de Ésio Macedo Ribeiro. São Paulo: Edusp, 2011.

Contos da ilha e do continente. Org. de Valéria Lamego. Rio de Janeiro: Civilização Brasileira, 2012.

Diários. Ed. de Ésio Macedo Ribeiro. Rio de Janeiro: Civilização Brasileira, 2012.

Chronicle of the Murdered House. Trad. de Margaret Jull Costa e Robin Patterson. Intr. de Benjamin Moser. Rochester, ny: Open Letter, 2016.

Crónica da casa assassinada. Lisboa: Compasso dos Ventos, 2018.

Crônica da casa assassinada. Pref. de Chico Felitti. Textos de Clarice Lispector e Ésio Macedo Ribeiro. São Paulo: Companhia das Letras, 2021.

Kroniek van het vermoorde huis. Trad. de Harrie Lemmens. Amsterdam: De Arbeiderspers, 2022.

OBRAS SOBRE A VIDA E A OBRA DE LÚCIO CARDOSO

almeida, Teresa de. *Lúcio Cardoso e Julien Green: Transgressão e culpa*. São Paulo: Edusp, 2010.

ARATICUM — Revista do Programa de Pós-Graduação em Letras/Estudos Literários da Unimontes. Org. de Ivana Ferrante Rebello e Almeida e Fábio Figueiredo Camargo. Montes Claros, Unimontes, v. 6, n. 2, 2012. [Número dedicado ao centenário de Lúcio]. Disponível em:

<https://www.periodicos.unimontes.br/index.php/araticum/issue/view/118>. Acesso em: 1 jan. 2013.

BARROS, Marta Cavalcante de. *Espaços de memória: Uma leitura de Crônica da casa assassinada, de Lúcio Cardoso.* São Paulo: Nova Alexandria, 2002.

BARROS, Maria de Lourdes Cardoso de. "Meu irmão, Lúcio Cardoso". *Suplemento Literário Minas Gerais,* Belo Horizonte, ano XIII, n. 628, pp. 8-9, 14 out. 1978.

_____. "Depoimento — Paulo César Saraceni — Lúcio Cardoso". *Poesia etc.,* Rio de Janeiro, ano 1, n. 3, p. 3, fev. 1998.

BRANDÃO, Jacyntho Lins (Org.). *Literatura mineira: trezentos anos.* Apres. de Antonio Carlos Secchin. Belo Horizonte: BDMG Cultural, 2020.

BRANDÃO, Ruth Silviano. *Mulher ao pé da letra: A personagem feminina na literatura.* Belo Horizonte: Ed. UFMG/SMC, 1993.

_____. "Lúcio Cardoso: A travessia da escrita". In: _____. (Org.). *Lúcio Cardoso: A travessia da escrita.* Belo Horizonte: Ed. UFMG, 1998. pp. 25-45.

CADERNOS Brasileiros (revista), Rio de Janeiro, ano VII, n. 3, maio/jun. 1965.

CAMARGO, Fábio Figueiredo. *Escrever o pai é escrever-se.* Uberlândia: Vórtex, 2021.

CARDOSO, Elizabeth. *Feminilidade e transgressão: Uma leitura da prosa de Lúcio Cardoso.* São Paulo: Humanitas, 2014.

CARDOSO, Maria Helena. *Por onde andou meu coração.* Pref. de Octavio de Faria. Notas da editora e de Walmir Ayala. Rio de Janeiro: José Olympio, 1966.

_____. *Por onde andou meu coração.* 2. ed. rev. Pref. de Octavio de Faria. Notas da editora e de Walmir Ayala. Capa de Lúcio Cardoso. Rio de Janeiro: José Olympio, 1968.

_____. *Vida-vida* (memória). Nota de Clarice Lispector. Rio de Janeiro: José Olympio; MEC, 1973.

_____. *Por onde andou meu coração.* 5. ed. Pref. de Andréa Vilela e Octavio de Faria. Nota de Walmir Ayala. Rio de Janeiro: Civilização Brasileira, 2007.

CARELLI, Mario. "Octavio de Faria, témoin de la vie et de l'oeuvre de Lúcio Cardoso". *Bulletin des Études Portugaises et Brésiliennes,* Paris, n. 44/45, pp. 341-87, 1985.

_____. *Corcel de fogo: Vida e obra de Lúcio Cardoso (1912-1968).* Trad. de Júlio Castañon Guimarães. Rio de Janeiro: Guanabara, 1988.

COSTA, Carla. *O espaço da casa e as configurações do feminino: Uma leitura de Lúcio Cardoso.* Monee, Illinois: Ed. da Autora, 2022.

DAMASCENO, Beatriz. *Lúcio Cardoso em corpo e escrita.* Rio de Janeiro: Eduerj, 2012.

DOERING, Daniela. "Internationales im Rathaus". *Berliner ZTs.,* Berlim, 22 jun. 1991. S.I.

"ESCRITOR sofre novo derrame". *O Estado de S. Paulo,* São Paulo, 14 set. 1968. S.I.

"EVOCAÇÃO de Lúcio Cardoso". *Cultura,* Rio de Janeiro, Conselho Federal de Cultura, ano 2, n. 15, pp. 65-9, set. 1968.

"EXPOSIÇÃO de Lúcio Cardoso". São Paulo: Galeria Atrium, 1966. S.I. Catálogo de exposição.

"FILME preserva o passado de BH". *Estado de Minas,* Belo Horizonte, 11 ago. 1992. S.I.

HERZ, Carsten. "Kosmos hinter treppenstufen". *Tagesspiegel,* Berlim, 22 jun. 1991. S.I.

"KINDERFEINDLICHE krankenhausplanung". *Tagesspiegel,* Berlim, 23 jun. 1991. S.I.

"LIVROS novos — *O livro de Job* — Tradução de Lúcio Cardoso". *O Cruzeiro,* Rio de Janeiro, ano XVI, n. 18, p. 18, 26 fev. 1944.

"LÚCIO/ a fé no desespero". *Jornal do Brasil,* Rio de Janeiro, 25 set. 1968. Caderno B, p. 1.

"LÚCIO Cardoso". *Suplemento Literário Minas Gerais*, Belo Horizonte, ano III, n. 109, p. 1, 28 set. 1968.

"LÚCIO Cardoso" (número especial dedicado a LC). Coord. geral e editoria de Lúcia Miners. *Tribuna da Imprensa*, Rio de Janeiro, 21 out. 1973. Tribuna Literária, ano 1, 16 pp.

"LÚCIO Cardoso de novo é vítima de derrame cerebral". *Correio da Manhã*, Rio de Janeiro, 14 set. 1968. S.I.

"LÚCIO Cardoso é sepultado no Rio". *O Estado de S. Paulo*, São Paulo, p. 10, 25 set. 1968.

"LÚCIO Cardoso está melhor mas ainda inconsciente". *Jornal da Tarde*, São Paulo, 16 set. 1968. S.I.

"LÚCIO Cardoso está passando muito mal". *Folha de S.Paulo*, São Paulo, 14 set. 1968. S.I.

"LÚCIO Cardoso — *Mãos vazias*: 30 Anos". *Suplemento Literário Minas Gerais*, Belo Horizonte, Ed. especial, ano III, n. 118, 30 nov. 1968, 18 pp.

"LÚCIO Cardoso o que doou". *Correio da Manhã*, Rio de Janeiro, p. 10, 17 dez. 1968.

"LÚCIO Cardoso — vida e obra dez anos depois". *Suplemento Literário Minas Gerais*, Belo Horizonte, Ed. especial, org. de Márcio Almeida, ano XIII, n. 628, 14 out. 1978. 12 pp.

"LÚCIO Cardoso volta hoje a Minas após 43 anos para apresentar os seus quadros". *Jornal do Brasil*, Rio de Janeiro, 23 set. 1966.

MARTINS, Maria Terezinha. *Luz e sombra em Lúcio Cardoso*. Orelhas de Gilberto Mendonça Teles. Goiânia: UFG; Cegraf, 1997. (Col. Orfeu).

MEIRA, Mauritônio. "Lúcio Cardoso rejeita prêmio de romance do INL e dá suas razões!". *Jornal do Brasil*, Rio de Janeiro, p. 3, 6 dez. 1960.

_____. "O barroco em Lúcio Cardoso". *Jornal de Letras*, Rio de Janeiro, n. 251, jun. 1971. Caderno 1, pp. 4-5.

MIRANDA, Mariana. *Clarice Lispector entre cartas: Sua correspondência com Lúcio Cardoso, Fernando Sabino e outros*. São Paulo: Dialética, 2022.

MORAIS, Franklin. *Lúcio Cardoso, Cornélio Penna e a retórica do Brasil profundo*. São Paulo: Dialética, 2021.

MOURA, Flávio. "Dostoiévski mineiro". *Veja*, São Paulo, ano 33, n. 44, 1 nov. 2000. "Livros", p. 138.

NEVES, José Alberto Pinho et al. (Orgs.). *Lúcio Cardoso: A escrita sem limites*. Juiz de Fora: Museu de Arte Murilo Mendes; EDUFJF, 2016.

NEVES, Zanoni. *Lucio Cardoso, Maleita et Pirapora: Historicité et culture populaire traditionnelle dans l'oeuvre de Lucio Cardoso*. Paris: Éditions Universitaires Européennes, 2015.

OPINIÃES — Revista dos Alunos de Literatura Brasileira. São Paulo, FFLCH-USP, ano 9, n. 17, jul./dez. 2020. ["60 anos da *Crônica da casa assassinada*"]. Org. de Ana Maria Amorim Correia, Eduardo Marinho da Silva, Érica Ignácio da Costa, Frederico van Erven Cabala e Livia Azevedo Lima. Disponível em: <https://www.revistas.usp.br/opiniaes/issue/view/11604>. Acesso em: 20 dez. 2020.

"'PLANÈTE Couleur' — ausdruck der lebensfreude". *NordBerliner*, Berlim, 22 jun. 1991. S.I.

"PLANÈTE Couleur — peintres d'exceptions". Paris; Berlim: Association Internationale des Arts (Aida), 1989 e 1991. S.I. Catálogo de exposição.

"RATHAUS Wedding Informiert". Berlim, 18 jun. 1991. S.I.

REVISTA do Centro de Estudos Portugueses, Belo Horizonte, Faculdade de Letras da UFMG, Dossiê Lúcio Cardoso, org. de Ésio Macedo Ribeiro, Silvana Maria Pessôa de Oliveira e Viviane Cunha, v. 28, n. 39, pp. 9-174, jan./jun. 2008.

RIBEIRO, Ésio Macedo. *O riso escuro ou o pavão de luto: Um percurso pela poesia de Lúcio Cardoso.* Pref. de Ruth Silviano Brandão. Apres. de Valentim Facioli. São Paulo: Edusp; Nankin, 2006.

RODRIGUES, Leandro Garcia (Org.). *Lúcio Cardoso: 50 anos depois.* Belo Horizonte: Relicário, 2020.

"ROMANCISTA morre depois do segundo derrame cerebral". *Correio da Manhã*, Rio de Janeiro, 25 set. 1968. S.I.

ROSA E SILVA, Enaura Quixabeira. *A alegoria da ruína: Uma análise da Crônica da casa assassinada.* Apres. de Antonio Arnoni Prado e Vicente Ataide. Curitiba: HD Livros, 1995.

_____. "Prazer mortal: Tensão erótica na narrativa de Lúcio Cardoso". In: _____. *Prazer mortal: Lições de literatura brasileira.* Pref. de Vilson Brunel Meller. Maceió: Edufal, 1997. pp. 15-37.

_____. *La Condition humaine dans l'oeuvre de Lúcio Cardoso: Entre Éros e Thanatos, l'allégorie baroque brésilienne.* Paris: Diffusion Septentrion Presses Universitaires — Thèse à la carte, 2001.

_____. "Angélica: Uma personagem fáustica na dramaturgia de Lúcio Cardoso". In: AQUINO, Ricardo Bigi; MALUF, Sheila Diab (Orgs.). *Dramaturgia e teatro.* Maceió: Edufal, 2004. pp. 141-52.

_____. *Lúcio Cardoso: Paixão e morte na literatura brasileira.* Pref. de Bernard Emery. Apres. de Luiz Gutemberg. Maceió: Edufal, 2004.

_____. *Do traje ao ultraje: Uma análise da indumentária e do sistema de objetos em Crônica da casa assassinada.* Maceió: Edufal; Cesmac, 2010.

RUPPEL, Ulrike. "Kunstwerke von behinderten malern". *Berliner Morgenpost*, Berlim, 22 jun. 1991. S.I.

SANTOS, Cássia dos. "Polêmica e controvérsia: O itinerário de Lúcio Cardoso de *Maleita* a *O enfeitiçado*". *Sínteses: Teses*, Campinas, Unicamp, v. 3, pp. 271-82, 1998.

_____. *Polêmica e controvérsia em Lúcio Cardoso.* Pref. de Vilma Arêas. Campinas: Mercado de Letras; São Paulo: Fapesp, 2001.

SANTOS, Hamilton dos. *Lúcio Cardoso, nem leviano, nem grave.* São Paulo: Brasiliense, 1987. (Col. Encanto Radical, 79).

SANTOS, Odirlei Costa dos. *Litania dos transgressores: Desígnios da provocação em Lúcio Cardoso.* São Paulo: Dialética, 2021.

7FACES — *Revista de Poesia.* Org. de Pedro Fernandes de Oliveira Neto e Cesar Kiraly, Natal, ano 4, n. 7, jan./jul. de 2013. Número em homenagem a Lúcio Cardoso. Disponível em: <http://www.revistasetefaces.com/2013/>. Acesso em: 10 out. 2013.

SILVA, Carlos Roberto da. *A estetização da doença na ficção de Lúcio Cardoso.* Portela, Portugal: Lisbon Press, 2022.

SILVA, Guilherme Ferreira. *Formas de evasão em Lúcio Cardoso.* São Paulo: FFLCH-USP, 1972. 93 pp. Dissertação (Mestrado em Sociologia).

SIMÕES, Maria de Lourdes Utsch Moreira. "Lúcio Cardoso, um mito?". *Suplemento Literário Minas Gerais*, Belo Horizonte, ano v, n. 212, p. 1, 19 set. 1970.

WERNECK, Humberto. *O desatino da rapaziada: Jornalistas e escritores em Minas Gerais.* 2. reimpr. São Paulo: Companhia das Letras, 1997. pp. 102, 114 e 127.

OBRAS DE REFERÊNCIA

A BOOK of Days for the Brazilian Literary Year. Rio de Janeiro: Fundação Biblioteca Nacional, 1993. p. 165.

ABREU, Estela dos Santos. *Ouvrages brésiliens traduits en france = Livros brasileiros traduzidos na França (1988).* 4. ed. atual. Rio de Janeiro: Ed. do Autor, 1998. p. 32.

AIRA, César. *Diccionario de autores latinoamericanos.* Buenos Aires: Emecê, 2001. p. 122. (Obras Notables).

AUGÉ, Paul et al. *Petit Larousse.* 13 ed. Paris: Larousse, 1963.

AYALA, Walmir. *O Brasil por seus artistas. Brasil Through its Artists.* Ed. bilíngue. Rio de Janeiro: Nórdica; São Paulo: Círculo do Livro, [1980]. pp. 44-5.

_____. *Dicionário de pintores brasileiros.* 2. ed. rev. e ampl. por André Seffrin. Curitiba: Ed. UFPR, 1997. p. 83.

BIBLIOGRAFIA brasileira — 1938-1939. Rio de Janeiro: MEC/INL, 1941. p. 52.

BIBLIOGRAFIA brasileira — 1941. Rio de Janeiro: MEC/INL, 1952. p. 87.

"BIBLIOGRAFIA de Lúcio Cardoso". *Suplemento Literário Minas Gerais.* Belo Horizonte, Ed. especial. Org. de Márcio Almeida e Gutemberg da Mota e Silva, ano XIII, n. 628, p. 11, 14 out. 1978. 12 pp.

BIBLIOTECA nacional: 1810 — 1910 — 1980: Catálogo da exposição comemorativa dos 170 anos de existência da Biblioteca Nacional e 70 anos da sua atual sede. Rio de Janeiro: Biblioteca Nacional. Catálogo de Exposição, org. de Seção de Promoções Culturais, 1980, Biblioteca Nacional, p. 62.

BRAZILIAN Author Translated Abroad. Rio de Janeiro: Fundação Biblioteca Nacional, Dep. Nacional do Livro, 1994. pp. 53-4.

CAFEZEIRO, Edwaldo (Coord.). *Índice de autores e peças da dramaturgia brasileira.* Rio de Janeiro: MEC/DAC; FUNARTE/SNT, 1977. tomo 1, letra C, pp. 47-8.

CARELLI, Mario. "Lúcio Cardoso". In: LAFFONT-BOMPIANI. *Le Nouveau Dictionnaire des Auteurs: De Tous les Temps et de tous les pays.* Nova ed. atual. Paris: Robert Laffont/Centre National des Lettres, 1994. v. 1, pp. 560-1.

CARPEAUX, Otto Maria. *Pequena bibliografia crítica da literatura brasileira.* 3. ed. Rio de Janeiro: Letras e Artes, 1964. pp. 326-7.

CAVALCANTI, Carlos (Org.). *Dicionário brasileiro de artes plásticas.* Rio de Janeiro: MEC/INL, 1973. v. 1, p. 354.

COELHO, Jacinto do Prado (Dir.). *Dicionário de literatura.* 3. ed. Porto: Figueirinhas, 1976. v. I, p. 209.

COUTINHO, Afrânio; SOUSA, J. Galante (Dir.). *Enciclopédia de literatura brasileira.* 2 v. Rio de Janeiro: MEC/FAE, 1990. v. I, p. 388.

_____ (Dir.). *Enciclopédia de literatura brasileira.* 2. ed. rev., ampl., atual. e ilust. sob a coord. de Graça Coutinho e Rita Moutinho. São Paulo: Global; Rio de Janeiro: Fundação Biblioteca Nacional/DNL; Academia Brasileira de Letras, 2001. v. I, p. 432.

COELHO, Nelly Novaes. *Dicionário crítico da literatura infantil/juvenil brasileira — 1882-1982.* São Paulo: Quíron, 1983. pp. 508-11.

_____. *Dicionário crítico da literatura infantil e juvenil brasileira — séculos XIX e XX.* 4. ed. rev. e aum. São Paulo: Edusp, 1995. pp. 615-6.

"DADOS biobibliográficos". *Suplemento Literário Minas Gerais*, Belo Horizonte, ano III, n. 118, p. 2, 30 nov. 1968.

DICIONÁRIO Cravo Albin da música popular brasileira. Disponível em: <http://www.dicionario mpb.com.br>. Acesso em: 3 ago. 2022.

Dicionário enciclopédico Koogan Larousse Seleções. v 2, S.I.

DUTRA, Waltensir; CUNHA, Fausto. *Biografia crítica das letras mineiras*. Rio de Janeiro; MEC/INL, 1956. p. 108. (Biblioteca de Divulgação Cultural, v).

ENCICLOPÉDIA Delta universal. Rio de Janeiro: Delta, 1980. v. 3, p. 1749. v. 3.

ENCICLOPÉDIA Itaú Cultural — literatura brasileira. Disponível em: <http://www.itaucultural. org.br/aplicexternas/enciclopedia_lit/>. Acesso em: 3 ago. 2022.

ENCICLOPÉDIA Mirador internacional. São Paulo; Rio de Janeiro: Encyclopaedia Britannica do Brasil, 1975. v. 4, pp. 1700-1 e 1720.

ENCYCLOPAEDIA Britannica. Disponível em: <http://www.britannica.com>. Acesso em: 3 ago. 2022.

ENCYCLOPEDIE Larousse. Disponível em: <http://www.larousse.fr>. Acesso em: 3 ago. 2022.

"ESCRITORES brasileiros: filmografia". *Filme Cultura*, Instituto Nacional de Cinema, Rio de Janeiro, ano VI, n. 20, pp. 42-4, maio/jun. 1972.

EWALD FILHO, Rubens. *Dicionário de cineastas*. São Paulo: Global, 1977.

GARSCHAGEN, Donaldson M. (Coord.). *Enciclopédia Barsa*. Rio de Janeiro; São Paulo: Encyclopaedia Britannica Editores, 1977. v. 4, p. 73.

LAROUSSE cultural — Brasil A/Z — Enciclopédia alfabética em um único volume. São Paulo: Universo, 1988. p. 173.

LEITE, José Roberto Teixeira. *Dicionário crítico da pintura no Brasil*. Rio de Janeiro: Artlivre, 1988. p. 105.

LITERATURA infanto-juvenil brasileira. Catálogo da exposição Comemorativa do Ano Internacional da Criança, org. de Seção de Promoções Culturais. Rio de Janeiro: Biblioteca Nacional, 1979. p. 30.

"LÚCIO Cardoso — *CHRONIQUE de la maison assassinée* e *INACIO*". Catálogo da Éditions A. M. Métailié. Bibliothèque brésilienne, Paris, 1989, pp. 12 e 14.

"LÚCIO Cardoso". In: LUFT, Celso. *Dicionário da literatura portuguesa e brasileira*. Porto Alegre: Globo, 1967. pp. 66-7.

MAIA, Pedro Américo (Coord.). *Dicionário crítico do moderno romance brasileiro*. Belo Horizonte: Grupo Gente Nova, 1970, pp. 129-34.

MONTEZ, Ângela Barros (Coord.). *Autores brasileiros — Biobibliografias (1ª Parte)*. Rio de Janeiro: Fundação Biblioteca Nacional/DNL, 1998. p. 121.

MORAIS, Frederico. *Cronologia das artes plásticas no Rio de Janeiro, 1816-1994*. Rio de Janeiro: Topbooks, 1995. pp. 250, 260, 278 e 428.

"NOTAS biobibliográficas". *Suplemento Literário Minas Gerais*, Belo Horizonte, ano III, n. 109, p. 1, 28 set. 1968.

O ROMANCE brasileiro. Divisão de Publicações e Divulgação. Catálogo de Exposição, org. de Seção de Exposições Rio de Janeiro, Biblioteca Nacional, dez. 1974, p. 38.

PAES, José Paulo; MOISÉS, Massaud (Orgs.). *Pequeno dicionário de literatura brasileira*. São Paulo: Cultrix, 1967. pp. 65-6.

PAES, José Paulo; MOISÉS, Massaud (Orgs.). *Pequeno dicionário de literatura brasileira*. 2. ed. rev. e ampl. São Paulo: Cultrix, 1980. pp. 99-100.

PEIXOTO, Mario. *Ipanema de A a Z: Dicionário da vida ipanemense*. Colab. de Marcelo Câmara. Rio de Janeiro: AACohen, 1999. p. 117.

PEREZ, Renard. "Lúcio Cardoso". In: _____. *Escritores brasileiros contemporâneos*. 2. ed. rev. e aum. Rio de Janeiro: Civilização Brasileira, 1971. v. II, pp. 225-44.

PLACER, Xavier (Org.). *Modernismo brasileiro — Bibliografia (1918-1971)*. Rio de Janeiro: Biblioteca Nacional, 1972. pp. 133, 161, 211, 214, 238 e 343. (Col. Rodolfo Garcia).

PONTUAL, Roberto. *Dicionário das artes plásticas no Brasil*. Rio de Janeiro: Civilização Brasileira, 1969, p. 108.

PUCHEU, Alberto; MEIRA, Caio (Orgs.). *Guia conciso de autores brasileiros: Brazilian Authors Concise Guide*. Rio de Janeiro: Fundação Biblioteca Nacional/DNL; São Paulo: Imprensa Oficial do Estado, 2002. pp. 255-6.

RANGEL, Rosângela Florido; LEITÃO, Eliane Vasconcellos (Orgs.). *Inventário do arquivo Lúcio Cardoso*. Rio de Janeiro: FCRB; MinC, 1989. (Série AMBL, 4).

REBELO, Marques. *Antologia escolar brasileira*. 2. ed. rev. e atual. Rio de Janeiro: MEC/Fename, 1975, pp. 14-5.

RIBEIRO, Ésio Macedo. "Bibliografia anotada (1934-2005)". In: _____. *O riso escuro ou o pavão de luto: Um percurso pela poesia de Lúcio Cardoso*. Pref. de Ruth Silviano Brandão. Apres. de Valentim Facioli. São Paulo: Edusp; Nankin, 2006.

_____. "Bibliografia anotada (1934-2010)". In: CARDOSO, Lúcio. *Poesia completa*. Ed. crítica de Ésio Macedo Ribeiro. São Paulo: Edusp, 2011.

SANDRONI, Laura Constancia Austregésilo de Athayde (Coord.). *Bibliografia analítica da literatura infantil e juvenil publicada no Brasil 1965-1974*. São Paulo: Melhoramentos; MEC, 1977. pp. 90-1.

SOUZA, Geraldo (Org.). *Cavaleiros da luz: Trabalhos crítico-históricos sobre os patronosos da Academia Curvelana de Letras*. Belo Horizonte: Armazém de Ideias, 1997. pp. 47-129.

TEYSSIER, Paul. *Dictionnaire de littérature brésilienne*. Paris: Presses Universitaires de France, 2000.

YOLANDA, Regina. *O livro infantil e juvenil brasileiro: Bibliografia de ilustradores*. São Paulo: Melhoramentos; Brasília: INL, 1976. pp. 25 e 53.

WIKIPÉDIA — A enciclopédia livre. Disponível em: <https://pt.wikipedia.org/wiki/L%C3%BAcio_Cardoso>. Acesso em: 3 ago. 2022.

OBRAS GERAIS

ANDRADE, Mário de. *Dicionário musical brasileiro*. 2. ed. Coord. de Oneyda Alvarenga e Flávia Camargo Toni. Belo Horizonte: Itatiaia, 1989.

AUSTEN, Jane. *Orgulho e preconceito*. Trad. e intr. de Lúcio Cardoso. Rio de Janeiro: José Olympio, 1940. (Col. Fogos Cruzados, 1).

AYALA, Walmir (Org.). *Novíssima poesia brasileira II (antologia)*. Capa de Lúcio Cardoso. Rio de Janeiro: Cadernos Brasileiros, 1965.

BARING, Maurice. *A princesa branca*. Trad. de Lúcio Cardoso., Capa de Luiz Jardim. Rio de Janeiro: José Olympio, 1946. (Col. Fogos Cruzados, 63).

BRONTË, Emily. *O vento da noite*. Trad. e pref. de Lúcio Cardoso. Capa e il. de Santa Rosa. Rio de Janeiro: José Olympio,1944. (Col. Rubaiyat, 14).

_____. *O vento da noite*. Trad. e pref. de Lúcio Cardoso. 2. ed. (bilíngue). Org. e apres. de Ésio Macedo Ribeiro. Rio de Janeiro: Civilização Brasileira, 2016.

CARNEIRO NETO, Dib. *Crônica da casa assassinada & Depois daquela viagem*. São Paulo: Giostri, 2014.

DEFOË, Daniel. *Os segredos de Lady Roxana*. Trad. e pref. de Lúcio Cardoso. Rio de Janeiro: Pongetti, 1945. (Col. As 100 Obras Primas da Literatura Universal, 52).

_____. *As confissões de Moll Flanders* (1722). Pref. de Lúcio Cardoso. Rio de Janeiro: José Olympio, 1943. (Col. Fogos Cruzados, 17).

FARIA, Octavio de. *A sombra de Deus*. Capa de Lúcio Cardoso. Rio de Janeiro: José Olympio, 1966.

FRANCO, Afonso Arinos de Melo. "A travessia de J. Guimarães Rosa". *Tribuna da Imprensa*, Rio de Janeiro, ano IX, n. 2150, 26-7 jan. 1957. Tribuna dos Livros, p. 1.

GOETHE, Johann Wolfgang von. *Memórias I — poesia e verdade*. Trad. de Lúcio Cardoso, feita de acordo com a versão francesa da baronesa A. de Carlowitz. Estudo de Agripino Grieco. Rio de Janeiro: José Olympio, 1948.

KÂLIDÂSA. *A ronda das estações*. Trad. de Lúcio Cardoso. Rio de Janeiro: José Olympio, 1944. (Col. Rubaiyat, 13).

LEROUX, Gaston. *O fantasma da ópera*. Trad. de Lúcio Cardoso. Rio de Janeiro: O Cruzeiro, 1944. (Coleção Mistério, 2).

O'FLAHERTY, Liam. *O assassino*. Trad. de Lúcio Cardoso. Rio de Janeiro: O Cruzeiro, 1945.

OLIVEIRA, Júlio José de. *Absalão* (*1959-1962*). Capa de Lúcio Cardoso. Rio de Janeiro: O Menestrel, n. 1, mar. 1965.

O LIVRO de Job. Trad. de Lúcio Cardoso, Il. de Alix de Fautereau. Rio de Janeiro: José Olympio, 1943. (Col. Rubaiyat, 11).

REIS, Marcos Konder. *O muro amarelo* (poesia). Capa de Lúcio Cardoso. Rio de Janeiro: José Álvaro, 1965.

SECCHIN, Antonio Carlos. "A história de um livro". *Valor*, São Paulo, 29-30 jun. e 1 jul. 2012. "Outros escritos", pp. 34-5.

SILVA, Lúcia Ribeiro da. *Jogo fixo*. Pref. de Walmir Ayala. Capa de Lúcio Cardoso. Rio de Janeiro: José Olympio, 1966.

SINCLAIR, Upton. *O fim do mundo*. Trad. de Lúcio Cardoso. Capa de Raul Brito. Rio de Janeiro: José Olympio, 1941. (Col. Fogos Cruzados, 5).

STOKER, Brahm. *Drácula: O homem da noite*. Trad. de Lúcio Cardoso. Rio de Janeiro: O Cruzeiro, 1943. (Col. Mistério, 1).

TOLSTÓI, Léon. *Ana Karenina*. Trad. de Lúcio Cardoso. Rio de Janeiro: José Olympio, 1943.

_____. 2. ed. Trad. de Lúcio Cardoso. Prep. de texto, posf. e cronologia da vida e da época de Tolstói de Ésio Macedo Ribeiro. Rio de Janeiro: José Olympio, 2022.

3 NOVELAS russas ("A primavera da vida", de Gárin; "Ivan, o imbecil", de Tolstói, e "A mulher do outro", de Dostoiévski). Trad. de Lúcio Cardoso. Rio de Janeiro: A Noite, 1947.

VANCE, Ethel. *Fuga*. Trad. de Lúcio Cardoso. Capa de Raul Brito. Rio de Janeiro: José Olympio, 1940. (Col. Fogos Cruzados, 2).

ZAMIATIN, Eugênio. "A caverna", trad. de Lúcio Cardoso. In: BRAGA, Rubem (Coord. e apres.). *O livro de ouro dos contos russos*. Pref. de Aníbal M. Machado. Notas biográficas de Valdemar Cavalcanti. Superv. de Graciliano Ramos. Rio de Janeiro: Companhia Editora Leitura, 1944. pp. 425-33. (Col. Contos do Mundo, 1).

OBRAS DE CRÍTICA TEXTUAL

CAMBRAIA, César Nardelli. *Introdução à crítica textual*. São Paulo: Martins Fontes, 2005. (Col. Leitura e Crítica).

CARVALHO E SILVA, Maximiano de. "Crítica textual — conceito — objeto — finalidade". *Confluência — Revista do Instituto de Língua Portuguesa*, Rio de Janeiro, n. 7, pp. 57-63, 1. sem. 1994.

_____. "Notas e comentários". *Confluência — Revista do Instituto de Língua Portuguesa*, Rio de Janeiro, n. 19, pp. 118-32, 1. sem. 2000.

_____. "Bibliografia e crítica textual — notas e comentários II". *Confluência — Revista do Instituto de Língua Portuguesa*, Rio de Janeiro, n. 20, pp. 103-15, 2. sem. 2000.

_____. "Bibliografia e crítica textual — notas e comentários III". *Confluência — Revista do Instituto de Língua Portuguesa*, Rio de Janeiro, n. 21, pp. 46-69, 1. sem. 2001.

CASTRO, Ivo. *Editar Pessoa*. Ed. crítica de Fernando Pessoa. Lisboa: Imprensa Nacional — Casa da Moeda, 1990. (Coleção Estudos, 1).

CUNHA, Celso. "Ligeiras observações sobre a tipologia dos erros ou variantes em crítica textual". Separata de: *In Memoriam — Vandick L. de Nóbrega*. Rio de Janeiro: Sepe, 1985. pp. 47-58.

ELIA, Sílvio. "A crítica textual em seu contexto sócio-histórico". In: III Encontro de Ecdótica e Crítica Genética, 1993, João Pessoa, *Anais...* João Pessoa: UFPB/APML/Fundação Espaço Cultural da Paraíba/Fundação Casa de José Américo/CNPq, 1993, pp. 57-64.

GRÉSILLON, Almuth. *Elementos de crítica genética: Ler os manuscritos modernos*. Trad. de Cristina de Campos Velho Birck et al. Superv. da trad. de Patrícia Chittoni Ramos Reuillard. Pref. à ed. brasileira de Philippe Willemart. Porto Alegre: Ed. da UFRGS, 2007.

GUIMARÃES, Júlio Castañon. "Nota filológica: Procedimentos de edição"; "Estabelecimento de texto" e "Alguns procedimentos na produção do texto". In: CARDOSO, Lúcio. *Crônica da casa assassinada*. Ed. crítica coord. por Mario Carelli. Espanha: Archivos/CSIC, 1991. pp. XXVI--XXXVII, 1-618 e 645-55.

LEONEL, Maria Célia de Moraes. "Procedimentos adotados para a edição". In: IV Encontro Internacional de Pesquisadores do Manuscrito e de Edições: Gênese e Memória, 1995. *Anais...* Org. de Philippe Willemart. São Paulo, Annablume, APLM, 1995, pp. 167-173.

LOPEZ, Telê Porto Ancona. "Textos, etapas, variantes: O itinerário da escritura". *Revista do Instituto de Estudos Brasileiros*, São Paulo, IEB-USP, n. 31, pp. 147-59, 1990.

_____. "Nos caminhos do texto". In: ANDRADE, Mário de. *Macunaíma o herói sem nenhum caráter*. Ed. crítica coord. por Telê Porto Ancona Lopez. 2. ed. rev. Madri; Paris; México; Buenos Aires; São Paulo; Rio de Janeiro; Lima, ALLCA XX, 1996. pp. XXV-LXIII. (Coleção Archivos, 6).

PEREIRA FILHO, Emmanuel. *Estudos de crítica textual.* Rio de Janeiro: Gernasa, 1972. (Col. Estudos Universitários, 5).

SPAGGIARI, Barbara; PERUGI, Maurizio. *Fundamentos da crítica textual — história — metodologia — exercícios.* Rio de Janeiro: Lucerna, 2004.

SPINA, Segismundo. *Introdução à edótica: Crítica textual.* São Paulo: Cultrix; USP, 1977.

Índice remissivo

Ésio Macedo Ribeiro

7faces — Revista de Poesia, 54

A

Adão (personagem bíblico), 74

Adaucto Filho, 29, 310

Adonias Filho, 229

Alencar, Renato de, 33-4

Alfredo (garçom), 53

Almeida, Adriana Batista de, 51

Almeida, Alexandra Vieira de, 54

Almeida, Manuel Antônio de: *Memórias de um sargento de Milícias*, 33

Almeida, Teresa de, 49-50, 217; *Lúcio Cardoso e Julien Green: Transgressão e culpa*, 50, 217

Alvarez, Irma, 37

Alves, Castro, 44, 281

Alves, Elimar, 55

Alvim, Marco Paulo, 44

Alvisi, Marcos, 42

Amado, Jorge, 30, 37, 281, 345; *Il mistero delle tre M*, 44; *O mistério dos MMM*, 37; *Suor*, 345

Amalita, 307, 371

Amaral, Lara, 54

Amendola, Walter, 29, 310

Américo, José, 35

Anadélis, 34

Andrade, Carlos Drummond de, 8, 44, 52

Andrade, Mário de, 44, 246, 352, 353; *Belazarte*, 353

Andrade, Oswald de, 44

Ângelo, Miguel, 148

Antoine, Greta, 55

Antonio, Ângelo, 51, 54, 216

Aquino, Ricardo Bigi, 48

Aranha, Graça, 281

Araticum (revista), 53

Araújo, Rubens, 41

Archanjo, Gabriel, 40

Arcoverde, Saulo, 55

Arnauld, Antoine, 158

Assis, Machado de, 38, 258, 281, 331

Athayde, Tristão de, 310-1, 381, 392; *Política*, 381

Augusto, João, 378

Austen, Jane: *Orgulho e preconceito*, 28

Ayala, Walmir, 13, 18, 38-9, 44, 49, 57, 211; *Cantata*, 39; *Novíssima poesia brasileira* II, 38

Azevedo, Aluísio, 281

Azevedo, Álvares de, 281

B

Babaioff, Armando, 55

Bach, Johann Sebastian, 214

Balaão (personagem bíblico), 93

Balzac, Honoré de, 9, 218

Bandeira, Manoel (pintor), 364

Bandeira, Manuel (poeta), 15, 36, 44, 276

Banharoli, Rosana, 54

Barbosa, Ayrto, 42

Barbosa, Francisco de Assis, 309

Barbosa, Rui, 253-4, 368

Baring, Maurice: *A princesa branca*, 30

Barrault, Jean-Louis, 280, 295, 306; *O processo*, 306

Barreto, Lima, 281

Barros Júnior, Fernando Monteiro de, 49, 57

Barros, Branco, 386

Barros, Guga, 51

Barros, Maria de Lourdes Cardoso de, 25, 45, 48

Barros, Marta Cavalcante de: *Espaços de memória: Uma leitura de Crônica da casa assassinada, de Lúcio Cardoso*, 48

Barros, Walter de, 48

Barroso, Maria Alice, 40, 45

Barroso, Vera, 53

Baudelaire, Charles, 9, 101, 215, 357

Bebé, 257

Bedran, Ângela Maria, 46

Beethoven, Ludwig van, 8, 72, 74, 322; *Nona sinfonia*, 74

Behr, Nicolas, 24

Belarmino, Laís da Conceição Santos, 57

Benguel, Norma, 41

Bentes, Maurício, 48

Bérard, Christian *ver* Bebé

Berdiáiev, Nikolai, 102

Bergson, Henri, 121, 233; *O riso*, 233

Bernanos, Georges, 8, 84, 218, 293, 306, 313, 382; *Diário de um pároco de aldeia*, 84; *Journal d'un curé de campagne*, 84; *Sous le Soleil de Satan*, 218

Berrichon, Paterne, 102

Bíblia, 9, 93, 99, 108, 110, 114, 147, 153; Antigo Testamento, 86-97, 109-10, 130, 185; Novo Testamento, 96, 136

Binoto, Helena de Barros, 57

Bloy, Léon, 72-3, 112, 122-5, 136, 215, 243, 313, 382, 384-5; *Le Désespéré*, 124-5

Bocaiúva, Quintino, 258

Bonfioli, Igino, 35; *Despertar de um horizonte*, 35

Borges, Frank, 48

Borges, Pedro *ver* Fonseca, Antônio Borges da

Borges, Telma, 52-3

Bos, Charles Du, 236, 241

Bossuet, Jacques-Bénigne, 306

Braga, Nadyr, 29

Braga, Rubem, 30; *O livro de ouro dos contos russos*, 30

Brandão, Jacques do Prado, 312, 343

Brandão, Jacyntho Lins, 57

Brandão, Paulo, 31

Brandão, Ruth Silviano, 45-6, 49, 51-3, 55-7; *Lúcio Cardoso: A travessia da escrita*, 46; *Mulher ao pé da letra: A personagem feminina na literatura*, 45

Brontë, Emily, 30, 55, 59, 251; *O vento da noite*, 30, 55, 59

Bruck, Michelle, 56

Brugger, Fred, 235

Bruxa, A (jornal), 26

Bueno, Luís, 57-8

Bulcão, Athos, 257, 279

Buono, Lisette, 29, 310

Burlamaqui, Paula, 55

Burle Marx, Roberto, 257, 300

Byron, Lord, 227; *Marino Faliero, Doge of Venice*, 227

C

Cabala, Frederico, 57-8
Cadernos Brasileiros (revista), 38
Cadernos da Hora Presente (revista), 28
Caldeira, Rodrigo Coppe, 57
Caldwell, Erskine, 370; Trouble in July, 371
Callado, Antônio: Il mistero delle tre M, 44; O mistério dos MMM, 37
Câmara, Elba Sette, 36
Camargo, Fábio Figueiredo, 24, 52-3, 58; Escrever o pai é escrever-se, 58
Camões, Luís de, 270
Campos, Álvaro de ver Pessoa, Fernando
Campos, Haroldo de, 9
Camus, Albert, 279
Canabrava Filho, Dalton Moreira, 51
Canfield, Dorothy, 351
Cardoso Filho, Joaquim Lucio ver Cardoso, Lucio
Cardoso, Adaucto Lúcio, 25, 35, 41, 218
Cardoso, Elizabeth, 53-4, 57, 58; Feminilidade e transgressão: Uma leitura da prosa de Lúcio Cardoso, 54
Cardoso, Fausto, 25, 35, 38, 40
Cardoso, Helena Paladini, 41
Cardoso, Joaquim Lúcio, 25, 28, 35, 150
Cardoso, Lúcio: 10 romancistas falam de seus personagens, 30; 3 novelas russas (tradução), 31; A Bruxa (jornal), 26; "A caverna" (tradução), 30; A corda de prata, 31, 33, 277, 326; A descoberta de Minas — Borba Gato, 37; A luz no subsolo, 27, 40, 48, 352; A mulher de longe (filme), 31, 51, 54, 215, 221-2, 224, 235-6, 244, 251, 257-9, 262, 277, 309, 316, 347; A princesa branca (tradução), 30; A professora Hilda, 30, 40; A ronda das estações (tradução), 30, 59; Almas adversas (filme), 31, 251, 283; Álvares de Azevedo — Gonçalves Dias, 37; Ana Karenina (tradução), 29; Anchieta, 37; Angélica, 32, 326, 340, 344, 346, 350; As confissões de Moll Flanders (tradução), 29; Baltazar, 33, 47, 391-2; Céu escuro, 28;
Chronicle of the Murdered House (edição norte-americana), 56; Chronique de la maison assassinée (edição francesa), 43, 49; Contos da ilha e do continente, 53; Crônica da casa assassinada, 7, 12, 16, 19, 34-6, 38-9, 41-51, 53-4, 56-9; Crónica da casa assassinada (edição portuguesa), 56; Descoberta de Minas, 37; Despertar de um horizonte, 35; Diário completo, 10, 12-4, 18, 20, 40, 45; Diário I, 10-1, 14-5, 17-8, 20, 35-6, 40, 265, 269, 295, 367; "Diário não íntimo", 10, 14, 17, 19, 21, 34; Diários, 7, 10, 12, 14, 19-21, 52-4, 84; Dias perdidos, 29, 49; Dois sábios (padre Bartolomeu de Gusmão e Osvaldo Cruz) — Ana Neri, 37; Drácula: O homem da noite (tradução), 29, 54; Fernão Dias Pais — Heroínas brasileiras, 37; Fuga (tradução), 28; Histórias da lagoa grande, 28, 41, 43; I-Juca-Pirama, 37; Il mistero delle tre M, 44; Inácio, 29-30, 33, 40, 45, 47, 391; Inacio (edição francesa), 45; Inácio, O enfeitiçado e Baltazar, 33, 47, 391; Índios e negros do Brasil, 37; Iracema, 37; Joaquim Nabuco — José do Patrocínio, 37; Kroniek van het vermoorde huis (edição holandesa), 59; Machado de Assis — Castro Alves, 37; Maleita, 12, 27, 33, 41, 48; Mãos vazias, 28, 40, 47; Maria (tradução), 33-4; Mauá, 37; Memórias I: Poesia e verdade (tradução), 31; Morro de Salgueiro (edição argentina), 28; Novas poesias, 29; "Novelinha do Dia a Dia", 34; O Aleijadinho — Tiradentes, 37; O anfiteatro, 30, 40; O assassino (tradução), 30; O coração delator, 31, 274; "O Crime do Dia", 32; O Descobrimento — Os jesuítas, 37; O desconhecido, 28, 40, 42, 47; O desconhecido (filme), 42, 237; O desconhecido e Mãos vazias, 47; O enfeitiçado, 33, 40, 233; O escravo, 29-30, 310, 320, 346; O fantasma da ópera (tradução), 30; O filho pródigo, 29-31, 33-4, 37, 278, 311; O fim do mundo (tradução), 29; O Grito do Ipiranga, 37; O

livro de Job (tradução), 29, 59, 184, 197; *O mistério dos* MMM, 37; *O mundo sem Deus (Inácio, O enfeitiçado e Baltazar)*, 33, 47, 391; *O ouro*, 37; *O Quilombo dos Palmares — Guerra dos Mascates*, 37; *O vaqueiro nordestino — Jangadeiros do Nordeste*, 37; *O vento da noite* (tradução), 30, 55, 59; *O viajante*, 8, 32, 41, 46, 84, 358, 363-4, 369; *Orgulho e preconceito* (tradução), 28; *Os desaparecidos* (teatro na TV), 37; *Os segredos de Lady Roxana* (tradução), 30; *Poemas inéditos*, 43, 84; *Poesia completa*, 9, 20, 51, 53; *Poesias*, 29; *Porto das Caixas* (argumento), 37; *Prometeu libertado* (teatro), 55; *Reaparição*, 233; *Reduto dos deuses*, 26; *Rosa da Fonseca — A Preta Ana e Jovita*, 37; *Salgueiro*, 27-8, 49; *Teatro reunido*, 49; *Tiradentes*, 37; *Três histórias da cidade (Inácio, O anfiteatro e O enfeitiçado)*, 40; *Três histórias da província (Mãos vazias, O desconhecido e A professora Hilda)*, 40; *Três poetas brasileiros apaixonados por Fernando Pessoa*, 43, 174; *Vieira — Anchieta*, 37

Cardoso, Maria Helena, 11, 13, 17-8, 25, 35, 39, 45-6, 332-3, 336, 359; *Por onde andou meu coração*, 39; *Sonata perdida*, 46; *Vida-vida*, 46

Cardoso, Maria Wenceslina, 25, 35, 277, 316, 356, 368

Cardoso, Marília Rothier, 52, 54-7

Cardoso, Rafael, 23, 57

Carelli, Mario, 18, 43-5, 49

Carelli, Mário: *Corcel de fogo: Vida e obra de Lúcio Cardoso (1912-1968)*, 15, 18, 44

Carne Seca (João da Costa Rezende), 309

Carneiro Neto, Dib, 50, 54, 58; *Crônica da casa assassinada & Depois daquela viagem*, 54

Carneiro, Mário, 41

Carstens, Henrique, 365; *Livro de poemas de 1935*, 365

Carvalho, Luiz Fernando Medeiros de, 24, 52, 55

Carvalho, Tarcísio Vória, 55

Castro, Emil de, 49

Castro, Márcio de, 40

Cavalcanti, Alberto de Almeida, 243-4, 257, 347-8, 371

Cavalcanti, Mario Filipe, 54

Cervantes, Miguel de: *Dom Quixote de La Mancha*, 164-5

Cézanne, Paul, 353

Chermont, Jaime, 235, 244

Chestov, Liev, 74, 76-7, 103, 107, 121, 152, 170-1, 239

Chioda, Leonardo, 54

Ciabattari, Jane, 56

Clair, René, 344, 347

Claudel, Paul, 377

Claudiano Filho, 34

Cleo (sobrinha), 53

Clouzot, Henri-Georges, 266, 274-5

Cocteau, Jean, 347, 379

Coelho, Frederico, 52

Colasanti, Arduino, 40

Colasanti, Manfredo, 40, 42

Colégio — Revista de Cultura e Arte, 31

Conde, David, 31, 244

Condé, João, 30; *10 romancistas falam de seus personagens*, 30

Condé, José: *Il mistero delle tre* M, 44; *O mistério dos MMM*, 37

Conrad, Joseph, 324; *A linha de sombra (The Shadow-Line)* 324

Copeau, Jacques, 295

Cordeiro, Leny, 24

Corrêa, Viriato: *Il mistero delle tre* M, 44; *O mistério dos* MMM, 37

Correia, Ana Maria Amorim, 57-8

Correio da Manhã (jornal), 266

Costa, Carla: *O espaço da casa e as configurações do feminino: Uma leitura de Lúcio Cardoso*, 58

Costa, Érica Ignácio da, 57-8

Costa, Jayme, 236

Costa, Margaret Jull, 56, 58

Costa, Maria Della, 33
Costa, Odilo (filho): *Livro de poemas de 1935*, 365
Coube, Fabio Marchon, 55
Coutinho, Heitor, 279
Couto, Ribeiro, 44
Covas, Mário, 47
Crampon, Augustin, 184
Cresta, Isolda, 42
Cristo, Jesus, 94, 96, 129, 132, 136, 220, 222-3, 248, 258, 262, 296, 298, 313-4, 337, 339, 362-3, 367, 383-5, 389-90, 392-4, 399
Cruz Júnior, Luiz Antônio da, 57
Cruzeiro, O (revista), 367
Cunha, Euclides da, 308; *Os sertões*, 308, 347, 371
Cunha, Fausto, 19
Cunha, Viviane, 49

D

Dacosta, Milton, 364
Damasceno, Beatriz, 52-5, 57-8; *Lúcio Cardoso em corpo e escrita*, 52-3
Daniella (criança), 40
Dantas, Maria Flávia Drummond, 46
Dantas, Nelson, 31, 41, 45-6
Darwin, Charles, 308
Daumier, 247
Dazinha *ver* Netto, Alzira de Souza
De Sica, Vittorio, 274
Debussy, Claude, 84
Defilippo, Juliana Gervason, 55
Defoë, Daniel: *As confissões de Moll Flanders*, 29; *Os segredos de Lady Roxana*, 30
Degrazia, Nádia, 58
Del Picchia, Menotti, 44
Delacroix, Eugène: *Journal*, 8, 299, 304
Demeny, Paul, 148
Derain, 247
Descartes, René, 168
Desqueyroux, Thérèse (personagem), 257
Diario Carioca (jornal), 43
Dickens, Charles, 304, 343; *Dombey e filho*,

343; *The Life and Adventures of Martin Chuzzlewit*, 304, 309
Diniz, Leila, 40
Dória, Gustavo, 31, 277
Dos Passos, John, 345; *Manhattan Transfer*, 345; *The Big Money*, 345
Dostoiévski, Fiódor, 8-9, 26-7, 31, 71-2, 74, 82, 100, 113-4, 140, 142, 218, 250, 272, 284, 339, 343, 387, 389; "A mulher do outro", 31; *Diário de um escritor*, 114; *Memórias do subsolo*, 72; *Notas do subsolo*, 72; *Notas do subterrâneo*, 72; *O idiota*, 339; *Os demônios*, 74; *Os Irmãos Karamázov*, 71, 74, 77, 83, 158
Duarte, Eustáquio, 365
Dufour, Pierre-Eugène *ver* Berrichon, Paterne
Dungue, Cleber, 57

E

Eisenstein, Serguei Mikháilovitch, 238
Eliot, T.S., 315
Emerson, Ralph Waldo, 335
Eneida, 36
Espíndola, Eunice, 40
Espírito Santo Júnior, Lúcio Emílio do, 46
Estefânia, Irene, 40
Eurípides, 108

F

Faria, Marcílio, 34
Faria, Octavio de, 18, 30, 39, 41, 43, 46, 84, 112, 122, 140, 209, 258, 316, 336, 343, 347, 358, 377, 381, 384-6, 392; *A sombra de Deus*, 39; *Destino do socialismo*, 377, 381; *O retrato da morte*, 347; *Os renegados*, 384-6, 392; *Tragédia burguesa*, 347, 392
Faria, Reginaldo, 37
Farias, Renato, 54
Faulkner, William, 9, 33, 345, 357, 359, 364; *Sartoris*, 357, 364
Felitti, Chico, 58
Fernanda, Maria, 31
Fernando, Hélio, 40

Fernando, Luís, 239
Ferraz, Buza, 45
Ferreira, Bibi, 31
Ferreira, Xikito Affonso, 58
Fertonani, Toni, 37
Ficção (revista), 19
Figueiredo, Bruna Freitas, 57-8
Fitzgerald, Scott, 345-6
Flaubert, Gustave, 367; *Três contos* (*Trois Contes*), 367
Flora, Alma, 33
Fondane, Benjamin, 76-7, 103, 121, 133, 170; *La Conscience Malheureuse*, 121
Fonseca Neto, Ângelo Pereira da, 24
Fonseca, Antônio Borges da, 377-8
Fontes, Amando, 30, 247; *Os Corumbas*, 247
Franco, Paulo, 48
Frank, Anne: *Diário*, 8
Fregolente, Ambrósio, 31, 283, 312, 351, 365
Freitas, Iacyr Anderson, 24
Freitas, João Tinoco de, 31, 45, 244, 247
Freud, Sigmund, 9, 97-8
Freyre, Gilberto, 281
Fumet, Stanislas, 258
Furlan, Marco, 50
Fusco, Rosário, 36, 302, 304

G

G., frei *ver* Gastão, frei
Gaião, Erica Ingrid Florentino, 57-8
Galvão, Willian Pinheiro, 21, 24
Garcia, Léa, 34
Gárin-Mikhailóvskyi, Nikolai: "A primavera da vida", 31
Gastão, frei, 348, 358
Gay, Rosita, 31, 251
Genet, Jean, 379; *Diário de um ladrão*, 379
George, Stefan, 335
Gheorghiu, Constantin Virgil: *A vigésima quinta hora*, 344
Gide, André, 121, 131, 228, 240, 294, 306, 377; *Frutos da terra*, 228; *Journal*, 8, 294, 302, 305; *Nouvelle Revue Française*, 131
Gielgud, John, 251

Gilda (sobrinha), 53
Giraudoux, Jean, 391
Goethe, Johann Wolfgang von, 31, 302, 341; *Memórias I: Poesia e verdade*, 31
Gógol, Nikolai, 334
Gois, Ancelmo, 53
Gomes, Alair, 48
Gomes, Eduardo, 255
Gomes, Homero, 54
Gomes, Leonardo Ramos Botelho, 57-8
Gomes, Thaís, 58
Grajinera, Vanessa Netto, 316
Green, Julien, 8, 50, 217, 325, 347; *Adrienne Mesurat*, 223; *Journal*, 223, 325; *Le Voyageur sur la terre*, 279; *Moïra*, 347
Greene, Graham, 263, 279, 340-1
Guardini, Romano, 389
Guerreiro, Joseph, 37, 41
Guida, Ricardo, 36
Guimarães, Adriana Saldanha, 49
Guimarães, Júlio Castañon, 44-5, 58
Guimarães, Maurílio, 51
Gullar, Ferreira, 9; "O formigueiro" (poema), 9
Guy, Orlando, 31, 244, 251

H

Hardy, Thomas, 343; *Judas, o obscuro*, 343
Haro, Rodrigo de, 20
Hatoum, Milton, 49, 58
Hawthorne, Nathaniel, 335, 351, 371
Heidegger, Martin, 121, 163
Heine, Maurice: *Le Marquis de Sade*, 342
Hello, Ernest, 258
Hemingway, Ernest, 345, 370
Hipócrates, 140
Holanda, Karla: *Lúcio Cardoso* (documentário), 45
Holbein, Hans, 389
Hume, David, 163
Husserl, Edmund, 121

I

Ibsen, Henrik, 27
Isaacs, Jorge: *Maria*, 33-4

Isaías (profeta hebreu), 151-2
Ivo ver Silveira, Pedro Ivo Veloso da
Ivo, Lêdo, 45, 73, 302, 373; *Ode equatorial*, 373

J
James, Henry: *Diário*, 8, 324, 351
Jammes, Francis, 228
Jardim, Luís, 281, 365; *As confissões do meu tio Gonzaga*, 281
Jean Arthur ver Rimbaud, Arthur
Jesus ver Cristo, Jesus
Jesus, Teresa de ver Teresa de Ávila, Santa
Jó (personagem bíblico), 197, 394
Joana D'Arc, santa, 218
João da Cruz, São, 78
Jobim, Antonio Carlos, 37, 41, 45
Jobim, Paulo, 46
Jornal do Brasil, 19
Jouvet, Louis, 274, 295
Jünger, Ernst, 8

K
Kafka, Franz, 8, 157, 168, 171, 231, 263, 303, 339, 396; *O processo*, 306
Kahen, Samuel, 184
Kâlidâsa: *A ronda das estações*, 30, 59
Kant, Immanuel, 163, 170
Kierkegaard, Søren, 8, 112, 121, 390
Kiraly, Cesar, 54
Kleber, José, 40
Krespi, Leina, 41
Kroeber, Carlos, 41
Kulechov, Liev, 238

L
Labanca, 31
Lacaze, Bernard, 257
Lacerda, Jorge, 309
Lacerda, Luiz Carlos, 24, 39-40, 45, 48, 51-8, 215, 244, 296; *A morte de Narciso*, 48; *A mulher de longe*, 31, 51, 54, 215, 221-2, 224, 235-6, 244, 251, 257-9, 262, 277, 309, 316, 347; *Introdução à música do sangue*,

55-6; *Mãos vazias*, 40; *O enfeitiçado: Vida e obra de Lúcio Cardoso*, 39, 52; *O que seria deste mundo sem paixão?*, 55, 296
Lage, Verônica Lucy Coutinho, 52
Lamego, Valéria, 52-4, 56-8
Lang, Fritz, 336, 344; *Vive-se uma só vez*, 336
Lara, Marco Antônio, 55
Lara, Odete, 219
Latorraca, Ney, 55
Lauris, Georges de, 214
Lawrence, D. H.: *O amante de Lady Chatterley*, 133-4
Leal, Leandra, 46
Leão, Eriberto, 55
Leão, Francisca Azevedo, 380
Léautaud, Paul, 8
Leitão, Eliane Vasconcellos, 18
Leite, Luíza Barreto, 29, 346
Leite, Maria Barreto, 29, 310
Leite, Ordália, 316
Lelena ver Cardoso, Maria Helena
Lemmens, Harrie, 58-9
Leonardo da Vinci, 274; *Codex Atlanticus*, 351
Leroux, Gaston: *O fantasma da ópera*, 30
Lesage, 26
Lessa, Orígenes: *Il mistero delle tre M*, 44; *O mistério dos MMM*, 37
Lewis, Sinclair, 345; *Babbitt*, 345
Lima, Diogo Andrade de, 57-8
Lima, Jorge de, 44, 246, 353
Lima, Lívia de Azevedo, 57
Linhares, Luiz, 42
Lins, Álvaro, 348
Lins, Jaceguay, 40
Lispector, Clarice, 9, 29, 36, 44, 58, 278
Literatura mineira: trezentos anos (org. Brandão), 57
Ló (personagem bíblico), 294
Lobato, Monteiro, 44
Lopes, Denilson, 57-8
Lopes, Edmundo, 33
Lopes, Lúcia, 31
Lopes, Xuxa, 50

Lourenço, Augusto, 41

Lúcio Cardoso: 40 Anos de Saudade (exposição em Curvelo), 49-50

"Lúcio Cardoso — 50 anos depois" (colóquio na UFMG), 56

Lúcio Cardoso: A escrita sem limites (org. Neves et al.), 55

Luís XV, rei da França, 200

M

Macedo, Jairo, 54

Machado, Júlio, 57

Magaldi, Sábato, 311, 320, 367, 379, 382

Magalhães, Ana Maria, 40

Magny, Claude-Edmonde, 344-5; *Idade do romance americano*, 344

Mallarmé, Stéphane, 315

Maluf, Sheila Diab, 48

Manhã, A (jornal), 30, 32

Marak, Carlos Tavares Filho, 55

Marcier, Emeric, 246, 296, 322, 331, 333

Margarida (sobrinha), 53

Marlowe, Christopher, 223

Marques, Casé Lontra, 54

Marten, Leo, 31, 246-7; *Almas adversas*, 31, 251, 283

Martins Filho, Plínio, 51

Martins, Gilberto Figueiredo, 57

Martins, Paulo Egydio, 40

Marx, Karl, 377

Matosinho, Paulo, 34

Mattos, Jairo, 46

Mauriac, François, 257; *Thérèse Desqueyroux*, 257

Medeiros, Anísio, 33-4

Medina, Tetê, 41

Meira, Mauritônio, 19

Meireles, Cecília, 43-4, 174

Mello, Fernando Collor de, 277

Mello, Graça, 31, 274

Mello, Ramon, 53

Mello, Ricardo Graça, 46

Melo Neto, João Cabral de, 73

Melville, Herman, 335, 340, 371; *Moby Dick*, 340

Mendes, Bete, 55

Mendes, Moema Rodrigues B., 52, 55

Mendes, Murilo, 43, 55, 174, 296, 366

Menezes, Ludimila Moreira, 57

Michelangelo, 148

Milano, Dante, 44

Milliet, Sérgio, 44

Miranda, Ana Maria, 40

Miranda, Mariana: *Clarice Lispector entre cartas*, 58

Miranda, Wander Melo, 56

Moira, Amara, 58

Moisés (líder hebreu), 95-6, 151

Molière, 274

Monteiro, Romildo Biar, 57-8

Moraes, Marcos Antonio de, 58

Moraes, Santos: *Menino João*, 36

Moraes, Vinicius de, 214

Morais, Eneida Costa de *ver* Eneida

Morais, Franklin: *Lúcio Cardoso, Cornélio Penna e a retórica do Brasil profundo*, 58

Morch, Vincent: *À la Recherche du Dieu vivant*, 114

Moreira (secretário de Mário Peixoto), 364

Morgado, Camila, 51

Morgan, Charles, 347

Moser, Benjamin, 56

Moura, Emílio, 44, 366

Moura, George, 58

Mourão, Túlio, 46

Moutinho, Pedro Henrique, 50

Mozart, Wolfgang Amadeus, 8, 263, 297

Murilinho (criança), 40

N

N. (major), 231

Nabuco, Joaquim, 281, 331; *Minha formação*, 329-30

Nascimento, Abdias do, 33-4, 37, 278; *Dramas para negros e prólogo para brancos: Antologia do teatro negro brasileiro*, 37

Nascimento, Milton, 46

Nássara, 26

Netto, Alzira de Souza, 25

Netto, Eudóxia de Souza, 368

Netto, Oscar de Souza, 27, 316

Netto, Pedro de Souza, 25

Netto, Vanessa Leite *ver* Grajinera, Vanessa Netto

Neves, José Alberto Pinho, 55

Neves, Zanoni: *Maleita et Pirapora: Historicité et culture populaire traditionnelle dans l'oeuvre de Lucio Cardoso*, 55

Nhanhá *ver* Cardoso, Maria Wenceslina

Nietzsche, Friedrich, 9, 78-80, 82-5, 97, 103, 106-8, 114, 116, 124-5, 129, 138, 153, 170, 240, 262, 306, 386, 389; *A origem da tragédia*, 107; *Assim falava Zaratustra*, 108; *Vontade de poder*, 79, 103, 107, 152

Nogueira, Nícea Helena, 52, 55

Noite, A (jornal), 10, 17, 21, 28, 30-4

Nolasco, 35

O

O'Flaherty, Liam: *O assassino*, 30

Olavo, Agostinho, 31, 277, 280

Oliveira Neto, Pedro Fernandes de, 54

Oliveira, Cínthia Lopes de, 52, 55

Oliveira, Júlio José de: *Absalão (1959-1962)*, 38

Oliveira, Marcos Vinícius Ferreira de, 52

Oliveira, Silvana Maria Pessôa de, 49

Opiniães — Revista dos Alunos de Literatura Brasileira (FFLCH-USP), 57

Orosco, José Roberto, 40

P

Padilha, Paulo, 37

Pagu, 44

Paiva, Newton, 31, 247

Parente, Nildo, 40

Parreiras, Marco Túlio, 55

Pascal, Blaise, 82, 84-5, 91, 97, 103, 111, 113, 122, 154, 158, 172, 291, 306, 348; *Les Provinciales*, 158

Patterson, Robin, 56, 58

Paula, Júlio Cesar Machado de, 58

Péguy, Charles Pierre, 215, 243, 270

Peines, La Niña de los, 8

Peixoto, Mário, 364

Penna, Alceu, 57

Penna, Cornélio, 30, 44, 318, 347, 380

Penna, Mara, 50

Pentagna, Vito, 35-6

Pêra, Marília, 46

Pereira, Rodney, 48

Pereira, Tonico, 55

Pereira, Victor Hugo Adler, 57-8

Pérsia, Myriam, 46

Pessoa, Ana, 53

Pessoa, Fernando, 43, 174, 251

Pessoa, José Eduardo Marco, 46

Pignatari, Décio, 9

Pilatos, 398-9

Pirandello, Luigi, 27

Pires, Antonia Cristina de Alencar, 46

Pires, Jack, 33

Pizarro, Jerónimo, 24

Poe, Edgar Allan, 31, 215, 274, 371, 396; "The Tell-Tale Heart", 31, 274

Polizzi, Valéria Piassa, 54

Pound, Ezra, 315

Prado, Antonio Arnoni, 49

Prokófiev, Serguei, 335

Proust, Marcel, 214, 219, 228, 263, 322, 377

Púchkin, Aleksandr, 322-3; *Evguiêni Oniéguin*, 322

Q

Queiroz, Dinah Silveira de: *Il mistero delle tre M*, 44; *O mistério dos MMM*, 37

Queiroz, Rachel de, 30, 37, 45, 380; *Il mistero delle tre M*, 44; *O mistério dos MMM*, 37

Quinta-Feira (revista), 32

Quintiliano, Domingos, 50

R

Ramos, Graciliano, 30, 214
Rangel, Egon de Oliveira, 13
Rangel, Rosângela Florido, 18, 24
Raymond, Ely, 34
Rebello, Ivana Ferrante, 52-3
Redmond, William Valentine, 52, 55
Reis, Marcos Konder, 38, 42-3, 73, 192, 244, 279-80; *O muro amarelo*, 38; *Praia brava*, 43
Resende, Otto Lara, 366, 375
Resende, Ruy, 42
Revista Acadêmica, 352
Revista da Semana, 33-4
Revista do Centro de Estudos Portugueses (UFMG), 10, 49
Rey, Margarida, 37
Rezende, João da Costa *ver* Carne Seca
Ribeiro, Darcy, 52
Ribeiro, Dora, 40
Ribeiro, Ésio Macedo, 49, 51-9; *O riso escuro ou o pavão de luto: Um percurso pela poesia de Lúcio Cardoso*, 49
Ribeiro, Frediman, 34
Ribeiro, Gustavo Silveira, 56-7
Ricardo, Cassiano, 302
Rilke, Rainer Maria, 226, 323, 335, 381
Rimbaud, Jean-Nicolas Arthur, 9, 76, 102-3, 113, 119, 122, 137-8, 140-2, 144, 148, 150, 166, 168, 170-1, 177; *Une Saison en enfer* (*Uma estação no inferno*), 150, 177-8
Rivière, Jacques, 112; *La Nouvelle Revue Française*, 112
Robilant, conde de, 258
Rocha, Augusto de Rezende, 35
Rocha, Shirlei, 40
Rodrigues, Leandro Garcia, 56, 58
Rodrigues, Nelson, 283, 310; *Vestido de noiva*, 310-1
Romano, Ana, 54
Romera, Rogério, 50
Rosa, João Guimarães, 9, 37, 44, 56; *Grande sertão: veredas*, 9; *Il mistero delle tre* M, 44; *O mistério dos* MMM, 37
Rosa, Santa, 27, 29, 310
Rossellini, Roberto, 275
Rossi, Carlos Alberto Khouri, 46
Ruffato, Luiz, 24, 48
Rufino, Sérgio, 50
Rufinoni, Simone Rossinetti, 57-8

S

Sabag, Fábio, 37
Sabino, Fernando, 58
Sacy, Lemaistre de, 184
Sade, marquês de, 342
Saldanha, Ione, 35, 44
Sales, Herberto: *Il mistero delle tre* M, 44; *O mistério dos* MMM, 37
Salgado, Zélia, 36
Sampaio, Maria Elisa de Andrade, 33, 326, 380
Santos, Cássia dos, 10, 14-5, 19, 23, 47, 49, 53, 57, 59; *Polêmica e controvérsia em Lúcio Cardoso*, 47; *Um punhal contra Minas*, 10, 17, 19, 58
Santos, Gabriel Resende, 54
Santos, Gilvaldo dos, 24
Santos, Hamilton dos: *Lúcio Cardoso: Nem leviano nem grave*, 44
Santos, João Maria dos, 219, 347
Santos, Ney Costa, 57-8
Santos, Odirlei Costa dos, 13, 49, 53-4; *Litania dos transgressores: Desígnios da provocação em Lúcio Cardoso*, 58
Santos, Ruy, 31, 42, 237; *O desconhecido*, 42, 237
Sanz, José, 26
Sanz, Sérgio, 37
Saraceni, Paulo César, 37, 41, 45-6; *A casa assassinada*, 40; *O viajante*, 46; *Porto das Caixas*, 37
Saraceni, Sérgio, 41, 46
Sartre, Jean-Paul, 279, 314, 379
Saudade, Maria da, 366

Schiller, Friedrich: "An die Freude", 74
Schmidt, Augusto Frederico, 26-7, 214, 352; *Canto da noite*, 214; *Pássaro cego*, 214
Schmidt, Maria Aparecida Nogueira, 52
Schubert, Franz, 8
Schwob, René, 306
Secchin, Antonio Carlos, 12-3, 24, 57
Seffrin, André, 17, 23, 45, 47-50, 53, 58, 391
Seixas, Tomás, 373-4
Sêneca, 140
Sérgio (criança), 40
Shakespeare, William, 223, 251, 274, 306, 391
Sheen, Fulton John, 280
Silva, Anderson Pires da, 52
Silva, Anna Maria Nascimento, 46
Silva, Eduardo Marinho, 57-8
Silva, Enaura Quixabeira Rosa e: *A alegoria da ruína: Uma análise da Crônica da casa assassinada*, 45; *Do traje ao ultraje: Uma análise da indumentária e do sistema de objetos em Crônica da casa assassinada*, 50; *Dramaturgia e teatro*, 48; *La Condition humaine dans l'oeuvre de Lúcio Cardoso: Entre Éros et Thanatos, l'allégorie baroque brésilienne*, 47; *Lúcio Cardoso; Paixão e morte na literatura brasileira*, 48; *Prazer mortal: Lições de literatura brasileira*, 46
Silva, Guilherme Ferreira: *Formas de evasão em Lúcio Cardoso*, 41
Silva, Lúcia Ribeiro da: *Jogo fixo*, 39
Silva, Maria Lucilene da, 49
Silva, Sandro Adriano da, 57-8
Silva, Vítor Oliveira e *ver* Vítor, Léo
Silveira, Lucas Figueiredo, 24
Silveira, Pedro Ivo Veloso da, 377-8
Simon, Hugo, 334
Simon, Karina, 334
Simoncelli, Giancarlo, 44
Sinclair, Upton: *O fim do mundo*, 29
Siqueira, Alexandre, 58
Siri, d., 331
Soares, Maria do Carmo, 50
Sócrates, 108

Sousa, Rafael Batista de, 57-8
Souto Jr., Helio, 50
Souza, Thiago, 54
Stoker, Bram: *Drácula: O homem da noite*, 29, 54
Studenic, Garina *ver* Simon, Karina
Studenic, Hubert *ver* Simon, Hugo
Sturges, Preston, 344
Sukman, Hugo, 52
Suplemento Literário Letras e Artes, 30, 32

T
Tagliaferro, Magda, 73
Tavares, Deolindo, 353
Tavares, Hugo, 36
Tavares, Mariano, 54
Teixeira, Letícia, 50
Temple, Leo Stephen Merlin, 58
Teresa de Ávila, Santa, 78, 380
Terra, Eliane: *Lúcio Cardoso* (documentário), 45
Terra, Ernani, 58
Thamar, 40
Tidoce *ver* Netto, Eudóxia de Souza
Tiso, Wagner, 45
Toland, Gregg: *Cidadão Kane*, 336
Toledo, Cacá, 50
Tolezani, Flávio, 50
Tolstói, Liev, 26, 29, 31, 59, 74, 142, 280; *A morte de Ivan Ilitch*, 74; *Ana Karenina*, 29; *Confissão*, 280; "Ivan, o imbecil", 31; *Padre Sérgio*, 74
Tomás de Aquino, são, 114; *Suma teológica*, 114
Torres, Fernando, 31
Tribuna da Imprensa, 375
Tupinambá, Durval, 34
Turrer, Daisy, 46

V
Valadão, Jece, 40
Valério, Ângela, 42
Valéry, Paul, 308, 357, 377
Valverde, Fabrício, 48

Valverde, Zélio, 30
Vamos Lêr! (revista), 28
van Gogh, Vincent, 353
Vance, Ethel: *Fuga*, 28
Vargas, Getúlio, 340, 348
Veloso, Nuno, 41
Verissimo, Erico, 28, 30
Vieira, José Geraldo, 30
Vieira, Newton, 24, 50-1, 58
Vieira, Willian, 24
Vilela, Andréa, 17, 23, 46, 49, 51-3, 56-8
Villaça, Antônio Carlos, 45
Villela, Gabriel, 50
Villon, François, 170
Vinel, Edmonde *ver* Magny, Claude-Edmonde
Vinicius, Marcio, 50
Vítor, Léo: *Círculo de giz*, 34
Vitória, Iracema, 31, 259

w

Wassermann, Jakob, 335
Weininger, Otto, 342
Werneck, Humberto, 24
Whitman, Walt, 201; *Folhas de relva*, 201
Wilde, Oscar, 26, 228
Wolff, Fausto, 50
Woolf, Virginia, 8, 263

x

Xavier, José Felicíssimo de Paula, 42
Xavier, Regina Cardoso de Paula, 25, 38, 42
Xerxenesky, Antonio, 24

z

Zach, Jan, 333, 335
Zamiátin, Eugênio: "A caverna", 30
Ziembinski, 311, 320
Zizina ver Xavier, Regina Cardoso de Paula

Ésio Macedo Ribeiro é doutor em literatura brasileira pela USP, escritor e bibliófilo. Autor de, entre outros, *E Lúcifer dá seu beijo* (1993), *Marés de amor ao mar* (1998), *Brincadeiras de palavras: A gênese da poesia infantil de José Paulo Paes* (1998), *Pontuação circense* (2000), *O riso escuro ou o pavão de luto: Um percurso pela poesia de Lúcio Cardoso* (2006), *40 anos* (2007), *Estranhos próximos* (2008), *Drama em sol para o século XXI* (2011), *É o que tem* (2018), *Um olhar sobre o que nunca foi:* (2019), *Augusto 90 de fevereiros Campos* (2021) e *Presente* (2021); e organizador e editor da *Poesia completa* (2011), dos *Diários* (2012) e das traduções de Lúcio Cardoso de *O vento da noite* (2016), de Emily Brontë, e de *Ana Karenina* (2021), de Liev Tolstói, e, com Marília de Andrade, de *Maria Antonieta d'Alkmin e Oswald de Andrade: Marco zero* (2003).

ESTA OBRA FOI COMPOSTA PELA SPRESS EM MINION E IMPRESSA EM OFSETE
PELA LIS GRÁFICA SOBRE PAPEL PÓLEN SOFT DA SUZANO S.A.
PARA A EDITORA SCHWARCZ EM MAIO DE 2023

A marca FSC® é a garantia de que a madeira utilizada na fabricação do papel deste livro provém de florestas que foram gerenciadas de maneira ambientalmente correta, socialmente justa e economicamente viável, além de outras fontes de origem controlada.